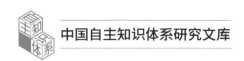
中国自主知识体系研究文库

# 中国经济理论创新四十年

张卓元　胡家勇　万　军　著

中国人民大学出版社
·北京·

# "中国自主知识体系研究文库"编委会

# 总　序

张东刚

2022 年 4 月 25 日，习近平总书记在中国人民大学考察调研时指出，"加快构建中国特色哲学社会科学，归根结底是建构中国自主的知识体系"。2024 年全国教育大会对以党的创新理论引领哲学社会科学知识创新、理论创新、方法创新提出明确要求。《教育强国建设规划纲要（2024—2035 年）》将"构建中国哲学社会科学自主知识体系"作为增强高等教育综合实力的战略引领力量，要求"聚焦中国式现代化建设重大理论和实践问题，以党的创新理论引领哲学社会科学知识创新、理论创新、方法创新，构建以各学科标识性概念、原创性理论为主干的自主知识体系"。这是以习近平同志为核心的党中央站在统筹中华民族伟大复兴战略全局和世界百年未有之大变局的高度，对推动我国哲学社会科学高质量发展、使中国特色哲学社会科学真正屹立于世界学术之林作出的科学判断和战略部署，为建构中国自主的知识体系指明了前进方向、明确了科学路径。

建构中国自主的知识体系，是习近平总书记关于加快构建中国特色哲学社会科学重要论述的核心内容；是中国特色社会主义进入新时代，更好回答中国之问、世界之问、人民之问、时代之问，服务以中国式现代化全面推进中华民族伟大复兴的应有之义；是深入贯彻落实习近平文化思想，推动中华文明创造性转化、创新性发展，坚定不移走中国特色社会主义道路，续写马克思主义中国化时代化新篇章的必由之路；是为解决人类面临的共同问题提供更多更好的中国智慧、中国方案、中国力量，为人类和平与发展崇高事业作出新的更大贡献的应尽之责。

## 一、文库的缘起

作为中国共产党创办的第一所新型正规大学，中国人民大学始终秉持着强烈的使命感和历史主动精神，深入践行习近平总书记来校考察调研时重要讲话精神和关于哲学社会科学的重要论述精神，深刻把握中国自主知识体系的科学内涵与民族性、原创性、学理性，持续强化思想引领、文化滋养、现实支撑和传播推广，努力当好构建中国特色哲学社会科学的引领者、排头兵、先锋队。

我们充分发挥在人文社会科学领域"独树一帜"的特色优势，围绕建构中国自主的知识体系进行系统性谋划、首创性改革、引领性探索，将"习近平新时代中国特色社会主义思想研究工程"作为"一号工程"，整体实施"哲学社会科学自主知识体系创新工程"；启动"文明史研究工程"，率先建设文明学一级学科，发起成立哲学、法学、经济学、新闻传播学等11个自主知识体系学科联盟，编写"中国系列"教材、学科手册、学科史丛书；建设中国特色哲学社会科学自主知识体系数字创新平台"学术世界"；联合60家成员单位组建"建构中国自主的知识体系大学联盟"，确立成果发布机制，定期组织成果发布会，发布了一大批重大成果和精品力作，展现了中国哲学社会科学自主知识体系的前沿探索，彰显着广大哲学社会科学工作者的信念追求和主动作为。

为进一步引领学界对建构中国自主的知识体系展开更深入的原创性研究，中国人民大学策划出版"中国自主知识体系研究文库"，矢志打造一套能够全方位展现中国自主知识体系建设成就的扛鼎之作，为我国哲学社会科学发展贡献标志性成果，助力中国特色哲学社会科学在世界学术之林傲然屹立。我们广泛动员校内各学科研究力量，同时积极与校外科研机构、高校及行业专家紧密协作，开展大规模的选题征集与研究激励活动，力求全面涵盖经济、政治、文化、社会、生态文明等各个关键领域，深度挖掘中国特色社会主义建设生动实践中的宝贵经验与理论创新成果。为了保证文库的质量，我们邀请来自全国哲学社会科学"五路大军"的知名专家学者组成编委会，负责选题征集、推荐和评审等工作。我们组织了专项工作团队，精心策划、深入研讨，从宏观架构到微观细节，全方位规划文库的建设蓝图。

## 二、文库的定位与特色

中国自主的知识体系，特色在"中国"、核心在"自主"、基础在"知识"、关键在"体系"。"中国"意味着以中国为观照，以时代为观照，把中国文化、中国实践、中国问题作为出发点和落脚点。"自主"意味着以我为主、独立自主，坚持认知上的独立性、自觉性，观点上的主体性、创新性，以独立的研究路径和自主的学术精神适应时代要求。"知识"意味着创造"新知"，形成概念性、原创性的理论成果、思想成果、方法成果。"体系"意味着明确总问题、知识核心范畴、基础方法范式和基本逻辑框架，架构涵盖各学科各领域、包含全要素的理论体系。

文库旨在汇聚一流学者的智慧和力量，全面、深入、系统地研究相关理论与实践问题，为建构和发展中国自主的知识体系提供坚实的理论支撑，为政策制定者提供科学的决策依据，为广大读者提供权威的知识读本，推动中国自主的知识体系在社会各界的广泛传播与应用。我们秉持严谨、创新、务实的学术态度，系统梳理中国自主知识体系探索发展过程中已出版和建设中的代表性、标志性成果，其中既有学科发展不可或缺的奠基之作，又有建构自主知识体系探索过程中的优秀成果，也有发展创新阶段的最新成果，力求全面展示中国自主的知识体系的建设之路和累累硕果。文库具有以下几个鲜明特点。

一是知识性与体系性的统一。文库打破学科界限，整合了哲学、法学、历史学、经济学、社会学、新闻传播学、管理学等多学科领域知识，构建层次分明、逻辑严密的立体化知识架构，以学科体系、学术体系、话语体系建设为目标，以建构中国自主的知识体系为价值追求，实现中国自主的知识体系与"三大体系"有机统一、协同发展。

二是理论性与实践性的统一。文库立足中国式现代化的生动实践和中华民族伟大复兴之梦想，把马克思主义基本原理同中国具体实际相结合，提供中国方案、创新中国理论。在学术研究上独树一帜，既注重深耕理论研究，全力构建坚实稳固、逻辑严谨的知识体系大厦，又紧密围绕建构中国自主知识体系实践中的热点、难点与痛点问题精准发力，为解决中国现实问题和人类共同问题提供有力的思维工具与行动方案，彰显知识体系的实践生命力与应用价值。

三是继承性与发展性的统一。继承性是建构中国自主的知识体系的源头活水，发展性是建构中国自主的知识体系的不竭动力。建构中国自主的知识体系是一个不断创新发展的过程。文库坚持植根于中华优秀传统文化以及学科发展的历史传承，系统梳理中国自主知识体系探索发展过程中不可绕过的代表性成果；同时始终秉持与时俱进的创新精神，保持对学术前沿的精准洞察与引领态势，密切关注国内外中国自主知识体系领域的最新研究动向与实践前沿进展，呈现最前沿、最具时效性的研究成果。

我们希望，通过整合资源、整体规划、持续出版，打破学科壁垒，汇聚多领域、多学科的研究成果，构建一个全面且富有层次的学科体系，不断更新和丰富知识体系的内容，把文库建成中国自主知识体系研究优质成果集大成的重要出版工程。

### 三、文库的责任与使命

立时代之潮头、通古今之变化、发思想之先声。建构中国自主的知识体系的过程，其本质是以党的创新理论为引领，对中国现代性精髓的揭示，对中国式现代化发展道路的阐释，对人类文明新形态的表征，这必然是对西方现代性的批判继承和超越，也是对西方知识体系的批判继承和超越。

文库建设以党的创新理论为指导，牢牢把握习近平新时代中国特色社会主义思想在建构自主知识体系中的核心地位；持续推动马克思主义基本原理同中国具体实际、同中华优秀传统文化相结合，牢牢把握中华优秀传统文化在建构自主知识体系中的源头地位；以中国为观照、以时代为观照，立足中国实际解决中国问题，牢牢把握中国式现代化理论和实践在建构自主知识体系中的支撑地位；胸怀中华民族伟大复兴的战略全局和世界百年未有之大变局，牢牢把握传播能力建设在建构自主知识体系中的关键地位。将中国文化、中国实践、中国问题作为出发点和落脚点，提炼出具有中国特色、世界影响的标识性学术概念，系统梳理各学科知识脉络与逻辑关联，探究中国式现代化的生成逻辑、科学内涵和现实路径，广泛开展更具学理性、包容性的和平叙事、发展叙事、文化叙事，不断完善中国自主知识体系的整体理论架构，将制度优势、发展优势、文化优势转化为理论优势、学术优势和话语优势，不断开辟新时代中国特色哲学社会科学新境界。

中国自主知识体系的建构之路，宛如波澜壮阔、永无止境的学术长征，需要汇聚各界各方的智慧与力量，持之以恒、砥砺奋进。我们衷心期待，未来有更多优质院校、研究机构、出版单位和优秀学者积极参与，加入到文库建设中来。让我们共同努力，不断推出更多具有创新性、引领性的高水平研究成果，把文库建设成为中国自主知识体系研究的标志性工程，推动中国特色哲学社会科学高质量发展，为全面建设社会主义现代化国家贡献知识成果，为全人类文明进步贡献中国理论和中国智慧。

是为序。

# 再版前言

很荣幸中国人民大学出版社把我和胡家勇、万军合著的《中国经济理论创新四十年》一书列入中国自主知识体系研究文库，进行再版。这本书写于 2018 年，即改革开放四十周年之际，我们力求对中国改革开放四十年来的经济理论创新进行提炼和归纳，讴歌在中国共产党领导下改革开放四十年取得的伟大成就和辉煌业绩。

本书出版已近七年。七年来，在习近平新时代中国特色社会主义经济思想指引下，在党的领导下，中国特色社会主义继续高歌猛进，经济持续高质量发展，国内生产总值 2024 年已达 134.9 万亿元，人均国内生产总值已超过 1.3 万美元，离进入高收入国家行列近在咫尺，正在加紧推进全面的社会主义现代化建设；市场化改革继续深化，对外开放不断扩大，正在建设成熟的高水平的社会主义市场经济体制。在这样的大好环境下，经济学也在不断创新，不断涌现新观点新概念新方法，中国自主知识体系建构加速推进。比如，中国式现代化就展现出许多与西方现代化不同的规律，最突出的是中国式现代化是十几亿人走向共同富裕而不是走向贫富悬殊的现代化；人工智能等新质生产力的飞速发展推动着社会经济日新月异地转型升级。我们如果以今天的眼光来审视七年前写就的经济学作品，很自然会有些许陈旧感，有一些提法与现在不完全一致。但这主要不是七年前作者不思进取，而只能感叹时代飞速变化发展、经济持续腾飞、经济理论日益创新。这也表明中国自主知识体系在探索和建设过程中传承有自，并且日益完善和成熟。为了尊重和保留历史原貌，本书再版时未作修改。我想，大家，特别是研究经济思想史的专家，一般都会用历史的眼光来看待过去出版的作品。

以上认识，如有不妥，敬希大家批评指正！衷心感谢中国人民大学出版社和编辑同志！

张卓元

2025 年 3 月于北京

# 目 录

# 第一章　中国特色社会主义经济理论的形成与发展

　　中国自 1978 年实行改革开放后，经济迅速起飞，社会日新月异，创造了让世人惊叹的一个又一个奇迹。1978 年改革开放之初，中国的人均 GDP 只有 385 元，温饱问题尚未很好解决。经过近 40 年的发展，2017 年，中国人均 GDP 已飙升为 59 660 元，进入中等偏上收入国家行列，即将全面建成小康社会并开始全面建设现代化经济体系。中国 40 年来发生了翻天覆地的变化，源于走上了中国特色社会主义道路，进行了中国特色社会主义伟大实践。在这一伟大实践中形成的中国特色社会主义理论，包括中国特色社会主义经济理论。习近平总书记在党的十九大报告中指出："中国特色社会主义是改革开放以来党的全部理论和实践的主题，是党和人民历尽千辛万苦、付出巨大代价取得的根本成就。中国特色社会主义道路是实现社会主义现代化、创造人民美好生活的必由之路，中国特色社会主义理论体系是指导党和人民实现中华民族伟大复兴的正确理论，中国特色社会主义制度是当代中国发展进步的根本制度保障，中国特色社会主义文化是激励全党全国各族人民奋勇前进的强大精神力量。"中国特色社会主义理论包括经济理论随着中国特色社会主义实践的发展而发展，并一直起着对实践的指导作用。

## 第一节　邓小平首创提出建设有中国特色的社会主义

中国特色社会主义经济理论是中国特色社会主义理论体系的重要组成部分。中国特色社会主义是系统的理论体系。研究中国特色社会主义经济理论的形成和发展，首先要了解中国特色社会主义的形成和发展。

中国特色社会主义是邓小平首创提出来的。1982年9月1日，邓小平在《中国共产党第十二次全国代表大会开幕词》中说："把马克思主义的普遍真理同我国的具体实际结合起来，走自己的道路，建设有中国特色的社会主义，这就是我们总结长期历史经验得出的基本结论。"

邓小平提出建设有中国特色的社会主义的背景主要有以下几点：

第一，总结中华人民共和国成立以来三十多年社会主义建设的经验教训，特别是总结"文化大革命"的全局性错误。1978年年底党的十一届三中全会终止"以阶级斗争为纲"，把党的工作中心转移到经济建设上来，实行改革开放。党的十一届三中全会从根本上冲破了长期"左"倾错误的严重束缚，端正了党的指导思想，重新确立了马克思主义的思想路线、政治路线和组织路线。此后，党从各个方面深入总结历史经验，科学地阐述了许多从实践中提出的有关建设社会主义的理论和政策问题。1981年6月党的十一届六中全会通过的《关于建国以来党的若干历史问题的决议》，标志着党胜利地完成了指导思想上的拨乱反正。

第二，改革开放初期显示引入市场机制后经济活力四射，经济增速加快。农村实行家庭联产承包责任制后，大大解放了农村生产力，农业生产迅速恢复和发展，1982 年农林牧渔业总产值比 1978 年增长 29.2%，年均增速达 6.6%，比过去一般年均增速 2%～3% 高一倍多。部分农副产品和消费品价格放开后，市场供应迅速好转，放到哪里活到哪里。试办经济特区和引进外资开始显现效果。这些都使改革开放展现出无比的魔力，很快得到人民群众的认可和拥护，提振了大家的信心。

第三，从 20 世纪 50 年代开始，就有一些有识之士对传统的社会主义经济理论和体制提出质疑，并建议社会主义建设要尊重客观经济规律特别是价值规律。如孙冶方于 1956 年就写了题为《把计划和统计放在价值规律的基础上》的文章，发表在《经济研究》1956 年第 6 期上。顾准也在 1957 年发表文章，提出可以考虑允许企业根据价格涨落调节生产的大胆主张，即发表在《经济研究》1957 年第 3 期上的《试论社会主义制度下的商品生产和价值规律》一文。于光远则认为一切进入流通的产品都应被认定为商品。[①] 党的十一届三中全会前夕，胡乔木于 1978 年 10 月 6 日在《人民日报》发表《按照经济规律办事，加快实现四个现代化》一文，也强调要尊重价值规律的作用。这些都为 1978 年年底实行改革开放和之后不久邓小平首创提出中国特色社会主义提供了思想理论素材。

中国特色社会主义是随着实践特别是改革开放实践的发展而不断丰富和发展的。改革开放顺利推进，经济迅速起飞，社会全面进步，到 1997 年党的十五大时，中国特色社会主义已形成科学体系。江泽民在党的十五大报告中指出："总起来说，邓小平理论形成了新的建设有中国特色社会主义理论的科学体系。它是在和平与发展成为时代主题的历史条件下，在我国改革开放和现代化建设的实践中，在总结我国社会主义胜利和挫折的历史经验并借鉴其他社会主义国家兴衰成败历史经验的基础上，逐步形成和

---

① 于光远. 关于社会主义制度下商品生产问题的讨论. 经济研究，1959 (7).

发展起来的。它第一次比较系统地初步回答了中国社会主义的发展道路、发展阶段、根本任务、发展动力、外部条件、政治保证、战略步骤、党的领导和依靠力量以及祖国统一等一系列基本问题，指导我们党制定了在社会主义初级阶段的基本路线。它是贯通哲学、政治经济学、科学社会主义等领域，涵盖经济、政治、科技、教育、文化、民族、军事、外交、统一战线、党的建设等方面比较完备的科学体系，又是需要从各方面进一步丰富发展的科学体系。"

党的十七大报告进一步提出高举中国特色社会主义伟大旗帜。报告指出："改革开放以来我们取得一切成绩和进步的根本原因，归结起来就是：开辟了中国特色社会主义道路，形成了中国特色社会主义理论体系。高举中国特色社会主义伟大旗帜，最根本的就是要坚持这条道路和这个理论体系。"2011年，胡锦涛在庆祝中国共产党成立九十周年大会上的讲话，又加上了中国特色社会主义制度。讲话说道："经过90年的奋斗、创造、积累，党和人民必须倍加珍惜、长期坚持、不断发展的成就是：开辟了中国特色社会主义道路，形成了中国特色社会主义理论体系，确立了中国特色社会主义制度。"

习近平新时代中国特色社会主义思想是马克思主义中国化的最新成果，是中国特色社会主义理论的最新境界。习近平总书记在党的十九大报告中指出："经过长期努力，中国特色社会主义进入了新时代，这是我国发展新的历史方位。""新时代中国特色社会主义思想，明确坚持和发展中国特色社会主义，总任务是实现社会主义现代化和中华民族伟大复兴，在全面建成小康社会的基础上，分两步走在本世纪中叶建成富强民主文明和谐美丽的社会主义现代化强国；明确新时代我国社会主要矛盾是人民日益增长的美好生活需要和不平衡不充分的发展之间的矛盾，必须坚持以人民为中心的发展思想，不断促进人的全面发展、全体人民共同富裕；明确中国特色社会主义事业总体布局是'五位一体'、战略布局是'四个全面'，强调坚定道路自信、理论自信、制度自信、文化自信；明确全面深化改革总目标是完善和发展中国特色社会主义制度、推进国家治理体系和治理能力现代化；明确全面推进依法治国总目标是建设中国特色社会主义法治体系、建设社会主义法治国家；明确党在新时代的强军目标是建设一支听党指挥、能打胜仗、作风优良的人民军队，把人民军队建设成为世界一流军队；明确中国特色大国外交要推动构建新型国际关系，推动构建人类命运共同体；明确中国特色社会主义最本质的特征是中国共产党领导，中国特色社会主义制度的最大优势是中国共产党领导，党是最高政治领导力量，提出新时代党的建设总要求，突出政治建设在党的建设中的重要地位。"

"新时代中国特色社会主义思想，是对马克思列宁主义、毛泽东思想、邓小平理论、'三个代表'重要思想、科学发展观的继承和发展，是马克思主义中国化最新成果，是党和人民实践经验和集体智慧的结晶，是中国特色社会主义理论体系的重要组成部分，是全党全国人民为实现中华民族伟大复兴而奋斗的行动指南，必须长期坚持并不断发展。"报告还对新时代中国特色社会主义思想的丰富内涵列出以下 14 个方面：（1）坚持党对一切工作的领导。（2）坚持以人民为中心。（3）坚持全面深化改革。（4）坚持新发展理念。（5）坚持人民当家作主。（6）坚持全面依法治国。（7）坚持社会主义核心价值体系。（8）坚持在发展中保障和改善民生。（9）坚持人与自然和谐共生。（10）坚持总体国家安全观。（11）坚持党对人民军队的绝对领导。（12）坚持"一国两制"和推进祖国统一。（13）坚持推动构建人类命运共同体。（14）坚持全面从严治党。

中国特色社会主义经济理论是中国特色社会主义理论体系的有机组成部分，是随着中国特色社会主义理论体系的丰富和发展而不断丰富和发展的。中国特色社会主义理论首先是在总结经济体制改革成功经验的基础上概括出来的，因为中国的改革开放首先是从经济领域展开的。因此，社会主义市场经济论，社会主义初级阶段理论，关于社会主义初级阶段基本经济制度的理论，建设现代市场体系理论，以间接管理为主的宏观经济管理理论，按劳分配为主体、多种分配方式并存的分配理论，从发展是硬道理、科学发展观到创新、协调、绿色、开放、共享五大发展理念的发展理论，推动新型工业化、信息化、城镇化、农业现代化相互协调理论，对外开放包括用好国际国内两个市场两种资源的理论，中国经济发展进入新常态理论，供给侧结构性改革理论，建设现代化经济体系理论，等等，成为中国特色社会主义最为耀眼的亮点。

## 第二节　中国特色社会主义是中国处于社会主义初级阶段基本国情的唯一正确的选择

中国特色社会主义是中国共产党人在 1949 年以后提出走自己的路并经过艰辛探索取得的历史性成果。为什么说艰辛？主要是在中华人民共和国成立以后开头一段时间，对于如何搞社会主义建设，由于没有成功的先例可循，要靠自己摸索。特别是对于如何把握中国的国情，不是照搬本本而是从自己的实际情况出发，搞社会主义建设，完全要靠自己摸索。由于做得不够好，往往超越发展阶段、急于求成，结果是欲速则不达，走了不少弯路。

那么，中国最基本的国情是什么呢？不是人口多，也不是国土面积大，更不是物博，而是我国仍处于并将长期处于社会主义初级阶段，这是从经济社会性质和社会发展阶段上对我国国情所做的总体性根本性判断。建设社会主义要从实际出发，首先要从这个最大最基本的实际出发。所谓社会主义初级阶段，就是我国社会主义处在不发达阶段。我国是在社会生产力很落后的条件下进入社会主义的，必须经历相当长的历史阶段去实现许多发达国家在资本主义条件下实现的工业化、城市化、市场化和现代化。邓小平在 1980 年 4 月指出："要充分研究如何搞社会主义建设的问题。现在我们正在总结建国三十年的经验。总起来说，第一，不要离开现实和超越阶段采取一些'左'的办法，这样是搞不成社会主义的。我们过去就是吃'左'的亏。第二，不管你搞什么，一定要有利于发展生产力。"① 1981 年 6 月党的十一届六中全会第一次明确指出："我们的社会主义制度还是处于初级的阶段。"1987 年 8 月，邓小平又说："我们党的十三大要阐述中国社会主义是处在一个什么阶段，就是处在初级阶段，是初级阶段的社会主义。社会主义本身是共产主义的初级阶段，而我们中国又处在社会主义的初级阶段，就是不发达的阶段。一切都要从这个实际出发，根据这个实际来制订规划。"②

需要指出，社会主义初级阶段理论既是科学社会主义的有机组成部分，也是中国特色社会主义经济理论的有机组成部分。中国经济学家对社会主义初级阶段理论的形成和传播也做出了贡献。1979 年，苏绍智、冯兰瑞率先发表文章，坦言中国并未真正建成社会主义，中国"还处在不发达阶段的社会主义社会，还处在社会主义的过渡时期"③。于光远在 2008 年回忆说："1981 年我在参与起草《关于建国以来党的若干历史问题的决议》的过程中，主张要将我国仍处在'社会主义初级阶段'的判断写入文件，以便更深刻地认识走过的弯路。当时有的同志不同意这样做，还发生了争论。但最后，'社会主义初级阶段'的概念还是写进了文件。"④

1987 年，党的十三大报告第一次对社会主义初级阶段做了系统的论

① 邓小平．邓小平文选：第 2 卷．北京：人民出版社，1994：312.
② 邓小平．邓小平文选：第 3 卷．北京：人民出版社，1993：252.
③ 苏绍智，冯兰瑞．无产阶级取得政权后的社会发展阶段问题．经济研究，1979（5）.
④ 于光远．背景与论题：对改革开放初期若干经济理论问题讨论的回顾．经济科学，2008（6）.

述，指出："我国正处在社会主义的初级阶段。这个论断，包括两层含义。第一，我国社会已经是社会主义社会。我们必须坚持而不能离开社会主义。第二，我国的社会主义社会还处在初级阶段。我们必须从这个实际出发，而不能超越这个阶段。在近代中国的具体历史条件下，不承认中国人民可以不经过资本主义充分发展阶段而走上社会主义道路，是革命发展问题上的机械论，是右倾错误的重要认识根源；以为不经过生产力的巨大发展就可以越过社会主义初级阶段，是革命发展问题上的空想论，是'左'倾错误的重要认识根源。""正因为我们的社会主义是脱胎于半殖民地半封建社会，生产力水平远远落后于发达的资本主义国家，这就决定了我们必须经历一个很长的初级阶段，去实现别的许多国家在资本主义条件下实现的工业化和生产的商品化、社会化、现代化。""经过三十多年来社会主义的发展，我国当前的情况是怎样的呢？一方面，以生产资料公有制为基础的社会主义经济制度、人民民主专政的社会主义政治制度和马克思主义在意识形态领域中的指导地位已经确立，剥削制度和剥削阶级已经消灭，国家经济实力有了巨大增长，教育科学文化事业有了相当发展。另一方面，人口多，底子薄，人均国民生产总值仍居于世界后列。突出的景象是：十亿多人口，八亿在农村，基本上还是用手工工具搞饭吃；一部分现代化工业，同大量落后于现代水平几十年甚至上百年的工业，同时存在；一部分经济比较发达的地区，同广大不发达地区和贫困地区，同时存在；少量具有世界先进水平的科学技术，同普遍的科技水平不高，文盲半文盲还占人口近四分之一的状况，同时存在。生产力的落后，决定了在生产关系方面，发展社会主义公有制所必需的生产社会化程度还很低，商品经济和国内市场很不发达，自然经济和半自然经济占相当比重，社会主义经济制度还不成熟不完善；在上层建筑方面，建设高度社会主义民主政治所必需的一系列经济文化条件很不充分，封建主义、资本主义腐朽思想和小生产习惯势力在社会上还有广泛影响，并且经常侵袭党的干部和国家公务员队伍。这种状况说明，我们今天仍然远没有超出社会主义初级阶段。""我国从五十年代生产资料私有制的社会主义改造基本完成，到社会主义现代化的基本实现，至少需要上百年时间，都属于社会主义初级阶段。这个阶段，既不同于社会主义经济基础尚未奠定的过渡时期，又不同于已经实现社会主义现代化的阶段。我们在现阶段所面临的主要矛盾，是人民日益增长的物质文化需要同落后的社会生产之间的矛盾。阶级斗争在一定范围内还会长期存在，但已经不是主要矛盾。为了解决现阶段的主要矛盾，就必须大力发展商品经济，提高劳动生产率，逐步实现工业、农业、国防和科学技术的现代化，并且为此而改革生产关系和上层建筑中不适应生产力发展的部分。"

此后，党的十四大、十五大、十六大、十七大和十八大都重申和强调了我国仍处于社会主义初级阶段的问题。习近平总书记在党的十九大报告中也重申："我国仍处于并将长期处于社会主义初级阶段的基本国情没有变，我国是世界最大发展中国家的国际地位没有变。全党要牢牢把握社会主义初级阶段这个基本国情，牢牢立足社会主义初级阶段这个最大实际，牢牢坚持党的基本路线这个党和国家的生命线、人民的幸福线，领导和团结全国各族人民，以经济建设为中心，坚持四项基本原则，坚持改革开放，自力更生，艰苦创业，为把我国建设成为富强民主文明和谐美丽的社会主义现代化强国而奋斗。"

党的十一届三中全会以前，我国社会主义建设出现严重失误的根本原因，就是提出的目标任务和政策措施超越了社会主义初级阶段这个最基本的国情。比如，中国的社会生产力很落后，生产的社会化程度远未达到可以实行生产资料全面公有化的程度，但是在改革开放前，我国却是公有制一统天下，私营经济被全部消灭，个体经营企业全国只剩下十几万家。这就不能很好地调动亿万群众的生产经营积极性，导致各种产品严重短缺，数亿人的温饱问题都没有解决，社会主义的优越性无法显现出来。随着技术的进步，产品种类不断增加，质量不断提高，人们对产品的个性化需求越来越多，规模经营往往不再是有效的选择，因此我们到现在还看不到生产要素全面公有化和消灭个体生产经营的前景。又如，商品市场经济的发展是人类社会发展不可逾越的阶段，而改革开放前我国却在商品市场经济很不发达的情况下，排斥市场，限制商品生产和交换的发展，这种超前做法严重阻碍了社会生产力的发展，影响财富的增长和积累。与此不同，改革开放后我国经济的迅速起飞，源于我们采取的各项方针政策都是从中国仍处于而且将长期处于社会主义初级阶段的国情出发的，能够充分调动广大群众和各方面的积极性，使原来被束缚的各种生产潜力释放出来，也就是充分解放和发展了社会生产力，从而使社会主义的优越性彰显出来。

中国特色社会主义经济理论也是如此。改革开放以来形成和发展的中国特色社会主义经济理论，也是基于中国仍然处于而且将长期处于社会主义初级阶段的判断。中国特色社会主义经济理论的主体——社会主义市场经济论，就是基于中国仍然处于社会主义初级阶段，生产力发展水平很低，需要借助市场机制搞活经济，需要借助市场经济不断提高资源配置的效率，赶超经济发达国家，为老百姓共同富裕打下坚实的基础。此外，公有制为主体、多种所有制经济共同发展的基本经济制度及其理论，也是立足于我国仍然处于社会主义初级阶段，既要坚持公有制为主体，又要让个体、私营以及外资经济存在和发展，以便广开就业门路，更好更快地把国民经济搞上去，第一步解决老百姓的温饱问题，第二步实现温饱有余的小康，第三步过上富裕的美好生活。

## 第三节 中国特色社会主义最鲜明的特点是改革开放

中国特色社会主义最鲜明的特点是改革开放,这是中国特色社会主义与传统社会主义的根本区别所在。这一论断是由党的十七大报告做出的。因此,中国特色社会主义经济理论的最鲜明的特点也是改革开放,并且是在经济改革开放中不断发展的。党的十七大报告指出:"一九七八年,我们党召开具有重大历史意义的党的十一届三中全会,开启了改革开放历史新时期。""新时期最鲜明的特点是改革开放。从农村到城市、从经济领域到其他各个领域,全面改革的进程势不可当地展开了;从沿海到沿江沿边,从东部到中西部,对外开放的大门毅然决然地打开了。这场历史上从未有过的大改革大开放,极大地调动了亿万人民的积极性,使我国成功实现了从高度集中的计划经济体制到充满活力的社会主义市场经济体制、从封闭半封闭到全方位开放的伟大历史转折。"

中国特色社会主义是在总结我国近三十年的社会主义建设经验教训的基础上逐步确立的。正如党的十七大报告所指出的:"面对十年'文化大革命'造成的危难局面,党的第二代中央领导集体坚持解放思想、实事求是,以巨大的政治勇气和理论勇气,科学评价毛泽东同志和毛泽东思想,彻底否定'以阶级斗争为纲'的错误理论和实践,作出把党和国家工作中心转移到经济建设上来、实行改革开放的历史性决策,确立社会主义初级阶段基本路线,吹响走自己的路、建设中国特色社会主义的时代号角,创立邓小平理论,指引全党全国各族人民在改革开放的伟大征程上阔步前进。"

改革开放使中国社会经济面貌在短短的 40 年发生了翻天覆地的变化。中国经济总量从 1978 年的世界第十一位跃居到 2010 年的世界第二位,成为世界第一制造大国、第一货物出口大国、重要对外投资国。2017年我国国内生产总值占世界的份额为15％左右，比1978年提高了13.2个百分点。2013年到2017年，中国对世界经济增长的平均贡献率超过30％。中国经济的迅速起飞，被全世界赞为"中国奇迹"，成为世界各国经济学家争相研究的热门课题。中国改革开放的成功实践无可争辩地证明，中国走上中国特色社会主义道路是完全正确的，中国特色社会主义理论包括经济理论具有无比强大的生命力。

中国特色社会主义是与时俱进、不断发展的。随着改革开放的深化和发展，随着中国特色社会主义事业的发展，中国特色社会主义理论也在不断发展。邓小平理论、"三个代表"重要思想、科学发展观、习近平新时代中国特色社会主义思想，是中国特色社会主义不断发展的主要标志，其中，习近平新时代中国特色社会主义思想是最新的重大理论创新成果。

中国特色社会主义经济理论也是在改革开放大潮中形成并日益丰富和发展的。由于中国改革一直以经济改革为重点，经济改革成效特别显著，因此，经济改革理论成果比较多，也比较突出。比如，由于中国经济改革的目标模式是建立社会主义市场经济体制，因此社会主义市场经济论可以看作中国改革开放的主要理论支柱。当然，社会主义市场经济论的形成和完善不是一蹴而就的。改革开放初期是引入市场机制，让经济活跃起来。接着是确认社会主义经济也是一种商品经济，商品经济的高度发展是社会经济发展不可逾越的阶段。再进一步，大家首先认识到，在生产社会化条件下，商品经济实质上就是市场经济，社会主义市场经济使市场在资源配置中起基础性作用，接着认识到市场在资源配置中起决定性作用，同时要更好发挥政府的作用。又如，作为我国经济社会发展基础的公有制为主体、多种所有制经济共同发展的基本经济制度，其理论概括即社会主义基本经济制度理论，则是中国特色社会主义经济理论的基石。以开放促改革促发展，对外开放有力地推动我国经济腾飞，我国形成了全新的对外开放理论，其构成中国特色社会主义经济理论的重要组成部分。改革开放初期，兴办深圳、珠海、汕头、厦门四个经济特区是对外开放的重大步骤，是利用国外资金、技术、管理经验来发展社会主义经济的崭新试验，取得了很大成就。之后，又相继开放十几座沿海城市，在长江三角洲、珠江三角洲、闽东南地区、环渤海地区设立经济开放区，批准海南建省并成为经济特区。接着开发浦东新区等。2001年，加入世界贸易组织，标志着我国对外开放进入新阶段。党的十八大以后，对外开放又迈出了新的步伐，建立了上海等11个自由贸易试验区，探索建立自由贸易港，扩大内陆沿边开放，倡导"一带一路"建设，扩大对外投资，构建开放型经济新体制，倡导经济全球化，反对逆全球化，积极参与改善全球经济治理，提出构建人类命运共同体等。中国的国际影响力在扩大开放中不断提升，习近平新时代中国特色社会主义经济思想也在扩大对外开放中不断增添新的内容。

## 第四节　中国特色社会主义经济理论的主线是市场化

中国特色社会主义经济理论的主线是市场化。这是因为，中国的改革开放是从在经济活动中引进市场机制开始的，中国特色社会主义经济理论的深化和发展，是建立在市场化改革的步步推进基础上的。请看历史。

改革开放之初，我国是从引入市场机制开始逐步搞活经济的。首先，在农村实行家庭联产承包责任制，使农民有生产经营自主权，农民可以把自己的农副产品拿到市场上销售，从而大大调动了农民的积极性，农业生产迅速恢复和发展。其次，逐步放开小商品、农副产品、工业消费品的价格，结果是放到哪里活到哪里，上述商品价格一放开，虽然价格会有一定上涨，但供应会迅速增加，价格也随之稳定下来，从而带来市场的繁荣，改革先行地区首先尝到甜头。再次，国有企业也开始扩大自主权，这种放权让利的改革使企业具有一定的活力。最后，实行对外开放，兴办经济特区，引进外资，引进先进技术和经营管理经验，使许多人大开眼界，产生了追赶发达国家和地区的紧迫感。

确认社会主义经济是商品经济，使市场化改革逐步扩展。20 世纪 80 年代初，随着市场机制对许多社会经济活动的渗透，以及价值规律调节作用范围的扩大，一些经济学家认为社会主义经济也是一种商品经济，企业是具有独立经济利益的商品生产者和经营者。尽管这一主张受到另一些经济学家的质疑和反对，但是由于市场取向改革成效显著，改革潮流势不可当。1984 年，党的十二届三中全会做出了《中共中央关于经济体制改革的决定》，肯定了社会主义经济是在公有制基础上的有计划的商品经济，肯定了商品经济是社会经济发展不可逾越的阶段，主张建立社会主义有计划的商品经济新秩序新体制，进一步确认市场调节的作用。此后，市场化改革进一步推进到经济领域的许多方面，党的十三大报告提出要建立"国家调节市场，市场引导企业"的机制，市场作用的范围是覆盖全社会的，进一步明确了价值规律的调节作用。

改革并未止步。尽管 20 世纪 80 年代末出现那场政治风波后，曾有人对前几年的市场取向改革表示质疑，甚至提出要倒退回"计划取向"，但是没有掀起大浪。相反，一些经济学家认为应当坚持市场取向改革，社会主义商品经济实质上是社会主义市场经济，或有宏观管理的市场经济。特别是，邓小平从 1990 年起就明确指出，计划和市场都是经济手段。1992 年春在南方谈话中，邓小平更是明确指出："计划多一点还是市场多一点，不是社会主义与资本主义的本质区别。计划经济不等于社会主义，资本主义也有计划；市场经济不等于资本主义，社会主义也有市场。计划和市场都是经济手段。"这就为确立社会主义市场经济体制改革目标提供了最坚定的政治支持。

与此同时，时任中共中央总书记江泽民也于 1991 年 10—12 月召开了专家座谈会，邀请中国社会科学院、国务院发展研究中心、国家体改委、国家计委宏观经济研究院、中国银行等部门专家近 20 人，就将于 1992 年召开的党的十四大如何确定经济体制改革目标等听取意见。座谈会总共召开了十一次，每次半天，都由江泽民总书记亲自主持并不时插话。这十一次座谈会的主要成果是酝酿了"社会主义市场经济体制"的倾向性提法，同时还对这一重要提法给出了两点解释：一是市场在资源配置中起基础性作用；二是市场是有国家宏观调控而不是放任自流的。这就为江泽民总书记 1992 年 6 月 9 日在中央党校的讲话和 1992 年 10 月党的十四大确立社会主义市场经济体制改革目标提供了重要的理论准备。

1992 年 10 月，江泽民总书记在党的十四大报告中指出："实践的发展和认识的深化，要求我们明确提出，我国经济体制改革的目标是建立社会主义市场经济体制，以利于进一步解放和发展生产力。""我们要建立的社会主义市场经济体制，就是要使市场在社会主义国家宏观调控下对资源配置起基础性作用。"

社会主义市场经济体制改革目标确立后，中国市场化改革大步推进。首先，国有企业改革从过去放权让利转向制度创新，明确国企改革的方向是建立现代企业制度，其基本特征是产权清晰、权责明确、政企分开、管理科学，以便适应市场经济的发展。通过对国有经济布局和结构进行战略性调整以及对国有大中型企业进行股份制公司制改革，使国有经济走出困境，许多国有大中型企业转换了经营机制，提高了活力和市场竞争力，国有经济的控制力得到增强。与此同时，乡镇企业异军突起，成为一段时间经济发展的重要生力军。其次，个体、私营等非公有制经济大发展。1993 年、1994 年、1995 年私营经济数量增幅均在 50％以上。1997 年，党的十五大报告进一步肯定了个体、私营等非公有制经济是我国社会主义市场经济的重要组成部分。由于个体、私营等非公有制经济的快速发展，到 2017 年，非公经济对 GDP 的贡献已超过 60％，占全社会固定资产投资的比重已超过 60％，对国家税收的贡献超过 50％，对新增就业岗位的贡献超过 80％。再次，对财政体制进行了重大改革。1994 年实行了适应市场经济发展的分税制改革，即在中央和地方两级财政之间实行分税制，改变原来实行的地方财政包干制。这一改革，不但促进了财政收入的迅速增长，1993 年全国一般公共预算收入为 4 348.95 亿元，而到 2016 年，已猛增到 159 552.08 亿元，名义增长 35 倍多；而且逐步提高了中央财政收入的比重，1993 年中央财政收入占国家财政收入的比重为 22％，而到 2016年，这一比重已上升到超过 45％，这就使中央对地方的转移支付能力大大增强。进入 21 世纪后，财政体制又进行了重大转型，即从经济建设型财政向公共服务型财政转变，要求逐步实现对全体居民基本公共服务均等化，加大扶贫资金投入，提高对欠发达地区和低收入群体的支出比重。最后，2001 年 12 月我国正式加入世界贸易组织，自此我国对外开放进入了新的阶段。加入世界贸易组织是顺应经济全球化潮流的重大举动，具有里程碑意义。实践证明，入世对中国的利大于弊。入世后，中国的经济实力、对外贸易、利用外资、外汇储备等的增速都加快了，中国对世界经济增长的贡献率提高了。而且，入世不仅进一步扩大了对外开放，还有力地促进了市场化改革，更使中国一批同市场经济一般规则相抵触的法律法规和政策得以废止和修改。

党的十八大以后，中国市场化改革继续向纵深推进。2013 年，党的十八届三中全会做出了《中共中央关于全面深化改革若干重大问题的决定》，决定用市场在资源配置中起决定性作用的提法，代替已沿用 21 年的市场在资源配置中起基础性作用的提法。决定性作用能更加确切和鲜明地表达市场机制对资源配置的支配作用，更好地反映市场经济的基本规律，即价值规律的内在要求。该决定还明确指出："紧紧围绕使市场在资源配置中起决定性作用深化经济体制改革。"此后，市场化改革在经济各领域纵深发展，69 家央企已于 2017 年转为公司制；国有企业混合所有制改革陆续推开，为垄断行业放开竞争性业务打开了一条通道；开展混合所有制企业员工持股试点并取得不少经验；开展国有资本投资和运营公司试点、扩大公司董事会职权试点等；商事制度改革促进了市场主体的快速增长，2017 年新办企业日均增加量达到 1.6 万多家，而在 2013 年为 6 000 多家；价格改革继续迈步，到 2016 年年底，97％以上的商品和服务的价格已放开由市场调节，剩下不到 3％属于政府定价的部分基本上被限定在重要公用事业、公益性服务、网络型自然垄断环节；对外开放力度加大，已建立 11 个自由贸易试验区，外商投资负面清单已由 2013 年的 190 项减少至 2017 年的 95 项，减少了一半；等等。

## 第五节　中国特色社会主义经济理论在渐进式改革中不断发展

中国的经济改革是渐进式推进的，俗称"摸着石头过河"，中国特色社会主义经济理论是在渐进式改革中不断发展的。

改革开放不久，由于引入了市场机制，经济开始活跃起来，物资供应逐渐丰富，特别是放开价格的改革，放到哪里活到哪里，成效显著，于是有的经济学家提出一次放开价格的思路。[①] 1987 年，国家体改委委托八个课题组做 1988—1995 年中期改革规划时，有的课题组也提出过争取三五

---

① 吴稼祥，等 . 管住货币一次放开价格的思路 . 世界经济导报，1988-08-08.

年实现我国经济运行机制转轨的设想。[①] 有人将主张上述观点的经济学家称为急进改革派。但是，中国的实际情况却要求中国改革只能走渐进式改革的路子，实践也证明渐进式改革是中国经济改革唯一正确的选择。这是因为中国实行改革开放时仍处于社会主义初级阶段，经济比较落后，居民收入和生活水平很低，农村大部分人仍未解决温饱问题。在这种情况下，实行急进改革，包括一次放开价格，会带来群体利益的重大变化，容易引发社会震荡，影响社会稳定。以一次放开价格为例，由于计划经济体制下长期实行行政定价，价格结构严重扭曲，有的偏高，有的偏低，如果一下子放开价格，原来价格偏低的生产者和经营者就会获利颇丰，而原来价格偏高的生产者和经营者就会利益受损。这种利益的剧烈变化会影响一部分人的基本生活，不利于改革的稳步推进。中国 1979—1984 年以调整价格为主，只放开小商品和部分农产品价格，结果年均价格上涨率只有 3% 左右。与此不同，1985 年以后以放开价格为主，此后有一段时间物价上涨得就比较厉害，如 1988 年和 1989 年分别上涨 18.8% 和 18%，1994 年更是上涨了 24.1%。可以想象，如果没有改革初期头五年以调整价格为主，而是从一开始就全面放开价格，物价上涨率肯定会高得多，在这种情况下，改革是很难顺利推进的。改革开放 40 年，中国消费者价格指数年均上涨率不到 5%，做到了在保持物价大体稳定的条件下推进改革，使改革稳步深化，这正是中国改革进展比较顺利的重要原因。

渐进式改革也突出地表现在从经济改革起步，逐渐发展为"五位一体"改革。1978 年年末开始的改革是从经济体制改革开始的，首先在经济活动中引入市场机制，使经济活跃起来，接着试办经济特区、利用外资等，经济随即快速增长。1992 年确立社会主义市场经济体制改革目标后，

---

① 国家经济体制改革委员会综合规划司. 中国改革大思路. 沈阳：沈阳出版社，1988.

市场化改革全面加快。2001 年加入世界贸易组织后，我国对外开放步伐加快，改革和开放相互促进。进入 21 世纪后，随着社会主义市场经济体制的逐步完善和经济的持续快速发展，除经济体制改革外，政治、文化、社会和生态文明体制的改革也日显重要与迫切。2012 年，党的十八大顺势提出全面深化改革的任务，2013 年党的十八届三中全会落实十八大精神，进一步提出全面推进经济体制、政治体制、文化体制、社会体制和生态文明体制"五位一体"的改革任务。这也标志着中国改革进入了一个崭新的阶段。首先，改革的目标更高更全面。过去主要提经济体制改革的目标即建立和完善社会主义市场经济体制，而党的十八届三中全会决定确定全面深化改革的总目标是完善和发展中国特色社会主义制度，推进国家治理体系和治理能力现代化。这在理论概括上又上了一个层次。其次，全面深化改革是经济体制、政治体制、文化体制、社会体制和生态文明体制"五位一体"的改革，虽然经济体制改革是全面深化改革的重点，但现在明确提出全面推进"五位一体"的改革。再次，提出全面深化改革是经济体制改革深化的逻辑必然结果。实际上，中国的经济体制改革从一开始就不是单兵突进的，在经济体制改革过程中，为配合和适应经济体制改革，中国一直在逐步推进政治、文化、社会和生态文明体制改革并取得了明显成效。每次党代表大会报告中的改革部分除了着重论述经济体制改革外，都会分别论述政治体制、文化体制、社会体制等方面的改革。1997 年党的十五大报告就提出了依法治国的方略。2004 年党的十六届四中全会专门做出了关于加强党的执政能力建设的决定。2005 年党的十六届五中全会通过的关于"十一五"规划的建议就提出了加快行政管理体制改革是全面深化改革和提高对外开放水平的关键，还提出了要建设资源节约型和环境友好型社会。2011 年，党的十七届六中全会通过了《中共中央关于深化文化体制改革推动社会主义文化大发展大繁荣若干重大问题的决定》。

2007年，党的十七大报告第一次把加快推进以改善民生为重点的社会建设独立为一大部分，同经济建设、政治建设、文化建设并列，而党的十八大报告又进一步把大力推进生态文明建设独立设一部分，形成经济建设、政治建设、文化建设、社会建设和生态文明建设"五位一体"的总体布局。可见，中国改革理论包括经济改革理论是随着改革的深化而不断发展和丰富的。

渐进式改革也并非十全十美。渐进式改革的最大问题是在改革过程中会产生不同的利益群体，在利益固化后某些群体会逐渐成为改革的阻力。最突出的例子是，在改革福利分房制度、实行住房商品化市场化后，一部分在改革中获利较多的人群由于拥有较多较大的住房，会成为推进房地产税改革的反对者，因为实行房地产税会使他们多缴税，利益受损，动了他们的奶酪。又如党的十八届三中全会决定明确指出要健全多层次资本市场体系，推进股票发行注册制改革，但是，现在谁要是提出要真正推进股票发行注册制改革，上亿的股民就会骂谁，因为他们担心实行股票发行注册制改革后，上市的股票数量多了，会使股票价格下跌，损害他们的利益，以至现在连证券监管部门都避免谈及股票发行注册制改革。改革政府审批体制也是困难重重，原因在于取消审批制后，原来手中有审批权力的官员必然丧失许多利益。这也是政府直接配置资源过多过滥的重要原因。

针对这种情况，为了更好地深化市场化改革，就更需要有顶层设计和自上而下力推改革。党的十八届三中全会做出的《中共中央关于全面深化改革若干重大问题的决定》的一个大的亮点就是："中央成立全面深化改革领导小组，负责改革总体设计、统筹协调、整体推进、督促落实。"这一决定做出后，近年改革不断深化的实践充分证明：中央成立全面深化改革领导小组的决策是非常正确和及时的，对推动改革起到了不可替代的重要作用。正是中央全面深化改革领导小组的顶层设计和有力推动，才使改革冲破了一个个利益固化的藩篱，继续向前。

## 第六节　党的十九大报告对经济改革做了进一步部署，对经济改革理论做了进一步概括

习近平总书记在党的十九大报告中深刻指出："经过长期努力，中国特色社会主义进入了新时代，这是我国发展新的历史方位。"党的十九大确立习近平新时代中国特色社会主义思想为党的指导思想，这是中国特色社会主义发展的最新成果，意味着中国特色社会主义建设进入崭新的阶段。新时代经济改革必须以习近平中国特色社会主义经济思想为指导。党的十九大报告是习近平新时代中国特色社会主义思想的最新概括，也为进一步深化经济改革指明了方向。

习近平总书记在党的十九大报告中还指出："我国经济已由高速增长阶段转向高质量发展阶段，正处在转变发展方式、优化经济结构、转换增长动力的攻关期，建设现代化经济体系是跨越关口的迫切要求和我国发展的战略目标。"动力变革成为推动经济发展的三大变革之一（另外两个为质量变革和效率变革）。大家知道，经济体制改革主要就是为经济发展提供动力。因此，寻找和研究新时代新动力，以便更好地推动经济高质量发展，具有重要意义。这说明：新时代对经济改革做出了进一步部署，对经济改革理论有进一步概括。根据我们的学习体会，新时代新动力至少有以下几个方面：

第一，创新是引领发展的第一动力。

党的十九大报告强调："创新是引领发展的第一动力，是建设现代化经济体系的战略支撑。"创新包括科技创新、制度创新、理论创新、管理

创新、文化创新等，要以科技创新引领全面创新。这就要加快创新型国家的建设，使社会生产力和劳动生产率的提高主要依靠科技进步和创新，拥有一批世界一流的科研机构、实验室、研究型大学和创新型企业。要认真实施创新驱动发展战略，面向世界科技前沿、面向经济主战场、面向国家重大需求，推动科技创新重点领域取得新突破。我国产业要达到中高端水平，不断提高全要素生产率，实现高质量发展，就要大力推进科技创新，提高科技进步对经济增长的贡献率。党的十八大以来，我国在这个方面已取得显著成就，科技进步对经济增长的贡献率从 2012 年的 52.2% 提高到 2017 年的 57.5%，有力地推动了产业的转型升级。但是还不够，不少发达国家科技进步对经济增长的贡献率超过 70%，我们还需大力追赶。虽然我国已经拥有一批具有国际先进水平的技术和产业，但是还远远不够。有不少制造业的核心技术我国尚未很好掌握，比如我国一年进口芯片的费用就高达 2 200 多亿美元，主要是自己不具备生产高端芯片的能力。我国在核心技术、关键技术上对外依存度为 50%，与发达国家 30% 以下的水平相比有较大差距。要促进我国产业迈向全球价值链中高端，培养若干世界级先进制造业集群，就要不断增加对研发的投入，逐步提高研发投入占国内生产总值的比重，比如从 2017 年的 2.12% 增加到 2025 年的 3% 以上。加强国家创新体系建设，加强知识产权保护和激励，建设高端科技创新人才队伍，促进各类人才合理流动，充分发挥科技是第一生产力的作用。

党的十九大做出了决胜全面建成小康社会，开启全面建设社会主义现代化国家新征程的历史性决策，要求到 2020 年全面建成小康社会，到 2035 年基本实现现代化，到 2050 年把我国建成富强民主文明和谐美丽的社会主义现代化强国。实现这一雄伟目标，意味着我国产业升级到中高端和高端，经济增长越来越依靠全要素生产率的提高，进入高收入国家行列并逐渐达到中等发达国家水平。这就意味着今后更加需要依靠科技创新和进步，以便大幅度提高经济发展质量和效率，使创新真正成为引领发展的第一动力。

第二，挖掘和发挥好各种新动能。

党的十九大报告指出："深化供给侧结构性改革。建设现代化经济体系，必须把发展经济的着力点放在实体经济上，把提高供给体系质量作为主攻方向，显著增强我国经济质量优势。加快建设制造强国，加快发展先进制造业，推动互联网、大数据、人工智能和实体经济深度融合，在中高端消费、创新引领、绿色低碳、共享经济、现代供应链、人力资本服务等领域培育新增长点、形成新动能。"

党的十八大以来，随着经济的转型升级，经济发展方式转变，供给侧结构性改革日益深化，各种各样的新动能不断涌现，从由传统动能为主逐步转变为新动能崛起，创业创新、网络经济、数字经济、分享经济等加快发展。比如国家信息中心分享经济研究中心与中国互联网协会分享经济工作委员会联合发布的《中国分享经济发展报告 2017》指出：我国分享经济市场交易额约为 3.5 万亿元，比 2016 年增长了 103％。有的专家估计：到 2025 年左右，中国信息消费总额将接近 2 万亿美元，电子商务交易规模将达到 10 万亿美元。2016 年高技术产业增加值占规模以上工业增加值的比重达到 12.4％，比 2012 年提高 3 个百分点。国家统计局于 2018 年 4 月 13 日对外公布：初步测算，2016 年我国新产业、新业态、新模式等"三新"经济增加值约为 113 719 亿元，相当于 GDP 的 15.3％，按现价计算，"三新"经济增加值增速为 11.8％，高于 GDP 现价增速 3.9 个百分点。新产业、新业态、新模式带来的新动能促进了就业的快速增长。李克强总理在 2017 年夏季达沃斯论坛上指出：在 2016 年城镇新增就业中，新动能的贡献率占 70％左右。有报道指出：据有关机构估算，新动能对经济增长的贡献率超过 30％。

劳动力是生产力最活跃的因素。过去我们靠庞大的低成本劳动力扩大生产规模，成为经济高速增长的重要因素。现在要转向高质量发展，就不能继续靠农民工干粗活累活，而要对劳动力进行专业和技术培训，让他们干细活，做工匠，让机器人干一些粗活累活。加快发展高技术新兴产业，更要培养造就一大批具有国际水平的战略科技人才、科技领军人才、青年科技人才和高水平创新团队。这就要大力发展教育事业，加快教育现代化，发展职业教育，培训在职职工，全面提高教育质量，提高经济社会发展各个层面劳动者的素质，更好发挥人力资本的作用，包括激发和保护企业家精神，从而实现劳动力从数量红利向质量红利的转变。这是动力变革的一个重要内容。

党的十九大报告强调保持土地承包关系稳定并长久不变，明确第二轮土地承包到期后再延长 30 年。这一重大决策使农村土地承包关系从第一轮承包开始保持稳定长达 75 年，充分表明中央坚定保护农民权益的决心，给广大农民吃了一颗"定心丸"，有利于保护和调动农民的生产经营积极性，成为发展农业生产的新动能。2016 年年底中央发布《关于完善农村土地所有权承包权经营权分置办法的意见》，实行土地所有权、承包权、经营权"三权分置"。这是我国农村改革的重大举措，能够有力地推进农业现代化进程。党的十八大以来，中国城镇化率年均提高 1.2 个百分点，8 000 多万农业转移人口成为城镇居民，2017 年常住人口城镇化率上升到58.5％。今后城镇化率将进一步提高，从而带动劳动生产率的提高。

第三，以开放促改革促发展，是我国改革开放近 40 年的宝贵经验。

党的十九大报告提出："推动形成全面开放新格局。开放带来进步，封闭必然落后。中国开放的大门不会关闭，只会越开越大。要以'一带一路'建设为重点，坚持引进来和走出去并重，遵循共商共建共享原则，加强创新能力开放合作，形成陆海内外联动、东西双向互济的开放格局。拓展对外贸易，培育贸易新业态新模式，推进贸易强国建设。"党的十八大以来，中国对外开放步伐加快，成效显著；提出了"一带一路"倡议，建立了上海等 11 个自由贸易试验区，坚决捍卫经济全球化和推动经济全球化朝着更加开放、包容、普惠、平衡、共赢的方向发展，提出构建人类命运共同体，优化区域开放布局，促进贸易和投资自由化便利化，创新对外投资合作方式等。党的十九大的上述关于进一步全面开放的部署，必将为中国经济的高质量发展注入强大动力。

第四，最根本的是要加快完善社会主义市场经济体制。

党的十九大报告指出："经济体制改革必须以完善产权制度和要素市场化配置为重点，实现产权有效激励、要素自由流动、价格反应灵活、竞争公平有序、企业优胜劣汰。"现代产权制度是社会主义市场经济体制的基石，其基本特征是归属清晰、权责明确、保护严格、流转顺畅。党的十八届三中全会通过的《中共中央关于全面深化改革若干重大问题的决定》，把完善产权保护制度列为经济体制改革部分的第一项重要举措。党的十九大报告进一步把完善产权制度作为经济改革重点，这是很有针对性的，因为近几年在工作中落实产权保护制度不够，一度导致民间资本外流和民间资本的固定资产投资增速下滑（比如 2016 年民间资本的固定资产投资增速仅为 3.2%，而上一年则为 10.2%）。为此，2016 年 11 月 27 日，中共中央、国务院公布了《关于完善产权保护制度依法保护产权的意见》，此后文件落实情况较好，这就让各类市场主体特别是非公经济市场主体投资创业吃了"定心丸"。党的十九大报告把完善产权制度作为今后经济改革的重点，是对党的十八届三中全会决定的继承和发展。关于要素市场化配置，实际上是市场在资源配置中起决定性作用的另一种说法。与要素市场化配置相呼应，党的十九大报告专门提出要加快要素价格市场化改革，这是一个亮点，是落实市场在资源配置中起决定性作用、使市场机制有效的重大举措。

对深化国有企业改革做出了进一步的顶层设计。党的十九大报告指出："要完善各类国有资产管理体制，改革国有资本授权经营体制，加快国有经济布局优化、结构调整、战略性重组，促进国有资产保值增值，推动国有资本做强做优做大，有效防止国有资产流失。深化国有企业改革，发展混合所有制经济，培育具有全球竞争力的世界一流企业。"国有企业改革是中国经济改革中最困难的改革，是真正的硬骨头。党的十八大以来，虽然国有企业改革有所加快并取得不少进展，但人们期望能更快些、取得更多实质性进展。这次报告提出的许多改革任务，是过去党的文件中曾提出过的，由于尚未很好完成，所以需要重申。同时，报告也提出了新的具有更高要求的改革举措。比如，提出推动国有资本做强做优做大，对党的十八届三中全会决定所说的国有资产监管机构"以管资本为主"提出了明确的要求。又如，培育具有全球竞争力的世界一流企业，也反映了中国经济实力的强大和建设现代化经济体系的高标准要求。

进一步营造公平竞争的市场环境，激发各类市场主体活力。党的十九大报告提出："全面实施市场准入负面清单制度，清理废除妨碍统一市场和公平竞争的各种规定和做法，支持民营企业发展，激发各类市场主体活力。深化商事制度改革，打破行政性垄断，防止市场垄断，加快要素价格市场化改革，放宽服务业准入限制，完善市场监管体制。"我国自贸试验区外商投资负面清单已由 2013 年的 190 项减少至 2017 年的 95 项，减少了一半。有关部门提出，要在总结前期试点经验的基础上，不断完善相关制度，确保从 2018 年起正式实行全国统一的市场准入负面清单制度。党的十九大报告中还有一些新的提法，针对性都很强，比如支持民营企业发展，防止市场垄断，加快要素价格市场化改革等，目的在于完善现代市场体系，让各类企业平等竞争，增强微观主体活力。

创新和完善宏观调控。党的十九大报告提出："创新和完善宏观调控，发挥国家发展规划的战略导向作用，健全财政、货币、产业、区域等经济政策协调机制。"与党的十八届三中全会决定比较，这次新增了区域政策，未提及价格政策。这是符合实际的。因为党的十八届三中全会决定做出后，价格改革又取得了许多新的进展，到 2016 年，97％以上的商品和服务价格均已放开由市场调节，价格政策已很难发挥其调控经济的作用。与此不同，中国是幅员辽阔的大国，区域政策对优化生产力布局、推动区域经济协调发展有重要作用，而促进重大经济结构协调和生产力布局优化，正是宏观调控的主要任务之一。

深化财税改革。党的十九大报告指出："加快建立现代财政制度，建立权责清晰、财力协调、区域均衡的中央和地方财政关系。建立全面规范透明、标准科学、约束有力的预算制度，全面实施绩效管理。深化税收制度改革，健全地方税体系。"深化财税改革很重要，也须攻坚。以税制改革为例，提高直接税比重，开征房地产税，建立综合与分类相结合的个人所得税制，完善地方税体系等，都涉及利益的重大调整，是真正难啃的硬骨头，而这些改革对于推进国家治理体系和治理能力现代化是至关重要的。

深化金融体制改革。党的十九大报告指出："深化金融体制改革，增强金融服务实体经济能力，提高直接融资比重，促进多层次资本市场健康发展。健全货币政策和宏观审慎政策双支柱调控框架，深化利率和汇率市场化改革。健全金融监管体系，守住不发生系统性金融风险的底线。"值得注意的是，这次专门提出健全货币政策和宏观审慎政策双支柱调控框架。这是很重要的，因为货币政策主要关注物价稳定，关注不出现通货膨胀，货币政策要不要关注资产价格变动一直有争议。2008 年国际金融危机爆发前，美国的物价是稳定的，但是金融资产价格大幅度上涨。危机爆发后，大家反思认为：要维持金融系统的稳定，只有关注物价的货币政策是不够的，还要有宏观审慎政策。2017 年 7 月 14—15 日举行的全国金融工作会议，就提出了双支柱调控框架。所谓宏观审慎政策，主要是把各类金融活动包括房地产金融等纳入监管，目的在于避免出现系统性金融风险。

做到了以上几点，我们就能构建起市场机制有效、微观主体有活力、宏观调控有度的经济体制，不断增强我国经济的创新力和竞争力。

新动力的部署说明了经济改革理论的重大进展。第一，经济改革扩围，不能局限于过去一直主要实行的市场化改革。在转向高质量发展阶段后，创新特别是具有引领作用的科技创新，起着越来越大的作用，创新驱动发展战略越来越重要。当然，要搞好科技创新也要靠科技体制改革，特别是要面向市场和由市场引导，这就使创新动力与市场化改革结合起来了。第二，供给侧结构性改革也是经济改革的重要组成部分。新经济、新技术、新业态、新产业等，都是推动经济高质量发展的新动能，它们也可以被看成结构调整的内涵，但由于这种变革会形成一种代替旧动能的新动能，因而能够成为新时代的一种新动力。当然，市场化改革仍是经济改革的主线，继续完善社会主义市场经济体制仍然是中国经济改革的主要议题，也是高质量发展阶段的主要动力源泉。我们看到，迄今为止，经济技术发达的国家都是在市场经济条件下实现发展的。我们要建设现代化经济体系，也要在不断完善社会主义市场经济体制下逐步实现。

## 第七节　经济改革的目的是解放和发展
## 生产力，实现共同富裕

中国实行改革开放的目的，是解放和发展生产力，使全体人民共同富裕。这是中国特色社会主义经济理论的精髓。改革开放是双目标，不是单目标，不只是解放和发展生产力，还要实现共同富裕，让人人共享改革发展的成果。

改革开放首先是解放和发展社会生产力。改革开放既要调整生产关系，也要调整上层建筑，使之适应社会生产力的发展。改革原有的经济管理体制，最重要的是要调动各个经济主体的积极性和主动性，破除各种束缚经济主体释放活力的体制、法律法规和政策，将全社会各生产要素都动员起来，使全体人民的智慧和力量竞相进发，优化资源配置，加快技术进步，提高经济效率。中国改革开放后经济迅速起飞，连续三十多年实现年均近两位数的增长，2010年起即成为世界第二大经济体，2017年人均GDP为59 660元，进入中等偏上收入国家行列，2013—2017年GDP年均增长7.1%，对世界经济增长的平均贡献率超过30%。这些都充分证明：改革开放对解放和发展生产力具有重要的意义，是决定当代中国命运的关键选择。事实雄辩地证明：改革开放是发展中国特色社会主义、实现中华民族伟大复兴的必由之路。只有改革开放才能发展中国、发展社会主义，使社会主义现代化建设走上正确的道路。

改革开放作为一场新的伟大革命，不可能一帆风顺，也不可能一蹴而就。

改革开放意味着经济管理体制的重大变化和利益关系的重大调整，肯定会同维持现状的思想观念产生冲突，同传统的社会主义经济理论产生冲突。我们看到，在改革开放初期，思想理论交锋经常出现，有时还相当激烈。比如，在否定计划经济、肯定社会主义商品经济和市场经济时，就出现了激烈的思想理论交锋。当时由于邓小平等政治领导人坚持改革开放路线，因此比较顺利地逐渐统一了认识，改革开放稳步向前推进。改革开放还涉及利益关系的调整，利益受损者（在改革开放初期这种情况不是很多）自然会想方设法阻挠或反抗，这也要靠上层的推动和坚持来打开通道。由于中国推行渐进式改革，在改革过程中不可避免会产生新的利益群体甚至固化，当改革要触动他们的利益时，他们阻挠和反抗的力量是不容小觑的。为了突破利益固化的藩篱，需要有改革开放的顶层设计，需要有权威的领导机构自上而下有力推动，如像党的十八届三中全会决定成立的中央全面深化改革领导小组那样。只有这样，改革开放才能不断深化和拓展。

改革开放也不可能一蹴而就。中国改革开放的伟大实践证明：采取渐进式改革的办法，要比采取急进式一步到位式改革的办法效果好得多，最主要的是渐进式改革有利于使改革在保持社会稳定的前提下扎实推进，而不会带来大的社会震荡，导致欲速则不达。渐进式改革使社会生产力不断得到解放和发展，国民经济活力和微观主体活力不断增强。这也是中国改革开放以来经济持续快速增长的关键所在。

改革开放的另一重要目的是逐步实现共同富裕，让人人共享发展成果。改革开放不只是要提高经济活动效率，还要改革原有吃"大锅饭"的分配制度，树立劳动光荣的观念，鼓励创新和勤劳致富，不断提高劳动生产率和全要素生产率，鼓励一部分地区和一部分人先富起来。同时，要通过财政、税收、社会保障、扶贫、基本公共服务均等化等，对收入分配进行调节，先富帮后富，逐步实现共同富裕。1993年，党的十四届三中全会通过的《中共中央关于建立社会主义市场经济体制若干问题的决定》曾提出效率优先、兼顾公平，那是针对当时经济比较落后，要尽快把国民经济搞上去的实际情况提出来的，是符合当时的实际情况的。进入21世纪后，中国经济已上了一个大台阶，但收入分配差距扩大了，公平问题逐渐突出，因此，从2004年党的十六届四中全会通过的《中共中央关于加强党的执政能力建设的决定》开始，中央文件已不再提效率优先、兼顾公平，而是既要效率又要公平、在分配特别是再分配中要更加注重公平。习近平总书记在党的十九大报告中指出："坚持在发展中保障和改善民生。增进民生福祉是发展的根本目的。必须多谋民生之利、多解民生之忧，在发展中补齐民生短板、促进社会公平正义，在幼有所育、学有所教、劳有所得、病有所医、老有所养、住有所居、弱有所扶上不断取得新进展，深入开展脱贫攻坚，保证全体人民在共建共享发展中有更多获得感，不断促进人的全面发展、全体人民共同富裕。"这段话充分体现了中国共产党全心全意为人民服务的宗旨，也充分体现了中国特色社会主义政治经济学以人民为中心的根本立场。

# 参考文献

1. 本书编写组. 党的十九大报告辅导读本. 北京：人民出版社，2017.

2. 陈君，洪南. 江泽民与社会主义市场经济体制的提出：社会主义市场经济 20 年回顾. 北京：中央文献出版社，2012.

3. 邓小平. 邓小平文选：第 3 卷. 北京：人民出版社，1993.

4. 国家经济体制改革委员会综合规划司. 中国改革大思路. 沈阳：沈阳出版社，1988.

5. 胡锦涛. 高举中国特色社会主义伟大旗帜 为夺取全面建设小康社会新胜利而奋斗. 人民日报，2007 - 10 - 16.

6. 江泽民. 高举邓小平理论伟大旗帜，把建设有中国特色社会主义事业全面推向二十一世纪. 人民日报，1997 - 09 - 22.

7. 彭森，陈立，等. 中国经济体制改革重大事件：上，下. 北京：中国人民大学出版社，2008.

8. 习近平. 决胜全面建成小康社会 夺取新时代中国特色社会主义伟大胜利. 人民日报，2017 - 10 - 19.

9. 沿着有中国特色的社会主义道路前进：在中国共产党第十三次全国代表大会上的报告（1987 - 10 - 25）.

10. 张卓元. 经济转型与改革攻坚. 北京：中国人民大学出版社，2017.

11. 张卓元，等. 新中国经济学史纲（1949—2011）. 北京：中国社会科学出版社，2012.

12. 中共中央关于建立社会主义市场经济体制若干问题的决定（1993 - 11 - 14）.

13. 中共中央关于经济体制改革的决定（1984 - 10 - 20）.

14. 中共中央关于全面深化改革若干重大问题的决定（2013 - 11 - 12）.

# 第二章 社会主义市场经济论：中国特色社会主义经济理论主要支柱

      1978 年年底实行改革开放，标志着中国开始走上建设中国特色社会主义的道路。由邓小平开创的这条崭新的社会主义道路，使中国经济社会在短短的 40 年里发生了翻天覆地的变化。中国从经济技术落后国家一跃成为世界第二大经济体，人均 GDP 从 1978 年开始实行改革开放时的 385 元飙升为 2017 年的 59 660 元，进入中等偏上收入国家行列。中国人民正满怀信心要在 2020 年全面建成小康社会，2035 年基本实现社会主义现代化，21 世纪中叶把我国建成富强民主文明和谐美丽的社会主义现代化强国，实现中华民族的伟大复兴。中国走上复兴之路，关键在于实行改革开放，逐步推进以建立和健全社会主义市场经济体制为重点的"五位一体"的改革，坚定不移地实行对外开放和建立开放型新经济体制。中国在建设中国特色社会主义的伟大实践中积累了十分丰富的经验，以马克思主义为指导总结了一系列理论成果。就经济领域来说，包括社会主义初级阶段理论，社会主义市场经济论，关于社会主义初级阶段基本经济制度的理论，按劳分配为主体、多种分配方式并存的分配理论，从发展是硬道理、科学发展观到创新、协调、绿色、开放、共享五大发展理念的发展理论，对外开放包括用好国际国内两个市场、两种资源的理论，中国经济发展进入新常态理论，供给侧结构性改革理论，推动新型工业化、信息化、城镇化、农业现代化相互协调理论，建设现代化经济体系理论，等等。这其中，最主要的应是社会主义市场经济论。社会主义市场经济论既是中国改革开放的主要理论支柱，也是中国特色社会主义经济理论的主要支柱。

这是因为：第一，中国改革开放是首先从在社会经济活动中引入市场机制、尊重价值规律的作用开始的，从而不断增强经济活力。第二，经济体制改革的核心问题是要处理好政府与市场的关系，而正是社会主义市场经济论科学地回答了这一重大问题。1992年党的十四大报告指出："我们要建立的社会主义市场经济体制，就是要使市场在社会主义国家宏观调控下对资源配置起基础性作用，使经济活动遵循价值规律的要求，适应供求关系的变化；通过价格杠杆和竞争机制的功能，把资源配置到效益较好的环节中去，并给企业以压力和动力，实现优胜劣汰；运用市场对各种经济信号反应比较灵敏的优点，促进生产和需求的及时协调。同时也要看到市场有其自身的弱点和消极方面，必须加强和改善国家对经济的宏观调控。"2013年，党的十八届三中全会通过的决定进一步指出："经济体制改革是全面深化改革的重点，核心问题是处理好政府和市场的关系，使市场在资源配置中起决定性作用和更好发挥政府作用。市场决定资源配置是市场经济的一般规律，健全社会主义市场经济体制必须遵循这条规律，着力解决市场体系不完善、政府干预过多和监管不到位问题。"第三，正是由于改革开放以来坚持了市场化改革，我国经济才迅速起飞，连续 40 年 GDP 以年均 9.5% 的速度增长，国家的经济实力和影响力、人民大众的生活水平，以人们难以想象的速度大幅提升，目前正在从世界经济大国向经济强国阔步迈进！第四，从经济思想史的角度看，一个拥有十几亿人口的大国，在社会主义制度下发展市场经济，实现社会主义与市场经济的结合，公有制与市场经济的结合，是人类社会历史上的伟大创举，这在西方主流经济学家看来是不可能的。中国发展社会主义市场经济的成功实践，以及在此基础上概括出的社会主义市场经济论，颠覆了西方经济学长期占统治地位的论断，是中国共产党人和马克思主义经济学家对科学社会主义和政治经济学的最突出的划时代的贡献！

## 第一节　社会主义市场经济论在改革大潮中逐步形成

社会主义市场经济论是在中国改革开放大潮中逐步形成的，其形成过程大体可以分为以下四个阶段："文化大革命"前的理论准备阶段，改革开放初期引入市场机制阶段，确立社会主义商品经济论阶段，确立社会主义市场经济体制改革目标阶段。

### 一、"文化大革命"前的理论准备

第一阶段，是"文化大革命"前的理论准备阶段。1949 年中华人民共和国成立后，直到"文化大革命"，中国经济学界曾多次热烈讨论社会主义经济中计划与市场的关系、社会主义商品生产、价值规律在社会主义经济中的作用等问题。很多学者都做出了突出贡献。

1956 年，孙冶方提出了把计划和统计放在价值规律基础上的著名观点。他认为：价值规律的基本内容和作用，即通过由社会平均必要劳动量决定价值来推动社会生产力的发展，以及调节社会生产或分配社会生产力等，在社会主义和共产主义社会都是存在的。[①] 1964 年，孙冶方进一步提出：千规律，万规律，价值规律第一条。1963 年孙冶方在一篇内部研究报告中还指出：利润的多少是反映企业技术水平和经营管理好坏的最综合的指标；社会平均资金利润率是每个企业达到的水平的平均值，超过平均资金利润率水平的就是先进企业，达不到这一水平的就是落后企业。[②]

1957 年，顾准发表文章提出：社会主义经济是计划经济与经济核算的矛盾统一体，价值规律是通过经济核算调节社会生产的。这种调节的最高限度的做法是："使劳动者的物质报酬与企业盈亏发生程度极为紧密的联系，使价格成为调节生产的主要工具。因为企业会自发地追求价格有利的生产，价格也会发生自发的涨落，这种涨落实际上就在调节着生产。同时全社会还有一个统一的经济计划，不过这个计划是'某些预见，不是个别计划的综合'，因此它更富于弹性，更偏向于规定一些重要的经济指标，更减少它对于企业经济活动的具体规定。"[③] 顾准实际上主张充分利用价值规律对社会主义生产的调节作用，而通过价格的自发涨落调节生产，这正是社会主义市场经济的本质要素，在这个意义上可以说，顾准是我国主张社会主义市场经济论的第一人。

当然，由于"文化大革命"前实行的是传统的社会主义计划经济体制，传统社会主义经济理论占据主流地位，因此孙冶方和顾准的上述观点和主张在当时都受到了严厉的批判。

---

① 孙冶方. 把计划和统计放在价值规律的基础上. 经济研究，1956（6）.

② 孙冶方. 社会主义计划经济管理体制中的利润指标//孙冶方全集：第 2 卷. 太原：山西经济出版社，1998.

③ 顾准. 试论社会主义制度下的商品生产和价值规律. 经济研究，1957（3）.

## 二、改革开放初期在社会经济活动中引入市场机制

1978 年 12 月，具有伟大历史意义的党的十一届三中全会开启了改革开放和社会主义现代化建设新时期。全会否定了"以阶级斗争为纲"的错误理论和实践，做出了把党和国家的工作中心转移到经济建设上来、实行改革开放的历史性决策。全会公报指出："现在我国经济管理体制的一个严重缺点是权力过于集中，应该有领导地大胆下放，让地方和工农业企业在国家统一计划的指导下有更多的经营管理自主权。""应该坚决实行按经济规律办事，重视价值规律的作用，注意把思想政治工作和经济手段结合起来，充分调动干部和劳动者的生产积极性。"

从 20 世纪 70 年代末到 80 年代初，我国在广大农村地区逐步实行包产到户，尊重农民的生产经营自主权，尊重农民的独立商品生产者地位；放开小商品和一部分农副土特产品的价格；允许个体经济的存在和发展；建立经济特区，积极利用外资；扩大国有企业生产经营自主权；等等。这些引入市场机制的改革开放举措，使我国国民经济迅速活跃起来，产出和财富快速增长，市场开始繁荣，广大干部和群众都亲身体会到市场机制的神奇作用。

经济学家也在改革实践的鼓舞下行动起来。在党的解放思想、实事求是思想路线的指引下，全国第二次经济理论研讨会于 1979 年 4 月在江苏无锡市举行，主题是"社会主义制度下价值规律的作用"。参加研讨会的有 300 多人，我国最负盛名的经济学家薛暮桥、孙冶方参加了这次会议并做了大会发言。会议收到上百篇论文，许多论文提出了具有深远影响和超前的理论观点，包括：肯定社会主义经济也是一种商品经济，肯定社会主

义经济中市场调节的作用和竞争机制的作用。[①] 有的学者提出：企业是独立的或相对独立的商品生产者和经营者，主张逐步扩大企业自主权。1980年1月，蒋一苇进一步提出著名的企业本位论。[②] 还有观点认为需对现有不合理的价格体系和管理体制进行改革，逐步缩小工农产品价格"剪刀差"等。[③] 现在看来，1979年的经济理论研讨会对中国的改革实践起着一定的先导作用。

### 三、在确立社会主义商品经济论的过程中出现尖锐的思想交锋

确立社会主义商品经济论是迈向社会主义市场经济论的重要阶段。在20世纪70年代末80年代初，包括1979年的全国第二次经济理论研讨会，我国经济学界就有不少人发表文章指出社会主义经济也是一种商品经济，价值规律在社会经济活动中起调节作用。但是，也有一些经济学家对此持反对态度，并一度引起激烈的争论。其中最突出的是，1982年，在党的十二大报告的起草过程中，参加起草工作的林涧青、袁木等五位同志给当时主管意识形态工作的胡乔木同志写了一封信，信中针对那几年在经济理论界占主流地位的强调市场机制的作用、认为社会主义经济也是一种商品经济的主张提出了批评。信中写道："在我国，尽管还存在商品生产和商品交换，但是绝不能把我们的经济概括为商品经济。如果作这样的概括，那就会把社会主义条件下人们之间的共同占有、联合劳动的关系，说成是商品等价物交换的关系；就会认定支配我们经济活动的，主要是价值规

---

① 中国社会科学院经济研究所资料室，等. 社会主义经济中计划与市场的关系：上，下. 北京：中国社会科学出版社，1980.

② 蒋一苇. 企业本位论. 中国社会科学，1980（1）.

③ 中国社会科学院经济研究所资料室，等. 社会主义制度下价格形成问题. 北京：中国社会科学出版社，1980.

律，而不是社会主义的基本经济规律和有计划发展规律。这样就势必模糊
有计划发展的社会主义经济和无政府状态的资本主义之间的界限，模糊社
会主义经济和资本主义经济的本质区别。"① 1982 年 8 月，胡乔木批转了
这封信。

自那以后，大概有一年的时间，国内论坛上出现了不少批判社会主义
经济是商品经济的文章，而主张社会主义经济也是一种商品经济的文章则
销声匿迹。但是，阻挡改革大潮的声音注定是会消失的。随着经济体制改
革的逐步推进，市场机制带来的经济活力有力地冲击着传统经济理论的框
框。从 1983 年开始，社会主义商品经济论，以更强硬的现实背景、更充
分的理论论证，重新登上中国的论坛，吸引着社会各界的关注和支持。特
别是，1984 年 10 月 20 日党的十二届三中全会做出了《中共中央关于经
济体制改革的决定》，肯定了我国社会主义经济是公有制基础上的有计划
的商品经济，以党的文件形式对经济学界这几年的争论做了总结。该决定
指出："改革计划体制，首先要突破把计划经济同商品经济对立起来的传
统观念，明确认识社会主义计划经济必须自觉依据和运用价值规律，是在
公有制基础上的有计划的商品经济。商品经济的充分发展，是社会经济发
展的不可逾越的阶段，是实现我国经济现代化的必要条件。只有充分发展
商品经济，才能把经济真正搞活，促使各个企业提高效率，灵活经营，灵
敏地适应复杂多变的社会需求，而这是单纯依靠行政手段和指令性计划所
不能做到的。"从此以后，人们对我国社会主义初级阶段经济的认识进入
一个新的阶段。

邓小平对这个决定给予了很高的评价。他在该决定通过的第三天，即
1984 年 10 月 22 日的中央顾问委员会第三次全体会议上指出："前天中央

---

① 彭森，陈立，等．中国经济体制改革重大事件：上．北京：中国人民大学出版社，2008：
120.

委员会通过这个决定的时候我讲了几句话，我说我的印象是写出了一个政治经济学的初稿，是马克思主义基本原理和中国社会主义实践相结合的政治经济学，我是这么个评价。"① "这次经济体制改革的文件好，就是解释了什么是社会主义，有些是我们老祖宗没有说过的话，有些新话。我看讲清楚了。过去我们不可能写出这样的文件，没有前几年的实践不可能写出这样的文件。写出来，也很不容易通过，会被看作'异端'。我们用自己的实践回答了新情况下出现的一些新问题。"②

这次三中全会的决定也有认识不足之处，写了一句被后来改革实践超越的观点，这就是："在我国社会主义条件下，劳动力不是商品，土地、矿山、银行、铁路等等一切国有的企业和资源也都不是商品。"

## 四、条条道路通向社会主义市场经济论

社会主义商品经济论确立后，市场化改革继续推进，个体、私营经济快速发展，国有企业放权让利改革进一步推进，乡镇企业异军突起，经济运行机制改革特别是价格改革走在前列，带动商品和服务市场日益繁荣和发展，要素市场也开始建立，宏观经济管理从直接管理向间接管理转变，实行全方位对外开放，积极参与国际市场竞争，等等。

1987 年，国家体改委组织中央和地方八个单位制定中期（三年、五年和八年）改革规划纲要，各家方案较一致的看法是：中期改革的目标，应该是通过新旧体制的转换，确立社会主义商品经济新体制的主导地位。这种新体制的基本框架是"政府调节市场，市场引导企业"，它包括相互联系的三个方面内容，即"经济运行的市场化，企业形态的公司化，宏观

---

① 邓小平. 邓小平文选：第 3 卷. 北京：人民出版社，1993：83.
② 同①91.

调控的间接化"①。有的课题组还明确指出："有计划的商品经济体制，即有宏观管理的市场经济体制"。②

1987 年，党的十三大报告指出："社会主义有计划商品经济的体制，应该是计划与市场内在统一的体制。""计划和市场的作用范围都是覆盖全社会的。新的经济运行机制，总体上来说应当是'国家调节市场，市场引导企业'的机制。国家运用经济手段、法律手段和必要的行政手段，调节市场供求关系，创造适宜的经济和社会环境，以此引导企业正确地进行经营决策。"

党的十三大以后，中国市场化改革继续深入开展，1988 年还试图进行价格改革闯关，大量放开价格，但因受到通货膨胀的干扰未成。在论坛上，主张社会主义经济就是市场经济的文章逐渐多了起来，认为由市场配置资源比由计划配置资源更有效率。但是这个势头因 1989 年出现的那场政治风波而受阻。当时有的经济学家对那几年的市场取向改革表示怀疑或否定，比如有人批判说，"他们把商品经济关系，说成是社会主义生产关系的基础，鼓吹我们要建立的就是与商品经济相适应的经济体制"。"只强调商品经济，用这只看不见的手调节一切，这样计划经济可以休矣。"他们还把"怀疑社会主义计划经济的可能性和必要性，崇尚市场调节的作用"列为"资产阶级自由化的第八个表现"。有人断言，市场经济"只能是资本主义经济"。还有人说，"市场经济，就是取消公有制，这就是说，是否定共产党的领导，否定社会主义制度，搞资本主义"。也有人说，在经济上讲"市场化"，就是"自由化"。

当然，坚持市场化改革和社会主义市场经济论的学者也大有人在。这

---

① 国家经济体制改革委员会综合规划司. 中国改革大思路. 沈阳：沈阳出版社，1988：2.

② 吴敬琏课题组. 经济体制中期（1988—1995）改革规划纲要//国家经济体制改革委员会综合规划司. 中国改革大思路. 沈阳：沈阳出版社，1988：199.

里要特别提出的是，在反驳"计划取向派"的文章中，颇有影响的是皇甫平的几篇文章。先说说背景。1991年春节前夕，邓小平在上海视察。他语重心长地对上海市的负责人说："改革开放还要讲，我们的党还要讲几十年……光我一个人说话还不够，我们党要说话，要说几十年。当然，太着急也不行，要用事实来证明。当时提出农村实行家庭联产承包，有许多人不同意，家庭承包还算社会主义吗？嘴里不说，心里想不通，行动上就拖，有的顶了两年，我们等待。""不要以为，一说计划经济就是社会主义，一说市场经济就是资本主义，不是那么回事，两者都是手段，市场也可以为社会主义服务。""希望上海人民思想更解放一点，胆子更大一点，步子更快一点。"① 中共上海市委书记朱镕基在市委常委会上传达了邓小平的讲话精神后，上海解放日报社党委书记周瑞金与报社评论部负责人凌河、中共上海市委政策研究室的施芝鸿三人，以"皇甫平"为笔名，写了四篇评论文章，在1991年2月15日至4月22日期间相继发表在《解放日报》上。其中，3月2日发表的第二篇评论《改革开放要有新思路》，提出要防止陷入某种"新的思想僵滞"，批评"有些同志总是习惯于把计划经济等同于社会主义，把市场经济等同于资本主义，认为在市场经济背后必然隐藏着资本主义的幽灵"。该文章明确提出，"资本主义有计划，社会主义有市场"，并称"这种科学认识的获得，正是我们在社会主义商品经济问题上又一次更大的思想解放"。文章认为：不能把发展社会主义商品经济和社会主义市场，同资本主义简单等同起来；不能把利用外资同自力更生对立起来；不能把深化改革同治理整顿对立起来；不能把持续稳定发展经济、不急于求成同紧迫感对立起来。"总之，进一步解放思想，是保证我们完成第二步战略目标的必要条件。"皇甫平的第三篇评论《扩大

---

① 邓小平. 邓小平文选：第3卷. 北京：人民出版社，1993：367.

开放的意识要更强些》刊登在 3 月 22 日的《解放日报》上，文章指出："如果我们仍然囿于'姓社还是姓资'的诘难，那就只能坐失良机。""如果我们还是陷在'新上海还是旧上海'的迷惘之中，那也只能趑趄不前，难以办成大事。"

皇甫平的文章也遭到一些人的批评。1991 年 4 月 20 日，《当代思潮》刊登了文章《改革开放可以不问姓"社"姓"资"吗?》。该文章写道："在自由化思潮严重泛滥的日子里，曾有过一个时髦的口号，叫作不问姓'社'姓'资'。""结果呢? 在不问姓'社'姓'资'的排斥下，有人确实把改革开放引向了资本主义化的邪路"；"不问姓'社'姓'资'，必然会把改革开放引向资本主义道路而断送社会主义事业。"《真理的追求》杂志在 1991 年第 7 期刊登了《重提姓"社"与姓"资"》一文，文章指出"所谓改革不要问姓'社'姓'资'本来是'精英'们为了暗度陈仓而施放的烟幕弹"。北京的大报和杂志也进行了类似的批评。[1]

在改革争论的关键时刻，邓小平讲话了。1992 年春，邓小平在著名的南方谈话中更加直截了当地说："计划多一点还是市场多一点，不是社会主义与资本主义的本质区别。计划经济不等于社会主义，资本主义也有计划；市场经济不等于资本主义，社会主义也有市场。计划和市场都是经济手段。""特区姓'社'不姓'资'。"邓小平的谈话反映了我国改革实践的呼声，得到了广大干部和群众以及许多经济学家的拥护和热烈响应。1992 年 3 月，中共中央政治局会议明确提出："计划和市场，都是经济手段。要善于运用这些手段，加快发展社会主义商品经济。"

在这之前不久，1991 年 10—12 月，时任中共中央总书记的江泽民同志主持召开了十一次专家座谈会（每次半天），参加这十一次座谈会的专

---

[1]　彭森，陈立，等．中国经济体制改革重大事件：上．北京：中国人民大学出版社，2008.

家大部分是经济学家，其中有中国社会科学院的刘国光、蒋一苇、李琮、张卓元、陈东琪，国务院发展研究中心的吴敬琏、王慧炯、林毅夫，国家体改委的杨启先、傅丰祥、江春泽，中国银行的周小川，国家计划委员会的郭树清，以及外交部、安全部、中联部的有关专家，总共不到20人。座谈会讨论了三个问题：一是分析资本主义为什么"垂而不死"，二是对东欧剧变进行分析，三是对我国如何进一步推进改革开放的重大问题进行研讨。座谈会的目的是对次年党的十四大有关经济体制改革和政策纲领的提法进行酝酿。每次会议均由江泽民总书记主持。在座谈会上，一些专家建议实行社会主义市场经济体制，因为截至当时世界各国的经济发展实践表明，市场配置资源的效率比计划配置资源的效率高。这个意见获得了与会专家的普遍赞同。因此，座谈会的最主要成果是酝酿了"社会主义市场经济体制"的倾向性提法，同时还对这一重要提法给出两点解释：一是市场在资源配置中发挥基础性作用，二是市场是有国家宏观调控而不是放任自流的。这样就为江泽民总书记1992年6月9日在中央党校的讲话和1992年10月党的十四大确立社会主义市场经济体制改革目标提供了重要的理论准备。①

现在看来，正是邓小平1992年年初的南方谈话，以及江泽民总书记1991年年底主持召开的座谈会，对社会主义市场经济论的形成奠定了坚实的基础。

1992年10月，党的十四大正式宣布："我国经济体制改革的目标是建立社会主义市场经济体制。"党的十四大进一步明确指出："社会主义市场经济体制，就是要使市场在社会主义国家宏观调控下对资源配置起基础性作用。"这就意味着长达十几年的关于计划与市场的争论、计划经济与

① 陈君，洪南. 江泽民与社会主义市场经济体制的提出：社会主义市场经济20年回顾. 北京：中央文献出版社，2012.

市场经济的争论，基本上画上了一个句号，社会主义市场经济论确立了。

1993 年，党的十四届三中全会做出了《中共中央关于建立社会主义市场经济体制若干问题的决定》，将党的十四大确立的社会主义市场经济体制改革目标具体化。该决定进一步确定了社会主义市场经济体制的基本框架，这就是："建立社会主义市场经济体制，就是要使市场在国家宏观调控下对资源配置起基础性作用。为实现这个目标，必须坚持以公有制为主体、多种经济成份共同发展的方针，进一步转换国有企业经营机制，建立适应市场经济要求，产权清晰、权责明确、政企分开、管理科学的现代企业制度；建立全国统一开放的市场体系，实现城乡市场紧密结合，国内市场与国际市场相互衔接，促进资源的优化配置；转变政府管理经济的职能，建立以间接手段为主的完善的宏观调控体系，保证国民经济的健康运行；建立以按劳分配为主体，效率优先、兼顾公平的收入分配制度，鼓励一部分地区一部分人先富起来，走共同富裕的道路；建立多层次的社会保障制度，为城乡居民提供同我国国情相适应的社会保障，促进经济发展和社会稳定。这些主要环节是相互联系和相互制约的有机整体，构成社会主义市场经济体制的基本框架。"以上几条，既是中国社会主义市场经济体制的四梁八柱，也是社会主义市场经济论的基本内容。

## 第二节　社会主义市场经济论的确立推动改革大步向前

1992 年社会主义市场经济体制改革目标确立后，中国的市场化改革大步推进，并于 20 世纪末初步建立起社会主义市场经济体制，社会主义经济运行从计划主导型转为市场主导型。

1994 年，经过多方谈判协调，实现了用市场经济国家通行的分税制代替原来落后的地方财政包干制，使中央财政收入占整个财政收入的比重逐步达到 50%，从而增强了中央政府用财政政策调控宏观经济的能力。在分税制中，增值税是最大的税种，实行中央与地方分成，中央得 75%，地方得 25%，消费税则全归中央，增值税和消费税比上年增长的部分以 1:0.3 的比例返还地方。这一改革一方面促进了财政收入的迅速增长，1993 年全国财政收入为 4 348.95 亿元，而到 2007 年，全国财政收入跃增至 51 304.03 亿元，增长（名义增长）了 10.8 倍；另一方面是中央财政收入所占比重迅速提高，1993 年中央财政收入占全国财政收入的比重为 22%，而到 2007 年，这一比重提高到 54.1%，此后一直稳定在 50% 左右。

个体、私营经济快速发展，逐步打破公有制一统天下的局面，以公有制为主体、多种所有制经济共同发展的基本经济制度建立起来。1993 年、1994 年、1995 年私营企业数量的增幅均超过 50%，1996—2002 年年均增幅也超过 15%。具体情况见表 2-1 和表 2-2。

**表 2-1　1992—2012 年全国个体经济发展状况**

| 年份 | 数量（万家） | 人数（万人） | 注册资金（亿元） |
| --- | --- | --- | --- |
| 1992 | 1 534 | 2 468 | 601 |
| 2002 | 2 377 | 4 743 | 3 782 |
| 2012 | 4 059 | 8 000 | 19 800 |

**表 2-2　1992—2012 年全国私营经济发展状况**

| 年份 | 数量（万家） | 人数（万人） | 注册资金（亿元） |
| --- | --- | --- | --- |
| 1992 | 14 | 232 | 221 |
| 2002 | 243 | 3 409 | 24 756 |
| 2012 | 1 086 | 12 000 | 310 000 |

资料来源：本书编写组.《中共中央关于完善社会主义市场经济体制若干问题的决定》辅导读本.北京：人民出版社，2003；本书编写组.《中共中央关于全面深化改革若干重大问题的决定》辅导读本.北京：人民出版社，2013.

　　改革开放后，我国开始利用外资。1992 年确立社会主义市场经济体制改革目标和 2001 年加入世界贸易组织，使中国吸收和利用外资走上快车道。具体情况见表 2-3。

表 2-3　部分年份中国实际使用外资概况　　　　单位：亿美元

| 年份 | 总金额 | 其中外商直接投资额 | 外商其他投资额 |
| --- | --- | --- | --- |
| 1991 | 115.54 | 43.66 | 3.00 |
| 1992 | 192.03 | 110.08 | 2.84 |
| 2002 | 550.11 | 527.43 | 22.68 |
| 2012 | 1 132.94 | 1 117.16 | 15.78 |

资料来源：历年《中国统计年鉴》。

　　到 2012 年年底，全国外商投资企业共计达 440 609 家，投资总额为 32 610 亿美元，注册资本为 18 814 亿美元，其中外方注册资本为 14 903 亿美元。中国吸引的外商投资中，有 60% 左右投向制造业。

　　由于个体、私营和外资企业的不断发展，到 2012 年，我国非公有制经济对 GDP 的贡献已超过 60%，对就业岗位的贡献已超过 80%，在促进经济增长、活跃经济生活、满足人民群众多方面的需要等方面起着不可替代的作用。

　　国有企业公司制股份制改革逐步推进。随着市场化改革的深入，大量国有企业由于机制缺陷，不能适应市场而陷入困境。1997 年，党和政府提出帮助国有企业脱困的任务，其目标是：从 1998 年起，用三年左右的时间，使大多数国有大中型亏损企业摆脱困境，力争到 20 世纪末，大多数国有大中型骨干企业建立现代企业制度。到 2000 年年底，这一目标已基本实现。1997 年年底，国有及国有控股大中型企业有 16 874 家，其中亏损的有 6 599 家，占 39.1%；到 2000 年，亏损企业数减为 1 800 家，减少近 3/4。国家在帮助国有大中型企业脱困的同时，进行现代企业制度试点，逐步推行公司制股份制，努力使国有企业成为适应社会主义市场经济发展的市场主体和法人实体。改革使国有企业逐步适应市场经济的发展。详见表2-4。

表 2-4　1998—2012 年国有工商企业发展若干经济指标

| 项目 | 1998 年 | 2003 年 | 2012 年 |
|---|---|---|---|
| 国有企业数（万家） | 23.8 | 14.6 | 14.5 |
| 资产（万亿元） | 14.87 | 19.78 | 85.37 |
| 营业收入（万亿元） | | 10.73 | 42.38 |
| 利润总额（亿元） | 213.7 | 3 202 | 16 100 |
| 上缴税金（亿元） | | 8 362 | 33 500 |
| 中央企业数（家） | | 196 | 116 |
| 央企利润总额（亿元） | | 3 006 | 11 315 |
| 央企税金总额（亿元） | | 3 563 | 14 058 |

注：表中 2012 年年利润总额和央企税金总额均为 2011 年数据。

资料来源：邵宁．国有企业改革实录（1998—2008）．北京：经济科学出版社，2014；本书编写组．党的十八届三中全会《决定》学习辅导百问．北京：党建读物出版社，学习出版社，2013；迟福林．市场决定．北京：中国经济出版社，2014.

2012 年，中国有 54 家国有企业进入《财富》杂志发布的世界 500 强名单。国有经济牢牢地控制着关系国民经济命脉的重要行业和关键领域。2012 年年底，国有控股上市公司有 953 家，占我国 A 股上市公司总量的 38.5%，市值为 13.71 万亿元，占 A 股上市公司总市值的 51.4%。[1]

经济运行机制也在加快转换，市场在资源配置中逐渐起基础性作用。1992 年以后，价格改革的重点逐步转向资源产品和生产要素价格的市场化。到 20 世纪末，我国商品和服务价格已基本上由市场调节，统一开放、

---

[1] 本书编写组．《中共中央关于全面深化改革若干重大问题的决定》辅导读本．北京：人民出版社，2013.

竞争有序的市场体系已初步建立，我国经济市场化程度一般估计已达70％，市场格局也发生了重大变化，买方市场已取代近半个世纪持续困扰中国人民的卖方市场。中国国家国内贸易局[①] 1995 年以来对 600 余种主要商品供求状况的调查结果显示：从 1995 年开始供过于求的迹象已开始显现。在大部分商品供求平衡的基础上，供过于求商品的比重已经开始超过供不应求商品。到 1998 年上半年，中国消费品零售市场上已经没有供不应求的商品，而供过于求的商品的比例已占 25.8％。[②]

　　进入 21 世纪后，中国积极推进资源产品价格形成机制改革，坚持市场化方向，提高市场化程度。首先是放开煤炭价格，由市场调节。深化成品油价格改革，到 2012 年我国成品油价格已与国际市场原油价格间接接轨，2013 年 3 月将调价周期由原来的 22 个工作日缩短至 10 个工作日，并取消调整幅度限制，但设置了成品油价格调控的上下限（上限为每桶 130 美元，下限为每桶 40 美元）。深化天然气价格改革，建立天然气价格与可替代能源价格挂钩的动态调整机制，实现了非居民用天然气存量气与增量气价格并轨。放开直供用户天然气价格后，占消费总量 80％的非居民用气门站价格已由市场主导形成。逐步提高一直严重偏低的水价，调整水资源费、排污费和污水处理费。各地还逐步对居民实施阶梯水价、电价、气价，鼓励节约资源，效果显著。

　　生产要素价格市场化改革也逐步推进。劳动力市场中农民工工资已由市场形成。利率市场化程度不断提高，先放开贷款利率，后放开存款利率，包括上浮幅度。人民币汇率也逐步放开，经常账户汇率早在 20 世纪末就已由市场形成，资本项目可兑换也在逐步推进。土地市场和价格也在

---

　　①　1998 年 3 月国内贸易部被裁撤后设立国家国内贸易局，由国家经贸委管理。国家国内贸易局于 2001 年 2 月 19 日被撤销。
　　②　刘国光. 中国十个五年计划研究报告. 北京：人民出版社，2006：613.

逐步提高市场化程度。

2001 年 12 月中国正式加入世界贸易组织（WTO），这是顺应经济全球化的重大举措，具有里程碑意义。加入 WTO，表明中国对外开放进入新的阶段。在入世谈判过程中，许多人忧心忡忡，认为入世会影响国家经济安全，包括金融业、商业、农业、信息业等许多产业会受到很大冲击。但入世后的实践证明，入世对中国的利大于弊，原来的许多担心都没有出现。入世后，中国对外经济贸易关系获得较大发展，提高了我国的开放型经济水平。据世界贸易组织统计，2002—2012 年，我国出口总额年均增速达到 21.3%，在全球的位次由第六位升至第一位。2012 年我国货物出口占全球的比重达到 11.2%；货物贸易进出口总额为 38 670 亿美元，居世界第二位；我国服务贸易进出口总额为 4 710 亿美元，居世界第三位，其中服务出口居全球第五位。从对外投资看，2012 年我国对外直接投资额为 878 亿美元，居世界第三位。[①]

2003—2012 年，中国经济在高速发展过程中的改革步伐有所放慢，但还是在继续推进改革，并且取得了一定成效。这包括 2005 年以来上市公司股权分置改革、四大国有商业银行整体上市、2006 年起农业税的取消、集体林权制度改革、2005 年人民币汇率形成机制改革、成品油价格形成机制改革、增值税转型、企业和个人所得税改革、资源税费改革、房地产税改革试点、文化体制改革、医疗卫生体制改革、以全覆盖为目标的社会保障体系建设等。另外，也要承认，这几年的确没有特别重要和关键的环节来带动全局的改革。这给深化社会主义市场经济论的认识也带来了一定的影响。

---

① 高虎城. 加快培育参与和引领国际经济合作竞争新优势//本书编写组.《中共中央关于全面深化改革若干重大问题的决定》辅导读本. 北京：人民出版社，2013：197-198.

## 第三节　党的十八大以后社会主义市场经济论的深化与发展

### 一、党的十八届三中全会《中共中央关于全面深化改革若干重大问题的决定》对市场化改革理论与实践的扩展

2013 年，党的十八届三中全会做出了《中共中央关于全面深化改革若干重大问题的决定》（以下简称《决定》），吹响了全面深化改革的号角，开启了全面深化改革的新征程。《决定》中经济体制改革部分有许多亮点，不仅有力地推动了市场化改革的深化，而且是对社会主义市场经济论的重大发展，对深化社会主义市场经济论的认识有重要意义。

（1）《决定》的第一大亮点，是用市场在资源配置中起决定性作用的提法，代替已沿用 21 年的市场在资源配置中起基础性作用的提法。

《决定》指出："经济体制改革是全面深化改革的重点，核心问题是处理好政府和市场的关系，使市场在资源配置中起决定性作用和更好发挥政府作用。""紧紧围绕使市场在资源配置中起决定性作用深化经济体制改革。""决定性"和"基础性"只有两字之差，但含义却有相当大的区别。决定性作用能够更加确切和鲜明地表达市场机制对资源配置的支配作用，更好地反映市场经济的基本规律即价值规律的内在要求。提出市场在资源配置中起决定性作用，主要指向有三点。

第一，解决政府对资源配置干预过多的问题。直到 2012 年，中国经济体制存在的最突出的问题是政府对资源的直接配置过多。一些地方政府公司化倾向严重，追求本地区短期生产总值增幅最大化，为此不惜拼资源拼环境，导致大量资源被低效利用，浪费严重，同时造成环境污染和生态损害，债台高筑，再加上对民生问题不够重视，老百姓对此颇有怨言。一些中央部门则热衷于维持审批体制，追求部门利益，有些官员甚至搞权钱交

易，违法谋取私利。与此同时，政府在向老百姓提供基本公共服务、维护公平竞争市场环境、监管食品药品安全及治理环境污染等方面又做得很不到位。所以，《决定》指出："必须积极稳妥从广度和深度上推进市场化改革，大幅度减少政府对资源的直接配置，推动资源配置依据市场规则、市场价格、市场竞争实现效益最大化和效率最优化。"可以看出，政府改革、政府职能转变是这轮深化改革的关键，也是落实市场在资源配置中起决定性作用的关键。此后，国务院持续推进简政放权、放管结合、优化服务改革。李克强总理在 2017 年 3 月 5 日所做的《政府工作报告》中说道："在提前完成本届政府减少行政审批事项三分之一目标的基础上，去年又取消 165 项国务院部门及其指定地方实施的审批事项，清理规范 192 项审批中介服务事项、220 项职业资格许可认定事项。"相对而言，地方政府的改革力度需要加大一些。地方政府如何大幅度减少对资源的直接配置，如何逐步摆脱对土地财政的依赖，如何硬化财政约束和不再无序扩张债务，如何更好地加强地方政府公共服务、市场监管、社会管理、环境保护等职责，有待交出更好的答卷。

第二，解决市场体系不健全、无法真正形成公平竞争的市场环境问题。要使市场在资源配置中起决定性作用，需要有全国统一开放的市场体系和公平竞争的环境。正如《决定》所指出的："建设统一开放、竞争有序的市场体系，是使市场在资源配置中起决定性作用的基础。必须加快形成企业自主经营、公平竞争，消费者自由选择、自主消费，商品和要素自由流动、平等交换的现代市场体系，着力清除市场壁垒，提高资源配置效率和公平性。"直到 2012 年，我国的市场体系还不够完善，主要表现在生产要素和资源产品价格市场化程度还不够高，存在不同程度的扭曲，这既同政府的不当干预过多有关，也同市场发育不够成熟有关。市场公平竞争环境也不健全，有的地方政府搞市场封锁，对外地产品和流向外地的原材料搞价格歧视；搞行政垄断和经济垄断，滥用市场支配地位，妨碍竞争，谋求不正当利益；为鼓励本地区高耗能产品生产的发展，不顾国家禁令实行优惠电价，违规实行低地价零地价招商引资，放纵排污和随意扩大税收优惠等；假冒伪劣产品也时有出现，冲击市场，坑害消费者。《决定》公布后，现代市场体系建设进程明显加快。商事制度便利化改革促进了市场主体的发展，日均新登记企业近三年都在万家以上，2017 年更是多达 1.66 万家，有力地推动了创业就业。深化价格改革取得了新进展，截至 2016 年年底，97% 以上的商品和服务价格已由市场形成，一些重要领域如电力、成品油、天然气、铁路运输等的价格市场化程度显著提高。金融体制改革亦有新的突破，随着人民币存款利率上限的取消，利率市场化已基本实现；建立了存款保险制度；金融监管逐步加强和完善。2017 年中央金融工作会议确定成立国务院金融稳定发展委员会，主要任务是防止发生系统性金融风险。放宽市场准入，对外资实行负面清单管理。2017 年 6 月 28 日，国家发改委、商务部发布了《外商投资产业指导目录（2017 年修订）》。新版目录进一步放宽了服务业、制造业和采矿业的外资准入。国家发改委有关负责人指出：从条目来看，在 2015 年版减少约一半限制性措施的基础上，本次修订再次推进大幅放开外资准入。2017 年版目录有限制性措施共 63 条，比 2015 年版的 93 条限制性措施减少了 30 条。[①] 随着农村改革的深化，要从两权分离即农村集体土地所有权和农户土地承包权的分离，发展为三权分离即农村集体土地所有权、农户土地承包权、农村土地经营权的分离。到 2017 年年底，确权面积超过 80%。发展土地承包经营权流转市场，发展多种形式的适度规模经营。等等。

　　第三，解决对非公有制经济的歧视性规定，包括消除各种隐性壁垒等

---

① 孙韶华. 我国首份全国版外资负面清单出炉. 经济参考报，2017 - 06 - 29.

问题。直到 2012 年，无论是理论界还是经济界，总有人认为非公有制经济是陈旧的、落后的生产方式，对非公有制经济在社会主义市场经济中的地位和作用估计不足，不承认非公有制经济同公有制经济一样都是我国经济社会的基础。《决定》第一次明确指出："公有制经济和非公有制经济都是社会主义市场经济的重要组成部分，都是我国经济社会发展的重要基础。"这也是《决定》的一个亮点。一段时期以来，由于认识的不足，有的也是为了维护既得利益，在政策和行动上对非公有制经济设置和实施了一些歧视性规定和举措，在市场准入方面设置"玻璃门""弹簧门"等，限制了竞争，在贷款方面的歧视致使许多民营企业融资成本很高。党和政府一直努力采取措施解决这些问题。这次《决定》明确指出："支持非公有制经济健康发展。非公有制经济在支撑增长、促进创新、扩大就业、增加税收等方面具有重要作用。坚持权利平等、机会平等、规则平等，废除对非公有制经济各种形式的不合理规定，消除各种隐性壁垒，制定非公有制企业进入特许经营领域具体办法。鼓励非公有制企业参与国有企业改革，鼓励发展非公有资本控股的混合所有制企业，鼓励有条件的私营企业建立现代企业制度。"此后，通过改善营商环境、积极发展混合所有制经济、鼓励社会资本参与各地基础设施建设（据财政部统计，截至 2017 年 6 月，全国政府和社会资本合作即 PPP 入库项目为 13 554 项、总投资额达 16 万亿元）、鼓励和规范对外投资等，促进非公有制经济健康发展。

（2）《决定》的第二大亮点，是国资监管机构从"以管企业为主"向"以管资本为主"转变。

《决定》指出："完善国有资产管理体制，以管资本为主加强国有资产监管，改革国有资本授权经营体制，组建若干国有资本运营公司，支持有条件的国有企业改组为国有资本投资公司。国有资本投资运营要服务于国家战略目标，更多投向关系国家安全、国民经济命脉的重要行业和关键领域，重点提供公共服务、发展重要前瞻性战略性产业、保护生态环境、支持科技进步、保障国家安全。"2015 年 8 月 24 日《中共中央、国务院关于深化国有企业改革的指导意见》指出："以管资本为主推进国有资产监管机构职能转变。国有资产监管机构要准确把握依法履行出资人职责的定位，科学界定国有资产出资人监管的边界，建立监管权力清单和责任清单，实现以管企业为主向以管资本为主的转变。"

2002 年党的十六大确立管资产和管人管事相结合的国有资产管理体制，国家、省、市（地级）成立国资委，结束了多年来"九龙治水"的局面，但是始终解决不好国资委既当"老板"又当"婆婆"的问题，从而也很难解决政企分开的问题。这次从"以管企业为主"向"以管资本为主"的国有资产监管机构的改革，既是深化国企改革的重大举措，也是经济改革理论的重大创新。这意味着：

第一，国资委不再是国有企业的顶头上司。在"以管企业为主"的体制下，国有企业即使进行了公司制改革，成立了董事会，这个董事会也无法履行《中华人民共和国公司法》（以下简称《公司法》）赋予它的权力，不能独立地对公司的重大问题进行决策，因为几乎所有重大问题都必须向国资委请示后才能做出决定。也就是说，公司连自主经营决策权都没有，更谈不上成为独立的市场主体。这样，市场在资源配置中起决定性作用，在国有企业这样的微观层面也落实不了。现在要转变为"以管资本为主"，除特殊情形外，国资委就真的是只当"老板"，给出资公司派股东代表和董事，让公司董事会真正履行《公司法》规定的权责。2017 年 7 月，国务院出台《中央企业公司制改制工作实施方案》，要求在 2017 年年底前，按照 1988 年制定的《中华人民共和国全民所有制工业企业法》登记、国资委监管的中央企业（不含中央金融、文化企业）要全部改制为按照《公司法》登记的有限责任公司或股份有限公司，加快形成有效制衡的公司法人治理结构和灵活高效的市场化经营机制。此次改革涉及将要转制的 69 家央企集团公司总部（央企总共 101 家）资产近 8 万亿元，以及约 3 200 家央企子企业资产 5.66 万亿元。① 此项拖了 20 多年的改革终于在 2017 年年底落地了，这既是深化国企改革的迫切需要，也是落实"以管资本为主"的重要条件。因为只有上述 69 家央企及 3 000 多家子企业转为公司制后，国资委才有可能不去直接管这些企业，逐渐转向"以管资本为主"。

第二，组建或改组资本运营公司和投资公司，作为国有资本市场化运作的专业平台。国资委要做到"以管资本为主"，就要组建或改组国有资本运营公司和投资公司，国有资产监管机构依法对国有资本运营公司和投资公司以及其他极少数监管的企业履行出资人职责，并授权国有资本运营公司和投资公司对授权范围内的国有资本履行出资人职责。因此，以后一般国有企业就是与国有资本运营公司和投资公司打交道，国有资本运营公司和投资公司是被国资委授权的国有企业的出资人，即"老板"。从 2014 年起，国务院国资委即进行国有资本运营公司和投资公司试点，到 2017 年，已有中粮集团、国投公司、神华集团、中国五矿、宝武集团等 10 家公司进行了试点。试点主要从三方面进行：首先是发展国有资本专业化运营，同时探索有效的投资运营模式；其次是探索国资委与企业的关系，完善国有资产监管模式；最后是推进国有资本投资、运营公司内部改革，探索市场化的企业经营机制。②

第三，国资委的主要职责，是更好地服务于国家战略目标，优化国有资本配置，提高国有资本运作效率，提高国有资本的流动性。《决定》指出，今后国有资本的投资重点主要是以下五项：提供公共服务、发展重要前瞻性战略性产业、保护生态环境、支持科技进步、保障国家安全。这一

---

① 杨烨，黄可欣.8 万亿央企资产改制年底完成.经济参考报，2017-07-27.
② 杨烨.相关配套文件有望年内出台 国有资本投资运营公司试点提速.经济参考报，2017-08-09.

规定，比 1999 年党的十五届四中全会做出的《中共中央关于国有企业改革和发展若干重大问题的决定》的论述更为具体和明确。党的十五届四中全会的决定提出的国有经济需要控制的行业和领域包括涉及国家安全的行业，自然垄断的行业，提供重要公共产品和服务的行业，以及支柱产业和高新技术产业中的重要骨干企业。《决定》则不再笼统地提控制自然垄断的行业，而是指出：国有资本继续控股经营的自然垄断行业，根据不同行业特点实行网运分开、放开竞争性业务。《决定》还把保护生态环境列为国有资本投资重点领域之一，也表明比 1999 年提出的四大领域有进一步扩展。直到 2017 年，国有资本还未很好做到集中于关系国家安全、国民经济命脉的重要行业和关键领域，仍有大量国有资本存在于一般竞争性产业中，如大部分央企热衷于投资房地产业（不含保障房）。今后需要进行有进有退的调整，争取到 2020 年前后使 80% 以上的国有资本集中在《决定》指出的五个重点领域。

第四，国资委将专注于提高国有资本运作效率，实现保值增值。在"以管企业为主"的条件下，国资委要管 100 家左右央企，管理的战线太长，与管理学原理指出的一般直接管理 30 家左右比较有效率的要求相悖，何况央企下面还有具有五六个层级甚至多达十个层级的子公司、孙子公司、曾孙公司等，国资委更是鞭长莫及。这就影响国资委专注于提高整个国有资本的效率，也不利于国有资本的保值增值。一段时期以来，一些国有企业内部管理混乱，因侵吞贪污、关联交易、利益输送、违规决策等国有资产流失的现象时有发生。如 2015 年中央巡视组发现，在中国石化、中国海运、中船集团、神华集团、东风公司等央企，都不同程度地存在利益输送和交换、关联交易谋利等突出问题。① 造成这些问题的原因有很

---

① 陈治治. 关联交易是痼疾，顶风违纪仍频发. 中国纪检监察报，2015－02－07.

多，且与"以管企业为主"的体制机制有一定关系。今后，国资委"以管资本为主"，可以集中精力管好国有资本，专心致志地做好国有资本的保值增值工作。

（3）提出混合所有制经济是基本经济制度的重要实现形式，这是《决定》的第三大亮点。

《决定》指出："积极发展混合所有制经济。国有资本、集体资本、非公有资本等交叉持股、相互融合的混合所有制经济，是基本经济制度的重要实现形式，有利于国有资本放大功能、保值增值、提高竞争力，有利于各种所有制资本取长补短、相互促进、共同发展。允许更多国有经济和其他所有制经济发展成为混合所有制经济。国有资本投资项目允许非国有资本参股。允许混合所有制经济实行企业员工持股，形成资本所有者和劳动者利益共同体。"这段话对改革理论和实践都有重要意义。

第一，积极发展混合所有制经济，是坚持和完善公有制为主体、多种所有制经济共同发展的基本经济制度的重大举措。改革开放以来，随着经济腾飞，国有资产和资本、民间资本、外商直接投资均有巨大增长。到2016年年底，全国国资监管系统企业资产总额已达144.1万亿元，私营资本在30万亿元以上。2010年以来，每年实际使用外商直接投资均在1 000亿美元以上，社会资本投资已占全部固定资产投资总额的60%以上。因此，从社会层面看，中国经济已经是混合经济了。《决定》提出的发展混合所有制经济，主要是指微观层面的，即要积极发展国有资本、集体资本、非公有资本等交叉持股、相互融合的混合所有制企业，这样一方面有利于国有资本放大功能、保值增值，另一方面有利于各种所有制资本取长补短、相互促进、共同发展。混合所有制经济还允许员工持股，由此形成了一种新的激励机制。党的十五大报告提出，股份制是公有制的实现形式。党的十六届三中全会进一步提出，股份制是公有制的主要实现形式。这次《决定》更进一步提出，混合所有制经济是基本经济制度的重要实现形式。长期的改革实践告诉我们，公司制可以是国有独资公司，股份制也可以是几个国企入股的股份公司，而发达国家的股份公司一般都是私人资本持股的，只有混合所有制经济真正是投资主体多元化的经济实体，而投资主体多元化正是国企进行公司制股份制改革，以消除原来国有制的弊端和提高效率的重要要求。从这个意义上可以说，混合所有制是股份制的发展形态和升级版。

第二，积极发展混合所有制经济也有重要的指向。其一是充分调动各种所有制资本的积极性，发挥它们各自的优势，这种优势不要只限于独自发挥，而要通过交叉持股互相融合作为整体发挥出来。比如，为了加快具有正外部性的基础设施建设，可以考虑吸收社会资本参与，并因此推动其提高效率，缩短回收期限，做到社会效益与经济效益相结合。其二是为国有自然垄断行业改革打开通道。《决定》提出，国有资本继续控股经营的自然垄断行业，要根据不同行业特点实行网运分开、放开竞争性业务。自然垄断行业有大量需要放开的竞争性业务，怎样放开？最佳选择就是搞混合所有制改革，吸收非国有资本参与。这样，可以对多年垄断经营的竞争性业务放开竞争，从而优化资源配置，提高效率。与此同时，国有自然垄断企业可以通过出售部分竞争性业务股份筹集资金，加大科技投入等，改善自然垄断环节业务。我们看到，在《决定》发布以前，处于一般竞争性行业的国企，基本上都已实行公司制股份制改革，实现了投资主体多元化，改革比较滞后的是垄断行业，因此，这次提出积极发展混合所有制经济主要是为了更好地推动自然垄断行业的改革。

第三，《决定》发布后，混合所有制经济迅速发展起来，有些地区还把发展混合所有制经济作为深化国企改革的重点。李克强总理在2014年《政府工作报告》中提出：制定非国有资本参与中央企业投资项目的办法，在金融、石油、电力、铁路、电信、资源开发、公用事业等领域，向非国有资本推出一批投资项目。2014年7月15日国务院国资委在中央企业启动混合所有制经济试点，并确定中国医药集团总公司、中国建筑材料集团公司为试点单位。试点的目的有六个方面：一是探索建立混合所有制企业有效制衡、平等保护的治理结构；二是探索职业经理人制度和市场化劳动用工制度；三是探索市场化激励和约束机制；四是探索混合所有制企业员工持股制度；五是探索对混合所有制企业的有效监管机制以及防止国有资产流失的方法和途径；六是探索在混合所有制企业开展党建工作的有效机制。① 一些省份也纷纷出台发展混合所有制经济的政策和措施。据不完全统计，近三年来，中央企业新增近千家实行混合所有制的子企业，其中2017年就新增混合所有制企业700多家，通过资本市场引入社会资本3 386亿元。截至2017年年底，我国已有超过2/3的中央企业引进了各类社会资本，半数以上的国有资本集中在公众化的上市公司，3家中央企业成为集团层面的混合所有制企业，中央企业二级子企业以下混合所有制企业数量占比超过50%。② 但是，总的来说，混合所有制改革进展仍然不够快，试点企业的经验至今未见披露，有的央企混合所有制改革审批协调程序相当复杂。中国联通是近年被列为国资委混合所有制改革的试点企业，但直到2017年8月，仍然有不少问题需要协调，涉及的中央部委竟达十个。混合所有制改革涉及的比较大的问题是股权比例安排和国有资产估价，这也有待逐步达成共识，实现周到协调和公开透明操作。

（4）加快完善现代市场体系，使市场在资源配置中的决定性作用更好发挥出来。

《决定》指出："建设统一开放、竞争有序的市场体系，是使市场在资

---

① 新一轮国企改革拉开大幕（政策解读·改革发布厅）. 人民日报，2014 - 07 - 16.
② 央企去年新增混合所有制企业700多户. 人民日报，2018 - 02 - 01.

源配置中起决定性作用的基础。必须加快形成企业自主经营、公平竞争，消费者自由选择、自主消费，商品和要素自由流动、平等交换的现代市场体系，着力清除市场壁垒，提高资源配置效率和公平性。"此外，《决定》就如何建设现代市场体系说了五条，现择要阐述如下。

第一，建立公平开放透明的市场规则。《决定》首次以党的文件的形式提出实行负面清单管理模式，提出："实行统一的市场准入制度，在制定负面清单基础上，各类市场主体可依法平等进入清单之外领域。探索对外商投资实行准入前国民待遇加负面清单的管理模式。"此前我国一直实行正面清单管理模式，而发达的市场经济国家通行的是负面清单管理模式。经过几年的努力，2017 年 6 月 28 日，国家发改委、商务部发布了《外商投资产业指导目录（2017 年修订）》，被列入负面清单中的限制、禁止类内容共计 63 条，比 2015 年版减少了 30 条。新版目录明确提出外商投资准入特别管理措施（外商投资准入负面清单），这标志着我国外商投资管理体制开启了新的时代。[①]

《决定》指出："推进工商注册制度便利化，削减资质认定项目，由先证后照改为先照后证，把注册资本实缴登记制逐步改为认缴登记制。推进国内贸易流通体制改革，建设法治化营商环境。"此后三年，中国营商环境大为改善。营商环境的优化，充分激发了我国市场的活力和创造力。自2014 年起，全国平均每天新设企业都在万家以上，2017 年每天达 1.6 万多家，而商事制度改革前的 2013 年每天新设企业为 6 000 多家。世界银行发布的《2017 年全球营商环境报告》显示：中国营商便利度近三年来在全球跃升了 18 位，平均每年向前跨升 6 位。[②]

第二，完善主要由市场决定价格的机制。《决定》指出："凡是能由市

---

① 孙韶华. 我国首份全国版外资负面清单出炉. 经济参考报，2017 - 06 - 29.
② 马婧. 我国营商环境世界排名跃升 18 位. 人民日报，2017 - 10 - 26.

场形成价格的都交给市场，政府不进行不当干预。推进水、石油、天然气、电力、交通、电信等领域价格改革，放开竞争性环节价格。政府定价范围主要限定在重要公用事业、公益性服务、网络型自然垄断环节，提高透明度，接受社会监督。完善农产品价格形成机制，注重发挥市场形成价格作用。"《决定》发布后，价格改革迈出了较大步伐，取得了明显进展。首先，政府定价项目列入清单。2015 年 10 月下旬，国家发改委发布了新修订的《中央定价目录》，定价范围大幅缩减，种类由 13 种（类）减少到 7 种（类），减少了 46%。具体定价项目由 100 项左右减少到 20 项，减少了 80%。与此同时，地方具体定价目录平均减少了约 50%。在完善农产品价格形成机制方面，2014 年，政府实施了放开烟叶和桑蚕茧收购价格的改革，标志着农产品价格全部由市场形成。2016 年，推进玉米收储制度改革，建立玉米生产者补贴制度。新疆的棉花、东北和内蒙古的大豆的目标价格改革试点总体顺利，国内外市场价差缩小。在深化能源价格改革方面，输配电价改革 2014 年年底首先在深圳电网和内蒙古电网破冰，到 2017 年 6 月底，实现了省级电网全覆盖。2015 年放开了跨省电能交易价格，由送受双方协定。同年，实施煤电价格联动机制。2016 年 1 月，国家发改委根据煤炭价格的下降幅度，下调燃煤机组上网电价每千瓦时 3 分钱，并同幅度下调一般工商业销售电价，每年可减少企业用电支出约 225 亿元。到 2015 年，全国 40% 以上天然气价格已经放开。2013 年 3 月，国家发改委将汽油柴油零售价格的调价周期由 22 个工作日缩短为 10 个工作日，取消国际原油市场油价变动 4% 才能调价的限制。稳步推行居民用水用气用电阶梯价格制度。截至 2015 年年底，31 个省（区、市）中，除青海和西藏以外的 29 个省（区、市）已经建立城镇居民阶梯水价制度；已通气的 30 个省（区、市）中，除重庆和新疆外的 28 个省（区、市）均已建立阶梯气价制度。阶梯电价制度自 2012 年试行以来运行平稳，除新疆和西藏外，其他省、区、市已全面实施居民阶梯电价制度。①

　　第三，建立城乡统一的建设用地市场。《决定》提出："在符合规划和用途管制前提下，允许农村集体经营性建设用地出让、租赁、入股，实行与国有土地同等入市、同权同价。"此后，又进一步明确：要从两权分离即农村集体土地所有权和农户土地承包权的分离，发展为三权分离即农村集体土地所有权、农户土地承包权、农村土地经营权的分离，发展土地承包经营权流转市场，发展多种形式的适度规模经营。

　　第四，完善金融市场体系。《决定》提出："扩大金融业对内对外开放，在加强监管前提下，允许具备条件的民间资本依法发起设立中小型银行等金融机构。""完善人民币汇率市场化形成机制，加快推进利率市场化，健全反映市场供求关系的国债收益率曲线。"此后，多家由民间资本发起设立的民营银行已相继营业。随着人民币储蓄存款利率上限被取消，利率市场化已基本实现。国务院已于2015年2月公布《存款保险条例》，自2015年5月1日起施行。该条例规定了50万元的最高偿付限额，表明存款保险制度已经建立。

　　第五，深化科技体制改革，发展技术市场。《决定》提出："建立健全鼓励原始创新、集成创新、引进消化吸收再创新的体制机制，健全技术创新市场导向机制，发挥市场对技术研发方向、路线选择、要素价格、各类创新要素配置的导向作用。"接着，2015年党的十八届五中全会发布的《中共中央关于制定国民经济和社会发展第十三个五年规划的建议》提出，要完善发展理念，牢固树立创新、协调、绿色、开放、共享发展理念。同时指出："创新是引领发展的第一动力。必须把创新摆在国家发展全局的核心位置，不断推进理论创新、制度创新、科技创新、文化创新等各方面

---

① 许光建，丁悦玮.深入推进价格改革 着力提升"放管服"水平.价格理论与实践，2017 (5).

创新，让创新贯穿党和国家一切工作，让创新在全社会蔚然成风。"在党和政府强化创新驱动发展战略的推动下，技术市场迅速发展。2015 年，全国共签订技术合同 30.7 万项，技术合同成交额达 9 835 亿元，比上年增长 14.7％。2016 年，全国共签订技术合同 32 万项，技术合同成交额达 11 407 亿元，比上年增长 16％。

## 二、党的十九大报告进一步提出加快完善社会主义市场经济体制，推动经济高质量发展

2017 年 10 月，党的十九大胜利召开，习近平总书记做了题为《决胜全面建成小康社会 夺取新时代中国特色社会主义伟大胜利》的报告。报告指出："经过长期努力，中国特色社会主义进入了新时代，这是我国发展新的历史方位。""中国特色社会主义进入新时代，我国社会主要矛盾已经转化为人民日益增长的美好生活需要和不平衡不充分的发展之间的矛盾。""我国经济已由高速增长阶段转向高质量发展阶段，正处在转变发展方式、优化经济结构、转换增长动力的攻关期，建设现代化经济体系是跨越关口的迫切要求和我国发展的战略目标。"党的十九大报告对深化市场化改革和深化社会主义市场经济论做出了一系列论述和部署。

第一，明确提出坚持社会主义市场经济改革方向，加快完善社会主义市场经济体制，着力构建市场机制有效、微观主体有活力、宏观调控有度的经济体制。宏观调控有度是首次提出的，主要指发挥宏观调控熨平经济波动的作用，既不能放任自流，也不能过度，要适时适度调控，为经济健康运行创造良好的宏观经济环境。

第二，明确经济体制改革必须以完善产权制度和要素市场化配置为重点，实现产权有效激励、要素自由流动、价格反应灵活、竞争公平有序、

企业优胜劣汰。这比党的十八届三中全会决定更加重视产权制度改革。党的十八届三中全会决定强调完善产权保护制度，这次则提出要完善整个产权制度，实现产权的有效激励。同时还专门提出要加快要素价格市场化改革，这是要素市场化配置的重要条件，也是使市场在资源配置中起决定性作用的重要条件。

第三，提出推动国有资本做强做优做大。这比党的十八届三中全会决定提出国资监管机构"以管资本为主"又进了一步。国资监管机构应主要关注国有资本而非国有资产，因为国有资产是由负债和所有者权益组成的。如果资产负债率超过100%，所有者权益就是负数了，就像一些僵尸企业那样。此外，提出推动国有资本做强做优做大，这比1999年党的十五届四中全会决定提出着眼于搞好整个国有经济也进了一步，因为国有经济中有一些公益性、福利性单位，它们的任务主要是搞好服务，而不一定要做强做优做大。

第四，支持民营企业发展，激发各类市场主体活力，打破行政垄断，防止市场垄断。激发和保护企业家精神，鼓励更多社会主体投身创新创业。这是在党的重要文件中第一次提民营企业，党的十八届三中全会决定还是用非公有制企业的提法。提出支持民营企业发展，激发和保护企业家精神，是为了更好地调动民营经济的积极性，充分发挥它们在支撑增长、促进创新、扩大就业、增加税收等方面的重要作用。防止市场垄断也是首次出现在党的文件中，表明打破垄断、鼓励竞争的决心。

第五，提出健全货币政策和宏观审慎政策双支柱调控框架，深化利率和汇率市场化改革。双支柱调控框架意味着金融监管机构不能只关注物价稳定，还要关注资产价格变动，关注住房金融活动，关注表外金融活动和跨境资本流动等。

第六，提出在高质量发展阶段要转换增长动力，推动经济发展动力变革。这至少包括以下四方面内容。一是强调创新是引领发展的第一动力，并以科技创新带领全面创新，这是建设现代化经济体系的战略支撑。二是深化供给侧结构性改革，加快建设制造强国，加快发展先进制造业，推动互联网、大数据、人工智能和实体经济深度融合，在中高端消费、创新引领、绿色低碳、共享经济、现代供应链、人力资本服务等领域培育新增长点、形成新动能。三是以开放促改革和发展，无论是"一带一路"建设，还是拓展对外贸易，实行高水平的贸易和投资自由化便利化政策，优化区域开放布局，探索建设自由贸易港，创新对外投资方式，都能推动经济的高质量发展。四是加快完善新体制，不断增强我国经济的创新力和竞争力。动力变革是一篇大文章，有待在今后的实践中不断探索和发展。

## 第四节　社会主义市场经济的若干规律性

中国实行改革开放和发展社会主义市场经济已有 40 年。由于实行改革开放和逐步建立社会主义市场经济体制，大大解放了社会生产力，调动了各方面发展经济的积极性，中国经济迅速起飞。1979—2017 年，中国的年均 GDP 增速高达 9.5%，人均 GDP 也从 1978 年的 385 元增加到 2017 年的 59 660 元，进入中等偏上收入国家行列。从 2010 年起，中国已跃升为全球第二大经济体，并于 2020 年全面建成小康社会。中国经济从 20 世纪 80 年代到 21 世纪头 20 年的腾飞，是人类历史上这一时期最震撼世界的事件，被世人称为"中国的奇迹"。许多经济学家也在不断研究"中国经济高速增长之谜"。的确，中国经济 40 年的高速增长，已逐渐呈现出若干规律性，值得经济学家认真研究和概括。下面谈谈我们对这一问题的初步探索。

## 一、市场在资源配置中起决定性作用，价值规律调节社会生产和流通

社会主义市场经济与传统计划经济的最大不同点，在于市场在资源配置中的作用有根本区别：市场在社会主义市场经济中起基础性作用和决定性作用，即主要调节者作用；市场在传统计划经济中则不起作用或起很小的作用。用马克思主义经济学语言来说，在社会主义市场经济中，价值规律是社会生产和流通的主要调节者，而在传统计划经济中，价值规律不起调节作用，调节社会生产和流通的，主要是政府的指令性计划。

迄今为止的中外经济实践表明：按照市场的信号主要是价格信号对有限的社会资源进行配置和重新配置，比按照国家或政府的指令性计划配置资源，具有更高的效率。这是因为：在技术不断进步的社会化大生产和个性化需求发展很快的条件下，不但产品和服务的品种繁多，数以十万甚至百万计，而且社会和人的需求也复杂多变和不断更新，经济全球化和国与国之间经济交往频繁更使市场需求瞬息万变。在这种情况下，国家计划部门采取任何现代计算技术包括云计算和严格的行政调节，都无法将社会供给和需求（包括越来越多的个性化需求）有机地联系和协调起来。而由市场通过价格涨跌提供的社会需求的信号，比任何发布指令的计划部门都要及时、全面、准确得多，从而使各个经济活动主体能够按照社会的需求进行生产、经营和提供服务，避免资源的浪费和损失。也就是说，在价值规律的作用下，社会资源会自动地从效益较低的产业和部门流向效益较高的产业和部门，而效益较高的产业和部门正是社会需求比较旺盛的产业和部门；而在同一产业和部门内部的不同企业之间，则优胜劣汰，这就使社会资源得到有效利用和配置。马克思在《资本论》第三卷中曾经预言：在资本主义生产方式被消灭以后，价值规律的内核——价值决定，对社会资源的配置仍将起支配作用。他说："在资本主义生产方式消灭以后，但社会

生产依然存在的情况下，价值决定仍会在下述意义上起支配作用：劳动时间的调节和社会劳动在各类不同生产之间的分配，最后，与此有关的簿记，将比以前任何时候都更重要。"①

我国推进改革开放，从传统的计划经济体制转向社会主义市场经济体制，就是因为原来实行的计划经济体制在20世纪50年代发挥了一段时间的积极作用后，其弊端日渐突出：效率低下，缺乏活力，产销脱节，物资匮乏，经济波动大且增速趋缓，与发达国家的经济技术差距拉大，人民群众收入和生活水平提高很慢。实行改革开放后，引入市场机制，重振经济活力，兴办经济特区，引进外资和技术，允许个体私营经济发展，扩大就业，使国民经济迅速崛起。经过40年的努力，昔日贫穷落后的弱国，已变成在全球范围内举足轻重的经济大国，并正在向经济强国转变。这表明，用社会主义市场经济体制取代计划经济体制，能进一步解放和发展社会生产力，能更有效地利用和配置资源，取得丰硕的发展成果。

在社会主义市场经济中，支配经济运行的客观规律主要是价值规律，即商品和服务的价格随着供求关系的变化而波动，供不应求时价格上涨，供过于求时价格下跌。各个企业根据市场价格的变动，决定和调整自己的生产和经营，从而维系社会生产和社会需求的平衡。这就是价值规律调节社会生产和流通的主要内涵。马克思和恩格斯在谈到价值规律时，曾借用古典经济学家亚当·斯密的话说道："这种关系就像古代的命运之神一样，逍遥于寰球之上，用看不见的手分配人间的幸福和灾难。"② 我国著名经济学家孙冶方早在20世纪60年代也讲过：千规律，万规律，价值规律第一条。③ 这句话基本上适用于现在的社会主义市场经济。因此，我们讲在

---

① 马克思，恩格斯. 马克思恩格斯全集：第25卷. 北京：人民出版社，1974：963.

② 马克思，恩格斯. 马克思恩格斯全集：第3卷. 北京：人民出版社，1960：40.

③ 孙冶方. 千规律，万规律，价值规律第一条//社会主义经济的若干理论问题. 北京：人民出版社，1979.

经济工作中要尊重客观规律，首先就是要尊重价值规律，以及与此相关的价格规律、供求规律、竞争规律等。各项市场经济活动，除属于网络型自然垄断环节的、具有较强外部性的、提供公共产品和服务的以外，都应放手让价值规律调节即市场调节。

在社会主义市场经济中，经济利益关系是多元化的，所有制结构是多元化的（公有制为主体、多种所有制经济共同发展，混合所有制逐渐成为经济的主要形态），市场是开放和充分竞争的，国家对宏观经济的管理以间接管理为主，就业方式、分配方式和社会组织形式是多样化的。在这样一个多元和混合的经济体系中，各种各样的经济关系和利益关系主要由市场机制调节，也就是价值规律调节。在这里，先进的、社会需求旺盛的产品和服务能够得到丰厚的回报，落后的、劣次的产品和服务将受到不同形式、不同程度的惩罚，从而不断推动技术进步和创新、劳动生产率的提高、社会生产力的发展，使价值规律促进社会经济发展的积极作用得到比较充分的发挥。

## 二、企业是社会主义市场经济活动的主要主体，真正实现政企分开、政资分开

在社会主义市场经济条件下，企业（指国有企业和集体企业）不再像计划经济条件下那样是上级行政主管部门的附属物，而是独立的自主经营、自负盈亏的经济主体和市场主体。在社会主义市场经济条件下，由于实行公有制为主体、多种所有制经济共同发展的基本经济制度，企业是多元化的，既有国有企业和集体企业，也有私营企业、外资企业、混合所有制企业和股份制企业等，它们是市场经济活动的主要主体。非公有制企业是独立的市场主体，这是毋庸置疑的，它们在发展中面临的主要是产权保护问题，要像《中共中央关于全面深化改革若干重大问题的决定》所强调的那

样，"公有制经济财产权不可侵犯，非公有制经济财产权同样不可侵犯"。公有制企业则要通过公司制股份制改革成为独立的市场主体。在社会主义市场经济条件下，市场对资源配置起决定性作用，是通过一个个最主要的微观经济主体即企业的活动实现的。企业根据市场信号主要是价格信号，决定生产与经营什么商品以及生产多少，提供什么服务以及提供多少，以实现利润最大化。正是一个个企业追逐经济效益的活动，使社会资源被分配到社会需要的领域。在社会主义市场经济条件下，政府也直接配置一部分资源，但是一般情况下只是直接配置一小部分资源，而且主要限于市场失灵领域，不以追求利润最大化为目标。社会资源的绝大部分，是由企业依据市场信号配置的。

要使企业成为独立的自主经营、自负盈亏的市场主体，就需要对国有企业进行改革。国有企业改革的方向是建立现代企业制度，其基本特征是产权清晰、权责明确、政企分开、管理科学，其具体形态是现代公司，主要包括有限责任公司和股份有限公司，它们的运行由《公司法》规范。截至 2017 年，90％以上的国有企业已经转为公司制，连最艰难的 69 家央企集团公司总部和 3 200 多家央企子企业也已在 2017 年年底前全部转为公司制。国有资产监管机构也正在从"以管企业为主"转变为"以管资本为主"，让公司董事会真正行使参与重大决策、收入分配和人事任免等《公司法》赋予的权力，做到政企分开。这样就使国有企业成为真正独立的市场主体，与其他所有制企业在市场上平等竞争，优胜劣汰。此外，原有的或新建的集体所有制企业，在市场化改革大潮下，也已逐步转为公司制等与市场经济相适应的经济实体和市场主体。

为使国有企业成为独立的市场主体，不但要实现政企分开，还要实现政资分开，即使政府履行公共管理职能和政府履行国有资产出资人职能分开。政府对国有独资和控股参股企业的国有资本履行出资人职责时，只是当"老板"、股东，不能当"婆婆"，不能扮演董事会甚至经理层角色，否则就成为"老板"加"婆婆"，还是政企不分、政资不分。因此，国有资产监管机构从"以管企业为主"转为"以管资本为主"是非常有必要的，符合社会主义市场经济发展规律的要求。可见，要使市场在资源配置中起决定性作用，首先要尊重企业包括国有企业作为独立的市场主体的权利，使其真正做到自主经营、自负盈亏、自担风险。政府主要履行公共管理职能，当政府代表国家履行国有资本的出资人职责时，也要限于充当出资人、股东的角色，即要尊重企业的市场主体地位，保障企业的法人财产权，不得随意干预企业的生产经营活动，不得随意侵犯企业法人财产权。

### 三、政府的主要职责是宏观调控、公共服务、市场监管、社会管理、环境保护

在社会主义市场经济条件下，在市场对资源配置起决定性作用的同时，也要发挥政府的作用，使市场的作用和政府的作用有机结合起来。政府的职责主要是宏观调控、公共服务、市场监管、社会管理、环境保护。

政府的首要职责是进行宏观调控，保持宏观经济的稳定和健康运行，在此前提下促进经济增长。现代市场经济并不是完全放任自流由市场调节的，而是需要国家宏观调控的，社会主义市场经济也是这样。2002年，党的十六大报告指出："要把促进经济增长，增加就业，稳定物价，保持国际收支平衡作为宏观调控的主要目标。"这是对改革开放20多年来我国宏观调控丰富经验的科学总结，是符合市场经济发展规律的。世界上的许多市场经济国家，都是把上述四个方面作为国家宏观经济调控的主要目标。中外实践表明：在市场经济条件下，要很好地处理经济增长和稳定的关系，即既要促进经济增长，又要保持经济稳定。从长远看，在经济稳定中实现经济增长是最可取的，也是最快速的。因为在经济稳定条件下，市场信

号比较稳定、准确，市场有效配置资源的功能可以得到较好的发挥。相反，如果片面追求经济快速增长，不重视经济稳定，不在稳定中求增长，就很容易出现大起大落，而大起大落必然会带来生产力的浪费和损失，从长远看因为走弯路反而慢了。

2013 年，党的十八届三中全会通过的《中共中央关于全面深化改革若干重大问题的决定》进一步指出："宏观调控的主要任务是保持经济总量平衡，促进重大经济结构协调和生产力布局优化，减缓经济周期波动影响，防范区域性、系统性风险，稳定市场预期，实现经济持续健康发展。""形成参与国际宏观经济政策协调的机制，推动国际经济治理结构完善。"《中共中央关于全面深化改革若干重大问题的决定》对宏观调控内容的重大发展体现在两方面：一是增加了参与国际宏观经济政策的协调；二是推动国际经济治理结构的完善。这反映了中国经过改革开放 40 年的快速发展已成为世界第二大经济体，国际地位不断提高，影响力不断增强，也反映了中国作为全球负责任和勇于担当的大国，需要更积极地参与国际宏观经济政策的协调和国际经济治理结构的完善。自 2016 年以来，中国强力推动和引领经济全球化，加强国际互利合作和应对各种全球性挑战，坚决反对贸易保护主义，努力推动实现全球经济可持续的稳定增长，就是一个突出的实例。

在社会主义市场经济条件下，宏观经济调控主要采用经济和法律手段，辅之以行政手段。这同计划经济条件下国家主要运用行政手段和指令性计划调节社会经济活动有根本区别。具体来说，就是主要运用财政政策和货币政策，在经济过热或出现过热倾向时，实施紧缩的财政政策和货币政策；相反，在经济过冷或出现通货紧缩时，实施宽松的财政政策和货币政策；还可实施宽松的财政政策和中性的货币政策，或者中性的财政政策和宽松的货币政策；等等。其目的都是保持经济稳定，防止发生系统性风险（主要是金融风险），努力熨平经济变动的波幅，防止大起大落。也可称之为反周期措施，使经济上升时不要在短期内升得太高，力求使上升时期长一些，在经济萧条时不要萎缩或增速下降得太厉害，延续时间不要太长。由此可见，宏观经济调控一般是短期（比如一两年）政策，不宜把短期政策长期化。

宏观经济调控主要是总量调控，即调节社会总供给和总需求的关系，使之基本协调，监控指标主要包括 GDP 增长率、投资增长率、通货膨胀率、失业率、国际收支状况、财政赤字率等。由于宏观经济调控首先和主要是总量调控，因此调控权必须集中在中央政府手中。我国宏观经济调控还包括促进重大经济结构协调和生产力布局优化，因此，产业政策也是宏观调控的工具，这就需要加强财政政策、货币政策与产业政策、区域政策（区域政策是党的十九大报告增加的）的协调配合，增强宏观调控的前瞻性、针对性、协同性。

《中共中央关于全面深化改革若干重大问题的决定》还指出："完善发展成果考核评价体系，纠正单纯以经济增长速度评定政绩的偏向，加大资源消耗、环境损害、生态效益、产能过剩、科技创新、安全生产、新增债务等指标的权重，更加重视劳动就业、居民收入、社会保障、人民健康状况。"改革开放以来，我国经济高速增长付出的最大代价，就是资源消耗过度，环境污染生态恶化问题突出。其重要原因在于我国前一段时期常常以 GDP 增速论英雄。党和政府发现这一问题后，正在努力纠正。正如《中共中央关于全面深化改革若干重大问题的决定》所指出的那样，首先要完善干部考核评价制度，同时还要改变工业化过程中形成的以为创造了愈来愈多的物质财富就能充分满足人民群众的需要的观念。其实，在经济与科技快速发展的今天，特别是对于已进入和即将进入高收入国家行列的国家来说，人们越来越重视生活质量的提高，越来越追求文化娱乐、环境优美、生态良好、健康生活、食品安全、民主法治、精神享受。因此，我们的发展理念也要有新的转变。2015 年党的十八届五中全会通过的关于"十三五"规划的建议提出的创新、协调、绿色、开放、共享五大发展理念，反映了时代的新要求，也符合中国经济发展新阶段的客观要求。

除宏观调控外，公共服务、市场监管、社会管理、环境保护也是政府的重要职责，从中国改革开放 40 年的实践看，这几个方面正是政府做得不够到位之处，亟须补位和加强。这也是保证社会主义市场经济健康运行的重要条件。

## 四、社会主义市场经济生产发展的终极目的：
## 共享发展成果，走向共同富裕

社会主义市场经济发展的终极目的与资本主义的生产目的有根本区别，资本主义的生产目的是资本追求剩余价值和利润最大化，资本主义经济发展的结果是，一边是财富集中在极少部分资本大鳄手中，一边是贫穷的积累，造成两极分化。社会主义市场经济与此不同。社会主义市场经济主体也要追求利润、增加利润，但是，由于社会主义基本经济制度是公有制为主体、多种所有制经济共同发展，而且社会主义国家是共产党领导的，政府通过税收、转移支付、提供公共产品和服务、健全社会保障体系等手段，不断强化对财产和收入差距的调节，以避免两极分化，逐步缩小财富和收入差距，努力做到人人共享发展成果，走向共同富裕。

在社会主义市场经济条件下，企业依法经营获取利润，是无可厚非的。大家知道，在人类社会度过了漫长的原始公社阶段以后，剩余产品在各个社会都存在。正如恩格斯所说："劳动产品超出维持劳动的费用而形成的剩余，以及社会生产基金和后备基金从这种剩余中的形成和积累，过去和现在都是一切社会的、政治的和智力的继续发展的基础。"① 在社会主义社会，由于总是存在一些非生产性但是必要的部门和机构，它们的费用要从生产出来的基金中支出，而且社会要具有扩大再生产所必需的积累基金和储备基金等，因此，生产部门的劳动者的劳动，还要区分为必要劳动和剩余劳动，它们创造的产品，还要区分为必要产品和剩余产品，剩余产品的价值形态就是企业的利润。

可见，不能把是否为利润生产作为区分社会主义市场经济与资本主义市场经济的标志。那么，究竟什么是社会主义生产区别于资本主义生产的标志呢？不妨回忆一下列宁对布哈林的一本书的评论。布哈林在他的《过渡时期的经济》一书中说道："在资本实行统治的条件下，生产是剩余价值的生产，是为利润进行的生产。在无产阶级实行统治的条件下，生产是为抵消社会需要进行的生产。"对此，列宁写了这样的评论：没有成功。利润也是满足"社会"需要的。应该说：在这种条件下，剩余产品不归私有者阶级，而归全体劳动者，而且只归他们。② 列宁的上述评论说明，剩余产品（利润是它的价值表现形式）归谁所有，才是区分社会主义生产和资本主义生产的标志。

比较复杂的问题是在社会主义初级阶段的市场经济中，有一部分利润如私营经济和外资经济创造的利润，是归资方所有的，而不是直接归全体劳动者所有。但是，必须看到，我国剩余产品的大部分甚至绝大部分是归政府支配的。多年来，国家的宏观税负一直占国内生产总值的30%以上，构成国家财政收入的主要来源，而国家的财政支出，除少数用于保障国家安全、基础设施建设、支持科技进步和改善生态环境以外，主要用于民生项目，保障和改善人民的物质和文化生活。对于资本收入，国家鼓励其进

---

① 马克思，恩格斯. 马克思恩格斯全集：第20卷. 北京：人民出版社，1971：211.
② 列宁. 对布哈林《过渡时期的经济》一书的评论. 北京：人民出版社，1958：41-42.

行投资，继续发挥其在支撑增长、促进创新、扩大就业、增加税收等方面的积极作用。总之，国家可以通过行政的、经济的和法律的手段，引导私营和外资企业的发展，将其纳入有利于增强社会生产力、增强国家实力和提高人民生活水平的轨道。此外，国家还出台政策和采取措施，支持和鼓励民营企业家增强社会责任心，热心公益事业，积极参加捐赠和慈善活动，回报社会。随着社会的进步和文明程度的提高，这种可被称为国民收入分配的第三次调节将日益发挥越来越重要的作用。这显然有助于促进人人共享发展成果的实现。

党的十八届五中全会建议指出：共享是中国特色社会主义的本质要求。必须坚持发展为了人民、发展依靠人民、发展成果由人民共享，做出更有效的制度安排，使全体人民在共建共享发展中有更多获得感，增强发展动力，增进人民团结，朝着共同富裕方向稳步前进。

可见，在社会主义市场经济条件下，市场经济的发展要适应社会主义提倡公平正义、追求共同富裕的崇高目标。

## 五、依法规范市场经济活动，保证社会主义市场经济健康运行

现代市场经济是法治经济。中外经济发展实践证明，市场经济只有在法治轨道上运行，才能比较有效地发挥其积极作用，减少因其自发调节带来的种种消极作用。社会主义市场经济也是法治经济。市场经济也是竞争经济，实行公平竞争、有序竞争，以不断提高效率。这就必须对如何竞争进行规范，以形成有效的竞争规则或游戏规则，如同体育比赛要遵循比赛的规则一样。可见，社会主义市场经济只有在法治轨道上运行，才能保证其健康发展。

我们党深刻了解现代市场经济的客观规律性，在确立社会主义市场经

济体制改革目标模式后不久，就提出了市场经济活动法治化的要求，进而明确指出了社会主义市场经济本质上是法治经济。

1997 年，党的十五大确定了依法治国的方略。当时对依法治国还是以法治国有过讨论，但很快就达成了依法治国的共识。这标志着我国从人治转向法治的重大转变。与此相适应，2002 年党的十六大提出：要适应社会主义市场经济发展、社会全面进步和加入世界贸易组织的新形势，加强立法工作，提高立法质量，到 2010 年形成中国特色社会主义法律体系。这个法律体系要符合市场经济规律的要求，是一个好的法律体系，是为巩固社会主义市场经济这个经济基础服务的。党的十六届三中全会进一步提出全面推进经济法制建设，即按照依法治国的基本方略，着眼于确立制度、规范权责、保障权益，加强经济立法。主要包括：完善市场主体和中介组织法律制度，使各类市场主体真正具有完全的行为能力和责任能力；完善产权法律制度，规范和理顺产权关系，保护各类产权权益；完善市场交易法律制度，保障合同自由和交易安全，维护公平竞争；完善预算、税收、金融和投资等法律法规，规范经济调节和市场监管；完善劳动、就业和社会保障等方面的法律法规，切实保护劳动者和公民的合法权益；完善社会领域和可持续发展等方面的法律法规，促进经济发展和社会全面进步。

2014 年，党的十八届四中全会又进一步做出了《中共中央关于全面推进依法治国若干重大问题的决定》。该决定指出，社会主义市场经济本质上是法治经济。使市场在资源配置中起决定性作用和更好发挥政府作用，必须以保护产权、维护契约、统一市场、平等交换、公平竞争、有效监管为基本导向，完善社会主义市场经济法律制度。健全以公平为核心原则的产权保护制度，加强对各种所有制经济组织和自然人财产权的保护，清理有违公平的法律法规条款。创新适应公有制多种实现形式的产权保护制度，加强对国有、集体资产所有权、经营权和各类企业法人财产权的保护。国家保护企业以法人财产权依法自主经营、自负盈亏，企业有权拒绝任何组织和个人无法律依据的要求。加强企业社会责任立法。完善激励创新的产权制度、知识产权保护制度和促进科技成果转化的体制机制。加强市场法律制度建设，编纂民法典，制定和完善发展规划、投资管理、土地管理、能源和矿产资源、农业、财政税收、金融等方面法律法规，促进商品和要素自由流动、公平交易、平等使用。依法加强和改善宏观调控、市场监管，反对垄断，促进合理竞争，维护公平竞争的市场秩序。加强军民融合深度发展法治保障。等等。

鉴于在我国社会主义市场经济发展实践中，常常出现政府直接支配的资源过多、对微观经济活动干预过多的现象，党的十八届四中全会的决定还专门论述了深入推进依法行政，加快建设法治政府问题。包括依法全面履行政府职能，健全依法决策机制，深化行政执法体制改革，坚持严格规范公正文明执法，强化对行政权力的制约和监督，全面推进政务公开。

总之，在经济领域，正确界定政府、市场和企业的关系非常重要。一般来说，凡是靠市场能解决而又有效率的，政府都不要去管；凡是公民、企业、社会组织包括中介组织能够自主有效解决的，除法律另有规定的以外，政府也不要去管。政府主要为市场和企业的发展提供良好的环境，如搞好宏观调控、提供公共服务、维护市场秩序、保持经济社会稳定等。政府在使用纳税人的钱财时，要节俭、高效、透明、清廉，取之于民，用之于民，为人民服务。这些都必须用法律确定下来。

## 参考文献

1. 本书编写组. 党的十九大报告辅导读本. 北京：人民出版社，2017.

2. 陈君，洪南. 江泽民与社会主义市场经济体制的提出：社会主义市场经济 20 年回顾. 北京：中央文献出版社，2012.

3. 成致平．价格改革三十年（1977—2006）．北京：中国市场出版社，2006.

4. 邓小平．邓小平文选：第 3 卷．北京：人民出版社，1993.

5. 国家经济体制改革委员会综合规划司．中国改革大思路．沈阳：沈阳出版社，1988.

6. 胡锦涛．在纪念党的十一届三中全会召开 30 周年大会上的讲话．人民日报，2008 - 12 - 19.

7. 江泽民．加快改革开放和现代化建设步伐，夺取有中国特色社会主义事业的更大胜利（1992 - 10 - 12）.

8. 马克思，恩格斯．马克思恩格斯全集：第 3 卷．北京：人民出版社，1960.

9. 马克思，恩格斯．马克思恩格斯全集：第 25 卷．北京：人民出版社，1974.

10. 彭森，陈立，等．中国经济体制改革重大事件：上，下．北京：中国人民大学出版社，2008.

11. 孙冶方．社会主义经济的若干理论问题．北京：人民出版社，1979.

12. 吴敬琏．呼唤法治的市场经济．北京：生活·读书·新知三联书店，2007.

13. 习近平．决胜全面建成小康社会 夺取新时代中国特色社会主义伟大胜利．人民日报，2017 - 10 - 19.

14. 张卓元．经济改革新征程．北京：社会科学文献出版社，2014.

15. 张卓元．经济转型与改革攻坚．北京：中国人民大学出版社，2017.

16. 张卓元，等．新中国经济学史纲（1949—2011）．北京：中国社会科学出版社，2012.

17. 中共中央关于建立社会主义市场经济体制若干问题的决定（1993 - 11 - 14）.

18. 中共中央关于经济体制改革的决定（1984 - 10 - 20）.

19. 中共中央关于全面深化改革若干重大问题的决定（2013 - 11 - 12）.

20. 中共中央关于全面推进依法治国若干重大问题的决定（2014 - 10 - 23）.

21. 中共中央文献研究室．习近平关于社会主义经济建设论述摘编．北京：中央文献出版社，2017.

22. 中国共产党第十一届中央委员会第三次全体会议公报（1978 - 12 - 22）.

23. 中华人民共和国国家统计局．2017 中国统计摘要．北京：中国统计出版社，2017.

# 第三章　社会主义初级阶段理论

　　党的十一届三中全会以来，中国的社会主义建设取得了巨大的成就，生产力迅速发展，经济总量不断增加，人民生活水平日益提高，中国在世界经济体系中的重要性和在国际政治舞台上的影响力也在与日俱增。在中国共产党的领导下，依据中国的基本国情进行改革开放和经济建设，是中国取得举世瞩目成就的最基本经验之一。我们党在总结我国社会主义建设的经验教训并借鉴其他国家社会主义兴衰成败的历史经验的基础上，逐步形成和发展了社会主义初级阶段理论。这个理论是对中国国情的准确概括，是建设中国特色社会主义必须遵循的基本前提。

　　在社会主义初级阶段理论的形成和发展过程中，经济理论界做出了重要的贡献。社会主义初级阶段理论明确了中国经济学研究的制度背景和初始条件。从社会主义初级阶段这个基本前提出发，中国经济学界对社会主义经济体制及其运行机制进行了比较深入的研究，取得了丰硕的理论成果，取得了若干重要的理论突破，不仅进一步丰富了社会主义初级阶段理论的内涵，而且有力地推动了有中国特色的经济学体系的建设。

## 第一节　社会主义初级阶段理论的形成与发展

社会主义初级阶段理论是在改革开放新的历史条件下形成和发展的。党的十一届三中全会以来，我们党恢复了解放思想、实事求是的思想路线，逐步摆脱了教条主义和"左"的思想的影响，通过对社会主义的再认识和对基本国情的正确分析，得出了我国还处于社会主义初级阶段的科学论断，在此基础上逐步形成了社会主义初级阶段理论。

### 一、邓小平对社会主义初级阶段理论的重大贡献

在社会主义初级阶段理论的形成过程中，邓小平起到了极为重要的作用。"文化大革命"结束以后，邓小平敏锐地把握时代发展的脉搏，对社会主义的本质和中国的国情进行了深入的思考。早在 1980 年，邓小平就指出："不解放思想不行，甚至于包括什么叫社会主义这个问题也要解放思想。经济长期处于停滞状态总不能叫社会主义。"① 他在后来又指出："什么叫社会主义，什么叫马克思主义？我们过去对这个问题的认识不是完全清醒的。"② 这些论述表现了他开辟社会主义建设新道路的巨大政治勇气和开拓马克思主义新境界的巨大理论勇气。

邓小平通过对新中国成立后中国社会主义建设历史经验的深刻反思，认识到中国的社会主义建设不能脱离国情，不能超越发展阶段。他曾指出："要充分研究如何搞社会主义建设的问题。现在我们正在总结建国三

---

① 邓小平.邓小平文选：第 2 卷.北京：人民出版社，1994：312.
② 邓小平.邓小平文选：第 3 卷.北京：人民出版社，1993：63.

十年的经验。总起来说，第一，不要离开现实和超越阶段采取一些'左'的办法，这样是搞不成社会主义的。我们过去就是吃'左'的亏。第二，不管你搞什么，一定要有利于发展生产力。"① 在这一思想的指导下，党的十一届六中全会第一次提出了中国处在社会主义初级阶段的基本论断，并在党的十二大和十二届六中全会上予以重申。为了更好地指导改革开放和现代化建设，党的十三大报告起草小组准备以"中国正处在社会主义初级阶段"这一科学论断作为立论的基础，报告的整体设计思路被汇报给邓小平后，他批示"这个设计好"。在党的十三大前夕，他在接见外国客人时指出："我们党的十三大要阐述中国社会主义是处在一个什么阶段，就是处在初级阶段，是初级阶段的社会主义。社会主义本身是共产主义的初级阶段，而我们中国又处在社会主义的初级阶段，就是不发达的阶段。一切都要从这个实际出发，根据这个实际来制订规划。"② 他的这个思想在党的十三大报告中得到全面阐述，成为党的十三大报告立论的基础。党的十三大结束后，他在评价党的十三大报告的时候指出：党的十三大报告的一个重要特点，就是阐述了中国社会主义初级阶段的理论，在这个理论的指导下，坚定地贯彻了党的十一届三中全会以来的路线、方针和政策。③ 在1992年的南方谈话中，他又一次谈到了社会主义初级阶段："我们搞社会主义才几十年，还处在初级阶段。巩固和发展社会主义制度，还需要一个很长的历史阶段，需要我们几代人、十几代人，甚至几十代人坚持不懈地努力奋斗，决不能掉以轻心。"④ 他在这里强调了初级阶段的长期性，告诫全党在建设社会主义的道路上要继续艰苦奋斗。

---

① 邓小平. 邓小平文选：第2卷. 北京：人民出版社，1994：312.
② 邓小平. 邓小平文选：第3卷. 北京：人民出版社，1993：252.
③ 同②258.
④ 同②379 - 380.

在改革开放和社会主义建设新的历史时期，邓小平提出了一系列对社会主义及其发展阶段的新认识、新见解，既继承前人，又突破陈规，为社会主义初级阶段理论的形成做出了重大贡献。

## 二、社会主义初级阶段理论的发展阶段

社会主义初级阶段理论的发展大体上经历了三个阶段。

### （一）理论酝酿阶段（党的十一届三中全会到党的十二届六中全会）

1981 年党的十一届六中全会通过了《关于建国以来党的若干历史问题的决议》，第一次明确提出我国处于社会主义初级阶段的论断。该决议指出："尽管我们的社会主义制度还是处于初级的阶段，但是毫无疑问，我国已经建立了社会主义制度，进入了社会主义社会，任何否认这个基本事实的观点都是错误的。"这里虽然已经提出了我国的社会主义制度处于初级阶段，但联系上下文来看，这段话是批判那些对中国的社会主义制度持怀疑论者，强调的重点是我国已经建立了社会主义制度，已经进入了社会主义社会。对于社会主义初级阶段则没有进行更详细的论述。在党的十二大上，胡耀邦同志在大会报告中指出："我国的社会主义社会现在还处在初级发展阶段，物质文明还不发达。"这里实际上已经描述了社会主义初级阶段的一个重要特征，就是物质文明不发达，但没有对此展开充分论述。1986 年党的十二届六中全会通过的《中共中央关于社会主义精神文明建设指导方针的决议》，重申了我国正处于社会主义初级阶段，并简要概括了初级阶段的经济特征，阐述了初级阶段的精神文化状态，这表明我们党对于社会主义初级阶段的认识在进一步深化。但这份决议仍然没有对社会主义初级阶段的内涵展开论述。

在这一时期，尽管我们党已经提出了我国正处于社会主义初级阶段的论断，并在党的若干重要文献中多次重申，对社会主义初级阶段的某些特征，特别是经济方面的特征也有了基本的认识，但这些判断和认识尚未上升到系统理论的高度。因此，只能说这段时期是社会主义初级阶段理论的酝酿时期。

### （二）系统形成阶段（党的十二届六中全会到党的十三大）

尽管我们党通过对历史经验的反思和总结，已经形成了社会主义初级阶段理论的基本思想，但这个重要问题当时尚未引起理论界的充分重视，围绕它的深入研究和探讨并不多见。党的十三大报告的起草工作大大推进了对社会主义初级阶段理论的研究进程。此后，理论界围绕社会主义初级阶段问题展开了热烈的讨论，并取得了一些成果。

党的十三大报告集中了全党的智慧，吸收了理论界的研究成果，第一次完整阐述了社会主义初级阶段理论。党的十三大报告将我国还处在社会主义初级阶段作为立论的基础，比较系统地阐述了社会主义初级阶段的基本含义、基本特征、主要矛盾和历史任务。报告指出：社会主义初级阶段是我国在生产力落后、商品经济不发达的条件下建设社会主义必然要经历的特定阶段。在这个阶段，我们所面临的主要矛盾，是人民日益增长的物质文化需要同落后的社会生产之间的矛盾。为了解决这个矛盾，就必须大力发展商品经济，提高劳动生产率，逐步实现工业、农业、国防和科学技术的现代化，同时还需要改革生产关系和上层建筑中不适应生产力发展的部分。在此基础上，报告阐明了党在社会主义初级阶段的基本路线和奋斗目标："领导和团结全国各族人民，以经济建设为中心，坚持四项基本原则，坚持改革开放，自力更生，艰苦创业，为把我国建设成为富强、民主、文明的社会主义现代化国家而奋斗。"报告还提出我国经济建设的战略部署大体分"三步走"。社会主义初级阶段理论的提出，是中国共产党对马克思主义的创造性贡献。在党的纲领中明确提出社会主义初级阶段的科学概念，这在马克思主义历史上是第一次。

### （三）发展完善阶段（党的十三大至今）

自党的十三大确立社会主义初级阶段理论以来，我们党在建设中国特色社会主义的伟大实践中，不断地总结新的实践经验、吸收新的理论成果，用新的思想和观点丰富与发展着社会主义初级阶段理论。

党的十四大报告从社会主义初级阶段的实际出发，在计划与市场关系问题上的认识有了新的重大突破，明确提出我国经济体制改革的目标是建立和完善社会主义市场经济体制。党的十五大报告再次集中论述了社会主义初级阶段理论，并首次提出了党在社会主义初级阶段的基本纲领。报告提出了"中国现在处于并将长时期处于社会主义初级阶段"的新论断，强调社会主义初级阶段是一个相当长的历史时期，要充分认识社会主义初级阶段的长期性和不可逾越性，从而树立起长期艰苦奋斗的思想。报告阐明了社会主义初级阶段的基本经济制度，提出了建设有中国特色社会主义的经济、政治、文化的基本目标和基本政策，这些基本目标和基本政策构成了党在社会主义初级阶段的基本纲领。基本纲领是党的基本路线在经济、政治、文化方面的具体展开，是改革开放以来最主要经验的总结。党的十六大报告对改革开放以来取得的成就进行了客观的评价，指出我国正处于并将长期处于社会主义初级阶段，虽然人民生活总体上达到了小康水平，但还是低水平的、不全面的、发展很不平衡的小康。在此基础上，报告系统地阐述了全面建设小康社会的构想。党的十七大报告专门论述了科学发展观，指出科学发展观"是立足社会主义初级阶段基本国情，总结我国发展实践，借鉴国外发展经验，适应新的发展要求提出来的"，是我国经济社会发展的重要指导思想，是发展中国特色社会主义必须坚持和贯彻的重大战略思想。报告还提出了实现全面建设小康社会奋斗目标的新要求，要将中国建设成为富强民主文明和谐的社会主义现代化国家。坚持和发展中国特色社会主义是贯穿党的十八大报告的一条主线。党的十八大报告指出："建设中国特色社会主义，总依据是社会主义初级阶段，总布局是五位一体，总任务是实现社会主义现代化和中华民族伟大复兴。"基于对国情的深刻了解，党的十八大报告既肯定了中国改革开放的伟大成就，也不回避中国在经济、社会等领域存在的诸多问题，强调中国仍处在社会主义初级阶段。只有从这一点出发，才能正确认识中国取得的成就、面临的挑战和未来的发展方向，才能真正做到既不妄自菲薄，也不妄自尊大，从而推动中国特色社会主义建设不断取得胜利。

国际金融危机以来，世界经济进入了大变革大调整时期，40年的持续增长也使得中国发展站在新的历史起点上。在这种背景下召开的党的十九大立足世情国情党情的变化，描绘了全面建设社会主义现代化国家的宏伟蓝图，并对决胜全面建成小康社会进行了战略部署。党的十九大报告指出，随着中国特色社会主义进入了新时代，我国社会的主要矛盾也发生了变化，长期以来的人民日益增长的物质文化需要同落后的社会生产之间的矛盾，已经转化为人民日益增长的美好生活需要和不平衡不充分的发展之间的矛盾。我国社会主要矛盾的变化是关系全局的历史性变化，将会从各方面对中国特色社会主义建设产生深远的影响。党的十九大报告同时也强调："我国社会主要矛盾的变化，没有改变我们对我国社会主义所处历史阶段的判断，我国仍处于并将长期处于社会主义初级阶段的基本国情没有变，我国是世界最大发展中国家的国际地位没有变。"报告要求"全党要牢牢把握社会主义初级阶段这个基本国情，牢牢立足社会主义初级阶段这个最大实际，牢牢坚持党的基本路线这个党和国家的生命线、人民的幸福线"，将我国建设成为富强民主文明和谐美丽的社会主义现代化强国。

社会主义初级阶段理论的形成和发展过程表明，我们党对中国国情的了解越来越全面，对社会主义本质的认识越来越深刻，对中国特色社会主义发展道路的探索越来越深入。改革开放和社会主义建设的伟大实践，还将继续赋予社会主义初级阶段理论以新的内涵。

## 第二节　社会主义初级阶段理论的科学内涵

### 一、社会主义初级阶段理论是对中国国情的准确概括

正确认识我国的基本国情和所处的历史阶段，是建设有中国特色的社会主义的首要问题，是我们党制定和执行正确的路线和政策的根本依据。党的十三大报告明确指出："我国正处在社会主义的初级阶段。这个论断，包括两层含义。第一，我国社会已经是社会主义社会。我们必须坚持而不能离开社会主义。第二，我国的社会主义社会还处在初级阶段。"我国社会主义的初级阶段不是泛指任何国家进入社会主义都会经历的起始阶段，而是特指我国在生产力落后、商品经济不发达条件下建设社会主义必然要经历的特定阶段。这个论断是对中国国情所做出的总体性、根本性的判断，它构成了建设有中国特色社会主义的重要前提。我们只有准确把握这个基本国情，才能认识为什么必须实行现在这样的路线和政策而不能实行别样的路线和政策。我们想问题、办事情都必须从这个实际出发，而不能超越这个阶段。建设和发展中国特色社会主义，首先要从这个最大的实际出发。

我们党对于这个基本国情的认识经历了一个曲折的过程。在新民主主义革命时期，中国共产党正确认识到了中国处于半殖民地半封建社会的社

会性质，并从这一国情出发，将马克思主义的普遍原理与中国革命的具体实际创造性地结合在一起，通过对中国社会主要矛盾的深刻分析，提出了正确的路线、方针和政策，终于赢得了新民主主义革命的胜利。但在中华人民共和国成立以后，特别是在完成生产资料私有制的社会主义改造之后，我们党在探索社会主义建设的道路上，曾经脱离了中国的实际情况，忽视了中国生产力落后、商品经济不发达、社会发展不平衡的基本国情，采取了一系列超越历史发展阶段的错误路线和政策，过分强调"一大二公三纯"，使生产关系和上层建筑与当时的生产力状况严重脱节，严重阻碍了经济的发展。不仅如此，由于对社会主要矛盾的错误判断，"以阶级斗争为纲"成为指导思想，最终导致了"文化大革命"的发生。在改革开放以前，中国的生产力发展缓慢，人民的生活水平没有大的提高，社会主义的优越性没有得到充分体现。党的十一届三中全会以来，我们党正确地分析国情，做出了我国正处于并将长期处于社会主义初级阶段的科学论断。这一论断既揭示了中国的社会性质，又阐明了中国当时所处的社会发展阶段，是对中国国情最简明、最准确的概括。

随着改革开放和社会主义建设实践的不断发展，我们党对社会主义初级阶段的认识也越来越全面、越来越深刻，这集中体现在以下三个方面。

### （一）对社会主义初级阶段基本特征的认识

党的十三大报告将社会主义初级阶段的基本特征归结为五个方面，即社会主义初级阶段是逐步摆脱贫穷、摆脱落后的阶段；是农业国逐步转变为工业国的阶段；是由自然经济半自然经济占很大比重的社会，转变为商品经济高度发达社会的阶段；是建立和发展社会主义经济、政治、文化体制的阶段；是全民奋起，艰苦创业，实现中华民族伟大复兴的阶段。党的十五大报告将它扩展到八个方面：由农业国逐步转变为工业化国家；由自然经济半自然经济占很大比重的国家，逐步转变为市场经济国家；由人口素质较低的国家，逐步转变为科技教育文化比较发达的国家；由低收入国家逐步转变为全体人民比较富裕的国家；地区经济文化差距将会逐步缩小；社会主义市场经济体制、社会主义民主政治体制和其他方面的体制将比较成熟和完善；在建设物质文明的同时努力建设精神文明；逐步缩小同世界先进水平的差距。这表明，我们党对社会主义初级阶段基本特征的认识，已经从经济发展、体制完善、民族复兴，扩展到了发展科教文卫、促进区域协调发展、提高人民收入、建设精神文明，涵盖了经济、政治、文化等各个方面，对初级阶段基本特征和发展进程的认识更加全面、更加具体。

### （二）对社会主义初级阶段长期性的认识

社会主义初级阶段绝不是一个一蹴而就的短暂历史时期。党的十三大报告曾经指出："我国从五十年代生产资料私有制的社会主义改造基本完成，到社会主义现代化的基本实现，至少需要上百年时间，都属于社会主义初级阶段。"但在党的十三大报告中，关于我国基本国情和社会发展阶段的基本论断是："我国正处在社会主义的初级阶段。"从党的十五大开始，这一论断修正为"中国现在处于并将长期处于社会主义初级阶段"，党的十六大以来的历次党代会报告也重申了这一论断，这表明我们党对社会主义初级阶段的长期性和艰巨性有了更加清醒的认识。

改革开放以来，我国的社会生产力有了巨大发展，综合国力大幅增强，人民生活显著改善，实现了由解决温饱到总体达到小康的历史性跨越。但我们也要清楚地看到，现在达到的小康还是低水平的、不全面的、发展很不平衡的小康。生产力决定生产关系，经济基础决定上层建筑。由于生产力仍然不够发达，必然导致社会主义市场经济体制还不够完善，建设高度社会主义民主政治与和谐社会所必需的一系列经济社会条件也还不够充分，社会不公、贪污腐败等问题仍然存在，这些状况说明，我们现在仍然远没有超出社会主义初级阶段。因此，习近平同志指出："不仅在经济建设中要始终立足初级阶段，而且在政治建设、文化建设、社会建设、生态文明建设中也要始终牢记初级阶段；不仅在经济总量低时要立足初级阶段，而且在经济总量提高后仍然要牢记初级阶段；不仅在谋划长远发展时要立足初级阶段，而且在日常工作中也要牢记初级阶段。"① 在社会主义初级阶段，通过全党和全国人民长期的艰苦奋斗，中国将逐步摆脱不发达状态，基本实现社会主义现代化，经济、政治、文化、社会、生态文明等方面都将发生巨大而深刻的变化。

### （三）对新世纪新阶段基本国情具体表现的认识

社会主义初级阶段是一个较长的历史过程，但在发展进程中必然还要经历若干具体的发展阶段，不同时期会显现出不同的阶段性特征。党的十七大报告从八个方面，对进入新世纪新阶段后，我国发展呈现出的新的阶段性特征进行了概括：（1）经济实力显著增强，同时生产力水平总体上还不高，自主创新能力还不强，长期形成的结构性矛盾和粗放型增长方式尚未根本改变；（2）社会主义市场经济体制初步建立，同时影响发展的体制机制障碍依然存在，改革攻坚面临深层次矛盾和问题；（3）人民生活总体上达到小康水平，同时收入分配差距拉大趋势还未根本扭转，城乡贫困人口和低收入人口还有相当数量，统筹兼顾各方面利益难度加大；（4）协调发展取得显著成绩，同时农业基础薄弱、农村发展滞后的局面尚未改变，缩小城乡、区域发展差距和促进经济社会协调发展任务艰巨；（5）社会主

---

① 习近平. 紧紧围绕坚持和发展中国特色社会主义，学习宣传贯彻党的十八大精神. 人民网，2012 - 11 - 19.

义民主政治不断发展、依法治国基本方略扎实贯彻，同时民主法制建设与扩大人民民主和经济社会发展的要求还不完全适应，政治体制改革需要继续深化；（6）社会主义文化更加繁荣，同时人民精神文化需求日趋旺盛，人们思想活动的独立性、选择性、多变性、差异性明显增强，对发展社会主义先进文化提出了更高要求；（7）社会活力显著增强，同时社会结构、社会组织形式、社会利益格局发生深刻变化，社会建设和管理面临诸多新课题；（8）对外开放日益扩大，同时面临的国际竞争日趋激烈，发达国家在经济科技上占优势的压力长期存在，可以预见和难以预见的风险增多，统筹国内发展和对外开放要求更高。这些阶段性特征是社会主义初级阶段基本国情在新世纪新阶段的具体表现。随着中国经济进入新常态，我国发展的环境、条件、任务和要求都在发生新变化。要解决好新时期中国发展面临的新问题和新矛盾，就应该更加自觉地坚持新发展理念，走科学发展之路。党的十九大报告强调："发展是解决我国一切问题的基础和关键，发展必须是科学发展，必须坚定不移贯彻创新、协调、绿色、开放、共享的发展理念。"新发展理念体现了我国在新时期的发展思路、发展方向和发展着力点，进一步深化了我们对社会主义初级阶段发展规律的认识。

## 二、社会主义初级阶段理论拓展了我们对社会主义的认识

在很长一段时间里，关于社会主义的传统、僵化的观念极大地束缚了人们的思想。继俄国十月革命之后，包括中国在内的一些国家相继取得了社会主义革命的胜利，并建立起社会主义制度。但与马克思主义经典作家的设想不同，这些国家并不是从生产力高度发达的资本主义社会过渡到社会主义社会，而是无一例外地从生产力并不发达的社会跨入社会主义社会。由于这些社会主义国家的执政者对于社会主义的本质属性和发展规律

并没有清晰的认识，因此，世界上第一个社会主义国家苏联在特殊国际环境和历史条件下形成的高度集权的中央计划经济体制，就成了其他社会主义国家争相效仿的标准模式。苏联体制无论是在理论上还是在实践上都对其他社会主义国家产生了巨大的消极影响。对于这些社会主义国家来说，由于认识的局限性和急于求成的思想影响，许多并不具有社会主义本质属性的东西，或者只适用于某种特殊历史条件的东西，被当作"社会主义原则"加以固守；许多在社会主义条件下有利于生产力发展和生产商品化、社会化、现代化的东西，反而被当作"资本主义因素"加以反对。由此而形成的计划经济体制和高度集权的政治体制，严重束缚了社会主义经济的发展。尽管从20世纪60年代开始，苏联和东欧社会主义国家先后开展过改革，探索过社会主义经济体制的新模式，但由于固守传统的错误观念，这些国家的改革并没有取得突破性进展，经济社会发展长期处于停滞状态，最终导致了20世纪八九十年代相继发生的东欧剧变和苏联解体。

我们党通过总结国内外的经验教训深刻地认识到，在中国搞社会主义建设，首先要搞清楚"什么是社会主义、怎样建设社会主义"，为此，就必须搞清楚"什么是初级阶段的社会主义，在初级阶段怎样建设社会主义"。在中国这样人口众多、生产力落后的大国建设社会主义，我们面对的情况，既不是马克思主义创始人设想的在资本主义高度发展的基础上建设社会主义，也不完全相同于其他社会主义国家。因此，必须不唯上、不唯书、只唯实，从中国自身的国情出发，把马克思主义基本原理同中国实际结合起来，在实践中开辟有中国特色的社会主义道路。

从中国处在社会主义初级阶段这一基本前提出发，中国共产党率领全国人民开始了建设中国特色社会主义的伟大探索。在这一过程中，邓小平同志以马克思主义的理论勇气、求实精神、丰富经验和远见卓识，对社会主义的本质进行了深入的思考，指出社会主义的本质是解放生产力，发展生产力，消灭剥削，消除两极分化，最终达到共同富裕。在社会主义初级阶段，为了摆脱贫穷和落后，尤其要把发展生产力作为全部工作的中心。

当时中国的现实状况是，不仅生产力不发达，而且长期形成的僵化体制严重束缚着生产力的发展。在对社会主义的传统认识中，强调所有制的"一大二公"，主张分配制度上的平均主义，排斥商品经济，否认价值规律，认为计划经济是社会主义的本质属性，市场经济则充满了资本主义因素，与社会主义格格不入。这些错误的传统观念在一些人的头脑中根深蒂固，每当中国的改革面临转折关头，总会有人挑起一场姓"社"与姓"资"的争论。我们党通过改革开放的实践，对社会主义与市场经济关系的认识发生了根本性的转变。邓小平在南方谈话中指出："计划经济不等于社会主义，资本主义也有计划；市场经济不等于资本主义，社会主义也有市场。计划和市场都是经济手段。""计划多一点还是市场多一点，不是社会主义与资本主义的本质区别。"① 这些精辟论断，从根本上解除了把计划经济和市场经济看作属于社会基本制度范畴的思想束缚。为了进一步解放和发展生产力，就必须改革传统的中央集权的计划经济体制，建立社会主义市场经济体制。党的十四大明确提出建立社会主义市场经济体制的伟大历史任务，这是对社会主义认识的重大突破。

随着中国的经济体制向社会主义市场经济体制的转型，中国经济也发生了一系列深刻的变化：与苏联及东欧国家以休克疗法和全面私有化为特征的快速经济转型不同，中国的经济转轨通过渐进式改革，逐步营造了一个竞争性的市场环境，市场在国家宏观调控下对资源配置起到了决定性作用；在所有制结构上，基本形成了公有制为主体、多种所有制经济共同发展的社会主义初级阶段基本经济制度；在分配制度上，确立了劳动、资

① 邓小平.邓小平文选：第3卷.北京：人民出版社，1993：373.

本、技术和管理等生产要素按贡献参与分配的原则，不断完善以按劳分配为主体、多种分配方式并存的分配制度，鼓励人民群众获取更多的财产性收入。中国的市场化改革极大地改善了中国的要素配置状况，提高了企业的效率，从而推动了中国的产业升级和经济发展。自20世纪70年代末以来，中国创造了连续40年经济持续高速增长的奇迹，从一个国民经济濒临崩溃的国家一跃成为世界第二大经济体。

在建设有中国特色社会主义的伟大实践中，我们党对社会主义建设的认识还在不断深化。社会主义初级阶段是社会主义的不发达阶段，虽然经济建设是一切工作的中心，但随着经济发展水平的不断提高，整体推进政治、文化等其他领域建设的重要性也日益凸显。党的十六大确立的全面建设小康社会的目标，是中国特色社会主义经济建设、政治建设、文化建设"三位一体"全面发展的目标。党的十七大提出了要按照中国特色社会主义事业总体布局，全面推进经济建设、政治建设、文化建设、社会建设的"四位一体"建设。党的十八大报告对推进中国特色社会主义建设做出了"五位一体"的总体布局，"中国特色社会主义道路，就是在中国共产党领导下，立足基本国情，以经济建设为中心，坚持四项基本原则，坚持改革开放，解放和发展社会生产力，建设社会主义市场经济、社会主义民主政治、社会主义先进文化、社会主义和谐社会、社会主义生态文明"。党的十九大报告进一步明确中国特色社会主义事业总体布局是"五位一体"、战略布局是"四个全面"。这表明：在社会主义初级阶段，既要通过经济建设来增加社会物质财富、不断改善人民生活，又要通过政治建设、文化建设、社会建设和生态文明建设发展来促进人的全面发展，逐步实现全体人民共同富裕，建设富强民主文明和谐美丽的社会主义现代化国家。这些理论深化将我们对社会主义初级阶段的认识不断向前推进，丰富和发展了社会主义初级阶段理论。

### 三、社会主义初级阶段理论深刻地揭示了初级阶段的主要矛盾

毛泽东曾经指出：在复杂的事物的发展过程中，有许多矛盾存在，其中必有一种是主要的矛盾，由于它的存在和发展，规定或影响着其他矛盾的存在和发展。因此，研究任何问题，如果是存在着两个以上矛盾的复杂过程的话，就要用全力找出它的主要矛盾。捉住了这个主要矛盾，一切问题就迎刃而解了。社会主义初级阶段是一个相当长的历史时期，这一时期各类经济社会矛盾异常复杂，只有透过纷繁复杂的各类矛盾的表象，深刻认识和正确处理主要矛盾，我们才能确定社会主义初级阶段的主要问题和中心任务，才能掌握社会主义初级阶段的发展规律，才能将中国特色的社会主义建设不断地推向前进。

我们党对于社会主义初级阶段主要矛盾的认识经历过多次反复。在20世纪50年代中期，随着对农业、手工业、资本主义工商业的社会主义改造的完成，社会主义制度在我国已经基本建立起来了。我们党认真分析了当时的实际状况，对国内的主要矛盾做过一个分析。《中共八大关于政治报告的决议》指出：随着社会主义改造取得决定性的胜利，我国的无产阶级同资产阶级之间的矛盾已经基本上解决，几千年来的阶级剥削制度的历史已经基本上结束。我们国内的主要矛盾，已经是人民对于建立先进的工业国的要求同落后的农业国的现实之间的矛盾，是人民对于经济文化迅速发展的需要同当前经济文化不能满足人民需要的状况之间的矛盾。这一矛盾的实质，在我国社会主义制度已经建立的情况下，也就是先进的社会主义制度同落后的社会生产力之间的矛盾。党和全国人民的主要任务，就是要集中力量来解决这个矛盾，把我国尽快地从落后的农业国转变为先进的工业国。即便从现在的眼光来看，党的八大关于社会主义制度建立后国

内主要矛盾的分析仍然是比较客观的，是符合中国的实际情况的。但是，对中国社会主要矛盾的上述重要判断没有被坚持下来并贯彻到实际工作中去，而是被"无产阶级和资产阶级的矛盾，社会主义道路和资本主义道路的矛盾，仍然是当前我国社会的主要矛盾"这个观点所替代。在此基础上形成的无产阶级专政下继续革命的理论，使我们党的工作重点发生了重大的失误，最终导致了"文化大革命"，给中国的经济发展和社会主义建设带来了灾难性的后果。

党的十一届三中全会以后，我们党对于国内主要矛盾的认识重新回到了正确的轨道上。邓小平在党的十二届四中全会上，对过去的经验教训进行了初步的总结："多少年来我们吃了一个大亏，社会主义改造基本完成了，还是'以阶级斗争为纲'，忽视发展生产力。'文化大革命'更走到了极端。十一届三中全会以来，全党把工作重点转移到社会主义现代化建设上来，在坚持四项基本原则的基础上，集中力量发展社会生产力。这是最根本的拨乱反正。不彻底纠正'左'的错误，坚决转移工作重点，就不会有今天的好形势。"[1]

党的十三大报告第一次对社会主义初级阶段的主要矛盾做了明确的表述，报告指出："我们在现阶段所面临的主要矛盾，是人民日益增长的物质文化需要同落后的社会生产之间的矛盾。阶级斗争在一定范围内还会长期存在，但已经不是主要矛盾。为了解决现阶段的主要矛盾，就必须大力发展商品经济，提高劳动生产率，逐步实现工业、农业、国防和科学技术的现代化，并且为此而改革生产关系和上层建筑中不适应生产力发展的部分。"但在党的十三大结束后不久，国内外出现了新的复杂形势，随着东欧剧变和苏联解体，国内也出现了一场政治风波。在这种错综复杂的情况

---

[1] 邓小平. 邓小平文选：第3卷. 北京：人民出版社，1993：141.

下，是不是应当改变对主要矛盾的判断？在认真研究了新的形势和变化后，我们党认为没有必要改变对初级阶段主要矛盾分析的基本结论。党的十四大报告重申了党对初级阶段主要矛盾的基本判断。党的十五大报告的相关论述则更加透彻："我国经济、政治、文化和社会生活各方面存在着种种矛盾，阶级矛盾由于国际国内因素还将在一定范围内长期存在，但社会的主要矛盾是人民日益增长的物质文化需要同落后的社会生产之间的矛盾，这个主要矛盾贯穿我国社会主义初级阶段的整个过程和社会生活的各个方面。这就决定了我们必须把经济建设作为全党全国工作的中心，各项工作都要服从和服务于这个中心。"从党的十六大报告到党的十八大报告都将主要矛盾放在社会主义初级阶段的整个历史过程中加以考察，认为我国仍处于并将长期处于社会主义初级阶段的基本国情没有变，人民日益增长的物质文化需要同落后的社会生产之间的矛盾这一社会主要矛盾没有变。

40年的改革开放使中国发生了翻天覆地的巨大变化，中国发展进入新的历史方位。党的十九大报告对我国社会主要矛盾的变化做出了新的重要判断："中国特色社会主义进入新时代，我国社会主要矛盾已经转化为人民日益增长的美好生活需要和不平衡不充分的发展之间的矛盾。"随着中国经济的发展，社会生产力水平得到了很大的提高，中国已经成为世界第二大经济体，拥有了完整的工业体系。目前，中国业已建立的工业部门涵盖39个工业大类，191个中类，525个小类，是全球唯一拥有联合国产业分类中全部工业门类的国家，成为当之无愧的"世界工厂"。中国不仅在劳动密集型产业中已经形成了很强的国际竞争力，在汽车、造船、航空航天等反映一个国家的工业化程度和高端制造水平的复杂制造业部门，也开始在国际市场上占有一席之地。生产力的发展使人民群众基本的物质文化需要已经能够得到很好的满足。经济增长也拉动了居民收入的持续上升，使社会需要也发生了很大的变化，不仅在物质文化需要方面形成了更高的要求，而且在民主、法治、公平、正义、安全、环境等方面的新需求也在不断增加。尽管中国的经济发展已经取得了很大成就，但区域之间、城乡之间以及其他方面仍然存在着不平衡、不充分等问题，影响了人民群众对美好生活的追求。随着中国特色社会主义进入新时代，"人民日益增长的物质文化需要同落后的社会生产之间的矛盾"已经不能准确地反映当前和未来一段时期中国社会的主要矛盾，我国社会主要矛盾已经转化为人民日益增长的美好生活需要和不平衡不充分的发展之间的矛盾。我国社会主要矛盾的变化是关系全局的历史性变化，将对中国的发展全局产生深刻的影响。

既然社会生产力有了较大发展，社会主要矛盾也发生了转变，那么这是否意味着中国已经不再处于社会主义初级阶段？对此，党的十九大报告强调指出："我国社会主要矛盾的变化，没有改变我们对我国社会主义所处历史阶段的判断，我国仍处于并将长期处于社会主义初级阶段的基本国情没有变，我国是世界最大发展中国家的国际地位没有变。全党要牢牢把握社会主义初级阶段这个基本国情，牢牢立足社会主义初级阶段这个最大实际，牢牢坚持党的基本路线这个党和国家的生命线、人民的幸福线，领导和团结全国各族人民，以经济建设为中心，坚持四项基本原则，坚持改革开放，自力更生，艰苦创业，为把我国建设成为富强民主文明和谐美丽的社会主义现代化强国而奋斗。"

初级阶段主要矛盾的问题是社会主义初级阶段理论的核心问题。我们党在总结进入社会主义初级阶段近70年来经验教训的基础上，正确分析了初级阶段的主要矛盾，始终牢牢抓住了主要矛盾和工作中心，并在改革开放的实践中清醒地观察和把握社会矛盾的全局，在此基础上形成和完善了初级阶段的基本路线和基本纲领，使中国的改革开放不断深入，社会主义建设日新月异。

## 第三节 社会主义初级阶段理论与我国经济理论界的相关研究

党的十一届三中全会以来，蓬勃发展的改革开放实践不断地产生新现象、提出新问题，迫切需要理论界提出新的观点、新的理论来解释现实，指导改革。随着解放思想、实事求是的思想路线的贯彻，长期束缚理论界的"左"的思想的绳索被逐步解除，我国经济理论界以极大的热情，投入到对这场史无前例的制度变迁和经济发展的研究中去，取得了丰硕的理论成果。其中，围绕社会主义初级阶段问题的研究，不仅极大地丰富了中国的经济学理论，不少重要的研究成果还被党中央和国务院所采纳，成为党和国家经济政策的组成部分。

早在 20 世纪 70 年代末，苏绍智和冯兰瑞就提出了无产阶级取得政权后的社会发展阶段问题。[①] 他们认为，从资本主义社会到共产主义高级阶段，可以分为三个阶段：第一个阶段是从资本主义到社会主义的过渡阶段。它又分为两个时期：第一个时期就是从无产阶级革命胜利后到生产资料所有制的社会主义改造基本完成。这个时期的特点是还存在着多种经济成分，相应地存在着多个阶级，因而是进行激烈的、尖锐的阶级斗争的时期；生产资料所有制的社会主义改造基本完成以后，就进入第二个时期，即不发达的社会主义。第二个阶段是发达的社会主义阶段。第三个阶段才是共产主义阶段。他们指出，如果不分阶段、混淆阶段，就会把某一阶段存在的现象、因素，扩大成为社会主义几个发展阶段中都有的现象或因素，在理论上和实践中都会产生严重的消极后果。例如，如果不分阶段，把从资本主义到不发达的社会主义，从不发达的社会主义到发达的社会主

---

① 苏绍智，冯兰瑞.无产阶级取得政权后的社会发展阶段问题.经济研究，1979 (5).

义看作同一个历史时期，就会把过渡阶段第一个时期的无产阶级同资产阶级的矛盾、社会主义同资本主义的矛盾贯穿整个历史时期，就容易把阶级斗争扩大化。再如，如果把发达的社会主义阶段才应该做的事，拿到不发达的社会主义阶段来做，就会导致过早地消灭个体经济，取消自留地和家庭副业，取消按劳分配、商品生产和商品交换，甚至急于向共产主义过渡。苏绍智和冯兰瑞的文章的结论是：中国还处在不发达的社会主义社会，还处在社会主义的过渡时期，不能认为我们的经济制度已经是发达的或者完全的社会主义。朱述先则认为无产阶级取得政权后的社会发展阶段应当做这样的划分：第一个阶段，从资本主义到社会主义的过渡时期；第二个阶段，共产主义第一阶段即社会主义，又分为两个时期：不发达的社会主义时期和发达的社会主义时期；第三个阶段，共产主义的高级阶段即共产主义。① 朱述先同意苏绍智和冯兰瑞关于中国还处在不发达社会主义时期的观点，但不赞成他们关于中国仍处在社会主义过渡阶段的论断，认为中国所处的阶段是社会主义阶段的不发达社会主义时期。经济理论界关于社会主义社会也应当分阶段以及我国社会主义还处在不发达阶段的观点，产生了非常重要的社会影响。在1981年，"我们的社会主义制度还是处于初级的阶段"的论断开始出现在党的中央文件中，最终在党的十三大上得到系统阐述并成为全党的共识。

经济学界对社会主义初级阶段理论的探索过程，实际上也是从经济的角度对社会主义的再认识过程。改革开放以来，经济学界从当时的实际经济发展状况出发，围绕着社会主义初级阶段的经济问题开展了大量的研究，在社会主义初级阶段基本经济制度的研究上不断突破传统理论的藩篱，提出了很多新观点和新思想，不仅深化了我们对于社会主义初级阶段

---

① 朱述先. 也谈无产阶级取得政权后的社会发展阶段问题：与苏绍智、冯兰瑞同志商榷. 经济研究，1979（8）.

的认识，而且对于社会主义初级阶段理论的形成、发展和完善也起到了积极的作用。

一是在社会主义所有制结构方面的突破。传统观点认为：社会主义所有制结构只能是又公又纯、越纯越好，个体经济每天都在不断地产生资本主义，而私营经济则是资本主义的根源，是必须被消灭的。改革开放以后，这种认识开始发生转变。一些经济学家开始提出社会主义所有制多样性的观点，主张在保持公有制占主导地位的前提下，发展包括个体、私营在内的多种非公有制经济。薛暮桥是最早主张发展多种经济成分的经济学家，他在 1979 年就提出，留一点个体经济和资本主义的尾巴可能利多害少。[①] 随着我国非公有制经济的迅速发展，经济学界对于初级阶段所有制结构的认识进一步深化。陈宗胜较早地将我国所有制改革的目标模式概括为一种"混合经济"，即公有制居于相对主体地位，私人经济、个体经济、国家资本主义经济等共同存在、融合生长。所谓共同存在，是指公有制与非公有制及其各种具体形式在整个国民经济范围内同时并存；所谓融合生长，是指各种所有制形式相互渗透、彼此交叉，在一个企业内部融合发展。他还强调指出：这种模式不是私有制居相对主体的混合经济，而是公有制居相对主体的混合经济。[②] 在党的十五大上，公有制为主体、多种所有制经济共同发展，被正式确认为社会主义初级阶段的基本经济制度。正如党的十八届三中全会决议所指出的，基本经济制度是中国特色社会主义制度的重要支柱，也是社会主义市场经济体制的根基。

二是在社会主义公有制实现形式方面的突破。传统观点认为：只有全民所有制和集体所有制才是社会主义公有制的实现形式，全民所有制是社会主义所有制的高级形式，集体所有制则是其低级形式，集体所有制最终

---

① 薛暮桥. 薛暮桥回忆录. 天津：天津人民出版社, 1996.
② 陈宗胜. 论所有制改革的目标模式. 南开经济研究, 1987 (3).

也将过渡到全民所有制。在 20 世纪 80 年代初，何伟就注意到，现实生活中已经出现了一些公有制的新形式，他提出了应该根据实际经济生活中的变化来重新研究社会主义生产资料所有制理论的主张。[①] 刘诗白认为：在不发达的社会主义社会，公有制是一个以全民所有制为主导，由集体所有制、联合所有制和其他公有制形式组成的多样性的复合结构。[②] 于光远的《中国社会主义初级阶段的经济》是国内系统研究社会主义初级阶段经济问题的首批著作之一，曾被誉为"影响新中国经济建设的 10 本经济学著作之一"。在这本书中，于光远注意到我国已经出现了各种属于非基本形式的社会主义所有制新形式[③]，并预言，很可能在将来的某个时期，这种复合性的社会主义所有制形式将会比非复合性的社会主义所有制形式占据更重要的地位。在具体的改革思路上，厉以宁等一些学者认为股份制是公有制的较好的实现方式，并从很多方面对此进行了论证。党的十五大报告认可了公有制的实现形式可以多样化。党的十六届三中全会发布的《中共中央关于完善社会主义市场经济体制若干问题的决定》则进一步提出"使股份制成为公有制的主要实现形式"，并要求"大力发展国有资本、集体资本和非公有资本等参股的混合所有制经济，实现投资主体多元化"。党的十八届三中全会发布的《中共中央关于全面深化改革若干重大问题的决定》明确指出，"国有资本、集体资本、非公有资本等交叉持股、相互融合的混合所有制经济，是基本经济制度的重要实现形式，有利于国有资本放大功能、保值增值、提高竞争力，有利于各种所有制资本取长补短、相

---

① 何伟. 社会主义公有制应当有多种形式. 人民日报, 1984 - 12 - 31.

② 刘诗白. 社会主义所有制结构//经济研究编辑部. 中国社会主义经济理论的回顾与展望. 北京: 经济日报出版社, 1986.

③ 在书中，基本形式或者非复合性的社会主义所有制形式是指传统的公有制形式，非基本形式或者复合性的社会主义所有制形式是指公有制企业之间通过横向联合或者集资而形成的股权多元的公有制企业. 于光远. 中国社会主义初级阶段的经济. 北京: 中国财政经济出版社, 1988.

互促进、共同发展"，因此，应当"积极发展混合所有制经济"。

三是在全民所有制实现形式方面的突破。传统观点认为：全民所有制必须而且只能采取国家所有制的形式，属于社会主义全民所有的生产资料，只能由社会主义国家代表全体劳动人民来占有，国家直接领导属于国家的企业，通过国家机关任命的企业领导人管理这些企业，国家机关直接计划这些企业的全部生产活动。在改革开放之初，董辅礽就对这些观点提出了质疑，认为经济体制改革的实质是改革全民所有制的国家所有制形式。他提出了将国家行政组织和经济组织分开，经济活动由各种经济组织开展，各种经济组织应该具有统一领导下的独立性，实行全面的独立的严格的经济核算，应该有自身的经济利益，负有法律规定的经济上的责任的主张。[①] 董辅礽的文章拉开了关于国家所有制改革讨论的序幕。进入 20 世纪 90 年代以后，特别是邓小平南方谈话以后，经济理论界关于国有制改革问题的讨论空前活跃。周叔莲提出了"所有制是一种经济手段"的观点。[②] 他认为，所有制和计划一样，都是经济手段。建立国有制是为了促进生产力的发展，发展生产力才是目的，国有制只是一种经济手段。他批评一些人把国家所有制看成社会主义的目的，对它产生了迷信，认为承认国有企业的产权就会改变国家所有制的性质，也就破坏了社会主义的经济基础。他指出，这种迷信实质上是传统的社会主义经济体制下的国家所有制，实质上是把所有制当成目的而不是当成手段。党的十六届三中全会肯定了明晰国有企业产权的重要性，强调建立"归属清晰、权责明确、保护严格、流转顺畅"的现代产权制度将有利于维护公有财产权，有利于巩固公有制经济的主体地位。党的十八届三中全会再次强调了国有企业的性质及其重要性，"国有企业属于全民所有，是推进国家现代化、

---

① 董辅礽. 关于我国社会主义所有制形式问题. 经济研究，1979 (1).
② 银温泉. 所有制是一种经济手段：专访周叔莲教授. 经济社会体制比较，1993 (5).

保障人民共同利益的重要力量",要求进一步推动国有企业完善现代企业制度。

四是在社会主义分配制度方面的突破。传统观点认为:生产资料公有制决定了只有按劳分配才是社会主义的分配原则,土地、资本等要素参与分配则是资产阶级庸俗经济学的陈词滥调。谷书堂和蔡继明认为这种观点不适用于社会主义初级阶段。他们认为:由于社会主义初级阶段还存在着多种所有制,国家、企业和个人还具有相对独立的经济利益,企业和个人还都具有不同程度的收入分配和积累的自主权,所以还不能完全实行按劳分配。他们提出:社会主义初级阶段的分配原则是按贡献分配,也就是按各种生产要素在社会财富的创造中所做出的实际贡献进行分配。社会主义初级阶段的各种收入都是按贡献分配的形式,各种生产要素的贡献是由各生产要素的边际收益决定的。他们强调:在社会主义初级阶段,只有贯彻按贡献分配的原则,才能确保机会均等,提高效率,实现资源的最优配置,促进社会生产力的发展。[①] 他们的观点曾经引起很大的争议,但改革实践的发展验证了这种观点所具有的合理性。党的十六大明确提出,"确立劳动、资本、技术和管理等生产要素按贡献参与分配的原则,完善按劳分配为主体、多种分配方式并存的分配制度",最终认可了按生产要素的贡献进行收入分配的合法性。党的十九大报告继续强调"坚持按劳分配原则,完善按要素分配的体制机制,促进收入分配更合理、更有序"。

不难看出,在社会主义初级阶段理论的形成和发展过程中,经济理论界做出了重要的贡献。"社会主义初级阶段论和社会主义市场经济论一起,成为中国改革开放以来经济理论研究最重要、最突出的成果,是当代中国

---

① 谷书堂,蔡继明.按贡献分配是社会主义初级阶段的分配原则.经济学家,1989(2).

社会主义政治经济学的两大支柱。现阶段中国一切经济问题的研究，各项经济政策的制定，都要以这两大理论为依据、为指导。"[①] 社会主义初级阶段理论的发现和论证，是改革开放以来中国经济学界对马克思主义经济学和科学社会主义理论的重大贡献和发展。随着改革开放和社会主义建设的不断发展，中国经济理论界对社会主义初级阶段经济问题的认识也将更加深入，必将进一步丰富和发展社会主义初级阶段理论。

# 参考文献

1. 本书编写组.党的十九大报告辅导读本.北京：人民出版社，2017.

2. 薄一波.若干重大决策与事件的回顾.北京：中共中央党校出版社，1991.

3. 陈宗胜.论所有制改革的目标模式.南开经济研究，1987（3）.

4. 邓小平.邓小平文选：第2卷.北京：人民出版社，1994.

5. 邓小平.邓小平文选：第3卷.北京：人民出版社，1993.

6. 董辅礽.关于我国社会主义所有制形式问题.经济研究，1979（1）.

7. 谷书堂，蔡继明.按贡献分配是社会主义初级阶段的分配原则.经济学家，1989（2）.

8. 龚育之.中国社会主义初级阶段的理论、路线和纲领.中共中央党校学报，1998（1）.

9. 龚育之，等.毛泽东的读书生活.北京：中央文献出版社，2003.

10. 何伟.社会主义公有制应当有多种形式.人民日报，1984-12-31.

11. 列宁.列宁选集：第4卷.北京：人民出版社，1995.

12. 刘诗白.社会主义所有制结构.中国社会主义经济理论的回顾与展望.北京：经济日报出版社，1986.

13. 马克思，恩格斯.马克思恩格斯选集：第1卷，第3卷.北京：人民出版社，2012.

---

[①] 张卓元.改革开放以来我国经济理论研究的回顾与展望//张卓元文集.上海：上海辞书出版社，2005：53.

14. 毛泽东. 毛泽东著作选读. 北京：人民出版社，1986.

15. 冒天启. 社会主义初级阶段理论//张卓元. 论争与发展：中国经济理论 50 年. 昆明：云南人民出版社，1999.

16. 冒天启. 五十年巨变：由计划经济转向市场经济. 兰州大学学报（社会科学版），1999（3）.

17. 沈宝祥. 毛泽东与中国社会主义. 南昌：江西人民出版社，1996.

18. 斯大林. 苏联社会主义经济问题. 北京：人民出版社，1961.

19. 苏绍智，冯兰瑞. 无产阶级取得政权后的社会发展阶段问题. 经济研究，1979（5）.

20. 温家宝. 关于社会主义初级阶段的历史任务和我国对外政策的几个问题. 中华人民共和国国务院公报，2007（10）.

21. 习近平. 紧紧围绕坚持和发展中国特色社会主义，学习宣传贯彻党的十八大精神. 人民网，2012－11－19.

22. 薛汉伟. 社会主义初级阶段与历史上的类似表述. 理论前沿，1987（4）.

23. 薛暮桥. 薛暮桥回忆录. 天津：天津人民出版社，1996.

24. 银温泉. 所有制是一种经济手段：专访周叔莲教授. 经济社会体制比较，1993（5）.

25. 于光远. 中国社会主义初级阶段的经济. 北京：中国财政经济出版社，1988.

26. 张卓元. 改革开放以来我国经济理论研究的回顾与展望. 张卓元文集. 上海：上海辞书出版社，2005.

27. 朱述先. 也谈无产阶级取得政权后的社会发展阶段问题：与苏绍智、冯兰瑞同志商榷. 经济研究，1979（8）.

# 第四章　社会主义基本经济制度理论

　　所有制问题是马克思主义政治经济学的基本理论问题，也是中国特色社会主义政治经济学的基本理论问题。马克思、恩格斯早在《共产党宣言》中就明确指出："所有制问题是运动的基本问题，不管这个问题的发展程度怎样。"[①] 改革开放 40 年来，我国所有制理论取得了一系列重大进展，最大的理论突破是提出了公有制为主体、多种所有制经济共同发展的基本经济制度理论。社会主义基本经济制度理论的确立，为社会主义初级阶段经济制度和社会主义市场经济奠定了重要理论基础。回顾改革开放 40 年来社会主义基本经济制度理论的演进脉络，分析未来的发展方向，对于完善社会主义市场经济体制，构筑新时代经济发展的制度基础，具有重要的理论和现实意义。

---

　　① 马克思，恩格斯. 马克思恩格斯文集：第 2 卷. 北京：人民出版社，2009：66.

## 第一节 改革开放初期所有制结构多元化

中国经济体制改革的起点是高度集中的计划经济体制，在所有制结构上的表现就是"一大二公"，公有制经济一统天下。这是社会主义基本经济制度理论形成、发展并不断取得突破的历史背景，也是我们理解中国所有制结构变迁和所有制理论发展的基本前提。

在经典作家的设想中，未来社会实行生产资料公有制或社会所有制。[①] 列宁在俄国"十月革命"胜利后的头三年，曾设想"消灭私有制"，对银行、铁路和大工业实行国有化，建立单一公有制的社会主义，但没有达到预期效果，继而推行新经济政策，允许私营工商业活动，在工业领域发展国家资本主义，取得了好的效果。列宁之后，斯大林没有沿"新经济政策"的逻辑走下去，而是建立起了高度集中的计划经济体制，实行单一公有制经济，并且把国有经济看成公有制的高级形式，把集体所有制经济看成公有制的低级形式。在我国，1949 年中华人民共和国成立的时候是允许多种经济成分存在的。1949 年通过的《中国人民政治协商会议共同纲领》规定："中华人民共和国……保护工人、农民、小资产阶级和民族资产阶级的经济利益及其私有财产"；"凡有利于国计民生的私营经济事业，人民政府应鼓励其经营的积极性，并扶助其发展"。1949 年，毛泽东在党的七届二中全会上指出：中国在新民主主义发展阶段有五种经济形态，即国营经济、合作经济、私人资本主义经济、个体经济和国家资本主义经济。但从 1955 年起，经过农业合作化运动和对手工业和资本主义工

---

① "设想有一个自由人联合体，他们用公共的生产资料进行劳动，并且自觉地把他们许多个人劳动力当做一个社会劳动力来使用。"马克思，恩格斯. 马克思恩格斯文集：第 5 卷 . 北京：人民出版社，2009：96.

商业的社会主义改造，个体经济、私营经济等非公有制经济开始萎缩，甚至完全被消灭。至改革开放大幕开启的 1978 年，我国的个体经营者大约只有 15 万人，他们拥有自己的生产资料，以自我劳动为基础，生产的产品归自己或家庭所有，主要分布在手工业、建筑业、运输业、商业饮食服务业等行业。与 1952 年相比，个体经营者减少了 868 万人。由于存在雇佣关系，私营经济的命运更加曲折。随着社会主义改造基本完成，私营经济作为一种经济形式已经不复存在，私营企业的各项数据从统计资料上消失了。

我国所有制结构的变动是以允许个体经济的存在和发展为发端的。而一旦打开这个缺口，所有制结构便获得了自我演进的内生动力，并成为推动我国所有制理论不断发展的现实基础。1978 年党的十一届三中全会指出："社员自留地、家庭副业和集市贸易是社会主义经济的必要补充部分，任何人不得乱加干涉。"① 1979 年党的十一届四中全会通过的《中共中央关于加快农业发展若干问题的决定》指出："社员自留地、自留畜、家庭副业和农村集市贸易是社会主义经济的附属和补充，决不允许把它们当作资本主义经济来批判和取缔。"② 1982 年，发展和保护个体经济被写入了《中华人民共和国宪法》："在法律规定范围内的城乡劳动者个体经济，是社会主义公有制经济的补充。国家保护个体经济的合法的权利和利益。"

改革开放初期，理论界对个体经济的发展也进行了热烈的讨论，著名经济学家薛暮桥的观点非常具有代表性。他举例说："实践向我们提出了一个问题，我们一向把长途贩运当作投机倒把，这到底对不对呢？山货土产没有腿，没有人长途贩运，怎么会自己跑到城里来呢？如果让山货烂在山上叫'社会主义'，贩到城里来丰富市场供应是'资本主义'，这能说是马克

---

① 中共中央文献研究室. 三中全会以来重要文献选编：上. 北京：中央文献出版社，2011：7.
② 同①158.

思主义吗？我认为不能把长途贩运和投机倒把等同起来，应当允许长途贩运。"他进一步指出："对于手工劳动，我认为集体所有制经济甚至个体户可能比全民所有制更加优越，生产关系一定要适合生产力的性质，认为全民所有制在任何条件下（比如手工劳动条件下）一定比集体、个体所有制优越，这不是马克思主义。"他主张："我国的经济理论工作者有必要坦率地讨论我国现有的所有制结构，为什么会如此严重地束缚生产力的发展？"[①]

应该说，个体经济的发展适应了当时经济社会的客观形势和需要。一是当时有大量的劳动者找不到就业门路，国营部门也提供不了就业岗位。1979 年，由返城知青形成的失业人口就达到 140.66 万人；1980 年，城镇失业人员为 541.5 万人，其中青年人为 382.5 万人，占 70.6%。失业人口需要生活来源，否则会影响社会稳定。鼓励个体经济发展的政策之所以在改革初期纷纷出台，一个基本原因就是当时就业形势十分严峻，个体经济被当作吸纳失业人员的一个重要渠道。二是当时城镇居民日常生活遇到的一系列亟待解决的难题，如坐车难、住房难、吃饭难、理发难、做衣难、购物难、修理难、洗澡难等一直困扰居民，个体经济在解决这些难题上具有天然的优势。三是个体经济的发展不需要大量的资金，技术门槛和经营风险较低，适应了当时的经济发展水平。在各项鼓励、引导政策的刺激下，个体经济发展迅速。1980 年，改革开放后第一张个体工商营业执照颁发，由 19 岁的温州姑娘章华妹领取。到 1992 年，全国登记注册的个体工商户达 1 533.9 万户，从业人员达 2 467.7 万人，注册资金达 600.9 亿元，实现产值 926.2 亿元，营业额为 2 238.9 亿元，商品零售额为 1 861.3 亿元。

改革开放初期，对于个体经济在社会主义经济中的地位已经有了明确

---

① 黄孟复. 中国民营经济史·大事记. 北京：社会科学文献出版社，2009：148-149.

的规定。党的十一届六中全会通过的《关于建国以来党的若干历史问题的决议》提出："一定范围的劳动者个体经济是公有制经济的必要补充";党的十二届三中全会通过的《中共中央关于经济体制改革的决定》指出："我国现在的个体经济是和社会主义公有制相联系的,不同于和资本主义私有制相联系的个体经济……是社会主义经济必要的有益的补充,是从属于社会主义经济的。"

个体经济的发展孕育着私营经济破土而出的能量,私营经济的出现是个体经济自然演化的结果。私营经济与个体经济的基本区别是存在雇佣关系,而个体经济的发展必然会产生雇工现象。个体经济发展的闸门刚刚打开还没有几年,由于经营规模的扩大,就已经出现雇工的客观需要。适应个体经济发展的需要,1981年国务院适时发布《关于城镇非农业个体经济若干政策性规定》,提出了雇工(当时称为"帮手"或"学徒")的政策界限:个体经营户,经过工商行政管理部门批准,可以请一至两个帮手;技术性较强或有特殊技艺的,可以带两三个最多不超过五个学徒。1987年,雇工政策进一步放宽,当年中共中央发布了《把农村改革引向深入》的通知,除了重申有关个体经济"帮手"的规定以外,还提出:对于某些为了扩大经营规模,雇工人数超过5人限度的私人企业,也应采取允许存在、加强管理、兴利抑弊、逐步引导的方针。这实际上对私人企业雇工人数已经没有刚性限制,这就给私人资本与劳动力的结合开拓了足够大的政策空间。

当然,与个体经济相比,改革开放初期,私营经济的发展之路要曲折艰难得多,政府的政策基调是"不宜提倡,不要公开宣传,也不要急于取缔"[①],但私营经济凭借自己顽强的生命力暗暗生长。1984年4月13日,

---

① 在谈到当时颇受争议的雇工问题时,邓小平指出:"还有的事情用不着急于解决。前些时候那个雇工问题,相当震动呀,大家担心得不得了。我的意见是放两年再看。"邓小平.邓小平文选:第3卷.北京:人民出版社,1993:91.

改革开放后的第一家私营企业执照以国务院特批形式颁发给了辽宁省大连市摄影个体户姜维。1984 年 8 月 10 日，姜维创办的企业作为中国第一家私营企业与香港华源投资有限公司合资成立了大连光彩实业有限公司。1987 年私营经济的命运开始发生实质性变化，当年召开的党的十三大对私营经济给予了明确的定位。党的十三大报告提出："在公有制为主体的前提下继续发展多种所有制经济"；"私营经济是存在雇佣劳动关系的经济成份。但在社会主义条件下，它必然同占优势的公有制经济相联系，并受公有制经济的巨大影响。实践证明，私营经济一定程度的发展，有利于促进生产，活跃市场，扩大就业，更好地满足人民多方面的生活需求，是公有制经济必要的和有益的补充"。[①] 1988 年的《中华人民共和国宪法修正案》指出："国家允许私营经济在法律规定的范围内存在和发展。私营经济是社会主义公有制经济的补充。国家保护私营经济的合法的权利和利益，对私营经济实行引导、监督和管理。"至此，私营经济的合法地位在《中华人民共和国宪法》中首次得到了确认。同年，国务院颁布了《中华人民共和国私营企业暂行条例》，对私营企业做了质的规定："私营企业是指企业资产属于私人所有，雇工八人以上的营利性的经济组织"，重申私营经济是社会主义公有制经济的补充，国家保护私营企业的合法权益；在国家法律、法规和政策规定的范围内，从事工业、建筑业、交通运输业、商业、饮食业、服务业、修理业和科技咨询业等行业的生产经营。1988 年，全国各地开始私营企业登记注册工作，私营经济活动正式被纳入国民经济统计。1989 年年底，全国登记注册的私营企业为 90 581 家，从业人员为 1 640 051 人，在工业、建筑业、交通运输业实现产值 974 005 万元，饮食业、服务业、修理业等行业的营业额为 388 055 万元，商品零售额为

---

① 中共中央文献研究室. 十三大以来重要文献选编：上. 北京：中央文献出版社，2011：27.

337 434 万元。

改革初期，经济理论界对私营经济的发展进行了许多有价值的研究，聚焦于私营经济的性质和定位，以及雇工问题。一些学者探讨了私营经济与社会主义的兼容性。单东、王政挺认为："作为私营经济，其生产资料归业主所有，雇主获取剩余价值，对工人有剥削，这是私营经济的一般性。但是，我国的私营经济，是在社会主义经济的大环境中存在的，公有制经济影响和支配着私营经济，从而使之有不同于资本主义社会中的性质和地位。对我国的私营经济来说，它的一般性和特殊性同时存在，应该将它的二重性统一兼容起来。"① 晓亮认为，我国现阶段的私营经济"既依赖于社会主义公有制经济和社会主义上层建筑，又受制于社会主义公有制经济和社会主义上层建筑"，"它们具有某些国家资本主义的特点"。② 王勇指出："私营经济是我国现阶段经济中必然的组成部分。因为在商品经济条件下，私有制经济同公有制经济之间存在着内在的经济联系，正是这一联系才构成了国民经济体系。在市场上，各种所有制经济成分都是平等的，在它们之间建立了相互依赖的关系，并非只有私有制经济依赖于公有制经济的一面。在这个体系中，缺乏哪一个部分都不利于生产力的发展。"③

雇工是私营经济发展面临的一个理论和实践障碍，理论争论比较激烈。如何看待雇工问题，在某种程度上决定着私营经济的发展前景。刘居奇将雇工的出现看成实施家庭联产承包责任制以后生产要素的重新组合。他说："家庭联产承包责任制改变了生产要素的原有组合，具体表现在农村劳动力、资金和'智力'三大剩余上，提供了要素流动和重新组合的契机。生产要素的重新组合与流动产生了多种形式的经营方式，于是雇工经

---

① 单东，王政挺. 对个体经济、私营经济和搞活公有制企业的一些理论问题的探讨. 经济学动态，1990 (5).

② 晓亮. 关于私营经济的几个理论问题. 天津社会科学，1988 (4).

③ 王勇. 把私营经济放在商品经济的大环境中来研究. 经济学动态，1988 (5).

营也随之在各地农村出现。"对于雇工经营的性质，蒋振民认为：现阶段的雇工经营"既为社会或共同体创造劳动者共同需要的价值（税收、集体提留、银行贷款利息等），也为私人雇主创造剩余价值。所以这种雇工既具有社会主义联合劳动的性质，也具有资本主义因素"①。张木生和白若冰认为："在社会主义条件下，农村雇工经营的性质不是其本身所能决定的，而要看人民民主国家为其准备的条件轨道。"②

无论是对私营经济的性质和地位，还是对私营经济所涉及的雇工问题，当时的主流看法是，要从整个经济制度背景，即公有制为主体来把握，而不能仅仅看到其生产资料的私有性质。这符合马克思主义政治经济学的基本原理，也为私营经济的发展创造了较好的理论和舆论氛围。表4-1给出了1978—1991年我国个体、私营经济的发展情况。

**表4-1　1978—1991年我国个体、私营经济的发展情况**

| 年份 | 个体经济 | | | | 私营经济 | | | |
|---|---|---|---|---|---|---|---|---|
| | 数量（万家） | 从业人员（万人） | 注册资金（亿元） | 营业额（亿元） | 数量（万家） | 从业人员（万人） | 注册资金（亿元） | 产值（亿元） |
| 1978 | N/A | 14.0 | N/A | N/A | | | | |
| 1979 | | 31.1 | | | | | | |
| 1980 | | 80.6 | | | | | | |
| 1981 | 182.9 | 227.5 | 4.9 | 21.1 | | | | |
| 1982 | 263.7 | 319.9 | 8.3 | 100.7 | | | | |
| 1983 | 590.1 | 746.5 | 30.7 | 210.9 | | | | |
| 1984 | 930.4 | 1 303.1 | 100.1 | 457.7 | | | | |
| 1985 | 1 171.4 | 1 766.2 | 164.2 | 750.6 | | | | |
| 1986 | 1 211.2 | 1 845.9 | 179.7 | 914.2 | | | | |

---

① 蒋振民. 雇工的一般与特殊. 中国农村观察，1986（1）.
② 张木生，白若冰. 关于当前农村"雇工"经营的实践与理论. 中国农村观察，1984（2）.

续表

| 年份 | 个体经济 | | | | 私营经济 | | | |
|---|---|---|---|---|---|---|---|---|
| | 数量<br>（万家） | 从业人员<br>（万人） | 注册资金<br>（亿元） | 营业额<br>（亿元） | 数量<br>（万家） | 从业人员<br>（万人） | 注册资金<br>（亿元） | 产值<br>（亿元） |
| 1987 | 1 372.5 | 2 158.3 | 236.0 | 1 034.4 | | | | |
| 1988 | 1 452.7 | 2 304.9 | 311.9 | 2 731.2① | 4.1② | 72.4② | 32.9② | |
| 1989 | 1 247.1 | 1 941.4 | 347.4 | 3 055.4③ | 9.1 | 164.0 | 84.5 | 169.9④ |
| 1990 | 1 328.3 | 2 092.8 | 397.4 | 3 409.9⑤ | 9.8 | 170.2 | 95.2 | 216.3⑥ |
| 1991 | 1 416.8 | 2 258 | 488.2 | 4 105.9⑦ | 10.8 | 183.9 | 123.2 | 272.2⑧ |

注：①包括个体工业、建筑业、交通运输业实现产值 516.2 亿元，个体商业、饮食业、服务业、修理业等行业营业额 1 190.7 亿元，商品零售额 1 024.3 亿元。

②不包括山西、黑龙江、西藏的数据。

③包括个体工业、建筑业、交通运输业实现产值 569.4 亿元，个体商业、饮食业、服务业、修理业等行业营业额 1 339.2 亿元，商品零售额 1 146.8 亿元。

④包括私营工业、建筑业、交通运输业实现产值 97.4 亿元，私营商业、饮食业、服务业、修理业等行业营业额 38.8 亿元，商品零售额 33.7 亿元。

⑤包括个体工业、建筑业、交通运输业实现产值 642.4 亿元，个体商业、饮食业、服务业、修理业等行业营业额 1 497.5 亿元，商品零售额 1 270 亿元。

⑥包括私营工业、建筑业、交通运输业实现产值 121.8 亿元，私营商业、饮食业、服务业、修理业等行业营业额 51.5 亿元，商品零售额 43 亿元。

⑦包括个体工业、建筑业、交通运输业实现产值 782.2 亿元，个体商业、饮食业、服务业、修理业等行业营业额 1 798.2 亿元，商品零售额 1 525.5 亿元。

⑧包括私营工业、建筑业、交通运输业实现产值 146.6 亿元，私营商业、饮食业、服务业、修理业等行业营业额 68 亿元，商品零售额 57.6 亿元。

改革开放初期我国所有制结构的多元化还表现为较早打开了利用外资的大门。1982 年 1 月，党中央和国务院批转《沿海九省、市、自治区对外经济贸易工作座谈会纪要》。该纪要提出：抓住当前有利时机，大胆利用外资，加强国际经济合作和技术交流。同年 12 月批转《当前试办经济特区工作中若干问题的纪要》。该纪要提出：各特区建设发展的资金来源，主要靠吸收利用港澳资金、侨资和外资。1983 年，国务院发布《中华人民共和国中外合资经营企业法实施条例》，对利用外资做了明确的政策规定。1979—1982 年，我国实际利用外资 124.57 亿美元；1991 年，实际利用外资达 115.54 亿美元。利用外资缓解了我国早期经济发展中的资本瓶颈，引进了外国先进技术和管理经验。同时，外资进入，特别是外商直接投资，同个体经济和私营经济一起，改变了我国的所有制结构，并为随后的国有经济结构调整准备了前提条件和经济基础。

随着个体经济、私营经济和外资经济的发展，以及公有制经济主体的多元化，我国经济中的资本等生产要素日益多元化，数量不断累积。资本等生产要素的本性要求不断流动，在流动中不断重新组合，实现增值最大化和带来尽可能多的收入。因此，作为资本等生产要素相互融合、功能互补的组织形式，股份制便在实践中应运而生。在中央和国务院的文件中，1986 年就提到了股份制，当年国务院颁布的《关于深化企业改革增强企业活力的若干规定》指出："各地可以选择少数有条件的全民所有制大中型企业，进行股份制试点。"1987 年，国务院颁布的《关于进一步推进科技体制改革的若干规定》指出，科技人员可以凭技术入股并按股分红。当年召开的党的十三大肯定了股份制，指出："改革中出现的股份制形式，包括国家控股和部门、地区、企业间参股以及个人入股，是社会主义企业财产的一种组织方式"[①]。

20 世纪 80 年代初和 90 年代初，股份制是经济理论界争论的一个热点，不同观点相互交织。1985 年由国务院经济研究中心、中国经济体制改革研究会、中宣部理论局、红旗杂志社、《经济日报》联合发起的全国中青年经济改革讨论会在天津市召开，多数与会代表认为："必须改变以国家为主体的所有制形式，代之以股份制经济为主。"[②] 1988 年在四川省自贡市召开了"股份制理论与实践研讨会"，与会大多数代表认为："不同财产主体经济利益的独立性和差别性决定了它们只能通过股份制这一财产

---

① 中共中央文献研究室．十三大以来重要文献选编：上．北京：中央文献出版社，2011：25.
② 俞亚丽．全国中青年经济改革讨论会综述．经济学动态．1985（7）.

组织形式实现资金的集中使用，并借助于股票的转移和股金的再投入实现资金的流动。"① 蒋学模认为："股份制是同生产社会化和商品化相适应的一种集资形式。它既可以为资本主义企业利用，也可以为社会主义企业利用。社会主义企业之间的横向经济联合可以采用股份制作为财产组织形式，多种经济成分的联合也可以采用股份公司的形式。此外，企业还可以用股份制形式吸引职工入股或吸收社会闲散资金。"② 厉以宁认为："在社会主义社会中，建立和发展股份企业不仅是必要的，而且也是可行的。"他认为股份化有以下好处：一是从根本上改变政企不分的状况，把企业办成一个完全经济性的实体；二是比较有效地解决生产要素的合理流动问题，引导资金转移到盈利高的部门，使资金和劳动力得到比较合理的配置；三是有利于把社会上的闲散资金集中起来，实现资金融通。③ 对于股份制经济的性质，多数学者认为取决于总体制度环境和公有股份所占的比例。刘国光认为：只要保持"国家股份为主体"，就能保证股份制经济的社会主义全民所有制性质。④ 厉以宁认为："由这些入股者集资组成的企业在性质上是不同于资本主义社会中的股份企业的。在社会主义条件下的股份企业，其经营管理必须受社会主义国家的法律约束和行政部门的监督，因而是可以保证企业的社会主义性质的。"⑤ 也有专家对股份制持保留态度甚至反对态度，如有专家认为："那种想用股份制实行股份化私有化，要劳动者在持股上产生积极性，然后在股份化上发展资金市场，持股者可以不劳动，而劳动者没有持股时则由劳动力市场来决定劳动力供求和

---

① 杨钢. 股份制理论与实践研讨会观点介绍. 经济学动态. 1988 (5).
② 蒋学模. 评"所有者缺位"论. 经济研究，1988 (3).
③ 厉以宁. 社会主义所有制体系的探索. 河北学刊，1987 (1).
④ 刘国光. 关于所有制关系改革的若干问题. 经济日报，1986 - 01 - 04.
⑤ 厉以宁. 所有制改革和股份企业的管理. 中国经济体制改革，1986 (12).

工资高低的想法和做法，很显然是西方资本主义的本本主义。"①

20 世纪 80 年代初期，股份制企业开始萌芽，最初的股份制企业主要表现为以集资方式兴办的城市小合作企业。1984—1986 年是股份制企业发展的第一个高潮时期，一些企业开始冲破地区、部门、所有制的界限，相继组建多种形式的经济联合体，并逐步从单一的生产技术协作发展到以资金、技术、设备等投资入股，还有一些企业开始明确采用股份制的形式改造老企业和组建新的股份公司。1984 年 6 月，广东省佛山市信托投资公司开始发行股票。同年 7 月，北京市天桥百货股份有限公司成立，对外发行股票 30 万元，是我国第一家全民所有制的股份制企业。1986 年 9 月，中国工商银行上海信托投资公司静安证券业务部开办股票的代理、买卖业务。截至 1986 年年底，全国共发行股票 110 亿元（不包括无法统计的企业内部集资）。1988 年是我国股份制企业发展的另一个高潮时期。据统计，当时全国有 6 000 多家股份制企业，股份集资额为 60 多亿元。截至 1989 年年底，中国股票累计发行 42 亿元。据不完全统计，其中公开向社会发行的股票约占 65%，向企业内部职工发行的股票约占 35%。另据部分省市统计，在所有股权中，国家股约占 35%，企业股约占 45%，个人股约占 20%。1989—1991 年，因国家治理、整顿经济秩序，股份制由"热"变"冷"，许多股份制企业又退回去了，大多数股份制企业靠还本付息方式结束了股份制。1991 年后，党和政府的一系列文件都肯定了股份制，并强调试点，我国又掀起了股份制的一个高潮。截至 1991 年年底，我国共发行股票 46 亿元。在公开发行股票的企业中，股权分配的比例是国家股占 59.9%，法人股占 26%，个人股占 14.1%。

改革开放初期，我国所有制结构的多元化不仅表现为个体经济、私营

---

① 马宾. 全民所有制企业的动力不能是化公为私的股份制. 经济学动态，1986 (10).

经济、外资经济和股份制经济的成长，同时还表现为公有制经济实现形式开始多样化。针对传统计划经济时期的"一大二公"，改革开放伊始，党中央就强调集体经济作为公有制经济的重要性。党的十一届三中全会明确指出"社队的多种经营是社会主义经济"，1981年国务院颁布了《关于社队企业贯彻国民经济调整方针的若干规定》，指出社队企业已成为农村经济的重要组成部分。社队企业是我国乡镇企业的雏形，而乡镇企业作为改革开放初期集体经济的重要形式对我国改革开放进程和经济发展产生了重要影响。20世纪80年代（特别是中后期）是我国乡镇企业高速发展时期。1978年，乡镇企业（社队企业）有152万家，从业人员为2 827万人，总产值为515亿元，利润为95亿元；到了1990年，乡镇企业增加到1 872万家，从业人员增加到9 262万人，总产值增加到9 581亿元，利润增加到608亿元。邓小平在谈到乡镇企业的快速发展时说道："我们完全没有预料到的最大的收获，就是乡镇企业发展起来了，突然冒出搞多种行业，搞商品经济，搞各种小型企业，异军突起。"[1]

学术界对乡镇企业的性质和运行机制进行了理论分析。一些学者认为：乡镇企业较好体现了社会主义的基本规定性，即以公有制为主体和以按劳分配为主体。李炳坤认为："在乡镇企业总产值中，明确属于集体所有制性质的乡村企业，1992年占66.6%，加上联户企业中尚有相当部分属于村民小组集体所有，乡镇企业以集体所有制为主体可以确定无疑。乡镇企业在分配上以计件工资为主要形式，与产品质量和经济效益直接挂钩，实行多劳多得，少劳少得，同样较好地体现了按劳分配原则。"[2] 对于乡镇企业为什么能够迅速崛起，一些学者也做了分析。蔡昉从乡镇企业不同于国有企业的委托代理关系角度做了分析，认为在乡镇企业场合，社区

---

[1] 邓小平. 邓小平文选：第3卷. 北京：人民出版社，1993：238.
[2] 李炳坤. 乡镇企业改革开放十五年的历程回顾与前景展望. 管理世界，1993（5）.

成员与企业有更直接的利益关系，更容易观察到企业的经营绩效，还可以通过各种正式、非正式途径对集体资产经营进行监督。<sup>①</sup> 洪银兴和袁国良也从乡镇企业的委托代理关系不同于国有企业的角度来解释乡镇企业的效率，认为乡镇企业的原始委托者是社区居民，社区范围的有限性使得社区居民有较强的监督动机，且有较强的监督能力，预期监督风险也较小。<sup>②</sup> 一些学者指出了乡镇企业产权安排的缺陷，那就是产权不清。田国强认为：乡镇企业属于集体所有，"没有清楚界定份额，没有具体到人，在这种意义上讲，它是产权不清的"<sup>③</sup>。产权不清会导致所有者、经营者、劳动者无法通过产权来明确自己的利益，最终导致企业和劳动者失去动力。同时，由于乡镇企业产权的可分割性、可分离性、可让渡性差，生产要素无法在各经济主体之间合理流动，从而影响资源的最优配置。20 世纪 90 年代初期，乡镇企业开始改革，主要形式包括出售、拍卖、股份合作制和股份制，目的是明晰产权。通过改革，一部分企业变为私营企业，一部分企业变为股份合作制企业，一部分企业变为股份制企业。

## 第二节　社会主义基本经济制度理论的形成

从 1978 年到 20 世纪 90 年代初期，我国所有制结构已经呈现出多元化格局，与改革开放之初相比已是天壤之别，这为社会主义基本经济制度理论的形成奠定了坚实基础。20 世纪 90 年代是我国所有制理论和所有制改革实践大发展的重要时期，我们党正式提出了社会主义基本经济制度理论，其间具有重大影响的事件包括邓小平南方谈话、党的十四大和十五大

---

① 蔡昉. 乡镇企业产权制度改革的逻辑与成功的条件. 经济研究, 1995 (10).
② 洪银兴，袁国良. 乡镇企业高效率的产权解释. 管理世界, 1997 (4).
③ 田国强. 中国乡镇企业的产权结构及其改革. 经济研究, 1995 (3).

的召开。

1992 年年初，邓小平考察武昌、深圳、珠海、上海等地，发表了著名的"南方谈话"，阐明了社会主义市场经济论的一系列重要理论和实践问题，指出：社会主义的本质是解放生产力，发展生产力，消灭剥削，消除两极分化，最终达到共同富裕；计划和市场都是经济手段，社会主义和资本主义都可以用；判断改革成效的标准是"三个有利于"；要吸收和借鉴当今世界各国包括资本主义发达国家的一切反映现代社会化生产规律的先进经营方式、管理方法。这就为我们科学把握所有制问题提供了基本理论遵循。邓小平还具体谈到了与所有制有关的一些问题。他说："从深圳的情况看，公有制是主体，外商投资只占四分之一，就是外资部分，我们还可以从税收、劳务等方面得到益处嘛！多搞点'三资'企业，不要怕。"①"证券、股市，这些东西究竟好不好，有没有危险，是不是资本主义独有的东西，社会主义能不能用？允许看，但要坚决地试。"②邓小平还提到了当年的"傻子瓜子"。邓小平南方谈话对于经济体制改革目标的确立和社会主义基本经济制度理论的形成具有重要影响。

1992 年 10 月，党的十四大召开。党的十四大的重要理论贡献是确立了我国经济体制改革的目标是"建立社会主义市场经济体制"，并对社会主义市场经济体制的内涵进行了界定，那就是"使市场在社会主义国家宏观调控下对资源配置起基础性作用，使经济活动遵循价值规律的要求"。按照社会主义市场经济的内在逻辑，党的十四大报告指明了社会主义市场经济的所有制基础："在所有制结构上，以公有制包括全民所有制和集体所有制经济为主体，个体经济、私营经济、外资经济为补充，多种经济成分长期共同发展，不同经济成分还可以自愿实行多种形式的联合经营。国

---

① 邓小平. 邓小平文选：第 3 卷. 北京：人民出版社，1993：372 - 373.

② 同①373.

有企业、集体企业和其他企业都进入市场，通过平等竞争发挥国有企业的主导作用。"① 党的十四大对股份制做了进一步的肯定，指出股份制有利于促进政企分开、转换企业经营机制和积聚社会资金，要积极试点；对于国有小型企业改革，则明确"有些可以出租或出售给集体或个人"。

1993 年，党的十四届三中全会召开，通过了《中共中央关于建立社会主义市场经济体制若干问题的决定》，勾画了社会主义市场经济体制的基本框架，并在所有制理论上取得了新进展，主要体现在：一是突破了"非公有制经济"作为公有制经济"有益补充"的传统定位，提出"坚持以公有制为主体、多种经济成份共同发展的方针。在积极促进国有经济和集体经济发展的同时，鼓励个体、私营、外资经济发展，并依法加强管理"，"国家要为各种所有制经济平等参与市场竞争创造条件，对各类企业一视同仁"。二是首次对公有制的主体地位做了说明。"公有制的主体地位主要体现在国家和集体所有的资产在社会总资产中占优势，国有经济控制国民经济命脉及其对经济发展的主导作用等方面"，而且，公有制占主体地位是就全国来说的，"有的地方、有的产业可以有所差别"②。三是提出了混合所有制经济的思想，指出："随着产权的流动和重组，财产混合所有的经济单位越来越多，将会形成新的财产所有结构。"这是改革开放以来以党的文件首次对混合所有制经济做出阐述。四是提出国有股权在公司制企业中所占比例需要根据具体情况来确定，不能一概而论和搞一刀切。"国有股权在公司中占有多少份额比较合适，可按不同产业和股权分散程度区别处理。生产某些特殊产品的公司和军工企业应由国家独资经营，支柱产业和基础产业中的骨干企业，国家要控股并吸收非国有资金入股，以

---

① 中共中央文献研究室. 十四大以来重要文献选编：上. 北京：中央文献出版社，2011：17.
② 同①458.

扩大国有经济的主导作用和影响范围。"① 可见，党的十四届三中全会《中共中央关于建立社会主义市场经济体制若干问题的决定》已经勾画出了社会主义基本经济制度的轮廓，为社会主义基本经济制度理论的形成做了比较充分的准备。

1997 年党的十五大召开，党的十五大的重大贡献是正式提出和系统表述了社会主义基本经济制度理论，指出"公有制为主体、多种所有制经济共同发展，是我国社会主义初级阶段的一项基本经济制度"，实现了中国特色社会主义所有制理论的一次重大飞跃。社会主义基本经济制度理论凝结了改革开放头 20 年理论和实践创新的成果，为后来的经济体制改革开辟了巨大的空间，其创新性主要体现在以下几个方面：

第一，适应所有制结构多元化的现实，拓展了公有制经济的范围，提出公有制经济不仅包括国有经济和集体经济，还包括混合所有制经济中的国有成分和集体成分。将混合所有制经济（包括股份制企业、联营企业等）中的国有成分和集体成分纳入公有制经济范畴，体现了深邃的理论和实践洞察力。从统计数据上看，党的十五大召开的当年，在工业领域，作为混合经济主要形式的股份制企业有 1.31 万家，实现工业总产值 4 976 亿元。到 2016 年，在工业领域，包括股份有限公司、有限责任公司、联营企业、股份合作企业在内的混合所有制企业将近 11 万家，资产达 56 万亿元，主营业收入达 45 万亿元，利润达 2.6 万亿元。从这些数据可以看出，我国混合所有制经济发展迅速，实力迅速增强，公有制经济及其实力随之迅速增强。

第二，明晰了公有制主体地位和国有经济主导作用的内涵。党的十四届三中全会通过的《中共中央关于建立社会主义市场经济体制若干问题的

---

① 中共中央文献研究室. 十四大以来重要文献选编：上. 北京：中央文献出版社，2011：456-457.

决定》已经对公有制的主体地位做了初步界定。党的十五大报告更加明晰，包括两个主要方面：一是公有制的主体地位主要体现在公有资产在社会总资产中占优势，国有经济控制国民经济命脉，对经济发展起主导作用；国有经济的主导作用主要体现在它对整个经济的控制力上。二是提出对公有制主体地位的数量界限需要辩证把握。公有资产的数量占优势是就全国而言的，不同地方、不同产业可以有所差别，公有资产既要有量的优势，更要注重质的优势。在国家控制国民经济命脉的前提下，国有经济的比重减少一些，不会影响我国的社会主义性质。

第三，提出从战略上调整国有经济布局。这是一个重大的理论进展。对关系国民经济命脉的重要行业和关键领域，国有经济必须占支配地位，其他领域，可以通过资产重组和结构调整加强重点，提高国有资产的整体质量。党的十五届四中全会通过的《中共中央关于国有企业改革和发展若干重大问题的决定》对国有经济的分布领域做了比较明确的规定，即国有经济主要分布在以下四大领域：涉及国家安全的行业，自然垄断的行业，提供重要公共产品和服务的行业，以及支柱产业和高新技术产业中的重要骨干企业。

第四，提出公有制实现形式可以而且应当多样化，充分肯定了股份制作为公有制实现形式的实践价值。指出要努力寻找能够极大促进生产力发展的公有制实现形式，股份制是现代企业的一种资本组织形式，社会主义可以用；股份制经济是公有还是私有，关键看控股权掌握在谁手中。

第五，进一步突破了非公有制经济是社会主义公有制经济的"补充"的理论，提出非公有制经济是我国社会主义市场经济的重要组成部分，对个体、私营等非公有制经济要鼓励、引导，使之健康发展，这就把非公有制经济的地位提高到了一个新的理论和实践高度。

在党的十六大和十七大期间，社会主义基本经济制度理论有了进一步的发展。党的十六大报告首次提出了"两个毫不动摇"方针，即"必须毫不动摇地巩固和发展公有制经济"，"必须毫不动摇地鼓励、支持和引导非公有制经济发展"，并且指出"坚持公有制为主体，促进非公有制经济发展，统一于社会主义现代化建设的进程中，不能把这两者对立起来"。"两个毫不动摇"方针在此后党中央、国务院的重要文献中一再被重申，成为处理公有制经济与非公有制经济关系的基本理论和实践准则。党的十六届三中全会将混合所有制提升到公有制主要实现形式的高度，指出："大力发展国有资本、集体资本和非公有资本等参股的混合所有制经济，实现投资主体多元化，使股份制成为公有制的主要实现形式"，同时提出建立归属清晰、权责明确、保护严格、流转顺畅的现代产权制度。党的十七大在基本经济制度理论中首次提出了"平等保护物权"，把"公有物权"和"私有物权"放在平等保护之列，形成各种所有制经济平等竞争、相互促进的格局。党的十七大报告提出"深化垄断行业改革，引入竞争机制，加强政府监管和社会监督"。党的十七届五中全会进一步明确"营造各种所有制经济依法平等使用生产要素、公平参与市场竞争、同等受到法律保护的体制环境"。这标志着水、电、气、煤炭、石油、银行、保险等垄断行业的改革开始启动，以逐步消除这些行业垄断资源、垄断价格、垄断利润，损害其他行业利益、社会公共利益和居民利益的行为。

从 1992 年邓小平南方谈话到 2012 年党的十八大召开的 20 年间，经济学界对社会主义基本经济制度理论做了广泛深入的探讨，提出了许多重要理论观点，推动了社会主义基本经济制度理论的形成和发展。董辅礽是较早提出混合经济思想的经济学家之一。早在 20 世纪 80 年代初，他就说：社会主义经济不能只有公有制经济，没有私有制经济，这样是不能促进生产发展的。社会主义经济应当是"在保持多种公有制占主导的条件下发展多种非公有制（个体的、私营的、混合的私有制等）"，这样"可以使各种所有制的强点和弱点互相补充，可以较好地解决公平与效率问题"。①
20 世纪 90 年代初，他用"八宝饭"来形象地比喻和描绘社会主义经济的
所有制结构。他说："社会主义经济好像一盆八宝饭，八宝饭是以糯米为
主要成分的，其中还有豆沙、红枣、莲子等食品。虽然糯米饭是主要成
分，但糯米饭本身不是八宝饭。同样，豆沙、红枣、莲子等食品，一样一
样地单独地说，各自也都不是八宝饭……只有把糯米饭、豆沙、红枣、莲
子等等组合起来，并以糯米饭为主要成分才是八宝饭。"②

　　1990 年中后期，国有经济的结构性调整是经济理论界讨论的一个热
点，这方面的一部重要著作是吴敬琏、张军扩、刘世锦等于 1998 年出版
的《国有经济的战略性改组》。他们认为：国有经济从整体上讲之所以缺
乏竞争力，症结在于国有资本在企业、行业之间分布过散，战线过长，
"有限的国有资本难以支撑如此庞大的国有经济'盘子'"③。因此，需要
对国有经济进行战略性改组，即"通过国有资产的流动和重组，在适当收
缩国有经济战线的前提下，改善国有资产的配置结构和国有企业的组织结
构，集中力量加强国家必保的行业和企业，使国有经济在社会主义市场经
济中更好地发挥作用"④。对于国有经济分布的领域，他们认为："应当主
要集中于那些影响国民经济发展全局的、掌握国民经济命脉、非国有经济
办不了或办不好，因而只有由国家来兴办的事业。"一是国家安全行业，
如军事工业、航天业；二是大型基础设施建设，包括城市基础设施、运输
骨干设施、大江大河治理、重大农业商品基础和重点防护林工程等；三是
特大型不可再生资源，如油田、煤矿等开发项目；四是对国家长期发展具

---

① 张卓元.论争与发展：中国经济理论 50 年.昆明：云南人民出版社，1999：159.
② 董辅礽.经济体制改革研究：上卷.北京：经济科学出版社，1994：343-344.
③ 吴敬琏，张军扩，刘世锦，等.国有经济的战略性改组.北京：中国发展出版社，1998：32.
④ 同③9.

有战略意义的高新技术的开发，如大规模集成电路的研制、重大技术装备国产化等。

## 第三节 新时代社会主义基本经济制度理论的发展

党的十八大以来，以习近平同志为核心的党中央开启了改革开放和经济发展新时代。2013 年 11 月，党的十八届三中全会通过了《中共中央关于全面深化改革若干重大问题的决定》（本节以下简称《决定》）；2015 年 10 月，党的十八届五中全会通过了《中共中央关于制定国民经济和社会发展第十三个五年规划的建议》；2017 年 10 月党的十九大召开，习近平总书记做了《决胜全面建成小康社会 夺取新时代中国特色社会主义伟大胜利》的报告。党的十八大以来，习近平总书记发表了一系列治国理政的重要讲话。党的十八大以来的实践和理论创新，形成了习近平新时代中国特色社会主义思想，其中包含着社会主义基本经济制度理论的创新和发展。

### 一、将社会主义基本经济制度提高到新的理论和实践高度

1997 年党的十五大提出社会主义基本经济制度，2013 年党的十八届三中全会《决定》指出："公有制为主体、多种所有制经济共同发展的基本经济制度，是中国特色社会主义制度的重要支柱，也是社会主义市场经济体制的根基。"[①] 这就把社会主义基本经济制度提升到了一个新高度。基本经济制度的"重要支柱"和"根基"地位，是改革开放 40 年来中国

---

① 中共中央关于全面深化改革若干重大问题的决定（2013 - 11 - 12）.

特色社会主义和社会主义市场经济建设经验的科学总结，促进了我国经济实力的稳步提升。从资本形成来看，1998 年，全社会固定资产投资为 28 406.17 亿元，其中国有经济 15 369.30 亿元，集体经济 4 192.24 亿元，混合所有制经济 2 007.5 亿元，个体经济 3 744.37 亿元，外商和港澳台经济 2 973.81 亿元，其他经济 118.95 亿元。2016 年，全社会固定资产投资增加到 606 465.7 亿元，其中国有经济 129 038.5 亿元，集体经济 8 928.5 亿元，混合所有制经济 220 849.8 亿元，个体经济 12 110.5 亿元，私营经济 187 214.1 亿元，外资和港澳台资经济 26 069.5 亿元，其他经济 22 254.7 亿元。仅从资本形成来看，已呈现出各种经济形式共同发展的局面。这从一个重要侧面说明，我国基本经济制度是适合社会生产力发展要求的，这一基本制度安排有利于激发各种所有制经济的活力和创造力，为我国经济持续健康发展奠定坚实的基础和提供广阔的空间。

## 二、混合所有制经济理论的新发展

党的十八大以来，基本经济制度理论的一个重要发展是对混合所有制经济的认识向前推进了一大步。党的十八届三中全会《决定》提出："国有资本、集体资本、非公有资本等交叉持股、相互融合的混合所有制经济，是基本经济制度的重要实现形式，有利于国有资本放大功能、保值增值、提高竞争力，有利于各种所有制资本取长补短、相互促进、共同发展。"[①] 1993 年党的十四届三中全会提出了混合所有制经济的思想，经过 20 年认识和实践的发展，《决定》把混合所有制经济提高到"基本经济制度的重要实现形式"的新高度，这是对中国特色社会主义和社会主义市场

---

① 中共中央关于全面深化改革若干重大问题的决定（2013 - 11 - 12）.

经济认识的深化。党的十九大又提出："深化国有企业改革，发展混合所有制经济，培育具有全球竞争力的世界一流企业"，把发展混合所有制经济作为培育世界一流企业的重要途径。对于如何发展混合所有制经济，《决定》提出了多项具体措施，如允许更多国有经济和其他所有制经济发展成为混合所有制经济，允许非国有资本参股国有资本投资项目，允许混合所有制经济实行企业员工持股，形成资本所有者和劳动者的利益共同体。《决定》更是明确提出："鼓励非公有制企业参与国有企业改革，鼓励发展非公有资本控股的混合所有制企业，鼓励有条件的私营企业建立现代企业制度。""交叉持股、相互融合"和鼓励发展非公有资本控股的混合所有制企业，意味着多种所有制经济可以在一个公平竞争的环境中融合发展，可以双向或多向持股，主体地位是完全平等的。

混合所有制经济的现实形态是现代公司制度。现代公司制度是以完善的公司法人制度为基础，以产权清晰、权责明确、政企分开、管理科学为特征的新型公司制度，核心是公司治理结构。实践证明，现代公司制度能够形成比较有效的激励和约束机制，能够更充分地激发企业家精神，因此，能够为宏观经济运行和经济发展奠定良好的微观基础。

党的十八大以来，混合所有制经济改革向前推进。2013 年 9 月国务院常务会议提出：尽快在金融、石油、电力、铁路、电信、资源开发、公用事业等领域向民间资本推出一批符合产业导向、有利于转型升级的项目，形成示范效应，发展混合所有制经济。中央企业混合所有制改革成效比较明显。2014 年 7 月，国资委选择具有较好基础的中国建筑材料集团和中国医药集团开展混合所有制经济改革试点。到 2017 年年底，中国建筑材料集团和中国医药集团实施混合所有制经济改革的企业数量占比分别超过 85% 和 90%，营业收入分别超过 70% 和 90%。2015 年，《国务院关于国有企业发展混合所有制经济的意见》发布后，国资委和国家发展改革委共同在 7 个重点领域（电力、石油、天然气、铁路、民航、电信、军工）开展混合所有制经济改革试点，到 2017 年年底，确定了 3 批 50 家试点企业。在前两批 19 家试点企业中，7 家已经完成引入战略投资者、重组上市、新设公司等工作，引入各类投资者 40 多家，资本超过 900 亿元。据国资委产权局副局长郜志宇介绍，截至 2017 年年底，中央企业各级子企业，包含 98 家中央企业集团公司，基本上完成了公司制改制，其中超过 2/3 的企业通过引进各类社会资本实现了混合所有制。中央企业产权登记数据显示：2013—2016 年，中央企业及各级子企业中混合所有制企业数量占比由 65.7% 提高至 68.9%；2017 年中央企业新增混合所有制企业数量超过 700 家，其中通过资本市场引入社会资本超过 3 386 亿元。

## 三、国有经济改革形成新思路

国有经济改革在中国经济体制改革进程中一直处于重要地位，关系到社会主义基本经济制度和社会主义市场经济体制的发展和完善。党的十八大以来，国有经济改革理论和实践形成了新思路。

强调国有资本的合理分布。国有资本有其自身的特定功能，国有资本只有分布于自身功能领域，才能更好地发挥作用。《决定》提出："国有资本投资运营要服务于国家战略目标，更多投向关系国家安全、国民经济命脉的重要行业和关键领域，重点提供公共服务、发展重要前瞻性战略性产业、保护生态环境、支持科技进步、保障国家安全"，指明了国有资本的五大功能领域，这比 1999 年党的十五届四中全会发布的《中共中央关于国有企业改革和发展若干重大问题的决定》的论述更为具体和明确。比如，党的十五届四中全会发布的《中共中央关于国有企业改革和发展若干重大问题的决定》提出的国有经济要控制的四大领域和行业，包括自然垄断行业。党的十八届三中全会《决定》则明确指出：国有资本继续控股经营自然垄断行业，根据不同行业特点实行网运分开、放开竞争性业务。而把保护生态环境列为国有资本投资的重点领域之一，则适应了中国经济发展迈入新阶段和社会主要矛盾发生变化的现实。明确了国有资本的功能领域，也就明确了国有经济改革的基本方向，那就是国有资本向五大功能领域集中，形成经济社会发展和居民福利的基本框架，以此来发挥自己的影响力、控制力。

与划分国有资本功能领域相对应，需要对现有国有企业进行分类。2015 年《中共中央、国务院关于深化国有企业改革的指导意见》把国有企业分为商业类和公益类。不同类型的国有企业，运行机制、考核指标、监管原则均不相同。公益类国有企业以保障民生、服务社会、提供公共产品和服务为主要目标，主要布局在公共服务（如教育、医疗、文化等）、基础设施等领域，考核重点是成本控制、产品服务质量、营运效率和保障能力。公益类国有企业可以采取国有独资形式，也可以实行投资主体多元化，还可以通过购买服务、特许经营、委托代理等方式，鼓励非国有企业参与经营。商业类国有企业主要分布在重要竞争性领域和技术创新等领域，按照市场规则实行商业化运作，遵循价值规律和竞争规律，优胜劣汰，以经营业绩指标、国有资产保值增值和市场竞争能力为考核目标。商业类国有企业绝大部分实行公司制，引入其他国有资本或非国有资本实现股权多元化，国有资本可以绝对控股、相对控股，也可以参股。

## 四、构建国有资产管理新体制

国有资产是属于全体人民的，但全体人民不能直接管理国有资产，必须有一个机构或主体能够代表全体人民履行国有资产所有者的职责，管好、用好国有资产，使其能够为公共和整体利益服务。因此，建立有效的国有资产管理体制就显得特别重要。1988年，国家组建国有资产管理局，这是国有资产管理体制的初创阶段。1993年，党的十四届三中全会指出：对国有资产实行国家统一所有、政府分级监管、企业自主经营的体制。2002年党的十六大报告明确指出："建立中央政府和地方政府分别代表国家履行出资人职责，享有所有者权益，权利、义务和责任相统一，管资产和管人、管事相结合的国有资产管理体制"，要求在"中央政府和省、市（地）两级地方政府设立国有资产管理机构"。2003年3月国务院国有资产监督管理委员会（简称"国资委"）成立，各省（区、市）也相继成立了国有资产监督管理委员会，从此改变了原来主要由工商企业"内部人控制"、既"九龙治水"又无人对国有资产负责的局面。但国有资产管理和经营仍存在一些问题，突出表现在：国有资产监管机构既当国有企业的"老板"，又当国有企业的"婆婆"，企业不能真正成为在市场上平等竞争的经济主体。国资委也乐于当企业的"婆婆"，有权有利。这也影响到国资委把精力更好地集中在如何从总体上优化国有资本配置、提高国有资产的流动性、有进有退、更好地服务于国家战略目标等重大事项上。

党的十八大以后，国有资产管理体制改革有了新的思路。党的十八届三中全会提出了"以管资本为主加强国有资产监管"的创新思想，指出："完善国有资产管理体制，以管资本为主加强国有资产监管，改革国有资本授权经营体制，组建若干国有资本运营公司，支持有条件的国有企业改组为国有资本投资公司。"2015年颁布的《中共中央、国务院关于深化国有企业改革的指导意见》指出："国有资产监管机构要准确把握依法履行出资人职责的定位，科学界定国有资产出资人监管的边界，建立监管权力清单和责任清单，实现以管企业为主向以管资本为主的转变。"这就意味着各级国资委的职能和精力的重大转变，即由过去将主要精力放在管控一个个国有企业上，包括替它们选择经理层，决定管理人员的薪酬和工资总额，以及决定企业的投资和并购重组等，转变到以管资本为主，管好为数不多的国有资本投资和经营公司，由后者向控股、参股企业派出股东代表和董事，不断优化国有资本配置。

国有资产监管机构实现其职能从"以管企业为主"向"以管资本为主"的转变，具有重大的理论和实践意义。

第一，有利于推进国有资本所有权和经营权的分离。在"以管企业为主"的模式下，国有资本控股、参股企业的日常经营活动会受到行政行为的干预。现实中，企业资产处置出售，必须经过国资监管机构指定的产权交易所；涉及企业股权结构变化的融资并购和股权转让等行为，要经过国资委等部门的审查批准才能生效；企业的重大投资和业务发展，很可能需要征得国资委等机构的认可和同意；企业要接受国资委等部门的检查、督导；等等。这种监管打破了直接持股才能干预的现代公司治理逻辑。① 转向"以管资本为主"的模式以后，国有资本"监管"就要"去行政化"，由国有资本投资公司或运营公司行使股东权。股东权不是审核、发放和检查许可证、处罚、审批等权力，而是表现为股东通过股东会、董事会机制及推荐的高管人员来影响公司行为，或者做出退出的决策。企业的日常经营权由董事会选出的经理层行使。这就在"去行政化"的基础上实现了所有权与经营权的分离，使国有资本控股和参股企业真正成为自主经营、自负盈亏、自担风险、自我发展的独立市场竞争主体。

第二，有利于提高国有资本的流动性，推进国有资本优化配置和向重点领域集中。目前国有资本还存在分布过宽、战线过长、集中度不够等突出问题，严重制约了国有经济主导作用的发挥。"以管资本为主"，有利于

① 张文魁.国资监管体制改革策略选择：由混合所有制的介入观察.改革，2017（1）.

紧紧围绕国家目标，调整国有资本存量结构，推动国有资本向关系国家安全、国民经济命脉与国计民生的重要行业和关键领域、重点基础设施集中，向具有核心竞争力的优势企业集中。[①] "以管资本为主"，能够增强国有资本的流动性，便于国有资本在不同领域、地区、企业和项目间流动，实现优化配置，同时规避风险。

除此之外，党的十八大以后，国有资本收益社会分享被提到了突出的地位。国有资本是全民的，全民应该从国有资本的运用和收益中获得实实在在的利益，以增强获得感。以往国有企业的利润基本留在企业中调剂使用，没有充分体现国有资本的所有权性质，同时造成大量国有资本收益使用效率低下甚至被浪费、贪污，这也是国有企业重复投资、产业结构僵化的根源之一。党的十八届三中全会《决定》提出完善国有资本经营预算制度，提高国有资本收益上缴公共财政比例，主要用于充实社会保障基金，以缓解社会保障的历史欠账。同时提出划转部分国有资本充实社会保障基金。2011 年，中央国有资本经营收入共计 800.61 亿元，支出 769.54 亿元，其中 723.6 亿元以各种名目返回中央企业，而调入公共财政预算用于社会保障支出的只有 40 亿元，太少了。[②] 2014 年，财政部发布通知，提高中央企业国有资本收益上缴比例，将中央企业按照行业特性分为五类：第一类为烟草企业，上缴标准为税后利润的 25%；第二类包括石油石化、电力、电信、煤炭在内的 14 家资源垄断型企业，上缴比例提高到 20%；第三类包括中国铝业、中国建材等 69 家一般竞争性领域的企业，上缴比例提高到 15%；第四类包括军工、转制科研院所等 34 家企业，上缴比例提高到 10%；第五类包括中储粮和中储棉 2 家企业，免缴当年应缴利润。

---

① 张卓元. 从"以管企业为主"到"以管资本为主"：国企改革的重大理论创新. 新视野，2016（3）.

② 张卓元. 以管资本为主完善国有资产管理体制. 改革内参，2014（37）.

根据党的十八届三中全会《决定》，到 2020 年，国有资本收益上缴公共财政比例将提高到 30％。

## 五、非公有制经济的新定位

改革开放初期，非公有制经济的定位为公有制经济的"补充"，党的十五大把非公有制经济的地位提升到"我国社会主义市场经济的重要组成部分"。党的十八大以来，对非公有制经济在中国特色社会主义经济中的地位有了更进一步的认识。一是不仅重申"公有制经济和非公有制经济都是社会主义市场经济的重要组成部分"，而且更进一步指出它们都是"我国经济社会发展的重要基础"，肯定非公有制经济在支撑增长、促进创新、扩大就业、增加税收等方面具有重要作用。2016 年 3 月 4 日，习近平总书记在看望参加全国政协十二届四次会议的民建、工商联界委员并参加联组会时指出："我们强调把公有制经济巩固好、发展好，同鼓励、支持、引导非公有制经济发展不是对立的，而是有机统一的。"二是强调各种经济主体的平等地位。提出坚持"权利平等、机会平等、规则平等"的现代市场经济竞争规则，废除对非公有制经济各种形式的歧视性规定，保证各种所有制经济依法平等使用生产要素，同等遵守政府监管规则；加强对非公有制经济的产权保护，提出"公有制经济财产权不可侵犯，非公有制经济财产权同样不可侵犯"。三是废除对非公有制经济各种形式的不合理规定，为非公有制经济开辟更加广阔的发展空间。石油、天然气、电力、铁路、电信、资源开发、公用事业等传统国有经济垄断领域渐次向非国有经济开放，鼓励非公有制企业参与国有企业改革，鼓励发展非公有资本控股的混合所有制企业，各类市场主体可依法平等进入负面清单之外的领域，允许更多国有经济和其他所有制经济发展成为混合所有制经济，国有资本投资项目允许非国有资本参股，允许具备条件的民间资本依法发起设立中小型银行等金融机构，允许社会资本通过特许经营等方式参与城市基础设施投资和运营，鼓励社会资本投向农村建设，允许企业和社会组织在农村兴办各类事业，等等。四是构建新型政商关系。2016年"两会"期间，习近平总书记提出构建新型政商关系的理论和实践命题，用"亲""清"二字来概括政府官员与非公有制企业的正常关系。在我国，政府官员掌握许多经济资源的控制权，拥有许可、禁止、检查、处罚等多项行政权力，在实施具体行政行为时，有很大的自由裁量空间。因此，从某种程度上讲，官员决定着企业的发展空间、经营的难易和盈利的水平，甚至生死存亡。一些官员可能会凭借权力从企业攫取利益，而一些企业为了迎合官员而向他们输送利益，这就扭曲了官员与企业，尤其是非公有制企业的关系。习近平总书记提出的"亲""清"二字为处理好政商关系提供了科学准则。2015年全国工商联对全国政商关系进行了一次问卷调查，结果表明，不健康的政商关系根源主要有：政府干预市场过多过宽，公权力特别是一把手权力过度集中，行政执法司法自由裁量权过大，法治规则不健全。大多数公职人员和企业家认为，"政府主导资源配置的权力过大"是导致官商勾结的主要原因。① 因此，一些专家学者认为，构建新型政商关系，必须厘清政府的权力和责任边界，坚持法无授权不可为、法定职责必须为。

## 第四节　进一步完善社会主义基本经济制度理论

进入新时代，我国经济社会发展的基本条件发生了重大变化。从经济

---

① 王钦敏. 新型政商关系的努力方向. 学习时报，2016－06－30.

发展阶段看，我国经济已经从高速增长阶段转向高质量发展阶段，社会的主要矛盾已经演变为人民日益增长的美好生活需要和不平衡不充分的发展之间的矛盾。从经济发展的复杂程度来看，我国的经济关系越来越复杂，分工越来越细致，经济联系越来越广泛，各类经济信息呈几何级数增长。从经济发展的资源环境条件看，高投入、高排放、高污染的粗放型增长之路已经走到了尽头，资源、环境约束越来越硬。世界银行的一份研究报告指出："中国当前的增长模式已对土地、空气和水等环境因素产生了很大的压力，对自然资源供给的压力也日益增加。"[①] 从经济发展的动力看，依靠要素投入和规模驱动经济增长的潜力已基本耗尽，经济增长越来越依靠创新和全要素生产率的提升。从社会需求看，消费日趋多样化、个性化，消费者越来越注重产品品质和消费安全，对生态产品的需求日益旺盛。这些新因素是非常重要的，将对我国各种所有制经济的地位和作用产生深远影响，也构成我们考虑所有制结构优化和社会主义基本经济制度完善的重要依据。

　　在新时代，完善和发展社会主义基本经济制度理论需要深入探讨和解决以下理论和实践问题。

## 一、科学理解和定位公有制经济的主体地位和国有经济的主导作用

　　与改革开放初期相比，目前我国在所有制结构上所面临的理论和实践问题完全不同。改革开放初期，公有制经济"一统天下"，改革的重要任务是突破对非公有制经济的理论和实践限制，促进非公有制经济的发展，充分发挥它们在促增长和保民生等方面的积极作用，此时公有制的主体地

　　① 世界银行和国务院发展研究中心联合课题组. 2030 年的中国：建设现代、和谐、有创造力的社会. 北京：中国财政经济出版社，2013：9.

位不存在争议。随着改革的步步推进，非公有制经济所占的比例逐步提高，经年累积，一些指标已经超过了公有制经济，公有制的主体地位和国有经济的主导作用不再像改革开放初期那么显而易见和自然而然，它已经演变为一个备受关注的理论和实践问题。从数据上看，2016 年，我国企业法人单位共计 1 461.84 万个，其中国有控股企业法人单位只占 2.13%，集体控股只占 1.66%，私人控股高达 85.76%，港澳台商控股占 0.71%，外商控股占 0.68%，其他占 9.06%。稍做合并可以看出，公有资本控股企业法人单位仅占 3.79%，非公有资本控股企业法人单位已经占到 87.15%，绝大多数企业法人都是非公有资本控股的。如果把我国目前的所有制形式划分为公有制经济、混合所有制经济和非公有制经济，那么，2016 年，在全社会固定资产投资、规模以上工业企业资产、规模以上工业企业利润、城镇就业、税收等指标上，非公有制经济所占的比例已经远高于传统的公有制经济。

由于在一些重要指标上非公有制经济已经远高于传统公有制经济，人们对公有制的主体地位和国有经济的主导作用产生了疑虑。比如有人认为：目前非公有制经济产出占国内生产总值的 65% 以上，因此，"公有制为主体"名不符实。[①] 2008 年国际金融危机前后，经济学界甚至掀起了一场有关"国进民退"还是"国退民进"的大讨论。因此，有必要进一步澄清公有制为主体的含义以及如何坚持公有制的主体地位。

党的十五大对公有制的主体地位已经做出了科学的阐释，今天仍然适用。其要点是：公有制的主体地位主要体现为公有资产在社会总资产中占优势，国有经济控制国民经济命脉，对经济发展起主导作用；而公有资产占优势，既要有量的优势，更要注重质的提高，不同行业、不同地区可以

---

① 王占阳. 所有制领域仍需思想大解放. 探索与争鸣，2012（4）.

有所差别。可见，党的十五大已经开始从"质"的方面来界定公有制的主体地位。今天我们对公有制主体地位的疑虑，根源在于两个方面：一是过分关注"资产"之外的经济指标；二是过分关注"量"的指标而忽视"质"的指标。马克思在论述一种生产相对于其他生产处于决定地位时，提出了"普照的光"的理论。马克思指出："在一切社会形式中都有一种一定的生产决定其他一切生产的地位和影响，因而它的关系也决定其他一切关系的地位和影响。这是一种普照的光，它掩盖了一切其他色彩，改变着它们的特点。"① 在社会主义市场经济中，公有制的主体地位和国有经济的主导作用应该从"普照的光"的角度来理解和把握，而不能简单地依据和套用某种数量比例。公有制经济作为一种"普照的光"，它散发出自己的光和热，照耀着各式各样的经济成分和市场主体，让它们改变自己的色彩，折射出太阳的光芒。值得强调的是，这种"普照的光"是通过市场机制的运转和经济规律的作用自然散发出来的，而不是通过行政机制散发出来的。我们还可以把公有制经济的主体地位比喻为骨骼之于人体的地位。骨骼形成人体的基本结构，负载人体的整个重量，支撑人直立行走，昂首挺胸，而骨骼的重量只占身体总重量的 1/5 至 2/5。当然，公有制的主体地位需要有一定"量"来保证，没有一定的"量"，就不能保证一定的"质"，这是质与量的辩证法。

依据以上分析可以得出结论：改革开放 40 年来，虽然公有制经济所占的比例大幅度下降了，但公有制的主体地位和国有经济的主导作用没有变。

其一，公有资产仍保持量的优势。公有资产包括竞争领域的经营性公有资产、基础设施领域的网络性公有资产（如路网、通信网、管网、渠网

---

① 马克思，恩格斯．马克思恩格斯文集：第 8 卷．北京：人民出版社，2009：31.

等)、金融领域的公有金融资产、公共服务领域的公益性公有资产（如学校、医院、养老院等）、自然资源领域的资源性公有资产（土地、矿藏、河流、森林、草原、海洋等）。目前在估算公有资产的"量"时，一般采用窄口径，大多只把经营性公有资产、部分网络性公有资产、部分公有金融资产纳入统计，大部分公益性公有资产和资源性公有资产一般没有计入。一些学者也主张采用较窄口径统计公有资产。例如，赵华荃认为："判断公有制为主体应主要看经营性公有资产占社会经营性资产总量的比例，不包括资源性资产和行政事业性资产。"[①] 但窄口径不能准确反映公有资产的实际规模，除了经营性公有资产外，其他四类公有资产都深刻而广泛地影响着经济社会生活，是经济社会得以顺利运行的基本条件。因此，从理论上讲，所有公有资产都应该纳入公有资产的统计范围，以此来判断公有资产在社会总资产中所占的比例，这样才能准确反映公有制在经济社会生活中的地位和作用，以及它所产生的影响力、控制力。目前，公有资产的统计数据是不完整的，特别是一些资源性公有资产的量化还存在困难。从已有的测算数据看，公有资产在社会总资产中占优势是可以肯定的。据裴长洪研究员的测算，截至 2012 年，我国三次产业经营性总资产约为 487.53 万亿元，其中公有制经济的资产规模是 258.39 万亿元，占 53%。[②] 这一估算使用的是窄口径，即使这样，公有资产在总资产中占优势仍然是成立的。郑志国将自然资源资产纳入计算之中。他根据有关资料估算，2011 年年末，全国农业用地价值为 61.4 万亿元，全国建设用地价值为 486.66 万亿元，18 种矿产基础储量的经济价值达 189.25 万亿元，这三项资源性公有资产的估价总计为 737.31 万亿元。如果把工业、建筑业、限额以上批发和零售业、住宿和餐饮业资产与自然资源性资产合并计算，

① 赵华荃. 关于公有制主体地位的量化分析和评价. 当代经济研究，2012（3）.
② 裴长洪. 中国公有制主体地位的量化估算及其发展趋势. 中国社会科学，2014（1）.

那么，公有资产所占的比例为 96.15%，非公有资产仅占 3.85%，公有资产的优势更是显而易见的。[①]

其二，公有资产不仅具有"量"的优势，更具有"质"的优势。网络性资产、金融资产、公益性资产、资源性资产和竞争性领域的优质资产大多为公有资产。这些资产处在经济社会生活的重要领域和关键环节，支撑、控制和引领着经济社会的发展。路网、通信网、管网、渠网等网络性资产，支撑着整个社会的人流、物流和信息流。金融资产是资本流动和资源配置的基础设施，是防范和化解系统性金融风险的基础。学校、医院和基础科研机构等公益性资产为居民生活和科技进步提供基本保障。资源性资产是整个经济运转的基本条件，马克思在《哥达纲领批判》中将自然界资源视为一切劳动资料和劳动对象的第一源泉，资源性资产将成为公有资产越来越重要的存在形式。在工业领域，虽然在一般性竞争行业中国有资产的比例已经降到很低，但在资源性、垄断性和公用性等重要行业，国有资产仍占明显优势。

2020 年，我国将建立起系统完备、科学规范、运行有效的社会主义市场经济体制，继而开启全面建设社会主义现代化国家新征程。这是我们认识公有制的主体地位和国有经济的主导作用的大的时代背景。党的十八届三中全会提出了处理政府与市场关系的基本原则，即"使市场在资源配置中起决定性作用和更好发挥政府作用"，党的十九大报告重申了这一原则，这是我们把握公有制的主体地位和国有经济的主导作用必须坚持的基本理论思维。因此，在新时代保持和加强公有制的主体地位和国有经济的主导作用，可以从以下几个方面着手。

第一，进一步厘清国有资本的功能。国有资本是共产党执政的基础，

---

① 郑志国. 公有制为主体涵盖资源性资产. 江汉论坛，2012（12）.

是政府实现自身职能的重要手段之一，这是国有资本存在的基本依据。党的十八届三中全会《决定》对政府职能做了系统的归纳，其中加强和优化公共服务、推动可持续发展、促进共同富裕、弥补市场失灵就是政府需要运用国有资本来发挥的职能。为了巩固共产党的执政基础和有效履行政府职能，国有资本要牢牢掌控国民经济命脉部门和重要民生部门，承担提供基本公共产品和大型基础设施的职责，有效弥补非公有资本和市场机制的职能缺陷。公有制的主体地位和国有经济的主导作用要体现在国有资本功能的实现上。

第二，加快优化国有资本布局。习近平总书记在党的十九大报告中提出"加快国有经济布局优化、结构调整、战略性重组"。要依据国有资本的功能来调整和优化国有资本的布局，以此来做强做优做大国有资本。具体来说，国有资本要加快向公共服务、重要前瞻性战略性产业、生态环境保护、科技进步和国家安全五大领域集中。经过40年的改革开放和经济快速发展，加快调整国有资本结构的条件已经具备。一是非公有资本已经积累起庞大的数量，可以迅速填补国有资本退出后的经济领域，为国有资本退出自己的非功能领域提供了条件。以规模以上工业企业为例，非公有资产已经占到总量的41.7%，有足够的能力填补国有资本退出腾出的经济空间。二是"管资本为主"的国有资产管理体制改革和多层次资本市场的不断发育提高了国有资本的流动性，为国有资本向自己的功能领域集中提供了便利条件。

第三，发展混合所有制经济，放大国有资本的功能和影响力。党的十八届三中全会《决定》将混合所有制经济的地位提升到"基本经济制度的重要实现形式"，党的十九大报告将发展混合所有制经济作为"培育具有全球竞争力的世界一流企业"的途径。发展混合所有制企业，无论是国有资本控股还是非公有资本控股，都能够放大国有资本的功能，提升国有资本的影响力，从而强化公有制的主体地位和国有经济的主导作用。我们需要进一步提高对混合所有制经济的认识。混合所有制的重要形式是股份制，马克思、恩格斯当年对股份资本的论述可以给我们提供重要的理论启迪。马克思认为：股份公司的资本"在这里直接取得了社会资本（即那些直接联合起来的个人的资本）的形式，而与私人资本相对立"①；恩格斯则指出："由股份公司经营的资本主义生产，已经不再是私人生产，而是由许多人联合负责的生产。"② 马克思、恩格斯尚且认为资本主义社会中的股份资本带有"社会资本"和"联合生产"的性质，那么，在以公有制为主体的社会主义市场经济中，股份资本必然会在更大程度上体现"社会资本"和"联合生产"的性质，从而成为公有制主体地位的实现形式或与公有制的主体地位相融合。因此，可以认为混合所有制将成为"普照的光"散发的微观机制。

第四，进一步推进现代公司治理制度建设，把国有及国有控股企业打造成高效和有竞争力的企业。公有制的主体地位和国有经济的主导作用最终要靠国有资本参与企业的高效率和竞争力来铸就，这是一个市场和社会的不断确认过程。为此需要建立规范的协调运转、有效制衡的公司法人治理结构，由董事会确定企业的发展战略、目标，聘请职业经理人进行经营管理，充分发挥企业家在处理不确定性、探索未来发展方向、承担风险等方面的作用。

## 二、完善产权制度

产权是所有制的核心，产权制度是市场经济的重要制度基础，它关系

---

① 马克思，恩格斯. 马克思恩格斯文集：第7卷. 北京：人民出版社，2009：494.
② 马克思，恩格斯. 马克思恩格斯文集：第4卷. 北京：人民出版社，2009：410.

到人们积累财富的积极性、配置资源的积极性和生产要素的流动性，从而决定经济发展的内生动力和经济社会的持久活力，并最终决定社会生产力的发展水平和人们的福利水平。党的十八届三中全会《决定》提出建立"归属清晰、权责明确、保护严格、流转顺畅"的现代产权制度，党的十九大报告将完善产权制度作为未来经济体制改革的一个重点，另一个重点是要素市场化配置，也与完善产权制度密切相关。

完善的产权制度包括相互联系的四个方面：一是清晰界定产权边界；二是通过法律等制度有效保护产权；三是允许产权持有者按照自己的意志自由运用产权，以保证生产要素的自由流动；四是承认和保护产权所带来的各类收益。而产权保护制度是现代产权制度的基本要素，它之所以重要，就在于它能够为各类经济主体提供正当的激励，鼓励人们积累和有效配置自己所支配的资源，并展开充分而有效的竞争。

对于产权制度的重要性，我国古代思想家孟子提出"有恒产者有恒心，无恒产者无恒心"，其影响深远。现代经济学同样强调保护产权的重要性。威廉·鲍莫尔、罗伯特·利坦和卡尔·施拉姆指出：如果不能有效保护人们的财产权，"就不能指望个人会冒着失去自己的资金和时间的风险，投资于运气不济的冒险项目。这里，法治——特别是财产和合同权利——尤为重要"[1]。而冒险是创新的核心要素。拉古拉迈·拉詹和路易吉·津加莱斯认为："竞争性市场要发展起来，第一步就需要政府尊重和保护公民的财产权利，包括那些最脆弱和最无助的公民的财产权利。"[2]

与传统经济相比，现代经济体系具有复杂得多的结构。与衣服、食

---

① 本文已提交给中国政治经济学论坛 2014 年年会，引用和转载须经作者同意，电子邮箱：jyhu@cass. org. cn。威廉·鲍莫尔，罗伯特·利坦，卡尔·施拉姆. 好的资本主义，坏的资本主义，以及增长与繁荣的经济学. 北京：中信出版社，2008：6.

② 拉古拉迈·拉詹，路易吉·津加莱斯. 从资本家手中拯救资本主义：捍卫金融市场自由，创造财富和机会. 北京：中信出版社，2004：引言，XXIV.

品这些简单的市场交换相比，汽车等耐用消费品、技术、知识、人力资本、金融等现代服务和自然资源等市场具有高度的复杂性及不确定性，未来收益将在人们的收入结构中起越来越重要的作用。在这种情况下，产权的清晰界定和有效保护就显得尤其重要。约翰·麦克米兰认为："政府在市场设计中的一个基本任务就是确定财产权利，因为最简单的摧毁市场的办法就是破坏人们对自己财产安全的信念。"[①] 鲍莫尔、利坦和施拉姆认为，对于成功的企业家型经济[②]，以下几个制度很重要，即"（有效实施的）法治、知识产权保护（但不能过度）、不是过度繁重的税收及促进特定环境中的模仿的回报和机制"[③]，这几个方面都涉及包括有效产权保护在内的现代产权制度。值得强调的是，现代产权制度只能由政府来提供。这主要是因为政府拥有其他组织所不具备的强制力，而这种强制力是界定和保护产权所必需的[④]；政府可以设置司法机构来对经济纠纷进行仲裁，并强制执行。

目前，有效保护产权在我国已显得非常重要和迫切，有两个重要原因。

第一，经过 40 年的经济市场化和经济发展，财产的种类和各类财产数量急剧增加，不仅公有财产的数量大幅度增加，非公有财产，包括个体及私营企业财产、家庭财产、港澳台资企业及外资企业的财产，也大幅度增加了。仅从工业领域来看，各类资产数量庞大。2016 年，规

---

① 约翰·麦克米兰. 市场演进的故事. 北京：中信出版社，2006：11.

② 鲍莫尔、利坦和施拉姆认为，成功的企业家型经济最具创新性和效率：在这种经济中，"经济的大量参与者不仅有无穷的动力和激励进行创新，而且从事前沿性或突破性的创新并使之商业化"。威廉·鲍莫尔，罗伯特·利坦，卡尔·施拉姆. 好的资本主义，坏的资本主义，以及增长与繁荣的经济学. 北京：中信出版社，2008：78.

③ 威廉·鲍莫尔，罗伯特·利坦，卡尔·施拉姆. 好的资本主义，坏的资本主义，以及增长与繁荣的经济学. 北京：中信出版社，2008：96.

④ 政府所具有的强制力可以起到有效保护产权的作用。当然，如果不对这种强制力实施有效的制衡，它也可以演变成侵害私人产权的"掠夺之手"。

模以上工业企业资产总额达 108.6 万亿元，其中国有及国有控股企业 41.8 万亿元，私营企业 24.0 万亿元，港澳台资企业 8.8 万亿元，外资企业 12.4 万亿元。在国有资产中，还有数量庞大的矿产资源、土地资源、水资源等国有和集体所有的自然资源，随着经济的发展和市场化进程的推进，这些自然资源的价值在迅速增加，资本化程度加深。各类融资工具大量涌现，融资规模迅速增长。2002 年，全社会融资规模为 14.9 万亿元，2016 年达到 156.0 万亿元，年均增长 18.3%。家庭财产的增长非常迅速，包括银行存款、各类有价证券、房产等在内的居民家庭财产大幅度增长。据招商银行和贝恩公司的统计，2010 年中国个人总体持有的可投资资产（现金、存款、股票、债券、基金、保险、银行理财产品、境外投资和其他类别投资等金融资产和投资性房产）规模达到 62 万亿元。[1] 要想使这些财产所支配的资本等生产要素不断投入生产过程，充分流动起来并得到合理的配置，有效的产权保护制度是基本条件。

第二，创新在经济发展中的重要性增加，这也凸显出产权保护的紧迫性。以往的高速经济增长，主要靠大规模要素投入、政府投资和技术模仿，大部分投资落在了价值链低端和基础设施领域，创新在经济增长中的作用不明显，这是不可持续的。经济发展的动力要转向更多依靠创新、民营部门和企业家精神，需要动员起千百万人的智慧和力量，这就需要有完善的产权保护制度来保障人们的利益。鲍莫尔、利坦和施拉姆在谈到法治、财产权和合同权利对创新型经济的重要性时指出："创新型企业家行为是一种有风险的活动，承担这些风险的个人必须得到恰当的补偿。也就是说，当他们成功实现其努力时，对由此产生的结果——资金、土地、产

---

① 参见招商银行和贝恩公司联合发布的《2011 中国私人财富报告》。

品或全部三种财产，他们必须有财产权。此外，企业家（和所有企业）必须相信，他们与其他各方签署的合同是得到承认的。"①

改革开放 40 年来我国经济持续快速增长，一个重要原因是我国产权保护状况得到了不断改善。鲍莫尔、利坦和施拉姆就认为，中国模式的成功，原因之一是它在两个要素上取得了进步，"这两个要素是有效实施的产权和合约权，能够为企业家提供资本用于支持其企业的金融体系"②。但我国的产权保护状况，特别是非公有产权的保护状况并不乐观。中国企业家论坛 2010 年的调查结果表明，28.6% 的企业家表示财产不安全，44.2% 的企业家认为企业法规不能够保障企业的利益，半数企业家认为知识产权保护不到位。③ 据世界银行与国际金融公司研究报告《中国营商环境 2012》测算，2011 年和 2012 年，在 182 个国家和地区中，中国投资者保护水平分别排第 93 位和第 97 位，投资者保护强度指数（1 到 10）为 5，属中等保护强度。

由于对私有产权保护不力，自 2006 年开始出现了第三波移民潮④。根据招商银行和贝恩公司联合发布的《2011 中国私人财富报告》，中国个人境外资产增长迅速，2008—2010 年年均复合增长率接近 100%。与此同时，近年来中国向境外投资移民人数出现快速增加，接受调研的高净值人群中近 60% 的人士已经完成投资移民或有相关考虑，在调查年份 2011 年之前的 5 年，中国向美国累计投资移民人数年复合增长率达 73%。中国银行和胡润研究院对全国 18 个重点城市拥有千万元资产以上财富的富人

---

① 威廉·鲍莫尔，罗伯特·利坦，卡尔·施拉姆. 好的资本主义，坏的资本主义，以及增长与繁荣的经济学. 北京：中信出版社，2008：96.
② 同①132.
③ 冯兴元，何广文，等. 中国民营企业生存环境报告 2012. 北京：中国经济出版社，2013.
④ 有学者认为，我国出现了三波移民潮：第一波是"文化大革命"结束后，第二波是 20 世纪 80 年代末和 90 年代初，第三波从 2006 年开始，还没有结束. 冯兴元，苏小松. 第三波移民潮：法律安全作为一大原因. 中国民商，2013（3）.

进行了调查。调查结果是，1/3 的富人拥有海外资产，海外资产平均占总资产的 19%，60% 的富人有移民意向或已申请移民，以投资移民为主，亿万财富人群的海外投资比例更是超过 50%。另据浙江新通出入境服务有限公司等机构的保守统计，浙江目前每年至少有 1 500 人成功实现投资移民，并以每年 10% 到 20% 的速度增长。移民中，掌握财富、知识和技术的人最多，其中很多是民营企业家，他们的离去将给中国经济社会发展造成很大影响。

缺乏稳定、公正和可预期的司法体系，私人产权得不到充分有效的保护，是投资移民的重要原因之一。据招商银行和贝恩公司的调查，出于保障财富安全目的而移民的比例高达 43%[1]。还有学者认为：保护自己的财产安全或家人的人身安全，包括漂白灰色的"第一桶金"，是很多民营企业家海外移民的一个动力来源。[2]

因此，建立现代产权制度，使各种类型的财产获得有效而同等的法律保护，保证"当合同纠纷出现时，无论纠纷发生在私人之间还是私人与政府之间，纠纷各方都不仅可以获得法律救助，而且应该享有一个透明有效、执法时不畏权势并不偏不倚的司法制度"[3]，是完善我国产权保护制度首先要解决的核心问题。

2016 年 11 月，中共中央、国务院颁布了《关于完善产权保护制度依法保护产权的意见》，提出了平等保护、全面保护、依法保护、共同参与、标本兼治五项方针，对于完善我国产权制度具有重要意义。建立现代产权

① 根据招商银行和贝恩公司的调研，高净值人士投资移民的三个主要原因及所占比例如下：方便子女教育，占 58%；保障财富安全，占 43%；为未来养老做准备，占 32%。参见招商银行和贝恩公司联合发布的《2011 中国私人财富报告》。
② 冯兴元，苏小松. 第三波移民潮：法律安全作为一大原因. 中国民商，2013（3）.
③ 世界银行和国务院发展研究中心联合课题组. 2030 年的中国：建设现代、和谐、有创造力的社会. 北京：中国财政经济出版社，2013：22.

制度，以下三点比较重要：一是有效保护国有资本及其收益，防止国有资本流失。国有经济布局调整和混合所有制改革，都涉及国有资产的转让、流动和重组，如果没有有效的国有资产保护制度，就很容易造成国有资产流失，特别是"内部人"对国有资产的侵蚀。国有资产流失的主要途径包括刻意低估国有资产价值、管理层幕后交易和利益输送、国有企业负责人隐匿转移国有资产等。有效保护国有资产，要加快相关法律制度的建设，明确造成国有资产流失的法律责任和法律后果。同时要完善国有资产转让交易制度，如国有资产评估的市场化、国有资产转让交易的透明化、转让交易程序的规范化等。二是切实平等保护各类产权，特别是非公有制经济的产权。党的十八届三中全会已经明确指出："公有制经济财产权不可侵犯，非公有制经济财产权同样不可侵犯。"但从司法实践上看，有时未能做到对非公有制经济的公平裁决。当非公有制企业的财产受到侵害时，立案、判决和执行都面临许多困难，各种交易成本很高。当非公有制企业与国有企业发生财产、合同等经济纠纷时，裁决及执行有时会偏向国有企业。三是约束行政权力对非公有资产的侵害。不受限制的行政权力有时会成为侵害非公有制经济产权的一个根源。"有些地方个人产权受到非常粗暴的侵犯，用各种莫须有的罪名，侵犯、占有个人产权，甚至让一些企业家倾家荡产，将其送进监狱。"①在这种情况下，一些地方政府机构不仅没有充当合法私人财产的保护者，甚至扮演了"掠夺之手"的角色。2017年发生的"新官不理旧账"就是这方面的明显例子。②

---

① 李剑阁. 下一步改革的两条主线：市场化取向，多种经济成分共同发展. 中国改革，2013（1）.

② 2017年年初山东德州皇明太阳能集团董事长黄鸣举报"新官不理旧账"就是一个生动的案例。据报道，2010年世界太阳城大会在德州召开，皇明集团执行德州市委市政府指令建设大会主会场、配套设施、主景区、旧村改造和彰显太阳城的样板工程，共花费约30亿元，从账上有10亿元现金到负债约20亿元。为此，政府承诺以刁李贵旧村拆迁和周边土地作为补偿。如今10年过去了，村民早已安居乐业，而现任书记却不认旧账，不但拒绝补办遗留手续，还要强拍拆迁整理过的土地。参见 http://finance.ifeng.com/a/20180221/15991258_0.shtml。

### 三、构建各种所有制经济平等竞争、共同发展的体制机制

我国经济已经由高速增长阶段转向高质量发展阶段，需要着力构建市场机制有效、微观主体有活力、宏观调控有度的经济体制，不断增强我国经济的创新力和竞争力。而构建各种所有制经济平等竞争、共同发展的体制机制是其中的关键因素之一。

构建各种所有制经济平等竞争、共同发展的体制机制，首先需要科学认识非公有制经济是现代生产力发展的重要组成部分。科学技术飞跃发展，不能再将非公有制经济以及中小企业与落后生产力联系在一起。[①] 在机器大工业时代，生产规模的扩大往往构成生产力发展的基础，而现代生产力的发展趋势不再是向生产大型化的单一方向，而是向大、中、小型化多方向并进。灵活运用现代技术，中小企业甚至微型企业完全可以成为容纳和利用现代生产力的企业组织形式。不仅如此，中小企业甚至成为创新的重要源泉。需要基于"多样性"来理解非公有制经济存在的理由。多样性是适应经济复杂性、克服不确定性、激发创新活力和满足个性化需求的基础条件。"现代经济依靠社会的多样性实现繁荣……经济活力还取决于企业家的多样性。"[②] 因为一个社会的创新意愿和能力与多样性密切相关，金融家、企业家、生产者、消费者和企业组织形式、社会财产形式的多样性，决定着一个社会的活力和创造力。

需要从三个方面来构建各种所有制经济平等竞争、共同发展的制度条件：一是构建有效保护各类产权的公平法治环境；二是构建非公有制经济

---

[①] 政治经济学教材和一些相关论文在分析非公有制经济和中小企业存在的理由时，一般把它们与生产力落后和经济发展不平衡联系在一起。这一观点需要随现代生产力的发展而改变。

[②] 埃德蒙·费尔普斯. 大繁荣：大众创新如何带来国家繁荣. 北京：中信出版社，2013：41.

自由进入机制；三是构建各种所有制经济平等使用生产要素的体制环境。关于构建有效保护各类产权的公平法治环境，前面已经做了论述，下面对非公有制经济自由进入和平等使用生产要素进行分析。

### （一）构建非公有制经济自由进入机制

生产要素的自由流动和企业的投资自由，是价值规律和市场机制发挥资源配置决定性作用的基本前提。因此，放松对非公有制经济投资领域的限制，使其能够自由进入和退出特定行业，是建立公平竞争市场环境、完善社会主义市场经济体制的内在要求。

进入 21 世纪，国务院出台了许多重要的拓宽非公有制经济投资领域的政策性文件。2005 年 2 月国务院颁布了《关于鼓励支持和引导个体私营等非公有制经济发展的若干意见》，俗称非公经济"旧 36 条"。该文件把放宽市场准入作为促进非公有制经济发展的基本政策措施，提出了"贯彻平等准入、公平待遇原则"，"允许非公有资本进入法律法规未禁入的行业和领域"，并具体指明了非公有制经济可以进入的领域，包括电力、电信、铁路、民航、石油等能源、交通、通信领域，城镇供水、供气、供热、公共交通、污水垃圾处理等公用事业和基础设施领域，教育、科研、卫生、文化、体育等社会事业领域，银行、证券、保险等金融领域，国防科技工业建设领域；同时鼓励非公有制经济参与国有经济结构调整和国有企业重组，西部大开发、东北地区等老工业基地振兴和中部地区崛起。

为了进一步促进民间投资的发展，拓展非公有制经济的发展空间，2010 年 5 月国务院又颁布了《关于鼓励和引导民间投资健康发展的若干意见》，俗称非公经济"新 36 条"。与"旧 36 条"相比，"新 36 条"对非公有制经济开放的领域更广泛、更明确和更具体。该文件对进一步拓宽民间投资领域和范围提出了以下原则：一是鼓励和引导民间资本进入法律法规未明确禁止准入的行业和领域，对各类投资主体同等对待，不得单对民间资本设置附加条件；二是政府投资主要用于关系国家安全、市场不能有效配置资源的经济和社会领域，对于可以实行市场化运作的基础设施、市政工程和其他公共服务领域，应鼓励和支持民间资本进入；三是国有资本的重点领域是关系国民经济命脉的重要行业和关键领域，在一般性竞争领域，要为民间资本营造更广阔的市场空间；四是将民办社会事业作为社会公共事业的重要补充，加快形成政府投入为主、民间投资为辅的公共服务体系。

国务院的非公经济"旧36条"和"新36条"对非公有制经济几乎放开了可以放开的所有领域，不仅包括一般性的竞争领域，而且包括垄断领域的竞争性环节，基础设施领域和社会事业领域可以放开的部分，甚至放开了国防科技工业建设领域。

各级政府对非公有制经济的开放政策取得了实效，民营资本的投资空间扩大了，并开始迈向基础设施领域、现代服务领域和社会服务领域。但非公有制经济市场准入仍然很困难，许多在政策上已经对非公有制经济开放甚至鼓励非公有制经济进入的领域，仍然挡着一道"玻璃门"或"弹簧门"，可望而不可即。

在一般竞争性领域，非公有制经济已经可以比较自由地进入和退出，但政府的宏观调控政策、产业政策和信贷政策往往构成非公有制经济的进入障碍。在宏观经济紧缩时期，民营经济往往首当其冲，其投资项目往往得不到批准和银行信贷。在产业政策领域，政府往往出于"重复建设"和"产能过剩"的考虑而限制民营企业进入某些行业。

破除非公有制经济进入障碍，构建平等竞争环境，需要从以下几个方面着手：

第一，破除意识形态障碍。非公有制经济进入的意识形态障碍几乎涉及所有产业。在公众和决策者的潜意识中，只要有可能，最好还是让公有制经济从事相应的投资，提供相应的产品和服务。在那些涉及文化宣传、有关国计民生和盈利性较高的领域，如教育、新闻出版、公用事业、基础设施、医疗、金融等领域，意识形态方面的进入障碍更为突出和严重。因此，消除意识形态障碍，特别是审批官员的意识形态偏见，对于打破非公有制经济进入的"玻璃门"是很重要的。

第二，消除国有经济和非公有制经济市场力量的不对称。进入 21 世纪以来，非公有制企业的数量迅速增加，实力也在增强。2017 年 9 月，我国有私营企业 2 607.29 万家，注册资本为 165.38 万亿元，平均注册资本为 634.3 万元，比 2011 年的 266.5 万元增加了 1.38 倍，增长速度是很快的。但相对于国有及国有控股企业，私有企业仍处于弱势。2017 年 9 月，国有及国有控股企业平均注册资本为 3 454.2 万元，是私营企业的 5.45 倍。国有经济依靠自己的资本实力，同时借助于政府的行政力量，在市场上拥有非公有制经济无法比拟的特殊优势。非公有制经济无论是在经济实力还是在市场影响力上，都远不如国有经济，从而造成它们之间竞争力量的不对称和市场地位的不平等。

第三，打破垄断的市场结构。垄断的市场结构是非国有经济进入某些重要领域的重要障碍。在电力、电信、铁路、民航、邮政等自然垄断性领域，政府政策都对非国有经济实行了开放，但目前垄断性的垂直一体化市场结构把非国有经济挡在了这些领域之外。在自然垄断领域，既有自然垄断性业务，也有竞争性业务，而且垄断性业务和竞争性业务往往呈现垂直一体化结构。垄断性业务由于规模经济和沉没成本巨大，需要由一家或少数几家企业经营，而竞争性业务则可以放开，自由进入。目前垄断性业务由政府授权国有及国有控股企业经营，同时它们还经营该领域的竞争性业务。这样，国有企业就在自然垄断领域占据了绝对优势地位，它们可以出于自身利益的需要，通过控制垄断环节来阻止潜在竞争者提供竞争性业务。

第四，大幅度削减行政审批。非公有制经济之所以难以进入许多政策允许进入的行业和领域，与政府审批环节过多、审批标准过高、对民营企业要求偏严、审批官员意识形态偏见和规避政治风险有很大关系。因此，行政审批往往会把非公有制经济挡在某些领域之外，大力精简行政审批程序是打破"玻璃门""弹簧门"的重要举措。

### （二）构建各种所有制经济平等使用生产要素的体制环境

土地、资本和劳动力是三种基本生产要素，平等获取和使用这些生产要素的权利，是各种所有制经济公平竞争、共同发展的基本条件，也是市场机制配置资源的基本前提。

改革开放以来，我国生产要素市场，特别是劳动力市场得到了长足的发展，各种市场主体都有获得生产要素的机会。但是，不同所有制经济获取生产要素，特别是重要生产要素的权利还是不平等的，国有经济享有超越其他所有制经济的地位和优先权。这在金融市场上表现得极为明显。研究显示，个体私营经济在银行信贷中所占的比例与它们在经济增长和就业上的贡献是明显不对称的。比如，2006—2011 年，个体私营经济贷款占全部银行贷款的比例平均为 14.12％，比它们在全社会固定资产投资中所占的比例低 11.38 个百分点，比它们在全社会就业中所占的比例低 5.27 个百分点。

民营经济不仅存在"融资难"，而且存在"用地难"。据对江苏省民营企业用地情况的调查，民营企业公平用地的权利目前无法得到保证，用地和建设程序烦琐、用地指标不足、土地价格高是制约民营企业发展的重要因素，分别占总样本的 54.9％、54.6％和 52.5％，还有 17.2％的企业认为土地出让过程不透明（见表4-2）。

表4-2 江苏省民营企业用地难调查

| 调查主题 | 选项 | 占总调查企业的比例（%） |
|---|---|---|
| 用地政策问题 | 用地和建设程序烦琐 | 54.9 |
| | 用地指标不足 | 54.6 |
| | 土地价格高 | 52.5 |
| | 土地出让过程不透明 | 17.2 |
| | 其他 | 1.8 |

资料来源：徐志明，高珊，曹明霞.利益博弈与民营经济政策执行困境：基于江苏省1 087家企业的实证分析.江海学刊，2013（1）.

保障各种所有制经济公平使用生产要素的权利，最重要的是进一步改革我国的金融市场（特别是银行体系和资本市场）和土地市场。撇开贷款审批环节的意识形态偏见，我国金融市场的结构从根本上讲不适合非公有制经济的融资需要。非公有制经济主要是一些中小微企业，它们的信贷需求具有数额较小、周期较短、时间性和灵活性较强、抵押品较缺乏等特点，而服务于当地的民营银行能够较好地满足中小微企业的融资需求。但是，我国的银行结构以国有大银行为主，大银行基于信息和业务成本等方面的考虑，往往偏好大企业的大额信贷业务和金融批发业务，而向中小微企业发放贷款对它们来说则是不划算的。尽管为了解决中小微企业的贷款难问题，中国工商银行等国有大银行设立了中小企业信贷部，但这仍不能解决中小微企业的贷款难问题。

因此，放开民间资本进入银行业，对于非公有制经济公平获得生产要素，特别是信贷资本尤其重要。从更广泛的意义上讲，放开民间资本进入银行业，会促进我国金融深化。

推进民间资本进入银行业需要采取切实有效的措施，以打破"玻璃门"。一是提高民间资本在大型商业银行中的参股比例，以改善大型商业银行的治理结构、信贷行为以及各类经济主体与金融机构之间的信息、信誉传递机制；二是科学制定民间资本进入银行业的准入标准，推动民营银行的设立，这一点在目前显得尤为重要。民间中小型金融机构的设立标准不必过高、过严，应该让民营资本自我识别机会和自担风险，更大程度地发挥市场机制在甄别风险上的作用。同时，进一步加强金融监管，并尽快建立存款保险制度，分散存款人风险，保证存款人的资金安全，控制金融体系的系统性风险，维持金融体系的稳定。

一旦民营银行成长起来，非公有制经济的"融资难"问题就有望从根本上得到解决。同时，民营银行和国有资本主导的大型商业银行还能形成良性的分工合作关系：国有大型商业银行从事大企业（既包括国有大企业，也包括非国有大企业）的贷款和金融批发业务，民营银行则从事中小微企业的贷款和金融零售业务，以发挥其在信息和地缘、人缘方面的优势。

除了推进民营银行的设立外，还要加快利率市场化改革，提高债券融资比重，深化股票市场改革，给非公有制经济提供更多的融资机会。

土地制度改革和土地市场培育对于保证非公有制经济平等获得土地这一关键生产要素十分重要。要改革政府垄断的征地制度和政府在土地一级市场上的垄断地位，发挥土地市场在土地资源配置中的决定性作用。要加快培育土地二级市场，重新配置存量土地资源，以提高土地供应量和交易量，从而增加非公有制经济主体获得土地资源的机会，降低土地价格。要精简非公有制经济用地审批程序，增加土地市场的透明度，消除公有制经济主体在获取土地资源上享有的优先权和其他特权。

# 参考文献

1. 邓小平. 邓小平文选：第 3 卷. 北京：人民出版社，2005.

2. 董辅礽. 经济体制改革研究：上卷. 北京：经济科学出版社，1994.

3. 蒋学模. 评"所有者缺位"论. 经济研究，1988（3）.

4. 厉以宁. 社会主义所有制体系的探索. 河北学刊，1987（1）.

5. 刘国光. 关于所有制关系改革的若干问题. 经济日报，1986 - 01 - 04.

6. 单东，王政挺. 对个体经济、私营经济和搞活公有制企业的一些理论问题的探讨. 经济学动态，1990（5）.

7. 世界银行和国务院发展研究中心联合课题组. 2030 年的中国：建设现代、和谐、有创造力的社会. 北京：中国财政经济出版社，2013.

8. 王勇. 把私营经济放在商品经济的大环境中来研究. 经济学动态，1988（5）.

9. 威廉·鲍莫尔，罗伯特·利坦，卡尔·施拉姆. 好的资本主义，坏的资本主义，以及增长与繁荣的经济学. 北京：中信出版社，2008.

10. 吴敬琏，张军扩，刘世锦，等. 国有经济的战略性改组. 北京：中国发展出版社，1998.

11. 张卓元. 经济改革新征程. 北京：社会科学文献出版社，2014.

12. 张卓元. 经济转型与改革攻坚. 北京：中国人民大学出版社，2017.

13. 张卓元. 中国经济学 60 年（1949—2009）. 北京：中国社会科学出版社，2009.

# 第五章  收入分配理论

改革开放以来，我国收入分配理论和实践经历了一个不断演进的过程。改革伊始，针对平均主义"大锅饭"，我们首先肯定了物质利益原则，提出了切实贯彻按劳分配原则。随着改革开放和经济市场化进程的推进，除按劳分配外，其他收入分配方式逐渐进入人们的经济生活，尤其是生产要素越来越多地参与到收入分配中来，居民收入来源日趋多元化，呈快速增长态势。党的十三大提出"按劳分配为主体，其他分配方式为补充"，党的十四届三中全会提出了"按劳分配为主体、多种分配方式并存"的基本收入分配制度，实现了收入分配理论的重大突破。在收入分配理论不断演进的过程中，公平与效率的关系、收入差距和共同富裕等问题也一直是理论探讨和实践的热点。党的十八大以来，收入分配理论得到了进一步发展，更加强调公平正义、共同富裕和人民的"获得感"，"共享"被作为新时代五大发展理念之一。

## 第一节　改革开放初期按劳分配原则的回归

分配关系和分配原则的变动，是一个社会利益格局的重要调整，是经济体制演变的综合和最终反映。要弄清改革开放以来我国收入分配理论的演进过程，有必要回顾一下收入分配理论演进的起点，以及新的收入分配理论形成的历史出发点。

我国收入分配理论演进的理论起点是经典作家对未来社会个人消费品分配的构想。马克思在《资本论》中描绘了"自由人联合体"的个人消费品的分配："每个生产者在生活资料中得到的份额是由他的劳动时间决定的"，劳动时间是"计量生产者在共同劳动中个人所占份额的尺度。"①马克思对未来社会收入分配理论的完整论述，则是在《哥达纲领批判》中："每一个生产者，在作了各项扣除以后，从社会领回的，正好是他给予社会的。他给予社会的，就是他个人的劳动量……他以一种形式给予社会的劳动量，又以另一种形式领回来。"② 马克思承认未来社会劳动者个人收入和消费上的差别，这是因为每个人的劳动能力和家庭情况各不相同。列宁后来将马克思按劳分配原则概括为"按等量劳动领取等量产品"，并根据苏联社会主义经济建设的实际情况，对按劳分配原则的实践形式进行了探索，如通过货币工资制度（包括计时与计件工资）来实行按劳分配、通过奖金制与利润提成制来保证"多劳多得，少劳少得"等。列宁有关按劳分配的理论和实践探索对我国产生了重要影响。

在计划经济时期，在理论和政策上是承认按劳分配原则的，认为在生产资料公有制条件下，劳动者的收入应该由其劳动的数量与质量决定，即

---

① 马克思，恩格斯. 马克思恩格斯文集：第5卷. 北京：人民出版社，2009：96.
② 马克思，恩格斯. 马克思恩格斯文集：第3卷. 北京：人民出版社，2009：434.

"多劳多得，少劳少得，不劳动者不得食"。在实践中，农村集体经济采用
"工分制"，政府机关、事业单位、全民所有制企业和城镇集体企业采用
"工资制"来贯彻按劳分配。从 20 世纪 50 年代起，企业职工实行"八级
工资制"。"八级工资制"试图根据工人的技术水平、劳动对象、劳动强度
的不同制定不同的工资标准，以体现按劳分配原则。当时有学者认为：
"八级工资制是社会主义按劳取酬法则的具体表现形式之一"，因为"八
级工资制"能够按照劳动者对社会所提供的劳动的量和质、劳动的繁重程
度和重要程度、劳动者所在地区的优劣程度给予不同的报酬，而不受劳动
质量以外因素，如年龄、性别、习惯差异的影响。[1] 但无论是工资制还是
工分制，在实践中都演变为平均主义"大锅饭"，其根本原因在于劳动计
量上的困难，而在计划经济条件下又找不到有效的手段来准确计量劳动者
实际付出的劳动的质和量，只能以劳动时间、按事先评定的工资等级和行
政等级来计量劳动量，其结果必然是出勤不出力，既无公平又无效率，结
果只能是平均主义"大锅饭"。有学者测算了改革初期我国居民的基尼系
数，明显反映出计划经济时期的平均主义。根据杨小凯的测算，1981 年
湖北 6 个省辖市的基尼系数为 0.128，农村的基尼系数为 0.154 5，县属城
镇的基尼系数为 0.147 3。加权计算，1981 年湖北全省的基尼系数为
0.133 2。复旦大学的唐国兴、郑绍庸根据上海市 50 户家计调查计算出
1979 年工资调整前后的基尼系数，工资调整前为 0.142，调整后为
0.139。[2] 另据赵学增测算，1978 年河北保定地区 23 个县的基尼系数为
0.029。[3] 据世界银行估计，1980 年中国城市居民收入的基尼系数为
0.16。[4] 这些学者和机构测算的基尼系数都表明，当时中国城市和农村居民

---

[1] 罗季荣. 论八级工资制. 厦门大学学报（财经版），1952（3）.

[2] 杨小凯. 社会经济发展的重要指标：基尼系数. 武汉大学学报，1982（6）.

[3] 赵学增. 关于我国劳动者工资（工分）分配的洛伦茨曲线和基尼系数的考察. 天津财经学院学报，1982（4）.

[4] 世界银行. 中国：社会主义经济发展. 第 1 卷（英文）. 华盛顿：1983：83.

的收入都处于极度平均之中。

　　针对计划经济时期平均主义造成的懒惰和效率低下,改革开放伊始,我们党就明确强调物质利益原则和切实贯彻按劳分配原则。1978 年 12 月党中央召开了一次中央工作会议,这次会议为即将召开的党的十一届三中全会做了充分准备,邓小平在闭幕式上发表了题为《解放思想,实事求是,团结一致向前看》的著名讲话,鲜明提出要实行社会主义的物质利益原则。他说:"不讲多劳多得,不重视物质利益,对少数先进分子可以,对广大群众不行,一段时间可以,长期不行。革命精神是非常宝贵的,没有革命精神就没有革命行动。但是,革命是在物质利益的基础上产生的,如果只讲牺牲精神,不讲物质利益,那就是唯心论。"[①] 邓小平还提出了"先富"论断,同时阐释了"先富"和"共富"的内在联系。他说:"要允许一部分地区、一部分企业、一部分工人农民,由于辛勤努力成绩大而收入先多一些,生活先好起来。一部分人生活先好起来,就必然产生极大的示范力量,影响左邻右舍,带动其他地区、其他单位的人们向他们学习。这样,就会使整个国民经济不断地波浪式地向前发展,使全国各族人民都能比较快地富裕起来。"[②] 对于社会主义物质利益原则,列宁在十月革命胜利四周年时曾做了清晰的阐述。他说:"我们为热情的浪潮所激励,我们首先激发了人民的一般政治热情,然后又激发了他们的军事热情,我们曾计划依靠这种热情直接实现与一般政治任务和军事任务同样伟大的经济任务……现实生活说明我们错了……不能直接凭热情,而要借助于伟大革命所产生的热情,靠个人利益,靠同个人利益的结合,靠经济核算。"[③] 1978 年年底,党的十一届三中全会召开,会议指出:调动我国几亿农民的社会主义积极性,必须在经济上充分关心他们的物质利益……各级经济

----

① 邓小平 . 邓小平文选:第 2 卷 . 北京:人民出版社,1994:146.
② 同①152.
③ 列宁 . 列宁专题文集(论社会主义). 北京:人民出版社,2009:247.

组织必须认真执行按劳分配的社会主义原则，按照劳动的数量和质量计算报酬，克服平均主义。① 1979 年 9 月党的十一届四中全会召开，通过了《中共中央关于加快农业发展若干问题的决定》，指出"按劳分配、多劳多得是社会主义的分配原则，决不允许把它当作资本主义原则来反对"②，"按照劳动的数量和质量付给报酬，建立必要的奖惩制度，坚决纠正平均主义"③。1984 年，党的十二届三中全会通过了《中共中央关于经济体制改革的决定》，提出要建立多种形式的责任制，认真贯彻按劳分配原则，具体包括：第一，国有企业内部要拉开收入档次。"在企业内部，要扩大工资差距，拉开档次，以充分体现奖勤罚懒、奖优罚劣，充分体现多劳多得，少劳少得，充分体现脑力劳动和体力劳动、复杂劳动和简单劳动、熟练劳动和非熟练劳动、繁重劳动和非繁重劳动之间的差别。"④ 第二，克服平均主义。"平均主义思想，同马克思主义关于社会主义的科学观点是完全不相容的。历史的教训告诉我们：平均主义思想是贯彻执行按劳分配原则的一个严重障碍，平均主义的泛滥必然破坏社会生产力。"⑤ 第三，鼓励一部分人先富起来是走向共同富裕的必由之路。"社会主义社会要保证社会成员物质、文化生活水平的逐步提高，达到共同富裕的目标……只有允许和鼓励一部分地区、一部分企业和一部分人依靠勤奋劳动先富起来，才能对大多数人产生强烈的吸引和鼓舞作用，并带动越来越多的人一浪接一浪地走向富裕……由于一部分人先富起来产生的差别，是全体社会成员在共同富裕道路上有先有后、有快有慢的差别，而绝不是那种极少数人变成剥削者，大多数人陷于贫穷的两极分化。"⑥

改革开放初期，我国思想理论界关于按劳分配的讨论异常热烈，许多

---

① 中共中央文献研究室. 三中全会以来重要文献选编：上. 北京：中央文献出版社，2011：6-7.
② 同①158.
③ 同①162.
④ 中共中央文献研究室. 十二大以来重要文献选编：中. 北京：中央文献出版社，2011：63.
⑤⑥ 同④64.

重要的经济学家都参与其中，仅 1977 年春至 1978 年冬就召开了四次有关按劳分配的大型讨论会①，构成当时思想解放运动的重要组成部分。可以说，经济学界的拨乱反正是从按劳分配的讨论开始的。大多数学者认为，社会主义经济实行按劳分配具有客观必然性。于光远认为，按劳分配是客观经济规律："如果长期不贯彻按劳分配，社会主义制度就不能存在下去。按劳分配是社会主义本性所决定的"；"不管人是怎样行动，不管人的意志怎样，按劳分配规律都照样起作用，它确实是不以人的意志为转移的，是在社会主义社会经济生活中无时无刻不发生作用的"。② 对于按劳分配的必然性，大多数学者是从公有制来论证的。徐禾认为，在全民所有制范围内，按劳分配"已经具备了它发生作用的充分条件"，而"从每一个集体经济单位内部来看，生产资料归集体所有，个人消费品是按照社员的劳动贡献大小来分配的"。③ 一些学者还分析了现实中的按劳分配与马克思设想的未来社会个人消费品分配原则的异同。马克思设想的要义是以劳动为尺度进行个人消费品分配，因此，以劳动为主要尺度来分配个人收入，这是社会主义所必须坚持的，坚持了这一点，就是坚持了按劳分配。但马克思设想的个人消费品分配有严格的实施条件，最重要的有两个：一是全社会范围内实现了生产资料公有制；二是不存在商品货币关系，劳动者的劳动是直接的社会劳动。这两个条件在现实生活中都不具备，因此，现实中的按劳分配具有许多不同于马克思设想的特点。比如，在现实中，按劳分配需要借助于货币来完成，劳动者付出劳动后先领取货币工资而不是"劳动券"，再拿货币工资去购买自己所需要的消费品。再如，还不能在全社会范围内实施统一的按劳分配，因为还存在一个个独立核算的企

---

① 一九七七——一九七八按劳分配理论讨论会四次会议纪要汇编. 北京：中国财政经济出版社，1979.

② 于光远. 关于深入研究按劳分配理论的几个问题. 经济研究，1979 (1).

③ 徐禾. 社会主义基本经济规律·按劳分配·奖金. 学术论坛，1979 (1).

业，它们仍是利益独立的经济实体。正是在这个意义上，蒋一苇提出了"两级按劳分配"理论，即社会首先对企业进行按劳分配，企业再对个人进行按劳分配。[①]

值得一提的是，改革开放初期对按劳分配中"劳"的探讨是富有理论启迪的。能否切实贯彻按劳分配，关键看能否科学而准确地计量劳动者的"劳动"。劳动者实际付出的劳动取决于劳动者的技能、劳动强度和劳动态度，是劳动者体力和脑力的实际耗费，这些在很大程度上是难以直接观测的。更为重要的是，在现实中，由于劳动者的劳动还不是直接的社会劳动，它是否花在了社会需要的用途上，也是至关重要的。用于个人收入分配的劳动，只能是对社会有用的劳动，那些不创造社会财富和使用价值的无效劳动，是不能作为分配尺度的。在改革开放前，就有学者提出：按劳分配的"劳"不是个别劳动，而是形成商品价值的平均社会必要劳动。[②] 改革开放初期，洪远朋对劳动的计量做过深入的探讨。他认为："要正确贯彻按劳分配的原则，一个重要的问题是如何正确计量按劳分配中的劳动"，提出了"计量按劳分配中的劳动量必须是社会必要劳动时间"的观点。[③] 社会必要劳动时间是由平均技术水平、平均劳动熟练程度、平均劳动强度，以及产品满足社会需要的程度等重要因素决定的，因此，用社会必要劳动时间而不是自然劳动时间来计量劳动者实际付出的劳动，符合商品经济条件下价值规律运动的客观要求。从今天的角度看，这一观点具有前瞻性。

我国的改革肇始于家庭联产承包责任制。家庭联产承包责任制在收入分配上彻底改变了原来的"工分制"，实行"交够国家的，留足集体的，

---

① 蒋一苇．关于按劳分配的几个问题．工人日报，1980-03-21．

② 华学忠．社会主义制度下商品生产的必然性是由按劳取酬的经济规律所决定的．学习，1957 (8)．

③ 洪远朋．关于按劳分配中劳动计量问题的探讨．复旦学报，1979 (3)．

剩下全是自己的"收入分配方式。对于家庭联产承包责任制是否贯彻了按劳分配原则，理论界进行了热烈的讨论，主流观点给予了充分肯定。李家蓬分析认为：从分配依据看，在人民公社体制下，主要是按劳动的潜在形态（劳动者的劳动能力）与流动形态（劳动者支出的劳动量）来计酬，这两种方式都很容易滑向平均主义；而在家庭联产承包责任制下，以劳动的物化形态（劳动的最终产品）来计酬，这种计酬方式将劳动报酬与劳动成果直接挂钩，能准确有效地衡量劳动的实际贡献，因而是按劳分配原则的真正贯彻。[1]

中共中央和国务院始终强调切实贯彻按劳分配原则。1985 年，中央总结工资制改革的经验时提出："一九八五年的工资改革，重点是改革现行不合理的工资制度，逐步消除工资分配中吃'大锅饭'的平均主义积弊，初步建立起能够较好地体现按劳分配原则的新的工资制度……今后我国职工的工资，将随着生产的发展和国民收入的增长而得到经常的稳定增长，从根本上改变过去工资分配中要么长期不动、要么大家'齐步走'的局面，这将是贯彻社会主义按劳分配原则的重大进步。"[2]

## 第二节　社会主义基本收入分配制度的确立

### 一、居民收入来源和形式多样化

改革开放 40 年来，我国的所有制结构和经济运行机制不断发生变化，收入分配原则和格局必然随之不断发生变化。从所有制结构来看，计划经济时期的单一公有制结构被打破，个体经济、私营经济、外资经济迅速成

---

① 李家蓬. 包干到户是生产关系前进性的变革. 经济研究，1983（11）.
② 中共中央文献研究室. 十二大以来重要文献选编：中. 北京：中央文献出版社，2011：167.

长，所有权结构和财产结构日益多元化；从经济运行机制来看，市场在资源配置中的作用越来越大，劳动力、资本、土地等生产要素需要通过市场才能进入经济流转过程，劳动者与生产资料的结合不再简单而直接，往往要借助于资本等中介。所有制结构和经济运行机制变迁导致收入分配原则和格局的变迁，那就是劳动以外的要素逐渐参与收入分配，按劳分配之外的收入日渐增多。

早在改革开放之初实行家庭联产承包责任制时期，收入分配原则和格局就已经悄然发生变化，"物"的因素开始影响人们的家庭收入和经济条件。徐禾在论述集体经济贯彻按劳分配原则不充分时就指出了这一点。他说："每一个集体经济单位，占有的生产资料、生产资金的情况，是各不相同的，因而即使它们付出同样多的劳动量，各单位的生产水平和收入水平，也是有差别的。在付出同样劳动量的条件下，那些生产条件好的单位，所得的总收入要多一些，因而社员的个人收入也会多一些；反过来，那些生产条件比较差的单位，它们的总收入和社员的个人收入，就会少一些。"① 可见，实行家庭联产承包责任制以后，决定农民家庭收入的不仅有家庭成员付出的劳动，还有土地肥沃程度、农具好坏、种子质量、农业基础设施、气候等非劳动因素，那些投入资金多、经营管理水平高、自然条件好的农户的优势马上就显现出来了，这反过来又激励着其他农户加大资金投入、更新设备、改善经营管理和生产条件，以获取更好的收成和更多的收入，从而促进农业生产力和农民收入总体水平的提升。因此，从理论上讲，在家庭联产承包责任制时期按生产要素分配就已经开始萌芽。

家庭联产承包责任制时期收入分配的另一个重要变化是，个人收入或家庭收入的分配已经超出个人消费品分配的范围，这与经典作家将未来社会的收入分配仅限于个人消费品分配的设想有重大差别。在家庭联产承包

---

① 徐禾. 社会主义基本经济规律·按劳分配·奖金. 学术论坛, 1979 (1).

责任制下，农户获得的归自己的收入不仅包括维持自身及家庭的简单再生产的部分，还包括用于扩大再生产的追加投资部分。① 也就是说，个人收入中已经包含着一部分可以转化为投资和财产的收入，这意味着我国积累和资本形成机制发生了质的改变，预示着非公有财产开始生成且日益增多，财产结构开始多元化。可以说，家庭联产承包责任制的实行同时标志着新收入分配理论的萌芽。

非公有制经济和非公有财产的出现是我国收入分配原则和居民收入结构发生变化的转折点。我国非公有制经济的发展是从个体经济开始的。开启改革开放大幕的党的十一届三中全会肯定了社员自留地、家庭副业和农村集贸市场的存在，并把它们视为增加农民收入的渠道。1980 年 12 月 11日，温州姑娘章华妹从温州市工商行政管理局领到了改革开放后的第一张个体工商户营业执照，成为改革开放后的第一个个体户。1981 年年底，全国登记注册的个体工商户达 182 万户，从业人员达 227 万人，注册资金达 45 840 万元，营业额达 211 399 万元。个体经济中劳动者同自己所有的生产资料直接结合进行生产，所得到的产品和收入归劳动者个人所有。个体经营者的收入显然是一种劳动收入，因为他为此付出了辛勤劳动，但这种收入不是根据按劳分配原则取得的。从本质上讲，它是一种经营性收入，从市场上取得，由个体劳动者的劳动付出、生产条件、技术和经营水平等多种因素决定，受价值规律制约。

我国私营经济的发展稍晚于个体经济。1987 年党的十三大肯定了私营经济的存在，1988 年的《中华人民共和国宪法修正案》进一步指出："国家保护私营经济的合法的权利和利益。"从此，私营经济迅速成长，成为推动我国经济和社会发展的重要力量。私营经济的最大特点是雇工经

---

① 于祖尧. 农业实行包干到户是我国经济体制改革的前奏. 经济研究，1983（3）.

营，其分配方式迥异于公有制经济。雇工的收入是劳动收入，但它是由劳动力价值决定的，同时受劳动力市场供求状况的影响。雇主的收入则包含许多成分：作为经营者，他负责企业经营决策和日常运作，付出了脑力和体力劳动，由此获得劳动收入；作为资本所有者，他投入了资本，这些资本参与了利润的社会平均化过程，由此获得资本收入；作为雇主，他雇用工人，由此获得工人创造的剩余价值；他还要承担经营和财产风险，由此获得风险补偿收入。因此，雇主收入是劳动收入、资本收入、剩余价值、风险补偿收入的混合体。外资经济的收入分配原则与私营经济是一样的。

改革开放初期，随着居民收入和消费者剩余的增加，居民财产开始增加和多元化，财产性收入相应增加和多元化。居民的财产和财产性收入来源主要包括：一是储蓄存款和利息。1978年，城乡居民储蓄存款余额为210.6亿元，1995年增加到29 662.3亿元，增加近140倍。1995年，半年期定期存款利率为6.65%，五年期为13.86%，储蓄存款带来了可观的利息收入。二是企业和政府发行的债券及利息。居民持有的债券包括企业债、国债、国家投资债券、国家投资公司债券、金融机构债券等。1995年，企业债余额为679.87亿元，国债余额为2 286.4亿元，金融机构债券余额为876.29亿元，国家投资债券余额为139.39亿元，国家投资公司债券余额为151.81亿元。三是股票及其带来的股息和资本收益。20世纪80年代初期，股份制企业开始出现，一些企业通过向本企业职工或社会发行股票来筹资。到1989年年底，我国股票累计发行42亿元，其中公开向社会发行的股票约占65%，向企业内部职工发行的股票约占35%。股票给持有者带来的收益有两部分：一是股息；二是出售股票的资本化收益。四是房产及其带来的房租和资本性收益。随着住房制度改革的推进，住房逐渐获得了商品和财产的属性，房产日益成为居民持有的一种重要资产。目前，我国住房自有率已经达到70%。住房给持有者带来的收益有两部分：第一，出租带来的租金；第二，出售带来的资本化收益。房产带给房产持有者的资本化收益非常丰厚。

20世纪80年代中后期，越来越多的学者开始关注收入分配原则和居民收入结构的变化。1988年，谷书堂和蔡继明发表了《按劳分配理论与现实的矛盾》，对现实中收入分配原则的变化做了分析，认为由于社会主义初级阶段存在多种所有制成分，以及商品生产和商品交换，国民收入中积累与消费的比例、劳动者眼前利益与长远利益、个人需要与公共需要的选择等还不能完全由国家统一规定，企业和个人都具有不同程度的收入分配和积累的自主权，所以，现阶段还不能完全实行经典作家所设想的那种按劳分配。他们提出：社会主义初级阶段的分配方式可以概括为"按贡献分配"，即按照各种生产要素在创造社会财富中所做的实际贡献进行分配。[①] 因此，在现实中，除了劳动收入之外，还存在非劳动收入。劳动收入是指单纯凭借脑力和体力支出所得到的收入，既包括工人的工资，也包括个体经营者、雇工经营者和企业家收入中属于劳动报酬的部分；非劳动收入是指凭借劳动的客观条件（如自然条件、生产资料等）所得到的收入，包括利息、利润和地租等形式。张问敏则认为：自1986年开始实行的劳动合同制标志着劳动力商品性质的确立，劳动者所得收入不再是按劳分配所得，而是按要素分配所得，它取决于作为生产要素的劳动力在生产过程中的贡献。[②]当然，也有学者对按要素分配提出质疑，一种代表性观点认为：按要素分配就是萨伊的"三位一体"公式的翻版，有悖于社会主义原则。[③]

---

[①]　谷书堂，蔡继明. 按劳分配理论与现实的矛盾. 中国社会科学，1988（3）；谷书堂，蔡继明. 按贡献分配是社会主义初级阶段的分配原则. 经济学家，1989（2）.

[②]　张问敏. 关于按劳分配理论的思考. 经济研究，1987（2）.

[③]　郭仲藩. 价值论：政治经济学的基础和出发点：兼议按要素分配论的理论来源. 湖北师范学院学报（哲学社会科学版），1992（5）.

## 二、社会主义基本分配制度的确立

社会主义初级阶段基本分配制度是在改革开放实践中逐渐形成的。从上面的分析中可以看出：在改革开放初期，我国收入分配原则和居民收入结构已经开始多元化，为基本分配制度的形成奠定了坚实的现实基础。1987年党的十三大正式提出了"实行以按劳分配为主体的多种分配方式"，并指出"社会主义初级阶段的分配方式不可能是单一的。我们必须坚持的原则是，以按劳分配为主体，其他分配方式为补充。除了按劳分配这种主要方式和个体劳动所得以外，企业发行债券筹集资金，就会出现凭债权取得利息；随着股份经济的产生，就会出现股份分红；企业经营者的收入中，包含部分风险补偿；私营企业雇用一定数量劳动力，会给企业主带来部分非劳动收入。以上这些收入，只要是合法的，就应当允许。"①尽管党的十三大没有明确提出"按生产要素分配"，但是它对一系列非劳动收入都加以肯定，实际上就是对按生产要素分配实践的间接肯定。

党的十四大提出经济体制改革的目标是建立社会主义市场经济体制。党的十四届三中全会通过《中共中央关于建立社会主义市场经济体制若干问题的决定》，首次提出"允许属于个人的资本等生产要素参与收益分配"，并将原来的"以按劳分配为主体，其他分配方式为补充"改为了"以按劳分配为主体、多种分配方式并存"。②从"补充"到"并存"，表明多种分配方式（主要是按要素分配）地位的提升。在"九五"计划报告中，对其他分配方式的提法又有了一些变化，即"规范和完善其他分配方

---

① 中共中央文献研究室.十三大以来重要文献选编：上.北京：中央文献出版社，2011：28.
② 中共中央文献研究室.十四大以来重要文献选编：上.北京：中央文献出版社，2011：465.

式，土地、资本、知识产权等生产要素，按有关规定公平参与收益分配"[①]。党的十五大提出了社会主义基本经济制度，同时明确提出了"按生产要素分配"，而且，对于按要素分配不仅"允许"，还要"鼓励"："坚持按劳分配为主体、多种分配方式并存的制度。把按劳分配和按生产要素分配结合起来……允许和鼓励资本、技术等生产要素参与收益分配。"[②]党的十六大进一步把按要素分配上升为"原则"，提出"确立劳动、资本、技术和管理等生产要素按贡献参与分配的原则，完善按劳分配为主体、多种分配方式并存的分配制度"，同时指出"一切合法的劳动收入和合法的非劳动收入，都应该得到保护"，这意味着将劳动收入与合法的非劳动收入放到了同等重要的地位。[③] 党的十七大报告重申："坚持和完善按劳分配为主体、多种分配方式并存的分配制度，健全劳动、资本、技术、管理等生产要素按贡献参与分配的制度"，提出"创造条件让更多群众拥有财产性收入"。[④] 可见，从党的十三大到党的十七大，社会主义基本分配制度已经形成。

如何从理论上看待社会主义基本分配制度？它符合马克思主义经典作家有关分配的一般原理。关于收入分配的一般原理，马克思有两段经典论述：一是在《哥达纲领批判》中的论述："消费资料的任何一种分配，都不过是生产条件本身分配的结果；而生产条件的分配，则表现生产方式本身的性质。"[⑤] 这里，"生产条件本身分配"可以理解为生产资料所有制结构。二是《1957—1958 年经济学手稿》中的论述："分配关系和分配方式只是表现为生产要素的背面……分配的结构完全决定于生产的结构。分配

① 中共中央文献研究室. 十四大以来重要文献选编：中. 北京：中央文献出版社，2011：814.
② 中共中央文献研究室. 十五大以来重要文献选编：上. 北京：人民出版社，2000：24.
③ 中共中央文献研究室. 十六大以来重要文献选编：上. 北京：中央文献出版社，2005：21，12.
④ 中共中央文献研究室. 十七大以来重要文献选编：上. 北京：中央文献出版社，2009：30.
⑤ 马克思，恩格斯. 马克思恩格斯文集：第 3 卷. 北京：人民出版社，2009：436.

本身是生产的产物，不仅就对象说是如此，而且就形式说也是如此。就对象说，能分配的只是生产的成果，就形式说，参与生产的一定方式决定分配的特殊形式，决定参与分配的形式。"① 从马克思的这两段论述中可以清晰地看出，决定一个社会分配制度的是它的所有制结构。改革开放初期，我们就开始打破计划经济时期"铁板一块"的公有制结构，所有制结构和社会财产结构日益多元化，这是不以人的意志为转移的。党的十五大确立了社会主义基本经济制度，即"以公有制为主体、多种所有制经济共同发展"，股份制、私营企业、混合所有制经济等快速成长起来，并且在经济社会生活中发挥越来越重要的作用。与社会主义基本经济制度相适应的基本分配制度必然是"按劳分配为主体、多种分配方式并存"："公有制为主体"决定了按劳分配的主体地位，"多种所有制经济共同发展"决定了多种分配方式并存，而"多种分配方式"中的主要方式是按生产要素分配。

社会主义基本分配制度的突破点是引入了按生产要素分配，而按生产要素分配涉及的基本理论问题是价值创造与价值分配的关系，以及财产收入的性质。按生产要素分配的提出使许多人想到了"三位一体公式"。"三位一体公式"是由法国经济学家萨伊提出的。他认为，劳动、资本和土地这三个生产要素不仅是创造商品使用价值的要素，而且是创造商品价值的要素。因此，三者都应获得相应的收入：劳动获得工资，资本获得利息，土地获得地租，即劳动——工资，资本——利息，土地——地租。马克思在《资本论》第三卷中专门设一章对"三位一体公式"进行了深刻的批判②，但这有时被误以为是马克思否定生产要素收入。"三位一体公式"的要害是混淆了价值创造与价值分配的关系，试图用价值创造作为价值分

---

① 马克思，恩格斯.马克思恩格斯文集：第8卷.北京：人民出版社，2009：19.
② 马克思，恩格斯.马克思恩格斯文集：第7卷.北京：人民出版社，2009：921-942.

配的依据。根据马克思的劳动价值论，劳动是价值的唯一源泉，"物"是不创造价值的。如果用价值创造作为价值分配的依据，那么，资本、土地等生产要素是不能参与价值分配的，这显然不能解释现实中的收入分配。或者，承认生产要素创造价值，从而为生产要素参与价值分配提供依据。这是违背劳动价值论的。而在马克思看来，"三位一体公式"的庸俗之处在于将资本、土地、劳动都同等地看作价值的源泉。但马克思并没有否认土地所有权、资本成为收入的源泉。他说："天然就是资本的劳动资料本身也就成了利润的源泉，土地本身则成了地租的源泉。"[1] 在马克思看来，价值分配和价值创造是不同的，生产资料所有权是参与价值分配从而获取收入的基本依据。在马克思的理论中，所有权从来不是仅仅被看作一种人与物之间的纯"法"的占有关系，更不是一种虚无缥缈的所在，它在本质上是一种人与人之间的经济利益关系，是一种利益索取权，即要素的所有者通过对要素的占有而拥有的获得该要素所带来的物质利益的权利。马克思在论述土地所有权的性质时写道："如果我们考察一下在一个实行资本主义生产的国家中，资本可以投在土地上而不付地租的各种情况，那么，我们就会发现，所有这些情况都意味着土地所有权的废除，即使不是法律上的废除，也是事实上的废除。但是，这种废除只有在非常有限的、按其性质来说只是偶然的情况下才会发生。"[2] 马克思以土地所有权为例论述了价值分配与价值创造的关系，所有权的本质在这种关系中更充分地显露了出来："按照我们所谈的理论，对于自然对象如土地、水、矿山等的私有权，对于这些生产条件，对于自然所提供的这种或那种生产条件的所有权，不是价值的源泉，因为价值只等于物化劳动时间；这种所有权也不是超额剩余价值……的源泉。但是，这种所有权是收

[1]　马克思，恩格斯．马克思恩格斯文集：第7卷．北京：人民出版社，2009：934.
[2]　同[1]849.

入的一个源泉。"①

　　所有权是参与收入分配的基本依据，但所有权还不是生产要素所有者参与收入分配的全部依据。生产要素所有者之所以能够以所有权参与收入分配，并为社会所广泛接受，除了因为他拥有所有权之外，还因为他拥有的生产要素本身在社会财富创造过程中发挥了重要作用。"物"的要素哪怕不创造一个价值"原子"，但它参与社会财富的创造。马克思的劳动价值论区分了价值创造和财富创造，价值创造不能替代财富创造。社会财富是使用价值和价值的统一体。马克思从财富创造过程中抽象出价值创造过程，目的是要从价值关系和价值创造的分析中揭示剩余价值的来源。因此，"我们在运用劳动价值论时决不能将从财富创造中抽象出的价值创造过程代替财富创造过程"②。马克思和恩格斯在《哥达纲领批判》中对德国工人党纲领提出的"劳动是一切财富和一切文化的源泉"进行了分析，指出："劳动不是一切财富的源泉。自然界同劳动一样也是使用价值（而物质财富就是由使用价值构成的！）的源泉，劳动本身不过是一种自然力即人的劳动力的表现。上面那句话……在劳动具备相应的对象和资料的前提下是正确的。可是，一个社会主义的纲领不应当容许这种资产阶级的说法回避那些唯一使这种说法具有意义的条件。"③

　　从上面的分析可以看出，非劳动生产要素虽然不是价值创造的要素，但它们是财富创造的要素，其中主要包括资本、土地、技术、管理等。马克思具体分析了非劳动生产要素在创造财富过程中的作用。他在分析土地、矿藏等自然资源在创造财富过程中的作用时指出："种种商品体，是自然物质和劳动这两种要素的结合……人在生产中只能像自然本身那

① 马克思. 剩余价值理论：第 2 册. 北京：人民出版社，1975：36.

② 洪银兴. 先进社会生产力与科学的劳动价值论. 学术月刊，2001（10）.

③ 马克思，恩格斯. 马克思恩格斯文集：第 3 卷. 北京：人民出版社，2009：428.

样发挥作用，就是说，只能改变物质的形式。不仅如此，他在这种改变形态的劳动本身中还要经常依靠自然力的帮助。因此，劳动并不是它所生产的使用价值即物质财富的唯一源泉。正像威廉·配第所说，劳动是财富之父，土地是财富之母。"[①] 他举例说："如果发现富矿，同一劳动量就会表现为更多的金刚石。"[②] 资本是一种重要的生产要素，对于资本在财富创造和价值形成中的作用，需要给予特别的关注。根据马克思的分析，资本最重要的作用是将包括劳动力、土地等在内的各种生产要素并入生产过程。[③] "资本一旦合并了形成财富的两个原始要素——劳动力和土地，它便获得了一种扩张的能力。"[④] 不仅如此，科学技术在生产和工艺上的应用也需要通过资本的并入功能来完成，如果没有资本的介入，科学技术就不能转化为现实的生产力，再先进的科学技术也只能停留在观念形态层面。

资本不仅参与了财富的创造，对于价值的创造，资本也是有影响的。在财富的价值构成 $c+v+m$ 中，$v+m$ 是新价值，由劳动创造，$c$ 是"物"或"资本"的转移价值，"这个转移价值对价值创造也不是被动的，能能动地起作用"。具体地说，随着资本质量的提高，含有更高技术的机器设备可能会因创造更多的产品而影响价值量。[⑤] 正如马克思所指出的："使用一架强有力的自动机劳动的英国人一周的产品的价值和只使用一架手摇纺车的中国人一周的产品的价值，仍有大得惊人的差别。"[⑥] 而且，劳动也不是均质的，劳动也是被资本导入价值创造过程的。资本雇用更高质量

---

① 马克思，恩格斯.马克思恩格斯文集：第 5 卷.北京：人民出版社，2009：56 - 57.
② 同①53.
③ 洪银兴.先进社会生产力与科学的劳动价值论.学术月刊，2001 (10).
④ 同①697.
⑤ 同③.
⑥ 同①699.

的活劳动则可能创造更高的价值。

党的十六大提出"确立劳动、资本、技术和管理等生产要素按贡献参与分配的原则",党的十七大重申"健全劳动、资本、技术、管理等生产要素按贡献参与分配的制度",都涉及了生产要素的"贡献"。对于如何理解"生产要素的贡献",学术界进行了热烈讨论。根据以上分析,"生产要素的贡献"显然不是指生产要素自身创造了价值,而是指它参与了财富的创造和影响了价值的创造。这与马克思的劳动价值论不存在矛盾。

那么,资本等生产要素参与价值分配在现实经济生活中是怎样进行的呢?是通过市场这只"看不见的手"进行的,即生产要素的所有者首先借助于价值规律、竞争规律和供求规律对新创造的价值进行分割。马克思在《资本论》中阐释的利润平均化理论已经科学地解释了这一过程,那就是:"等量资本获得等量利润"的内在要求驱使生产要素不停地在不同产品、不同部门、不同地区的生产之间流动,从而改变不同产品、部门、地区的供求关系和价格,相应改变它们的盈利水平。这个过程会一直持续下去,直到等量生产要素获得的报酬趋于相等。所以,在企业获得的利润中,就已经包含着资本等生产要素参与社会新增价值分配的结果,而在企业等微观层面上给予生产要素所有者的报酬实际上是对市场分配价值过程的确认。

社会主义基本分配制度提出以后,经济学界围绕其中的按生产要素分配涉及的基本理论问题进行了热烈讨论。一些学者探讨了按要素分配与劳动价值论的关系,其中有些学者试图通过拓展劳动价值论来为按生产要素分配提供理论支撑。如有的学者提出:传统劳动价值论关于"物化劳动只能转移价值而不能创造价值"的观点需要修正,只有承认物化劳动与活劳动都参与价值创造，按要素分配才能获得理论依据。[①] 有的学者尽管在表述上仍沿用"劳动价值论"的说法，但强调"资本"在价值创造中的贡献。卫兴华则指出：否定劳动价值论实际上是混淆了"财富"（使用价值）与"价值"的概念。"财富"由劳动和其他生产要素共同构成，而价值只源于劳动。按要素分配的理论依据不在于这些生产要素参与了价值创造，而在于它们参与了社会财富的创造。[②] 一些学者探讨了按生产要素分配与剥削的关系。虽然一些学者认为按要素分配得到的收入是剥削收入，但更多的学者认为，按要素分配与剥削之间没有必然的联系。胡培兆认为，非劳动要素参与价值分配的合理性来源于其在协助价值创造中的必要作用，各要素只要根据其在生产中的贡献获得应得的收入，就不能算作剥削。杨继瑞认为，需要区别资本收入的二重性质：剥削收入和要素收入。前者反映剥削关系，与资本主义制度相联系；后者仅表明一种要素分配关系，与市场经济制度相联系。社会主义市场经济条件下的资本收入体现为要素收入，而非剥削收入。[③] 一些学者探讨了按劳分配与按要素分配的关系。有学者认为，在市场经济条件下，劳动是作为一种生产要素而存在的，因此，按劳分配已经包含在按生产要素分配中。卫兴华则认为，劳动者在不同分配方式中的地位不同。在按要素分配中，劳动者仅仅作为一种生产要素参与分配，而在按劳分配中，劳动者是作为主人翁参与分配的。在社会主义条件下，必须突出劳动者的主体地位，所以按劳分配不能包含在按要素分配中。[④]

社会主义基本分配理论是对马克思主义政治经济学收入分配理论的继

① 钱伯海. 关于深化劳动价值认识的理论探讨. 福建论坛（经济社会版），2001（9）.
② 卫兴华. 不要错解与误导十六大精神：与晏智杰教授商榷. 理论前沿，2003（13）.
③ 杨继瑞. 资本收入性质的再解析. 四川大学学报（哲学社会科学版），2008（1）.
④ 卫兴华.《马克思主义政治经济学原理》修订版的体系结构和理论构思. 教学与研究，2003（7）.

承和创新，奠定了社会主义市场经济的基本激励结构。

第一，它坚持以按劳分配为主体，这就坚持了社会主义的基本性质，体现了社会主义的公平观。马克思认为，未来社会收入分配的唯一尺度是劳动，虽然在现实中我们还做不到以劳动作为分配的"唯一"尺度，但劳动应该是主要的分配尺度，坚持了这一点，就坚持了经典作家关于未来个人分配的精髓。

第二，它承认多种分配方式的存在，特别是承认和鼓励劳动、资本、土地、技术、管理等多种生产要素参与分配。引入按生产要素分配无疑是马克思主义政治经济学收入分配理论中国化、时代化的重大突破。传统个人收入分配理论只承认按劳分配收入，而不承认其他形式的劳动收入，更不用说生产要素收入等非劳动收入，这显然不符合社会主义初级阶段生产力发展水平和社会主义市场经济的内在规律。承认按生产要素分配和非劳动收入，为人民群众开辟了多种收入渠道和广阔的致富空间。

第三，它确立了与社会主义市场经济高度融合的激励机制。利益是经济运转的原始驱动力。一个好的分配制度，应能够使社会成员合理的利益诉求得到充分释放，进而转化为经济社会发展的不竭动力。社会主义基本分配制度所确立的利益结构与社会主义市场经济内在的激励结构高度契合。一方面，"按劳分配为主体"能够激发亿万劳动者的劳动积极性和积累人力资本的积极性，鼓励人们勤劳致富；另一方面，允许和鼓励按生产要素分配，能够调动人民群众积累财富、配置资源的积极性，促进社会资本形成和提高生产要素的流动性，为市场在资源配置中的决定性作用奠定微观激励基础。总之，社会主义基本分配制度能够"让一切劳动、知识、技术、管理、资本的活力竞相迸发，让一切创造社会财富的源泉充分涌流"。

## 第三节　新时代我国收入分配理论的新进展

党的十八大以来，以习近平同志为核心的党中央带领中国进入全面深化改革和经济发展新时代。党的十九大报告提出，必须坚持和完善我国社会主义基本经济制度和分配制度，把社会主义基本分配制度置于与社会主义基本经济制度同等重要的地位。在新时代，收入分配理论和收入分配改革向纵深发展，基本分配制度进一步完善。

### 一、以人民为中心的发展思想是新时代收入分配改革和实践的主线

以人民为中心是新时代改革和发展的主线，也是新时代收入分配理论和实践向前推进的主线。2012 年 11 月 15 日，习近平在当选中共中央总书记时郑重宣告："我们的人民热爱生活，期盼有更好的教育、更稳定的工作、更满意的收入、更可靠的社会保障、更高水平的医疗卫生服务、更舒适的居住条件、更优美的环境，期盼孩子们能成长得更好、工作得更好、生活得更好。人民对美好生活的向往，就是我们的奋斗目标。"2015 年党的十八届五中全会首次明确提出了"以人民为中心"的发展思想，并把"共享"作为五大发展理念之一。在 2015 年 11 月 23 日十八届中央政治局第二十八次集体学习时，习近平指出："要坚持以人民为中心的发展思想，这是马克思主义政治经济学的根本立场。"在党的十九大上，习近平总书记进一步强调了以人民为中心的发展思想。

贯彻以人民为中心的发展思想，新时代的收入分配理论发展具有两个鲜明特色和底色。一是更加注重社会公平正义，强调在不断做大"蛋糕"的同时，把"蛋糕"分好。习近平总书记指出："把不断做大的'蛋糕'

分好，让社会主义制度的优越性得到充分体现，让人民群众有更多获得感。"[1] 二是更加强调共同富裕。通过一系列政策措施调整收入分配格局，通过完善以税收、社会保障、转移支付为主要手段的再分配调节机制，缓解收入差距问题，使发展成果更多更公平惠及全体人民。

## 二、巩固按劳分配的主体地位，着力提高劳动报酬比重和劳动者收入比重

改革开放初期，按劳分配收入等劳动收入是居民收入的主体，按劳分配的主体地位显而易见。随着按生产要素分配等多种分配方式的引入，按劳分配收入等劳动收入的比重下降，生产要素收入等非劳动收入的比重上升。整个国民收入分配的格局也发生了变化，劳动报酬在初次分配中的比重下降，居民收入在国民收入分配中的比重下降。据测算，1992 年，劳动报酬占国内生产总值的比重为 49.40％，2004 年下降到 42.14％，2011 年略上升到 44.93％。随着劳动报酬在国内生产总值中比重的下降，居民收入在国内生产总值中的比重呈现下降趋势。1992 年，居民收入占国内生产总值的比重为 65％左右，2012 年下降到 41.6％。"两个比重"的下降不利于坚持按劳分配的主体地位。党的十八大报告有针对性地提出了"两个同步"和"两个提高"的思想，即"居民收入增长和经济发展同步、劳动报酬增长和劳动生产率提高同步，提高居民收入在国民收入分配中的比重，提高劳动报酬在初次分配中的比重"[2]。2013 年国务院批转《关于深化收入分配制度改革的若干意见》，提出了提高劳动报酬比重的具体措施，包括实施就业优先战略和更加积极的就业政策，扩大就业创业规

---

① 习近平. 在省部级主要领导干部学习贯彻党的十八届五中全会精神专题研讨班上的讲话. 北京：人民出版社，2016：28.

② 中共中央文献研究室. 十八大以来重要文献选编：上. 北京：中央文献出版社，2014：28.

模，创造平等就业环境，提升劳动者获取收入的能力，实现更高质量的就业；深化工资制度改革，完善企业、机关、事业单位工资决定和增长机制。党的十八届三中全会强调了提高劳动报酬的重要性："着重保护劳动所得，努力实现劳动报酬增长和劳动生产率提高同步，提高劳动报酬在初次分配中的比重。"[①] 党的十九大报告重申提高"两个比重"[②]。

2011—2016 年，"两个同步"和"两个提高"有明显的进展。粗略计算，2011 年，劳动报酬占地方生产总值的比重为 44.9%，2015 年提高到 47.9%，提高了 3 个百分点，平均每年提高 0.75 个百分点（见表 5-1）。2012 年，我国居民收入占国内生产总值的比重为 41.6%，2016 年提高到 45.6%，共计提高 4 个百分点，平均每年提高 1 个百分点（见表 5-2）。无论是劳动报酬还是居民收入，都初步实现了稳步提高。同时，2012—2016 年，我国 GDP 和城乡居民人均收入都保持较快的增长速度，且保持同步增长态势，劳动生产率与劳动报酬也实现了同步提升。[③]

表 5-1　2011—2015 年我国劳动报酬占地方生产总值的比重

| 年份 | 劳动报酬（亿元） | 地方生产总值合计（亿元） | 劳动报酬占地方生产总值的比重（%） |
|---|---|---|---|
| 2011 | 234 310.3 | 521 441.1 | 44.9 |
| 2012 | 262 864.1 | 576 551.8 | 45.6 |
| 2013 | 290 943.5 | 634 345.3 | 45.9 |
| 2014 | 318 258.1 | 684 349.4 | 46.5 |
| 2015 | 346 159.5 | 722 767.9 | 47.9 |

资料来源：胡莹，郑礼肖. 十八大以来我国收入分配制度改革的新经验与新成就. 马克思主义研究，2018（2）.

---

① 中共中央关于全面深化改革若干重大问题的决定（2013-11-12）.

② 习近平. 决胜全面建成小康社会 夺取新时代中国特色社会主义伟大胜利. 人民日报，2017-10-19.

③ 胡莹，郑礼肖. 十八大以来我国收入分配制度改革的新经验与新成就. 马克思主义研究，2018（2）.

表5-2　2012—2016年我国居民收入占国内生产总值的比重

| 年份 | 居民收入（亿元） | 国内生产总值（亿元） | 居民收入占国内生产总值的比重（%） |
|------|------------------|----------------------|--------------------------------------|
| 2012 | 225 061 | 540 367 | 41.6 |
| 2013 | 253 081 | 595 244 | 42.5 |
| 2014 | 281 339 | 643 974 | 43.7 |
| 2015 | 310 156 | 689 052 | 45.0 |
| 2016 | 339 476 | 744 127 | 45.6 |

资料来源：胡莹，郑礼肖.十八大以来我国收入分配制度改革的新经验与新成就.马克思主义研究，2018（2）.

### 三、完善按生产要素分配，多渠道增加居民的财产性收入

自党的十五大提出"按生产要素分配"以来，按生产要素分配和生产要素收入发挥着越来越重要的作用。但在我国市场经济的发展过程中，按生产要素分配还存在诸多不完善之处，党的十八大提出"完善劳动、资本、技术、管理等要素按贡献参与分配的初次分配机制"，党的十八届三中全会提出"健全资本、知识、技术、管理等由要素市场决定的报酬机制"，党的十九大提出"完善按要素分配的体制机制"。完善按生产要素分配的关键是建立一个完善的生产要素市场，在这个市场上，生产要素能够充分自由地流动，生产要素的价格能够准确地反映它们在创造社会财富中的贡献和自身的稀缺性。只有这样，按生产要素分配，加上处于主体地位的按劳分配，才能建立起合理的收入分配秩序和格局。

随着按生产要素分配的引入，人们的财产性收入增加。财产性收入具有循环累积效应，往往会迅速拉大社会成员的收入差距。为了提高居民的收入水平，同时缓解财产性收入拉大收入差距的效应，就必须让更多的人拥有更多的财产，获得更多的财产性收入。党的十八大报告和党的十八届

三中全会《决定》都提出了"多渠道增加居民财产性收入",党的十九大提出"拓宽居民劳动收入和财产性收入渠道"。《关于深化收入分配制度改革的若干意见》具体提出了增加居民财产性收入的渠道,包括:加快发展多层次资本市场,落实上市公司分红制度,保护投资者特别是中小投资者合法权益;推进利率市场化改革,适度扩大存贷款利率浮动范围,保护存款人权益;丰富债券基金、货币基金等基金产品;支持有条件的企业实施员工持股计划;拓宽居民租金、股息、红利等增收渠道;加强知识产权保护,完善有利于科技成果转移转化的分配政策,探索建立科技成果入股、岗位分红权激励等多种分配办法,保障技术成果在分配中的应得份额。党的十八届三中全会《决定》还提出了赋予农民更多财产权利,包括保障农民集体经济组织成员权利,积极发展农民股份合作,赋予农民对集体资产股份占有、收益、有偿退出及抵押、担保、继承权;保障农户宅基地用益物权,改革完善农村宅基地制度,慎重稳妥推进农民住房财产权抵押、担保、转让;建立农村产权流转交易市场,推动农村产权流转交易公开、公正、规范运行。党的十九大确立的农村土地"三权分置"制度为农民获得土地经营权流转收入创造了制度条件。

归结起来,鼓励劳动者在获得劳动收入的同时也能获得更多的要素收入。因此,虽然各种生产要素参与收入分配以后,劳动报酬在总收入中的比重会下降,但不意味着劳动者的总收入会下降。劳动者的收入会随着其拥有的劳动生产要素的增加而提高。

## 四、注重培育壮大中等收入群体

2010年10月,《中共中央关于制定国民经济和社会发展第十二个五年规划的建议》提出了"中等收入群体"的概念。党的十八届三中全会

《决定》明确提出：增加低收入者收入，扩大中等收入者比重，努力缩小城乡、区域、行业收入分配差距，逐步形成橄榄型收入分配格局。党的十八届五中全会把"扩大中等收入者比重"作为全面建成小康社会的重要内容，"扩大中等收入者比重"也被纳入了《中华人民共和国国民经济和社会发展第十三个五年规划纲要》。党的十九大报告对于扩大中等收入群体提出了更长远的目标：2020—2035年，在全面建成小康社会的基础上，使中等收入群体的比例明显提高，基本实现社会主义现代化。

中等收入群体具有明显的经济特征，他们拥有较为宽裕的收入，这些收入可以自由地用作耐用消费品、高质量教育和医疗、住房、度假及其他休闲活动等方面的支出。我国已经迈入中等收入国家行列，中等收入群体的壮大对于我国经济社会持续健康发展具有重要意义。根据国际经验，"繁荣的中产阶层是促进消费需求、维持经济增长和摆脱中等收入陷阱的必要条件"[1]。一些中等收入国家迟迟没有成功地跨越中等收入陷阱，一个重要原因可能就是没有培育出一个中等收入群体，因为"如果没有这样的群体，就很难创造支撑增长所需的巨大的消费市场、对教育的投资、制度化的储蓄和社会动员力"[2]。例如，韩国1986年的人均收入与巴西1979年的水平相当，但韩国成功跨越了中等收入陷阱而巴西没有，部分原因是韩国培育了一个庞大的中产阶层，这一阶层的人口当时已占到总人口的55%，是巴西的2倍。

党的十八大以来，我国中等收入群体增长速度很快。习近平总书记在2015年西雅图中美企业家座谈会上表示，中国的中等收入群体接近3亿人，未来十年内还将翻番。有学者估算，2012年我国中等收入群体占总

---

① 林重庚，迈克尔·斯宾塞. 中国经济中长期发展和转型：国际视角的思考与建议. 北京：中信出版社，2011：40.

② 同①42.

人口的比重为 38.1%，2014 年提高到 47.6%。与高收入国家相比，我国中等收入群体规模偏小。美国中产阶层有 2.3 亿人，占美国总人口的 3/4，韩国、日本、欧盟国家的中产阶层占比超过全部人口的 90%。[①] 因此，中国中等收入群体还有很大的成长空间。新时代需要加速中等收入群体的成长，尽快形成橄榄型收入分配格局。

## 五、精准扶贫，全面建成小康社会

改革开放以来，我国经济高速增长使许多人摆脱了贫困。据中国社会科学院和国务院扶贫办联合发布的《中国扶贫开发报告 2016》，1981—2012 年，中国贫困人口减少了 7.9 亿人，占全球减贫人口的 71.82%。党的十八大报告进一步提出到 2020 年实现全面建成小康社会的目标。全面建成小康社会，关键是使贫困人口尽快脱贫。习近平总书记一直关注消除贫困问题，1988—1990 年在福建宁德工作期间，他就对如何摆脱贫困进行了系统思考。其在 2012 年 12 月于河北省阜平县考察扶贫开发工作时提出："到 2020 年稳定实现扶贫对象不愁吃、不愁穿，保障其义务教育、基本医疗、住房。"2013 年 11 月 3 日，习近平总书记到湖南湘西土家族苗族自治州十八洞村考察扶贫开发，首次提出"精准扶贫"理念。2015 年 11 月中央扶贫开发工作会议在北京召开，习近平总书记指出："到二〇二〇年实现'两不愁、三保障'……同时，实现贫困地区农民人均可支配收入增长幅度高于全国平均水平，基本公共服务主要领域指标接近全国平均水平。"至此，中国扶贫开发工作进入脱贫攻坚新阶段。

2012 年，我国贫困人口为 9 899 万人，到 2014 年，贫困人口为 7 017

---

① 林重庚，迈克尔·斯宾塞. 中国经济中长期发展和转型：国际视角的思考与建议. 北京：中信出版社，2011：42.

万人，到 2020 年，确保在现行标准下农村贫困人口实现脱贫、贫困县全部摘帽、解决区域性整体贫困。根据扶贫计划，2014—2020 年，通过产业扶持，解决 3 000 万人脱贫；通过转移就业，解决 1 000 万人脱贫；通过易地搬迁，解决 1 000 万人脱贫；剩下 2 000 多万完全或部分丧失劳动能力的贫困人口，全部纳入低保，实现社保政策兜底脱贫。党的十八大以来，我国减贫成效非常明显。2012—2017 年，贫困人口共减少 6 853 万人，平均每年减少 1 370.6 万人，贫困发生率由 10.2% 降低到 3.1%。2017 年，井冈山、兰考县等 28 个贫困县已率先脱贫，实现贫困县数量历史上首次减少。表 5 - 3 展示了 2012—2017 年减贫情况。

表 5 - 3　2012—2017 年减贫情况

| 年份 | 贫困人口数＊（万人） | 减贫人数（万人） | 贫困发生率（%） |
|------|------|------|------|
| 2012 | 9 899 | 2 339 | 10.2 |
| 2013 | 8 249 | 1 650 | 8.5 |
| 2014 | 7 017 | 1 232 | 7.2 |
| 2015 | 5 575 | 1 442 | 5.7 |
| 2016 | 4 335 | 1 240 | 4.5 |
| 2017 | 3 046 | 1 289 | 3.1 |

＊现行农村贫困标准为每人每年 2 300 元（2010 年不变价格）。

资料来源：中华人民共和国国家统计局 . 中国统计年鉴 2017. 北京：中国统计出版社，2017.

## 第四节　新时代推进收入分配制度改革的着力点

经过 40 年的改革开放，我国社会的主要矛盾已经转化为人民日益增长的美好生活需要和不平衡不充分的发展之间的矛盾，经济发展已经由高速增长阶段转向高质量发展阶段，我们追求的将是更高质量、更有效率、更加公平、更可持续的发展。根据党的十九大的战略安排，在 2020 年全面建成小康社会的基础上，2035 年基本实现社会主义现代化，到那时，人民生活更为宽裕，中等收入群体比例明显提高，城乡区域发展差距和居民生活水平差距显著缩小，基本公共服务均等化基本实现，全体人民共同富裕迈出坚实步伐。到 2050 年，把我国建成富强民主文明和谐美丽的社会主义现代化强国，到那时，全体人民共同富裕基本实现，人民将享有更加幸福安康的生活。改革开放 40 年的实践证明，以按劳分配为主体、多种分配方式并存的基本分配制度是行之有效的，促进了居民收入的快速增长和社会财富的快速积累，在新时代必须坚持。同时，由于社会主要矛盾和经济发展阶段发生变化，以及影响收入分配的一些基本要素的地位和作用发生了重要变化，在新时代，需要进一步完善社会主义基本分配制度，以回应社会的关切。

## 一、缩小收入差距，追求共同富裕

"共同富裕"是社会主义的本质特征和根本目标，是社会主义制度最大的优越性。马克思曾明确指出，在新社会制度中，"社会生产力的发展将如此迅速…… 生产将以所有的人富裕为目的"[①]。邓小平将"共同富裕"作为社会主义的本质之一，指出"社会主义的本质，是解放生产力，发展生产力，消灭剥削，消除两极分化，最终达到共同富裕"[②]。习近平总书记系列重要讲话反复强调缩小收入差距、促进共同富裕，使发展成果更多更公平惠及全体人民。经过 40 年的改革开放，我国居民的收入水平和生活水平普遍提高，但贫富差距明显扩大，已演变为各种社会经济矛盾的一个重要根源。缩小收入差距，追求共同富裕是新时代推进收入分配理论创新和收入分配改革实践的一条主线。

---

① 马克思，恩格斯.马克思恩格斯全集：第 46 卷：下.北京：人民出版社，1980：222.
② 邓小平.邓小平文选：第 3 卷.北京：人民出版社，1993：373.

### (一) 从纵向和横向角度把握我国贫富差距

经过 40 年的快速经济增长，我国已经成为中等偏上收入国家，较为顺利地完成了"先富"阶段的战略目标，为迈向"共富"目标打下了坚实的物质基础。与此同时，居民的贫富差距在这一过程中快速拉大，攀升至高位。我们可以从纵向的时序比较和横向的国际比较来具体把握这一问题。

第一，改革开放以来我国居民收入差距拉大速度过快。改革开放初期，我国居民收入基尼系数基本维持在 0.3 左右的较低水平，进入 20 世纪 90 年代后开始迅速攀升，2000 年首次超过 0.4 的警戒线。其后虽有短暂回落，但总体趋势是上升的。2012 年，我国基尼系数为 0.474，随后略有回落，2017 年仍高达 0.467。

第二，财富不平等较之收入不平等的程度更为严重。越富裕的群体储蓄能力和投资能力越强，因此，财富差距具有快速累积效应，财富的不平等程度通常远大于收入的不平等程度。根据《中国家庭金融调查报告》估算，中国城镇家庭总资产均值为 247.6 万元，中位值为 40.5 万元。这意味着中国城镇家庭财富呈严重的右偏分布，社会财富占有高度不均。有学者基于中国家庭收入调查（CHIP）2013 年数据和中国家庭追踪调查（CFPS）2016 年数据，按照住户调查数据计算我国居民家庭总财产净值的基尼系数，分别为 0.619 和 0.736。如果加上遗漏的高端人群的财产，居民财产基尼系数分别达到了 0.747 和 0.796。[①]

第三，中国已进入收入差距偏大国家的行列。根据联合国《人类发展报告 2007/2008》的数据，以基尼系数衡量的中国居民收入差距为 0.469，

---

① 罗楚亮. 遗漏的高端人群与收入（财富）不平等. 经济资料译丛，2017 (4).

在所统计的全球 126 个国家中排在第 93 位，已进入收入差距偏大国家的行列。需要我们注意的是，中国周边各国在经济发展过程中大多保持了相对合理的收入分配格局。尤其是日本和韩国，在成长为发达经济体的过程中，收入差距一直维持在较低的水平，在某种程度上实现了公平和效率的兼得。

### （二）从国际经验看经济发展与收入差距的关系

关于经济发展与收入差距之间的关系，库兹涅茨在 1955 年提出了著名的"倒 U 形"假说，即在前工业文明向工业文明过渡的经济增长早期阶段，收入差距迅速扩大，尔后短暂稳定，然后在增长的后期逐渐缩小。时隔半个多世纪后，我们根据联合国和世界银行发布的数据，重新审视了两者之间的关系，得到如下经验性事实。

第一，发展中国家在由贫穷走向富裕的道路上，并不必然伴生收入差距扩大的过程。虽然总体来看，在一个国家从最不发达阶段向中等发达阶段演进的过程中，收入越低的国家收入差距越大，但仍有相当多的发展中国家在经济快速发展的同时保持了较小的收入差距。如印度、越南、印度尼西亚等近年来经济发展速度较快的国家，基尼系数大都维持在 0.4 的警戒线以下。历史上，日本和韩国在创造"东亚经济奇迹"的时期，同样长期维持了较小的收入差距，直至跨入富裕经济体行列。从这个意义上讲，这些经济体所创造的奇迹并不限于 GDP 的长期增长，还在于同时维持了一个全社会普遍受益的共赢局面。

第二，发展中国家要成功步入发达国家行列，必须实现收入差距的稳步缩小。资料显示，发达国家几乎都是收入分配较为平等的国家，即使排除那些奉行福利主义的国家，也仅有美国的收入基尼系数略高于 0.4 的警戒线水平。这意味着，收入较为平等是发达国家的一项必备特征。相反的情形是，历史上曾有许多富裕的国家倒退到中等收入国家，而这些国家往往有着较大的收入差距。如阿根廷 1936 年人均收入曾位居世界第 9 位，但时至今日，其人均收入退回到接近中下等收入国家的水平，基尼系数则高达 0.51。

第三，第二次世界大战以来的历史表明，许多曾经具有发展潜力的国家因收入差距过大而陷入"中等收入陷阱"。"亚洲四小龙"、以色列等国家或地区是第二次世界大战以来少数由发展中经济体成功迈进发达经济体的案例。对于绝大多数发展中国家或地区而言，贫穷几乎固化成常态。尤其是最近 20 多年来，几乎没有发展中经济体呈现出迈入发达经济体的态势。而长期停滞于中上等收入水平的发展中国家，几乎无一例外地被较大的收入差距所套牢。并且，贫富分化逐渐变成了这些国家肌体上的慢性病，即使经过诸多努力也难以治愈。

根据以上经验事实，中国需要努力缩小收入差距，以避免由于收入差距过大而陷入"中等收入陷阱"。

### （三）收入差距过大会损害经济社会发展根基

收入差距过大是落入"中等收入陷阱"国家的一个突出特征。过大的收入差距会给经济、社会带来方方面面的负面影响，某些潜在影响在我国已经开始显现。

第一，收入差距过大易造成社会不稳定、治安恶化，从而增加产权保护和社会"维稳"的成本。联合国"犯罪趋势和刑事司法系统运作情况调查"显示，凶杀率与收入不平等状况显著相关，在富裕程度相仿的条件下，收入不平等程度更高的美国的凶杀率比英国高出 4 倍多，比日本高出 12 倍多。有研究显示，中国的收入差距每上升 1％，将导致刑事犯罪率显著上升 0.37％。

第二，收入差距过大禁锢了社会阶层间的流动，造成了不平等的世代传递，阻碍了人的自由发展，有违社会公平正义的原则。社会资源主要由经济资源、组织资源和文化资源组成，与这三种资源相对应的收入、权力、声望，往往统一掌握在少数群体手中。利用这些资源及关系网络，社会优势群体可利用各种方式和手段来实现优势地位的代际传递。中国至今尚未形成稳定的橄榄型社会结构，中间阶层总体比例较小，阶层固化的趋势显现，表现为社会纵向流动的通道变窄，社会结构调整速度变慢。

第三，收入差距过大滋长了现代社会的浮躁心态与激进情绪，这给我国当前的经济和社会发展埋下了诸多隐患。联合国儿童基金会发布的一份关于儿童幸福的报告展示了收入不平等与 15 岁儿童理想之间的关系：收入越不平等，儿童长大后越不愿意从事低技能的工作。但是，在收入差距偏大的社会中，理想与实际机会之间常常存在着巨大的差距。一方面，人们普遍抱有"暴富"心态，却又缺乏脚踏实地、吃苦耐劳的精神和相应的突出技能；另一方面，在盲目孜孜以求的社会中，人们更专注于如何快速实现自身诉求，而较少考虑相应的社会责任和道德义务。

第四，收入差距过大所引致的社会不稳定，使富裕阶层缺乏安全感，从而热衷于投资移民，削弱了国家发展的财富基础。这一问题在我国已经显露出来。招商银行发布的《2011 中国私人财富报告》显示，千万富翁投资移民意愿强烈，在受访的亿万富翁中，约 27％已经完成了投资移民，47％的人正在考虑移民，两者合计占 74％。美国移民局 2012 年 6 月公布的数据显示，2011 年美国的投资移民中 70％来自中国。作为改革开放政策最大受益者的富豪阶层的资产外移活动，将使中国未来经济发展的财富基础遭到削弱。

### （四）缩小收入差距，朝共同富裕稳步迈进

改革开放 40 年的高速增长已经积累了较为雄厚的物质基础，人民群

众对共同富裕的要求越来越强烈，我国已经到了由"先富"到"共富"的历史转折期。邓小平晚年已经预见由"先富"到"共富"这一历史转折期的到来。他说："中国发展到一定的程度后，一定要考虑分配问题。"[①]"富裕起来以后财富怎样分配，这都是大问题。题目已经出来了，解决这个问题比解决发展起来的问题还困难。""我们讲要防止两极分化，实际上两极分化自然出现。""少部分人获得那么多财富，大多数人没有，这样发展下去总有一天会出问题。分配不公，会导致两极分化，到一定时候问题就会出来。这个问题要解决。"[②]"经济发展到一定程度，必须搞共同富裕。"[③]习近平总书记明确指出："我国经济发展的'蛋糕'不断做大，但分配不公问题比较突出，收入差距、城乡区域公共服务水平差距较大……使全体人民朝着共同富裕方向稳步前进，绝不能出现'富者累巨万，而贫者食糟糠'的现象。"[④]

缩小收入差距，迈向共同富裕，必须坚持和完善社会主义基本分配制度，而不是否定它，回到平均主义和单一收入渠道的老路。一是坚持按劳分配为主体，通过多种政策措施，提高劳动报酬在初次分配中的比重、居民收入在国内生产总值中的比重，使劳动报酬的增长与劳动生产的提高同步。二是完善按生产要素分配的体制机制，主要是完善生产要素市场，增强要素的流动性，使各生产要素的价格和报酬反映它的贡献。在此基础上，拓宽居民获取财产性收入的渠道，使更多的人获取更多的财产性收入，使财产性收入在居民收入增长和共同富裕的道路上发挥重要作用。三是提高收入调节政策的有效性，通过社会保障等手段增加低收入者的收

---

① 中共中央文献研究室. 邓小平年谱（一九七五——一九九七）：下. 北京：中央文献出版社，2004：1356.

② 同①1364.

③ 同①1312.

④ 习近平. 在党的十八届五中全会第二次全体会议上的讲话. 求是，2016（1）.

入，通过税收等手段抑制过高收入，通过法律等手段打击和取缔非法收入。

## 二、处理好公平与效率的关系

改革开放 40 年来，我们对公平与效率关系的认识随实践的推进而不断发展变化。在梳理公平与效率关系的发展脉络时，有必要弄清我们的起点在哪里。改革开放初期，我们面临的情况是经济缺乏效率、人们缺乏劳动积极性、平均主义"大锅饭"盛行，人们普遍贫困，生产力处于崩溃的边缘。当时的首要任务是发展社会生产力，提高经济效率，进而摆脱贫困。公平是一种权利。马克思认为："权利决不能超出社会的经济结构以及由经济结构制约的社会的文化发展。"[①] 马克思的这一论断为我们正确认识公平与效率的关系及其历史演进脉络提供了重要的理论启迪。

改革开放初期，为了克服平均主义，激发人们的生产热情，从理论到实践都需要强调"效率"的作用，效率的优先地位被逐渐确立下来，并为社会所广泛接受。我们先是肯定了社会主义物质利益原则和一部分人通过辛勤劳动先富起来。1987 年党的十三大提出"在促进效率提高的前提下体现社会公平"[②]，这里明确指出了效率的提高是实现社会公平的前提，但尚没有指明二者的优先顺序。党的十四大首次将效率与公平的关系表述为"兼顾效率与公平"。1993 年党的十四届三中全会通过《中共中央关于建立社会主义市场经济体制若干问题的决定》，首次提出了"效率优先、兼顾公平"的原则，同时提出"走共同富裕的道路"。党的十五大重申了"效率优先、兼顾公平"的原则。2002 年，党的十六大对公平与效率关系

---

[①] 马克思，恩格斯. 马克思恩格斯文集：第 3 卷. 北京：人民出版社，2009：435.
[②] 中共中央文献研究室. 十三大以来重要文献选编：上. 北京：中央文献出版社，2011：28.

的表述有细微的变化，除重申"效率优先、兼顾公平"原则外，还对如何处理二者的关系做了具体表述："初次分配注重效率，发挥市场的作用，鼓励一部分人通过诚实劳动、合法经营先富起来。再分配注重公平，加强政府对收入分配的调节职能，调节差距过大的收入。"[①] 党的十六大之后，随着收入差距的日益扩大，注重公平、促进共同富裕等提法越来越多地出现在党和政府的决定、政策文件中。从 2004 年党的十六届四中全会开始，就不再提"效率优先、兼顾公平"了。党的十七大将原来的"初次分配注重效率，再分配注重公平"改为"初次分配和再分配都要处理好效率与公平的关系，再分配更加注重公平"[②]，把公平与效率的关系置于生产与分配的全过程来考量。

党的十八大以来，以习近平同志为核心的党中央全面推进经济体制改革和经济发展，提出和践行以人民为中心的发展思想，对公平与效率的关系形成了一系列新的认识，"公平"的分量越来越重。党的十八大提出："初次分配和再分配都要兼顾效率和公平，再分配更加注重公平。"[③] 这一提法突破了以往人们常常把公平局限于再分配领域的思维定式，且对"公平"的理解也趋于其本质，即把"权利公平、机会公平、规则公平"作为社会公平的主要内容，这种"公平"观不仅与社会主义的本质规定相一致，也与现代市场经济运行的内在规律相一致，为确立科学的公平与效率关系奠定了基础。党的十八届三中全会《决定》提出，应紧紧围绕更好保障和改善民生、促进社会公平正义深化社会体制改革，改革分配制度，促进共同富裕，推进社会领域制度创新，推进基本公共服务均等化。[④]《中共中央关于制定国民经济和社会发展第十三个五年规划的建议》提出：

---

① 中共中央文献研究室. 十六大以来重要文献选编: 上. 北京: 中央文献出版社, 2005: 21.
② 中共中央文献研究室. 十七大以来重要文献选编: 上. 北京: 中央文献出版社, 2009: 30.
③ 中共中央文献研究室. 十八大以来重要文献选编: 上. 北京: 中央文献出版社, 2014: 28.
④ 中共中央关于全面深化改革若干重大问题的决定 (2013-11-12).

"调整国民收入分配格局，规范初次分配，加大再分配调节力度"，对于如何规范分配秩序，提出"保护合法收入，规范隐性收入，遏制以权力、行政垄断等非市场因素获取收入，取缔非法收入"①。在党的十九大报告中，习近平总书记指出："增进民生福祉是发展的根本目的……在发展中补齐民生短板、促进社会公平正义……保证全体人民在共建共享发展中有更多获得感，不断促进人的全面发展、全体人民共同富裕。"②

新时代，收入分配理论和收入分配制度需要进一步完善，一个重要方面是在新的历史条件下处理好公平与效率的关系。从公平实现的全过程来看，公平包括起点公平、过程公平和结果公平，它们依次继起，相互影响。在现代市场经济中，如果起点和过程都是公平的，那么由此而带来的竞争结果就可以被视为符合公平原则，人们也会在很大程度上认可和接受这种结果。③因此，起点公平和过程公平在构筑公平社会的过程中居于核心地位。不过，这种结果可能包含着公平竞争本身所造成的收入和财富的差别，而这正是经济发展的原动力所在。结果公平需要从两个方面把握：一方面，形成结果的起点和过程必须是公平的，否则，它们所带来的结果就不会被社会所认可；另一方面，这种结果所带来的收入和财富差距不能过于悬殊，不应造成两极分化。结果公平除了依赖起点公平和过程公平而获得自身价值之外，它本身还具有独立的价值。这是因为：第一，结果的公平性接下来会影响新起点和新过程的公平。具体来讲，上一轮竞争或上一辈人竞争的结果往往构成下一轮竞争或下一辈人竞争的条件，从而决定

---

① 中共中央文献研究室．十八大以来重要文献选编：中．北京：中央文献出版社，2016：814，815.

② 习近平．决胜全面建成小康社会 夺取新时代中国特色社会主义伟大胜利．人民日报，2017-10-19.

③ 布坎南说："如果初始禀赋和能力的分配的大体公平能够得到保证，在实际预期意义和规范偏好意义上，对于竞争市场过程的分配结果，我是相对心安理得的。"布坎南．自由、市场与国家．上海：上海三联书店，1989：197.

着新一轮竞争的起点和利用机会的能力。第二，相对平等的收入和财富分配更有利于社会再生产的顺利进行，特别是消费（尤其是中低收入群体的消费）对生产反作用的发挥和劳动力的再生产，影响着人自由而全面的发展和人性的解放。但是，校正公平竞争结果的行为是有限度的，那就是，它不能损害经济发展和市场运转的原动力。因此，在追求公平的努力中，首要任务是构建公平竞争的条件和环境，以充分调动人们创造财富的潜能，然后对竞争的结果进行适当修正，把收入和财富的差距控制在社会所能接受的范围内。

"权利公平、机会公平、规则公平"是实现起点公平、过程公平的关键，也是实现结果公平的关键。为了实现社会公平，同时促进经济效率，首先需要保障起点公平和过程公平。对于起点公平，要确保社会各阶层，特别是低收入家庭子女获得公平教育的机会。"对于政府来说，为使国家走上分配较为平等的道路，教育政策是最为可靠的办法"，"教育是而且永远是穷人家庭孩子逃出贫困的一条主要出路"①。低收入家庭孩子营养状况、劳动力健康状况、家庭居住条件等也会对起点公平产生重要影响。对于过程公平，则要求竞争规则公正、透明，竞争机会开放，人们有迁徙、择业、投资、交易的自由，拥有平等获取和利用生产要素的权利。因此，开放户籍制度、消除各类进入和退出障碍、发展金融市场和完善信息基础设施等，都是增进过程公平的重要因素。如果实现了起点公平和过程公平，我们就能够在较大程度上实现社会认可的结果公平。以此为基础，通过社会保障、低收入群体补贴、消除贫困等措施对竞争结果加以适当校正，实现更高程度的结果公平。同时，为了缓解收入和财富差距造成的消费差距，我们还需要通过完善产权保护制度和发展金融市场等措施，激励

---

① 迈耶，斯蒂格利茨.发展经济学前沿.北京：中国财政经济出版社，2003：390.

富裕群体把大部分收入和财富转化为再生产过程中的投资，在增加低收入群体的就业和收入机会的同时，缩小社会成员实际消费的差距，缓解由收入差距和财富差距所造成的消费差距，实现更高程度的消费公平和福利公平。

# 参考文献

1. 邓小平．邓小平文选：第 2 卷．北京：人民出版社，1994.

2. 邓小平．邓小平文选：第 3 卷．北京：人民出版社，1993.

3. 谷书堂，蔡继明．按劳分配理论与现实的矛盾．中国社会科学，1988（3）.

4. 洪银兴．先进社会生产力与科学的劳动价值论．学术月刊，2001（10）.

5. 洪远朋．关于按劳分配中劳动计量问题的探讨．复旦学报，1979（3）.

6. 列宁．列宁专题文集（论社会主义）．北京：人民出版社，2009.

7. 林重庚，迈克尔·斯宾塞．中国经济中长期发展和转型：国际视角的思考与建议．北京：中信出版社，2011.

8. 马克思，恩格斯．马克思恩格斯文集：第 3 卷．北京：人民出版社，2009.

9. 习近平．决胜全面建成小康社会 夺取新时代中国特色社会主义伟大胜利．人民日报，2017 - 10 - 19.

10. 徐禾．社会主义基本经济规律·按劳分配·奖金．学术论坛，1979（1）.

11. 杨小凯．社会经济发展的重要指标：基尼系数．武汉大学学报，1982（6）.

12. 于光远．关于深入研究按劳分配理论的几个问题．经济研究，1979（1）.

13. 中共中央关于全面深化改革若干重大问题的决定（2013 - 11 - 12）.

14. 中共中央文献研究室．习近平关于社会主义经济建设论述摘编．北京：中央文献出版社，2017.

# 第六章　社会主义市场经济的宏观调控理论

　　经济运行过程中经常会出现总供给与总需求的失衡，从而导致宏观经济的波动，这在客观上要求政府实施宏观调控政策，以促进供求结构的再平衡，熨平经济的波动。在改革开放前的计划经济时期，政府通过指令性计划来实现国民经济的综合平衡，这种宏观经济管理方式存在着很大的弊端。由于政府可以通过计划管理的方式直接干预微观经济的运行，政府调控管得太具体会抑制企业活力，而一旦政府放松管制，预算软约束又会催生企业的"投资饥渴症"，极易形成固定资产投资过热，加剧供求失衡的矛盾。随着社会主义市场经济体制目标模式的确立，中国逐渐建立起与市场经济相适应的宏观调控体系。在新的宏观调控体系下，直接调控被间接调控所替代，计划管理让位于财政政策与货币政策的合理组合，而产业政策、价格政策和区域政策的灵活搭配，则进一步增强了宏观调控政策的功效。由于宏观调控体系不断完善，宏观调控政策更加灵活，宏观调控工具日趋多样，宏观调控经验日益丰富。尽管改革开放以来中国经济出现过几次宏观经济波动，但基本上都得到了有效的控制和治理，国民经济总体上实现了快速、稳定、健康发展。

在建立和完善社会主义市场经济宏观调控体系的过程中，中国经济学界功不可没。学者们不仅为宏观调控体系的框架设计提供了智力支持，而且在应对历次经济波动的过程中也积极建言献策，为中国经济的平稳发展做出了重要的贡献。

## 第一节　"巴山轮会议"对宏观经济管理方式改革的深远影响

1984 年 10 月，党的十二届三中全会通过了《中共中央关于经济体制改革的决定》，要求加快以城市为重点的整个经济体制改革的步伐。这个决定在对经济体制改革各项任务进行全面部署的同时，还明确指出，"越是搞活经济，越要重视宏观调节，越要善于在及时掌握经济动态的基础上综合运用价格、税收、信贷等经济杠杆，以利于调节社会供应总量和需求总量、积累和消费等重大比例关系，调节财力、物力和人力的流向，调节产业结构和生产力的布局，调节市场供求，调节对外经济往来，等等。我们过去习惯于用行政手段推动经济运行，而长期忽视运用经济杠杆进行调节。学会掌握经济杠杆，并且把领导经济工作的重点放到这一方面来，应该成为各级经济部门特别是综合经济部门的重要任务"[①]。因此，对于政策制定者和理论工作者来说，如何更好地借鉴国外经验，构建具有中国特色的宏观经济管理理论框架和政策体系，就成为当时亟待解决的重大问题。

---

① 中共中央关于经济体制改革的决定（1984‑10‑20）.

　　为了更好地借鉴发达国家和东欧社会主义国家的经验，完善经济转轨过程中的宏观经济管理，经国务院批准，1985 年 9 月 2 日到 7 日，中国经济体制改革研究会、中国社会科学院和世界银行驻京代表处联合主办了一次"宏观经济管理国际讨论会"，对中国改革中的宏观经济管理问题进行了深入的讨论。由于会议是在长江游轮"巴山"号上举行的，所以这次会议也被称为"巴山轮会议"。来自国内外的三十多名学者和官员参加了会议。国外的专家有诺贝尔经济学奖获得者、美国耶鲁大学教授詹姆斯·托宾，英国皇家经济学会前任会长、剑桥大学教授凯恩克劳斯爵士，匈牙利著名经济学家科尔奈，牛津大学高级研究员布鲁斯，世界银行驻北京代表处主任林重庚等；国内参会的领导和学者包括薛暮桥、马洪、安志文、高尚全、洪虎、童大林、杨启先、刘国光、吴敬琏、赵人伟、张卓元、周叔莲、戴园晨、项怀诚、楼继伟、郭树清等。

　　"巴山轮会议"围绕着经济体制改革的目标模式、经济体制模式的转换、宏观经济管理等内容展开了深入的讨论，极大地深化了对一些重要的理论和政策问题的认识。其中，关于宏观经济管理方面的讨论主要集中在以下领域[①]：

　　一是关于经济体制改革的目标模式。当时正在进行的经济体制改革已经确立了社会主义经济是有计划的商品经济，但如何实现计划和商品经济的有机结合，是一个需要在理论上深入研究、在实践中积极探索的重大问题。在这次会议上，匈牙利经济学家科尔奈从经济协调机制角度对经济体制进行了分类，认为经济运行的协调机制可以分为行政协调（Ⅰ）和市场协调（Ⅱ）两类。每一类协调机制又各有两种具体形态：直接的行政协调（ⅠA）、间接的行政协调（ⅠB）、无控制的市场协调（ⅡA）和有宏观控制

---

　　[①]　刘国光，等. 经济体制改革与宏观经济管理："宏观经济管理国际讨论会"评述. 经济研究，1985（12）；赵人伟. 1985 年"巴山轮会议"的回顾与思考. 经济研究，2008（12）.

的市场协调（ⅡB）。在有宏观控制的市场协调体制中，宏观经济管理当局借助于统一的和规范的宏观约束手段或经济参数手段来进行调节和管理，而不是通过直接行政手段或者通过对微观经济活动进行大量的频繁的间接行政干预来控制经济运行。与会的一些中外经济学家普遍对有宏观控制的市场协调体制产生了兴趣，认为它为经济体制改革模式提供了新思路。但有宏观控制的市场协调这一理论概念和体制模式也存在不少问题，中方学者经过讨论后认为，在坚持社会主义原则、坚持以公有制为主体的所有制结构和内涵、坚持国家宏观决策和计划指导的原则下，可以利用这一理论的合理内核来分析经济体制改革目标模式，探讨如何更好地实现微观放活和宏观控制的有机结合。

二是直接控制与间接控制。在中国经济改革的过程中，政府干预经济的方式正在从直接控制为主转向间接控制为主，从主要依靠行政手段管理转向更多地运用经济手段来调节经济的运行。在新体制下是否还需要政府的直接控制，如何顺利实现宏观经济管理方式的转型？外方专家介绍了西方国家政府干预经济活动的方式与政策工具，认为在宏观经济管理中适当的行政干预是有必要的，有时候甚至比财政及货币政策更有效，因此，财政及货币政策应当同行政干预结合起来。虽然行政控制是通过计划手段实施的，但计划不等于行政控制。计划可以分为两类：一类是传统体制下直接的行政控制，它与市场协调不相容；另一类是对经济发展的可能性进行探索，为决策做出准备，并协调社会各方面的利益，它可以与市场协调实现相容。中方专家认为在逐步建立竞争性市场体制的过程中，随着宏观经济管理方式的转换，我们应当学会用价格、税率、利率等经济参数来调节经济活动，但也不能放弃必要的行政手段，更不应当放松计划工作，因为必要的计划手段可以弥补市场力量的不足，并防止市场机制的消极后果。

三是财政政策和财政手段的运用。托宾将宏观经济管理的目标归结为三个：维持总供求平衡、保持物价总水平的稳定以及维持国家对外经济关系的稳定，其中首要目标是维持总供求平衡。随着经济参与者日趋多元化，国家难以对供给侧施加集中控制力，因而更多地侧重通过总需求管理来实现宏观经济管理目标。财政政策和货币政策是政府通过间接手段实现总需求管理的主要政策工具。以政府支出、税收和补贴等手段为主的财政政策是控制需求、稳定经济的基础，在功能性财政政策的目标框架下，政府可以通过直接调整政府收支达到调节总需求的目标。较之于货币政策，财政政策见效快、作用直接。中外专家一致认为，要想使财政政策发挥应有的宏观调节作用，政府应着力于健全税收制度，发挥税收的作用，必要时可以发行公债。无论在何种情况下，都不应该采用"创造货币"的办法来筹措财源。

四是货币政策和信贷杠杆的运用。货币政策是重要的宏观经济管理工具，货币政策的核心是控制货币的总供应量。当时我国将流通中的现金数量作为衡量货币供应量的唯一指标。外方专家认为，中国的金融环境还存在不少问题，复杂的影响因素导致货币流通速度缺乏稳定性，缺乏中央银行影响货币供应总额所必需的金融机制，因此，中国用信贷总额代替货币供应总额作为宏观控制指标，可能更为现实。中国要有效实施货币政策也面临不少挑战，国有企业普遍存在的预算软约束也大大影响了利率杠杆的调节作用，存款准备金制度的作用并不明显，金融市场也不健全，公开市场业务难以实施。专家们普遍认为，在当时中国的金融体制下，通过金融工具实现宏观管理，仍有必要延续过去由中央银行规定信贷总额指标，并通过专业银行逐层下达的直接控制方式。但要逐步建立和健全银行体系和金融市场，通过企业改革逐步解决预算软约束的问题，最终实现通过货币政策这种间接控制方式进行宏观管理。

　　五是财政政策和货币政策的配套。财政政策和货币政策都是以间接调控为主的宏观经济管理政策的重要组成部分，只有对二者进行合理搭配，才能取得更好的政策效果。从政策组合来看，财政政策和货币政策通常有四种组合：紧的财政政策和货币政策、松的财政政策和货币政策、紧的财政政策和松的货币政策、松的财政政策和紧的货币政策。在当时，随着经济体制改革的重点从农村转向城市，经济出现了快速增长，但也很快导致了经济过热。银行信贷激增导致货币投放过量，引发了通货膨胀。针对当时中国经济中存在的"投资饥渴""进口饥渴""消费饥渴"相叠加导致的总需求膨胀状态，与会国内外学者普遍建议中国应当实行紧的财政政策和货币政策，以抑制过度的总需求，为改革创造一个供给略大于需求的良好经济环境。

　　与会学者还讨论了工资控制与个人收入分配政策、对外贸易管理和国际收支平衡等宏观经济管理问题。大家认为，宏观经济管理与微观经济活动密不可分，要想更好地实现宏观经济管理的目标，不仅要求宏观经济政策本身具有科学性和合理性，也在很大程度上取决于微观经济主体能否对相关政策做出及时的反应。因此，中国不仅要构筑一个与经济体制改革目标相适应的宏观经济管理体制，还要建立与之相适应的微观基础，这就要求中国在下一步改革中硬化企业的预算约束、建立和完善市场体系特别是商品市场和资金市场、积极果断地改革价格、建立健全经济信息与经济监督系统。

　　"巴山轮会议"是中国从计划经济体制向有计划的商品经济转变过程中召开的一次重要学术研讨会。"'巴山轮会议'实际上是探索经济体制改革和加强宏观经济管理的一次高级研讨班。""这次会议的与会人员基本上由三部分人构成：来自中国的经济学家，包括经济决策者和经济理论工作者；来自东欧或对东欧的改革富有经验的经济学家；来自西方的经济学家，特别是对市场经济的宏观管理和对经济转型富有经验的经济学家。从与会人员的组成可以看出，到了 20 世纪 80 年代中期，中国的经济改革不能仅仅吸取东欧的经验，停留于在中央计划经济的框架下引入市场机制，而是要进一步吸取对市场经济进行宏观管理的经验以及如何从计划经济向市场经济转型的经验。"① 通过在巴山轮上近一周的交流和讨论，中国经济学家对西方宏观经济调控的理论框架及政策实践有了充分的了解，中外学者对于体制改革的方向和经济运行中的问题也有了更深入的认识。无论是从当时还是从现在看，会议都产生了积极而深远的影响，"'巴山轮会议'对中国如何从直接的宏观经济管理向间接的宏观经济管理过渡，已经给出了一个基本的框架"②。

## 第二节　社会主义市场经济体制目标模式确立以来
### 宏观经济调控研究中的若干热点问题

1992 年召开的党的十四大是一次极为重要的会议。党的十四大报告明确提出：我国经济体制改革的目标是建立社会主义市场经济体制。这表明：经过十几年的不断探索，我们党对经济体制改革的目标模式，尤其是如何正确看待和处理计划与市场的关系，有了认识上的飞跃。党的十四大报告对社会主义市场经济体制下的宏观调控也进行了深刻的论述。报告指出：在社会主义市场经济体制中，市场在社会主义国家宏观调控下对资源配置起基础性作用。既要强调市场对资源配置的基础性作用，通过价格杠杆和竞争机制推动资源的优化配置和企业的优胜劣汰，并促进生产和需求的相

---

① 赵人伟. 1985 年"巴山轮会议"的回顾与思考. 经济研究，2008（12）.
② 张卓元. 中国特色宏观经济管理理论研究与创新//张卓元. 中国经济学 30 年（1978—2008）. 北京：中国社会科学出版社，2008：167.

互协调；又要加强和改善国家对经济的宏观调控，以克服市场自身的弱点并化解消极因素。要想更好地实现宏观调控的目标，就应当大力发展全国统一市场，进一步扩大市场的作用，并依据客观规律的要求，运用好经济政策、经济法规、计划指导和必要的行政管理，引导市场健康发展。此后召开的党的十四届三中全会，提出了宏观调控的四项主要任务，即保持经济总量的基本平衡，促进经济结构的优化，引导国民经济持续、快速、健康发展，推动社会全面进步，对建立和完善社会主义市场经济体制下的宏观调控体系也进行了更为全面和具体的部署，强调宏观调控主要采取经济办法，建立计划、金融、财政之间相互配合和制约的机制，运用货币政策与财政政策，并与产业政策相配合，促进国民经济和社会的协调发展。

党的十四大以来，为了尽快建立起与社会主义市场经济体制相适应的宏观调控体系，中国在计划、财税和金融体制的改革方面相继迈出重大步伐。指令性计划被指导性计划所替代，计划工作的重点转变为制订和实施中长期计划，以综合协调宏观经济政策和经济杠杆的运用。对以"分灶吃饭"和"财政大包干"为特征的财政体制进行了全面改革，地方财政承包制让位于分税制，在合理划分中央与地方事权的基础上，初步建立起中央税收和地方税收体系。按照统一税法、公平税负、简化税制和合理分权的原则，改革和完善税收制度；实行了中央财政对地方的返还和转移支付的制度；中央财政赤字不再向银行透支，而是依靠发行长短期国债来解决，对财政赤字的控制更加严格。中国人民银行在国务院的领导下独立执行货币政策，通过调控货币供应量来保持币值稳定。货币政策工具也从过去主要依靠信贷规模管理，转变为运用存款准备金率、中央银行贷款利率和公开市场业务等手段；货币市场、外汇市场、债券市场、股票市场、保险市场、期货市场相继建立，为利率市场化和外汇体制改革提供了体制机制保障。

从 20 世纪 90 年代初以来，中国经济出现过几次大的波动。但随着对宏观经济运行规律认识的逐渐深入，以及宏观调控体系的不断完善，中国在熨平经济波动方面取得了显著的成就。在应对历次宏观经济波动的过程中，中国经济学界对导致宏观经济失衡的国内外因素进行了深入分析和热烈讨论，提出了很多重要的对策建议，对中国经济的持续稳定发展做出了积极的贡献。

## 一、对 20 世纪 90 年代初通货膨胀问题的讨论

以 1992 年邓小平同志南方谈话和党的十四大胜利召开为标志，我国改革开放和经济建设进入了新的发展阶段。经济增长率持续攀升，1993年和 1994 年分别高达 13.4％和 11.8％。但经济的过快增长也加剧了长期存在的经济失衡状态，集中表现为物价水平的迅速上扬：1993 年居民消费价格涨幅为 14.7％，1994 年更是高达 24.1％，远远超过了 1988 年的18.5％，是改革开放以来的最高涨幅。这表明：在经济快速增长和经济体制转换过程中，通货膨胀压力依然较大。

学者们从不同的角度探讨了本轮通货膨胀的成因。总体上有四种观点：需求拉动型通货膨胀、成本推动型通货膨胀、制度变革型通货膨胀以及综合型通货膨胀。但大部分学者认为这一次通货膨胀的成因比较复杂，很难简单归结为某一类因素的推动。综合开发研究院（中国·深圳）宏观经济研究中心借助于扩展的菲利普斯曲线说明了，当时的高通货膨胀率是需求拉动性因素和供给推动性因素相互作用的结果，从总趋势上看，供给性因素是构成中国高通货膨胀率的主要因素。[1] 白钦先则认为，有四个方

---

[1] 综合开发研究院（中国·深圳）宏观经济研究中心. 菲利普斯模型与中国的通货膨胀：对中国综合型通货膨胀的成因、趋势及政策选择的理论分析. 经济研究，1996 (2).

面的因素共同推动了这一轮通货膨胀：总需求膨胀、成本推动和利润推动、对外经济金融关系对通货膨胀的影响、农业基础地位的进一步削弱而导致的农产品总供给减少。[①] 也有不少学者从中国正在建立社会主义市场经济体制这个背景出发，研究了经济转轨与通货膨胀的关系。李晓西认为当时的通货膨胀不能简单归结为总需求膨胀，因为很多产品的供给已经大于需求，一些商品市场甚至已经出现疲软，这与 20 世纪 80 年代末消费需求过旺导致的通货膨胀有显著不同。他认为这一轮通货膨胀是转轨中的结构性通货膨胀，在利率等重要传导机制还不能发挥作用的情况下，各种供求关系的结构性失衡是导致通货膨胀的主要原因。[②] 王一江用模型描述和分析了中国改革过程中的通货膨胀现象，认为随着中央政府放松对资源的控制，地方政府和企业对金融资源及实物资源的控制权不断增加，企业有很强的动力扩大固定资产的规模。由于企业将大量资源用于固定资产投资，必然会挤占用于企业正常生产经营的流动资金。但在地方政府的帮助下，企业要钱找银行，银行要钱找中央，仍然能够实现生产和投资的顺利进行。但这个固定资产扩张、流动资金贷款膨胀和生产规模扩大的过程最终导致了通货膨胀。[③] 韩文秀对改革开放以来我国经济增长与通货膨胀的关系进行了实证分析，发现中国经济增长速度只要连续两年超过 10%，就必然会出现明显的通货膨胀。经济高增长主要通过以下机制引发高通胀：一是高增长的实现都离不开信用膨胀和货币增长，而高货币增长是高通胀的直接原因；二是固定资产投资的过快增长是经济高增长的重要推动力量，高投资往往引起基础产品价格上涨，并最终传导到其他产品价格中；三是高增长需要高投入，投资需求过大往往会拉动社会总需求上升，

---

① 白钦先. 通货膨胀问题的中外比较及当前我国通货膨胀的特点原因与对策. 国际金融研究，1995 (1).

② 李晓西. 转轨过程中的结构性通货膨胀. 经济研究，1994 (10).

③ 王一江. 经济改革中投资扩张和通货膨胀的行为机制. 经济研究，1994 (6).

如果总供给不能满足总需求，必然会导致价格上涨；四是高增长往往引发个人收入的更快增长，形成通货膨胀的成本推动压力；五是由于区域发展存在不平衡，高增长会扩大地区经济差距，并最终导致通货膨胀从发达地区向相对落后地区的传递；六是与经济过热相伴的经济秩序混乱也会人为导致价格总水平的过度上升。①

在治理通货膨胀方面，经济学家们也纷纷献计献策。大部分学者认为，应当适度抑制总需求，特别是抑制投资需求。由于当时通货膨胀的形成与经济转轨这个背景有关，有学者也因此提出了"双轨调控"的思路，即针对不同所有制类型的微观经济主体使用不同的调控方式，对国有经济部门继续运用行政性的直接控制手段，特别是要对过度投资和"公款消费"进行直接控制，而对非国有经济则使用各种间接的调控政策。② 也有学者从金融调控方面提出了具体建议，认为：控制通货膨胀的根本性措施是建立和完善贷款的商业原则和信用原则，建立企业的贷款硬约束机制；应当上调利率，提高贷款的成本，遏制各方面对贷款的过度需求；应当提高中央银行的独立性和在货币政策方面的自主性，使中央银行能够抵制地方政府及其他部委的贷款需求和压力；要尽快改革中央银行的组织结构和货币政策体系，彻底取消中央银行省级分行的资金融通职能，以摆脱地方政府的干预；尽快推开公开市场业务，严格控制中央银行贷款的投放。③也有一些学者认为：这一轮通货膨胀的发生与企业产权制度和市场机制不完善有关，要想有效治理通货膨胀，就必须进一步深化改革，尤其是加快国有企业改革，控制国有企业在贷款和内部收入分配中的软约束。④

为了更好地控制通货膨胀，当时政府采取了适度从紧的宏观调控政

---

① 韩文秀. 经济增长与通货膨胀之间关系研究. 管理世界, 1996 (6).
② 樊纲. "软约束竞争"与中国近年的通货膨胀. 金融研究, 1994 (9).
③ 谢平. 中国转型经济中的通货膨胀和货币控制. 金融研究, 1994 (10).
④ 参见前引的李晓西和樊纲文献。

策，它包括实行适度从紧和量入为出的财政方针，控制货币供应量和信贷规模，控制固定资产投资规模，抑制消费基金过快增长等。这些政策取得了明显的效果，物价涨幅从 1994 年的 24.1％下降到 1997 年的 2.8％，尽管 1997 年经济增长率较 1992 年的 12.8％有所降低，但仍保持了 8.8％的高增长率。宏观调控政策的实施，既显著地降低了物价涨幅，又实现了经济的适度快速增长，成功实现了经济软着陆。

## 二、对通货紧缩问题的讨论

尽管对通货膨胀的治理取得了成功，但中国经济很快又面临着新的挑战，长期困扰中国经济的商品短缺渐行渐远，但产能过剩又悄然而至。1996 年开展的第三次全国工业普查结果表明：在 900 多种主要工业产品中，1995 年有半数产品的生产能力利用率在 60％以下。如照相胶卷的生产能力利用率仅为 13.3％，电影胶片为 25.5％，电话单机为 51.4％，彩色电视机为 46.1％，家用洗衣机为 43.4％，自行车为 54.5％，内燃机为 43.9％。大中型拖拉机、小型拖拉机、钢材等重要商品在 20 世纪 80 年代末还是紧俏物资，但在 90 年代中期却处于产能利用率不足的窘境。[①] 中国出现了 1949 年以来第一次大范围的产能过剩。当时不仅国内消费需求相对不足，在亚洲金融危机的冲击下，国外需求也开始出现萎缩。新一轮供求失衡导致价格水平也出现持续回落。从 1998 年 4 月开始，消费者价格指数的涨幅曾经出现过持续 24 个月的负值，工业品出厂价格指数从 1997 年 6 月到 2000 年 1 月一直处于负增长状态，而且负增长的幅度远大于消费者价格指数。

---

① 国家统计局. 第三次全国工业普查主要数据公报. 国家统计局网站.

虽然当时中国出现了物价水平的持续下降，但对于中国是否出现了通货紧缩，学术界存在不同的看法。顾名思义，通货紧缩是指物价水平的持续下降。有学者认为中国没有出现通货紧缩，因为除了物价指标下降以外，其他宏观经济指标都在上升，现实中存在的产能闲置和失业增加并非由需求不足、紧缩银根所致，而是源于重复建设和企业改制减员。[①] 有学者认为当时中国只是存在着通货紧缩的苗头，仅凭物价水平持续降低还不足以断言通货紧缩的到来，通货紧缩应当具有"两个特征、一个伴随"，即物价水平的持续下降和货币供应量的持续下降，通常还伴随着经济衰退。[②] 物价水平下降并不意味着必然出现了通货紧缩，只有当物价水平下降的同时也出现了经济衰退和货币流通量下降才意味着通货紧缩的来临，而当时中国的经济增速和 M2 增速均为正值。但也有学者认为，中国已经出现了通货紧缩。[③] 第二次世界大战结束以来，西方国家的经济衰退较少表现为经济总量的绝对下降，而是更多地表现为增长速度的下降。从这个角度观察，几年来中国在物价持续下降的同时，虽然没有伴随着经济衰退和货币供应量减少，但经济增长速度逐年下降，已经出现了"增长型衰退"。由于中国的货币流通速度放慢，要想使货币供应量与经济总量的增长相适应，就不得不增加货币投放，因此，中国的通货紧缩所伴随的是货币供应量的增长而不是收缩。有的学者承认已经出现了通货紧缩，但认为这只是短期性的、矫正性的、综合性的轻度通货紧缩，对当时的通货紧缩形势既不能估计不足，亦不可估计过重。[④] 也有学者认为中国已出现全面性的严

① 于祖尧. 断言"中国当前已经陷入通货紧缩的困境"没有根据. 中共沈阳市委党校学报, 1999 (2).

② 北京大学中国经济研究中心宏观组. 正视通货紧缩压力, 加快微观机制改革. 经济研究, 1999 (7).

③ 汪同三, 李涛. 中国通货紧缩的深层次原因. 中国社会科学, 2001 (6).

④ 刘树成. 通货紧缩: 既不能估计不足亦不可估计过重. 经济研究, 1999 (10).

重的通货紧缩，成为影响我国经济持续、快速、健康发展的"大敌"，如果不实行旨在治理通货紧缩的货币政策及相关政策，中国将有可能陷入通货紧缩的螺旋陷阱之中。[①]

中国通货紧缩的形成原因是什么？很多学者将其归因于有效需求不足。有学者指出，中国的通货紧缩是消费需求、投资需求和出口需求下降所引起的，而导致社会总需求下降既有经济体制方面的原因，也有经济政策和经济结构方面的原因。[②] 有学者分析了长期以来实行的高积累政策，认为这种政策抑制了居民收入和消费水平的提高，但由于高积累转化成高投资，因此消费需求不足的矛盾一直被过于旺盛的投资需求所掩盖。而消费不足使得中国过早出现了生产过剩，拖累企业效益出现下滑，进而导致投资萎缩，使得全社会有效需求不足的矛盾暴露出来并引发通货紧缩。[③] 也有学者联系当时全球性紧缩的背景以及亚洲金融危机冲击等因素，探讨了外部需求不足对通货紧缩的影响。[④] 虽然很多学者侧重于通过需求侧分析来探讨导致通货紧缩的因素，但也有一些学者从供给侧来寻找原因。有学者认为，应该把生产成本上升所导致的企业亏损而不是有效需求不足作为分析中国当时通货紧缩形势的起点，造成中国通货紧缩的根本原因是企业经济效益的下降。由于生产成本的上升，企业亏损问题变得越来越严重，迫使企业采取措施来提高生产效率、降低生产成本，这将使总供给曲线右移，导致物价水平下降。[⑤] 也有学者综合考虑了供给侧和需求侧因素，认为导致中国通货紧缩的因素随着时间的推移而发生改变。20 世纪 90 年代末物价水平的持续下降由"信贷萎缩"和需求增长率、投资

---

① 胡鞍钢 . 我国通货紧缩的特点、成因及对策 . 管理世界，1999 (3).

② 曾国安 . 九十年代中国通货紧缩的成因与反通货紧缩政策 . 当代经济研究，2001 (2).

③ 汪同三，李涛 . 中国通货紧缩的深层次原因 . 中国社会科学，2001 (6).

④ 同②.

⑤ 余永定 . 打破通货收缩的恶性循环：中国经济发展的新挑战 . 经济研究，1999 (7).

增长率下降所引起，属于典型意义上的通货紧缩，而21世纪初的物价下跌现象，不能归因为有效需求不足，而是由生产率提高和成本下降所导致。[1]

在探讨了通货紧缩成因的基础上，学者们对通货紧缩的治理提出了很多对策建议。一是采取积极的财政政策。在扩大财政支出的同时，对财政支出结构也要做出合理安排，继续加大对基础设施和农林水利建设的投资，加强对"小城镇"建设的支持。[2] 税收政策和支出政策应各有侧重。结合财税体制改革的深化，在现有税收规模不减甚至有所增加的前提下，对现行税制做出局部性的调整，改变在短缺经济时期长期实行的约束消费和抑制投资的税制，使其走上刺激投资和消费的道路；把减税的意图纳入"费改税"进程，并通过规范政府收入机制的安排加以实现。[3] 二是实施积极主动的货币政策，适度增加货币供给。在短期内进一步增加货币投放，主要用于增加城乡居民的名义收入，以激活最终消费需求，刺激价格水平回升。在防范金融风险的前提下，取消某些过时的管制，扩大信贷发放规模；放松利率管制，加快利率市场化改革。[4] 三是协调好短期政策与中长期政策，将宏观经济政策和体制改革结合起来，解决通货紧缩的深层次矛盾。在短期要实行积极的宏观经济政策，在中期要改革国有企业产权制度和经营机制、投融资体制以及不合理的收入分配关系，在长期要改变经济增长方式，改善经济增长质量。[5]

---

[1] 樊纲．通货紧缩、有效降价与经济波动：当前中国宏观经济若干特点的分析．经济研究，2003（7）.

[2] 钱小安．通货紧缩的原因、危害与对策．金融研究，1999（9）.

[3] 高培勇．通货紧缩下的税收政策选择：关于当前减税主张的讨论．经济研究，2000（1）.

[4] 范从来．论通货紧缩时期货币政策的有效性．经济研究，2000（7）；胡鞍钢．我国通货紧缩的特点、成因及对策．管理世界，1999（3）；谢平，沈炳熙．通货紧缩与货币政策．经济研究，1999（8）.

[5] 汪同三，李涛．中国通货紧缩的深层次原因．中国社会科学，2001（6）；樊纲．通货紧缩、有效降价与经济波动：当前中国宏观经济若干特点的分析．经济研究，2003（7）.

中国政府在制订"九五"计划时，因为担忧需求拉动和成本推动价格上涨的因素依然存在，还强调"九五"期间要实行适度从紧的财政政策和货币政策，以保持需求总量的适度增长和需求结构的协调合理。但随着国内外需求不足的问题愈发突出，通货紧缩态势日趋明显，宏观调控政策也进行了较大调整，宏观经济政策的调控目标从力求稳健转向积极宽松，财政支出持续增加，国债发行规模不断扩大，央行连续多次调低利率。这些具有针对性的宏观调控政策改善了中国经济的运行状况，经济增长率从1998 年的 7.8% 上升到 2003 年的 9.1%，消费者价格指数也从 1998 年的0.8% 提升到 2003 年的 1.2%，中国经济逐渐走出通缩的阴影，进入增长新周期。

### 三、对经济过热问题的讨论

从 2003 年开始，中国经济开启了新一轮快速增长，2003—2005 年GDP 增长率均在 10% 以上。尽管物价水平总体保持稳定，但投资增速确实有些偏快，从全社会固定资产投资增长率来看，2003—2005 年均在26% 以上，2003 年甚至高达 27.7%。这些情况也引发了对经济过热问题的担忧。有些学者认为，中国宏观经济已经表现出总体过热，甚至开始了通货膨胀型经济过热。导致过热的根本原因是增长质量太差，效率太低。[①] 有些学者指出，这一次经济过热的表现形式不是通货膨胀而是投资过热，固定资产投资过快增长。尽管在经济增长过程中没有出现资金扩张，也没有出现通货膨胀，但是出现了对资源的无序和过度开发，部分行业盲目扩张、产能过剩、出口过多、能源资源消耗过大、环境污染加剧。

---

① 吴敬琏.中国经济"软着陆"是可能的.中国党政干部论坛，2004（6）；左大培.宏观经济过热实质上来源于经济上的困境.开放导报，2004（5）.

这种情况如果得不到及时制止，几年后可能会产生大面积产能过剩，导致新一轮银行坏账。[1]

但也有很多学者认为，当时中国整体上并不存在经济过热。赵晓认为，判断经济过热的依据并不是投资增长速度或经济增长速度有多快，而是要看供给和需求是否平衡。[2] 尽管经济增长速度的确很快，但从供需关系导致的物价变动看，中国经济并未过热。中国的投资回报率也很高，意味着低通货膨胀率、高投资率拉动的中国经济增长是可持续的。北京大学中国国民经济核算与经济增长研究中心认为，中国正处在自 1992 年以来最好的时期。由于国有企业改革取得了重要的突破，符合国情的宏观经济政策改善了经济环境，国民经济出现新的经济增长点，全球化红利助推经济发展，以市场为导向的经济发展模式运行良好，这些因素共同推动了中国经济的加速增长。虽然部分行业和地区经济发展有些偏热，但不能把经济的加速增长和经济过热混为一谈。尽管当时物价出现了上升趋势，意味着经济中确实存在着通货膨胀的可能，但深入分析表明：虽然投资需求增加拉动了部分生产资料价格的上涨，但投资增长仍然处在正常区间，而全社会大幅度提升消费水平的可能性不大，因此，发生需求拉动型通货膨胀的可能性很小。中国经济发展中的主要矛盾是就业问题，改善就业比防止通货膨胀更重要。[3]

在当时的经济形势下，需不需要进行宏观调控？有学者认为，宏观调控的目的是熨平经济波动，促进经济平稳协调发展。[4] 只要市场经济有波

---

[1] 房维中. 对当前经济形势和宏观调控的几点看法. 上海企业，2006（10）；陶冬. 警惕无通胀的经济过热. 发展导报，2003 - 08 - 12.

[2] 赵晓. 中国投资回报率高不说明经济过热. 中国物流与采购，2006（21）.

[3] 北京大学中国国民经济核算与经济增长研究中心. 2003—2004 中国经济走势分析：中国经济过热了吗？. 经济科学，2003（6）.

[4] 刘国光. 杂谈宏观调控. 经济学动态，2004（10）；刘国光. 双稳健的宏观调控政策. 中国党政干部论坛，2005（1）.

动，就需要宏观调控。至于宏观调控政策是以紧缩为主还是以扩张为主，主要取决于宏观经济形势的变化。当前既有局部过热，特别是一些部门投资过多的现象，又有总体上供大于求、有效需求不足的问题。因此，在宏观经济政策上，既不能采用20世纪90年代初期治理全面经济过热和严重通货膨胀的紧缩性宏观调控政策，又不宜采取90年代末治理经济偏冷和经济紧缩趋势时的扩张性宏观调控政策。应当采用"中性"的宏观调控政策，政策总基调由前几年扩张性的"从松"转向适当从紧的"中性"。就财政政策来说，就是要调减财政赤字和长期建设国债规模，优化国债和财政支出结构；货币政策也要实行"有保有压、松紧适度"的中性政策。也有些学者认为，由于宏观经济的失衡中既有总量问题也有结构问题，单纯从需求管理的角度进行总量调节是远远不够的，应该更多地考虑把需求管理和供给管理结合起来，尤其应该注重财政政策的作用。[①] 通过适度紧缩的货币政策和适度扩张的财政政策来鼓励消费和抑制投资，解决总需求中的结构性矛盾。

由于当时经济增长势头较好，社会投资活跃，中国政府实际上采取的宏观调控政策以稳健的财政政策和稳健的货币政策为主。为了防止经济出现大的起落，针对固定资产投资增长过快、货币信贷投放过多、外贸顺差过大等问题，政府也适时对财政政策和货币政策进行了微调，多次及时调整金融机构存款准备金率、存贷款基准利率，取消或降低了高耗能、高排放和资源性产品的出口退税，使国民经济总体上保持了平稳、快速发展。

## 四、应对国际金融危机冲击的宏观调控政策

始于美国随后蔓延到全世界的金融危机导致了全球范围的经济衰退。

---

① 刘伟，蔡志洲.中国宏观调控方式面临挑战和改革.经济导刊，2006（6）.

随着中国经济日益融入世界经济体系，席卷全球的国际金融危机也严重冲击了中国经济。国内经济学家密切关注国际金融危机的演变及其在世界范围内的传导，及时评估金融危机对中国经济的影响，并就应对之策积极建言。

国际金融危机对中国经济增长产生了较大的影响，2008 年第一季度中国经济增长率还高达 10.6%，而 2009 年第一季度增长率就急剧下滑到 6.1%。有学者指出，国内经济本身就处于经济结构转型与周期性调整"双因素叠加"的不利时期，国际金融危机通过人民币汇率变化、国际市场价格波动、国外需求减少等渠道影响中国，使得中国出口、投资和消费三大需求均出现不同程度的下滑，将加大我国经济调整的深度和长度。[①] 国际金融危机对中国出口的冲击尤为明显。随着世界经济形势的急转直下，2008 年中国外贸增长也呈现出明显的前高后低走势，尽管全年对外贸易总体增长较快，但从当年 11 月开始由升转降，进出口额同比下降 9%，其中出口下降 2.2%，是 2001 年 7 月以来的首次下降；进口下降 17.9%。12 月进出口降幅进一步扩大到 11.1%，其中出口下降 2.8%，进口下降 21.3%。机电产品出口增速大幅回落，加工贸易出口大幅滑坡。[②] 当时中国的出口相对比较集中，我国对前十大出口对象国和地区的出口占出口总额的 70%。有的学者通过实证分析发现，金融危机对我国前十大出口对象国的经济增长、金融市场和就业状况产生了严重冲击，实体经济的恶化使它们的进口需求急剧减少，进而导致我国的出口贸易持续下

---

① 高辉清，熊亦智，胡少维. 世界金融危机及其对中国经济的影响. 国际金融研究，2008 (11).

② 商务部综合司，国际贸易经济合作研究院. 中国对外贸易形势报告（2009 年春季）. 商务部网站，2009 - 05 - 04.

降。[1] 国际金融危机对当时中国的就业尤其是农民工的就业也产生了很大的冲击，根据一些学者的估算，当时约有 3 481 万名农民工面临着结构性失业的风险，使中国面临着 21 世纪以来最为严峻的就业形势。[2]

面对突如其来的外部经济冲击，中国政府审时度势，及时调整了宏观调控政策的着力点，从 2008 年年初的"双防"（防止经济增长由偏快转为过热和防止价格由结构性上涨演变为明显通货膨胀）转向年中的"一保一控"（保持经济平稳较快发展，控制物价过快上涨），再到当年年底推出"进一步扩大内需、促进经济增长"十项措施。为了防止经济增速过快下滑，中国实施了积极的财政政策和适度宽松的货币政策，三次提高出口退税率，五次下调金融机构存贷款基准利率，四次下调存款准备金率，降低住房交易税费，加大对中小企业的信贷支持。[3] 尤其是 2008 年 11 月出台的进一步扩大内需十项措施，提出将在随后的两年多时间内安排四万亿元资金，通过采取加快建设保障性安居工程，加快农村基础设施建设，加快铁路、公路和机场等重大基础设施建设，加快医疗卫生、文化教育事业发展，加强生态环境建设，加快自主创新和结构调整，加快地震灾区灾后重建各项工作，提高城乡居民收入，在全国所有地区、所有行业全面实施增值税转型改革以鼓励企业技术改造，加大金融对经济增长的支持力度，抵御国际经济危机、加快国家建设、提高国民收入、促进经济平稳快速增长。

经济学家们积极支持应对金融危机的宏观调控政策。为了更好地提高政策实施的效果，学者们也提出了不少好的建议。有些学者提出，应当强调就业优先，在刺激投资、扩大消费、稳定出口时，终始将扩大就业作为

---

① 裴平，张倩，胡志峰. 国际金融危机对我国出口贸易的影响：基于 2007—2008 年月度数据的实证研究. 金融研究，2009（8）.
② 张车伟. 全球金融危机对农民工就业的冲击：影响分析及对策思考. 中国人口科学，2009（2）.
③ 温家宝在十一届人大二次会议所作的政府工作报告. 中国政府网，2009-03-05.

宏观调控的核心目标。[1] 有些学者认为，扩大消费需求是我国当前扩大内需的着力点。要提高居民收入，将促进就业作为居民增收的主渠道，提高居民财产性收入；着力调节收入差距，切实缩小垄断行业与其他行业就业人员不合理的收入差距，通过税制改革等措施加大二次分配的调整力度；建立全覆盖、保基本、缩差距、可转续的社会保障体系；通过供给侧改革，激活需求潜力；不断提高消费便利性。[2] 有些学者建议，在四万亿元计划的落实过程中，要处理好经济结构调整与培育新经济增长点的关系。[3] 在以总量扩张为特征的粗放型增长模式下，存在着经济结构不合理、产业结构扭曲、企业生产效率低下、资源浪费及环境污染严重等问题，这些问题长期被经济高速增长所掩盖。四万亿元投资固然有助于拉动经济复苏，但在政策具体实施时，如果拯救现有企业和现有产能的计划多，淘汰落后企业和削减产能的计划少，保护传统产业的措施实而培育新产业的措施虚，反而有可能带来固化现有不合理经济结构的风险。因此，应当让市场淘汰落后的生产能力，同时通过宏观调控重点扶持自主创新的企业和行业，改造传统产业，发展新兴产业，逐渐实现产业结构优化升级。对于四万亿元计划，也有些学者认为它带来的负面影响过大。

中国实施的反危机宏观调控政策在短期内取得了明显的效果。中国的GDP增长率在2008年曾经逐季大幅下滑，但在四万亿元计划的刺激下，从2009年开始，季度GDP增长率开始探底回升，并于2010年第一季度达到11.9%的近年高点。其他各项宏观经济指标也有不同程度的改善。在世界经济出现第二次世界大战结束以来首次负增长、国际贸易大幅滑落

---

① 国务院发展研究中心课题组. 中国：在应对危机中寻求新突破. 管理世界，2009 (6).
② 尹世杰. 我国当前扩大消费需求的几个问题. 中国流通经济，2009 (7)；余斌，陈昌盛. 扩大消费需求与推进发展方式实质性转变. 中共中央党校学报，2010 (6).
③ 国家行政学院宏观经济课题组. 国际金融危机对中国经济的影响及对策研究. 经济研究参考，2009 (13).

的背景下，中国的经济增长可谓一枝独秀。2009—2011 年间，中国对世界经济增长的贡献率超过 50％[①]，中国成为带动全球经济复苏的重要引擎。中国的 GDP 在 2010 年超过日本，一跃成为世界第二大经济体。[②]

## 五、经济新常态与供给侧结构性改革

随着积极财政政策和宽松货币政策对经济增长的推动作用逐渐弱化，中国经济进入增长速度换挡期、结构调整阵痛期和前期刺激政策消化期三期叠加的新时期，长期高速增长所掩盖的结构问题开始显现，经济运行面临着新挑战。工资上升、土地稀缺、能源短缺、环境恶化等约束因素日益凸显，以高要素投入换取高增长速度的粗放型增长方式难以为继。在经济增速逐渐放缓的同时，中国的经济结构和增长动力开始出现新变化，面对这种情况，中国领导人对经济发展的阶段性特征做出了"中国经济正在进入新常态"的重要判断。习近平总书记在 2014 年亚太经合组织（APEC）工商领导人峰会的主旨演讲中对经济"新常态"的内涵做了系统阐述。[③]经济"新常态"具有以下特点："一是从高速增长转为中高速增长。二是经济结构不断优化升级，第三产业、消费需求逐步成为主体，城乡区域差距逐步缩小，居民收入占比上升，发展成果惠及更广大民众。三是从要素驱动、投资驱动转向创新驱动。"新常态孕育着发展新机遇：中国经济增速虽然放缓了，但实际增量依然可观；中国经济增长更趋平稳，增长动力更为多元；中国经济结构优化升级，发展前景更加稳定；中国政府大力简政放权，市场活力进一步释放。认识新常态，适应新常态，引领新常态，

---

① 习近平对世界经济形势做出四点最新判断. 人民网，2015 - 11 - 16.

② 国家统计局. 改革开放铸辉煌 经济发展谱新篇：1978 年以来我国经济社会发展的巨大变化. 国家统计局网站，2013 - 11 - 06.

③ 习近平. 谋求持久发展 共筑亚太梦想. 人民网，2014 - 11 - 10.

是当前和今后一个时期我国经济发展的大逻辑。与之相适应，中国政府不断创新宏观经济管理思路和方式，提出：完善宏观调控政策框架，保持经济运行处在合理区间，守住稳增长、保就业的下限和防通胀的上限；强调宏观政策要稳、微观政策要活，要有定力，避免了经济稍有波动就实施大力度刺激的做法。① 这些新的理念和新的举措对保持宏观经济的基本稳定起到了积极作用。

在应对全球金融危机的早期阶段，中国的宏观经济政策偏重于需求管理，通过财政政策和货币政策的合理搭配来拉动社会总需求的增长。以需求管理为重心的宏观调控政策确实曾经发挥过积极的作用，但不可否认的是，政策效力随着时间的推移也出现了明显减弱，即便继续采取加大投资力度、多次降准降息等刺激政策，在解决经济中的突出问题方面依然显得力不从心。2010—2015 年，中国的季度经济增长率持续回落，消费者价格指数（CPI）在低位徘徊，生产者价格指数（PPI）出现了连续 54 个月的下降。经济增长放缓也使得结构性产能过剩问题日益凸显，降价销售成为企业维持生存不得不采取的竞争策略，导致实体经济部门尤其是制造业部门的销售收入和利润水平大幅回落。这些问题表明：中国经济中不仅存在总量问题，也存在结构问题，宏观调控政策仅仅着眼于需求侧还远远不够，也应当同时在供给侧发力。一些经济学家提出，总量调控不足以"包打天下"，由于中国经济存在十分突出的结构问题，客观上需要特别注重结构性对策，宏观调控必须特别注重"供给管理"。② 宏观调控应以供给管理为主，以需求管理为辅。需求管理用于保增长和就业，而供给管理既被用于保增长和就业，又被用于调结构。通过

---

① 马建堂，慕海平，王小广. 新常态下我国宏观调控思路和方式的重大创新. 国家行政学院学报，2015（5）.

② 贾康. 中国特色的宏观调控：必须注重理性的"供给管理". 当代财经，2010（1）；刘伟. "新常态"下的中国宏观调控. 经济科学，2014（4）.

供给结构的调整，既要刺激有效供给，又要减少无效供给。

2015 年 11 月，习近平总书记在中央财经领导小组第十一次会议上提出，要着力加强供给侧结构性改革，这意味着高层在宏观调控思路上发生了重大变化。2015 年年底召开的中央经济工作会议强调，从 2016 年开始，今后一段时期要在适度扩大总需求的同时，着力加强供给侧结构性改革，通过去产能、去库存、去杠杆、降成本、补短板"三去一降一补"，积极稳妥化解产能过剩，化解房地产库存，防范化解金融风险，帮助企业降低成本，补齐软硬基础设施短板，提高供给体系质量和效率，提高投资的有效性，加快培育新的发展动能，改造提升传统比较优势，增强持续增长动力。推进供给侧结构性改革，是适应和引领经济发展新常态的重大创新，是适应国际金融危机发生后综合国力竞争新形势的主动选择，是适应我国经济发展新常态的必然要求。

供给侧结构性改革取得了明显的成效。经济增长率持续下滑的趋势基本得到遏制，2016 年和 2017 年国内生产总值分别增长 6.7％和 6.9％；工业增速明显回升，2016 年工业企业利润由上年下降 2.3％转为增长 8.5％，2017 年更是大幅增长 21％；从 2016 年 9 月开始，PPI 结束了连续 54 个月下降的局面；2017 年财政收入增长 7.4％，扭转了增速放缓态势；居民收入和城镇新增就业持续增长。[①] 经济发展呈现出增长与质量、结构、效益相得益彰的良好局面。

## 第三节　宏观调控体系中的产业政策

在中国，产业政策是宏观调控体系的重要组成部分。党的十四届三中

---

① 参见 2017 年和 2018 年《政府工作报告》。

全会通过的决定提出：社会主义市场经济必须有健全的宏观调控体系，要运用货币政策与财政政策来调节社会总需求与总供给的基本平衡，并与产业政策相配合，促进国民经济和社会的协调发展。党的十七大报告强调：要发挥国家发展规划、计划、产业政策在宏观调控中的导向作用，综合运用财政、货币政策，提高宏观调控水平。党的十八届三中全会指出：要健全以国家发展战略和规划为导向、以财政政策和货币政策为主要手段的宏观调控体系，加强财政政策、货币政策与产业、价格等政策手段协调配合。党的十九大进一步要求创新和完善宏观调控，发挥国家发展规划的战略导向作用，健全财政、货币、产业、区域等经济政策协调机制。

在改革开放的过程中，政府在经济中的地位和作用也发生了深刻的变化，作为计划经济时代全面干预企业运行的全能型管理者的政府，在转轨过程中广泛使用产业政策来引导经济结构的变化。日本、韩国等东亚国家的政府主导型经济体制以及政府通过产业政策引导经济发展和产业升级的经验给了中国极大的启发，产业政策在东亚国家和地区经济腾飞过程中的作用给中国的官员和学者留下了深刻的印象。从当时的认识水平看来，产业政策具有很大的政府干预弹性，它既可以通过间接干预的方式成为增进市场机制的工具，也可以通过项目审批、价格管制等方式强制性地体现政府的意志。政府通过产业政策对经济结构进行调整，尤其是对产业发展进行规划和引导，既能保证政府对资源配置过程拥有一定的支配能力，又能避免政府通过指令性计划进行的直接干预对企业活力的扼杀，因此，无论人们对改革的价值判断持何种态度，都能够认同产业政策这种新的政府干预方式。① 从 20 世纪 80 年代以来，中国政府开始频繁制定和实施产业政

① 江小涓. 经济转轨时期的产业政策. 上海：上海三联书店，1996.

策，不仅制定了宏观层面上的国家产业政策纲要，还针对汽车工业等主导产业制定了更具有针对性的部门产业政策，对中国的宏观调控和产业成长产生了很大的影响。

## 一、20 世纪 80 年代以来国内对于产业政策的研究

从 20 世纪 80 年代后期开始，关于产业政策的研究一度成为中国经济学界极为活跃的研究领域。当时的相关研究主要围绕着产业政策的意义、构成、理论基础、主导产业的选择标准、国外产业政策的经验教训等。[①]这些研究在详细介绍国外关于产业政策研究的理论进展和政策实践的基础上，开始结合中国的实际情况，探讨中国实施产业政策的可行性和应当注意的问题。尽管已经有学者认识到不能过于神化产业政策，但当时的主流研究倾向于认为：产业政策是实现国民经济现代化要求的重要手段，是整个经济政策体系的核心政策。政府运用产业政策手段进行宏观调控和干预，对促进产业和经济的协调、健康、稳定发展，乃至对推动整个国民经济的持续增长都具有重要的意义。学者们普遍认为，产业政策的核心是促进产业结构的合理转换。

由于国内在推行产业政策的过程中暴露出了很多问题，产业政策的实际效果也不尽如人意，特别是亚洲金融危机对日本和韩国的巨大冲击，促使经济学界对产业政策的实施条件、实施过程和作用机制进行了更加深入的思考。20 世纪 90 年代以来各种新的经济学分析工具的引进和运用，也

---

① 杨治. 产业经济学导论. 北京：中国人民大学出版社，1985；周叔莲，等. 产业政策问题探索. 北京：经济管理出版社，1987；杨沐. 产业政策研究. 上海：上海三联书店，1989；李泊溪，钱志深. 产业政策与各国经济. 上海：上海科学技术文献出版社，1990；周振华. 产业政策的经济理论系统分析. 北京：中国人民大学出版社，1991；陈淮. 日本产业政策研究. 北京：中国人民大学出版社，1991.

有助于学者们从新的视角分析产业政策制定和实施中的各种问题。有学者认为，产业政策发挥作用的隐含前提是：（1）政府的决策层有愿望和有能力制定出合理的产业政策；（2）政府的行政执行系统有愿望且有能力有效地推行产业政策；（3）通过产业政策解决问题比通过市场机制解决问题的成本更低。但是将政府视为"全局利益"的代表、认为政府能"公正客观"地制定政策的前提有一些经不住检验之处。产业政策既可以解决产业结构问题，也可以引起产业结构问题。在一些竞争性行业中采取会明显干扰市场机制正常发挥作用的产业政策时，其代价可能会超出结构变动的范围，需要特别慎重。①

实证研究是 21 世纪以来国内产业政策研究的主要特点，研究视角也逐渐由宏观层面的产业结构研究转向更为具体的行业研究。较之于产业结构层面上的泛泛研究，对那些具有行业针对性的产业政策的研究，更有利于人们辨别产业政策的绩效，分析产业政策的作用机制和制度基础，总结产业政策制定与实施中的经验教训，更深入地认识产业政策的适用性和应用领域。一些学者通过对汽车、纺织、电子、电器等代表性产业的研究，评估了中国产业政策的实施绩效。② 综合这些学者的研究成果，产业政策在迅速提高一些投资巨大的短线产品的供给能力以及消除基础设施领域长期存在的短缺现象方面发挥了重要的作用。但也有很多证据表明：产业政策的执行效果与政策设计的初衷相去甚远。为了调整不合理的经济结构，政府通过一系列政策工具来支持其所认为的主导或支柱产业的发展。但除了基础设施建设领域以外，产业政策对竞争性产业成长的促进作用不是很

---

① 江小涓．中国推行产业政策中的公共选择问题．经济研究，1993（6）.

② 江小涓，等．体制转轨中的增长、绩效与产业组织变化：对中国若干行业的实证研究．上海：上海三联书店，1999；赵英．中国产业政策实证分析．北京：社会科学文献出版社，2000；于洋，吕炜，肖炎志，等．中国经济改革与发展：政策与绩效．大连：东北财经大学出版社，2005；李贤沛，胡立君．21 世纪初中国的产业政策．北京：经济管理出版社，2005.

明显，并没有足够的证据表明产业政策重点扶持的竞争性产业获得了长足的发展，而大量的事实从另外一个方面向人们展示了，得益于较为充分的市场竞争，一些并未被纳入产业政策扶持范围的产业部门成长迅速。与政府推行产业政策的初衷相反，家电、洗涤用品等政府干预较少、管制程度不高、国有经济不占绝对优势的产业，市场机制不断突破产业政策的樊笼，经过产业发展初期的所谓重复投资和过度竞争之后，市场结构经历了"集中—分散—再集中"的轮回①，产业组织结构通过竞争得以优化，一批具有大批量生产能力和先进生产技术的企业被市场机制优选出来。相反，在某些政府介入程度最深、干预力度最大的竞争性行业，虽然作为重要的战略性产业而长期受到产业政策的严格保护和资源配置的倾斜，但产业政策的副作用集中体现为竞争机制被行政意志所压制，一些被政府视为"国家队"的企业在外无跨国公司冲击、内无民营企业竞争的市场环境中长期享受着产业政策赐予的高额利润，企业的核心竞争力没有得到实质性的提高。② 因此，有些学者认为："许多行业改革以来高速发展的过程，就是不断突破政府有关部门预测、脱离其规划、摆脱其干预的过程。如果政府的干预大部分得以实现，这些行业的发展就会被延迟许多。"③

## 二、对于产业政策实施绩效的研究

大部分产业领域的实践结果表明：中国产业政策的目标与实际执行效

① 魏后凯. 从重复建设走向有序竞争. 北京：人民出版社，2001；魏后凯. 市场竞争、经济绩效与产业集中：对中国制造业集中与市场结构的实证分析. 北京：经济管理出版社，2003.

② 路风，封凯栋. 发展我国自主知识产权汽车工业的政策选择. 国家重大科技创新政策委托研究项目，2004.

③ 江小涓，等. 体制转轨中的增长、绩效与产业组织变化：对中国若干行业的实证研究. 上海：上海三联书店，1999：51.

果之间存在着较大差距。是什么原因导致了产业政策实施中的偏差？这是产业政策研究文献较为关注的问题。

有部分学者认为，中央政府与地方政府的博弈是产业政策失效的关键因素。有学者指出：在经济转轨的过程中，行政性分权体制使得地方政府的资源配置能力日益增强，地方经济利益不断膨胀，而中央政府的宏观调控能力则相对有所削弱，这就给地方政府留下了很大的行动空间。[1] 各项产业政策是中央政府从国民经济的整体利益出发而制定的促进特定产业和地区发展的政策体系。由于产业政策具有非中性的特点，它不可能在各产业之间和各地区之间均匀地进行资源配置，因此，产业政策不可避免地会与某些地区的经济利益发生一定程度的冲突。有学者借助博弈论的方法，分析了地方政府与中央政府之间以及地方政府之间的博弈行为和产业政策选择，认为在缺乏产业发展中利益协调机制的前提下，地区利益障碍是导致产业政策失效的根本原因。[2] 国务院发展研究中心的一份研究报告也指出：长期困扰中国汽车工业的"小散乱差"问题的直接起因是中央和地方的矛盾。[3] 中央政府与地方政府在实施产业政策方面的博弈，在很大程度上影响了产业政策的效力。

一些文献则考察了中国产业政策实施的微观基础。有学者指出：中国实施产业政策的微观基础与日、韩等国迥然不同。国外政府面对的是民间企业，中国政府面对的是国有企业。在中国，除了轻工行业以外，其他行业在制定产业政策时，都有意无意地以国有企业为实施对象。[4] 有学者认

---

① 黄佩华，迪帕克. 中国：国家发展与地方财政. 北京：中信出版社，2003；高鹤. 财政分权、经济结构与地方政府行为. 世界经济，2006（10）.
② 张许颖. 产业政策失效原因的博弈分析. 经济经纬，2004（1）.
③ 陈清泰，刘世锦，冯飞，等. 迎接中国汽车社会：前景、问题、政策. 北京：中国发展出版社，2004.
④ 赵英. 中国产业政策实证分析. 北京：社会科学文献出版社，2000.

为：对于国家产业政策支持的重点部门和国有企业，中央和地方政府提供了大量的优惠政策，非重点部门和非国有企业则无法享受同等待遇，"政策租金"直接给予国有部门，而不是通过公开竞赛让优胜者获得。① 一些学者指出：由于在中国大规模实施产业政策的 20 世纪八九十年代，国有经济在工业中占有主导地位，国有企业承载的政策性负担决定了它只有在一个受到保护和免于市场竞争的环境中才能生存。② 一旦政府通过竞赛的方式来决定相机型租金的分配，背负沉重社会负担的国有企业无疑会在激烈的竞争中处于劣势，国有企业与政府的关系决定了国家通过竞赛的方式来实现设定的效率目标是很困难的。这种微妙的关系在很大程度上扭曲了产业政策的激励机制，使产业政策制定和执行的游戏规则最终选择了对国有企业的保护和扶持，而不是所有企业间开放式的公平竞赛。过多的有特定指向的选择性产业政策反而强化了现有的利益格局，扭曲了市场机制的作用。

什么样的产业政策才能真正发挥积极的作用？林毅夫在新结构经济学的框架内对这个问题进行了系统的思考。在他看来，产业政策仍然大有可为。过去大多数发展中国家的产业政策之所以不成功，原因在于这些国家的政府过于雄心勃勃，在选择扶持产业时脱离了本国的资源基础和发展水平，偏爱那些偏离本国资源禀赋和竞争优势、过于超前的产业。他试图发展出一个增长甄别与因势利导框架，帮助发展中国家的政策制定者识别与该国比较优势相吻合的新产业。③ 有学者比较了演化经济学和新古典经济学这两种不同的理论范式下有关产业政策的研究，认为新结构经济学存在严重的缺陷，并不适合中国，技术赶超战略而非比较优势战略更适合中国

① 朱少洪，全毅．产业政策有效实施的条件与我国产业政策实践．亚太经济，2002（4）.
② 林毅夫，蔡昉，李周．现代企业制度的内涵与国有企业改革方向．经济研究，1997（3）.
③ 林毅夫．新结构经济学．北京：北京大学出版社，2012.

国情。① 也有学者通过细致梳理近年来国内外产业政策研究的理论文献，发现在发展中和转型国家存在的所谓"市场失灵"，实际上大部分是"政府失灵"或者"制度失灵"，而实施直接干预市场型的产业政策只会使问题更为严重。因此，产业政策应当以维护市场竞争、增进市场机能与扩展市场范围作为基本取向，通过不断完善市场机制并扩展市场的作用领域，促进产业与国民经济的健康发展。②

## 三、关于产业政策与新兴产业发展的研究

尽管受到了国际金融危机的严重影响，但不少发达国家和新兴经济体仍然高度重视新兴产业的发展，以期在未来的全球经济竞争中占据有利位置。中国政府将新兴产业的发展上升到国家战略的高度，在2010年颁布了《国务院关于加快培育和发展战略性新兴产业的决定》，在2015年又制定并实施了《中国制造 2025》规划，提出要强化工业基础能力，大力推进智能制造，加快新一代信息技术与制造业深度融合，不断实现中国特色新型工业化道路的新跨越。

国内学术界对政府在战略性新兴产业发展中的作用进行了热烈的探讨。有学者主张政府应当针对战略性新兴产业的特性和发展规律，通过科技管理制度、激励性政策措施和市场环境建设等产业政策机制，在产业的不同发展阶段相机地搭配使用财税、金融甚至进出口等政策手段，以促进新兴产业从成长到成熟。③ 有学者认为政府在激励和引导企业进入战略性

---

① 贾根良. 演化发展经济学与新结构经济学：哪一种产业政策的理论范式更适合中国国情. 南方经济, 2018 (1).

② 李晓萍，江飞涛. 干预市场抑或增进与扩展市场：产业政策中的问题、争论及理论重构. 比较, 2012 (3).

③ 剧锦文. 战略性新兴产业的发展"变量"：政府与市场分工. 改革, 2011 (3).

新兴产业时，应该根据战略性新兴产业的内在属性和发展规律，结合战略性新兴产业企业进入的特殊性，有的放矢地制定相关政策和措施，通过差别性的政策引导、资源投入、组织协调等多种途径降低战略性新兴产业发展过程中的不确定性，吸引更多有条件的企业及早进入新兴产业。[1]

不少学者认识到：在扶持新兴产业发展的过程中，政府应当遵循产业成长规律，合理选择支持产业发展的关键环节和领域。有学者认为：在新兴产业发展的早期阶段，由于技术、产品和商业模式都不成熟，新技术和新产品的产业化规模不能过大，否则容易导致严重的产能过剩和巨大的投资风险。在这一阶段，政府不仅需要提供财政补贴、贴息贷款等供给侧的扶持政策，更要通过产品应用示范补贴、购买新产品补贴等需求侧补贴的方式，激发对新产品和新技术的市场需求。[2] 有学者分析了政府扶持的新兴产业为什么常常会出现严重产能过剩的问题，认为其原因在于：国家层面被误导的决策失误被地方政府成百倍地放大，对企业投资造成扭曲的激励，导致投资过度，进而造成产能过剩。[3]

近年来，国内学术界在开展产业政策与新兴产业发展的研究时，对产业政策效果的评估并不仅仅停留在定性分析的层面上，而是利用新的分析工具开展定量研究。国内有不少学者尝试着建立产业政策评估的指标体系，对全国主要地区尤其是江苏、广东、湖北、浙江等有代表性省份的高科技产业政策效果进行了计量分析，发现在产业政策的推动下，高技术产业的企业数量和产出规模都出现了高速增长，但这主要归功于规模的提高而不是技术进步，由此认为现行产业政策提高了新兴产业的

---

[1]　郭晓丹，宋维佳. 战略性新兴产业的进入时机选择：领军还是跟进. 中国工业经济，2011(5).

[2]　万军，冯晓琦. 全球视野下的中国战略性新兴产业发展模式探讨. 江西社会科学，2012(5).

[3]　乔为国，周娟. 政策诱导性产能过剩成因与对策研究. 未来与发展，2012 (9).

资源配置效率，但对创新活动的激励并不明显。[①] 有学者研究了近年来中国光伏产业的发展情况，利用生产函数法测度了光伏产业及其三个环节的产能利用率，测算了政府补贴水平、土地价格扭曲程度和金融支持水平及它们对产能过剩的影响程度，认为政府对新兴产业的不当干预导致了产能过剩。[②]

## 四、关于产业政策与竞争政策的研究

随着社会主义市场经济体制的日益完善和对外开放水平的不断提升，越来越多的学者认识到：在社会主义市场经济体制中，市场机制和竞争过程是优化资源配置、促进产业成长、推动产业组织结构和经济结构合理化的根本性机制，政府应当实现职能的转换，从经济发展的主导者转变为竞争秩序的维护者。中国要想通过扩大对外开放，充分利用国内、国际两个市场、两种资源，也应当逐渐实施旨在推进公平、公开、非扭曲竞争的制度体系和游戏规则。因此，如何处理好产业政策与竞争政策的关系问题就成为中国亟待解决的重要问题。吴敬琏认为：要对三十多年来中国执行产业政策的经验和教训进行认真的总结，加快产业政策的转型，从以产业政策为中心转向以竞争政策为基础，从而使市场在资源配置中起决定性作用。[③] 有学者认为经济全球化推动了资源的全球配置，必然在一定程度上削弱了主权国家直接调控本国资源的能力，从而直接导致产业政策的

---

① 吕明洁，陈松．我国高技术产业政策绩效及其收敛分析．科学学与科学技术管理，2011 (2)；肖泽磊，韩顺法．高技术产业政策实施效果评估：以江苏省高技术产业政策群为例（1998—2008）．科技进步与对策，2011 (14)；宁凌，汪亮，廖泽芳．基于 DEA 的高技术产业政策评价研究：以广东省为例．国家行政学院学报，2011 (2)．

② 余东华，吕逸楠．政府不当干预与战略性新兴产业产能过剩：以中国光伏产业为例．中国工业经济，2015 (10)．

③ 吴敬琏．我国的产业政策：不是存废，而是转型．中国流通经济，2017 (11)．

失效。因此，对于包括中国在内的发展中国家来说，要想推进产业发展，提高企业竞争力，竞争政策比产业政策更有效，其理应被置于优先地位。[1] 还有学者建议用功能性产业政策替代选择性产业政策，由推动特定产业规模增长向提升产业发展质量转变，由特惠式产业扶持向普惠式维护竞争、激励创新转变。[2] 政府在实施功能性产业政策的同时，更应当制定和完善竞争政策，放松对于各类经济主体参与市场竞争的限制，并规范市场主体的竞争行为，使之遵循自愿、公平、等价、有偿、诚实信用的规则，维护公平交易、公平竞争的秩序。[3] 这就要求中国应当尽快实现促进产业发展的经济政策的转型，从以产业政策为主导过渡到以竞争政策为主导。

# 参考文献

1. 白钦先 . 通货膨胀问题的中外比较及当前我国通货膨胀的特点原因与对策 . 国际金融研究，1995（1）.

2. 北京大学中国国民经济核算与经济增长研究中心 . 2003—2004 中国经济走势分析：中国经济过热了吗？. 经济科学，2003（6）.

3. 北京大学中国经济研究中心宏观组 . 正视通货紧缩压力，加快微观机制改革 . 经济研究，1999（7）.

4. 陈淮 . 日本产业政策研究 . 北京：中国人民大学出版社，1991.

5. 陈清泰，刘世锦，冯飞，等 . 迎接中国汽车社会：前景、问题、政策 . 北京：中国发展出版社，2004.

6. 樊纲 . "软约束竞争"与中国近年的通货膨胀 . 金融研究，1994（9）.

---

[1]　张东江 . WTO 竞争政策谈判与发展中国家的选择 . 北京：中国社会科学出版社，2005.
[2]　王君，周振 . 从相关论争看我国产业政策转型 . 经济社会体制比较，2017（1）.
[3]　金碚 . 竞争秩序与竞争政策 . 北京：社会科学文献出版社，2005.

7. 樊纲. 通货紧缩、有效降价与经济波动：当前中国宏观经济若干特点的分析. 经济研究，2003（7）.

8. 范从来. 论通货紧缩时期货币政策的有效性. 经济研究，2000（7）.

9. 房维中. 对当前经济形势和宏观调控的几点看法. 上海企业，2006（10）.

10. 高鹤. 财政分权、经济结构与地方政府行为. 世界经济，2006（10）.

11. 高辉清，熊亦智，胡少维. 世界金融危机及其对中国经济的影响. 国际金融研究，2008（11）.

12. 高培勇. 通货紧缩下的税收政策选择：关于当前减税主张的讨论. 经济研究，2000（1）.

13. 郭晓丹，宋维佳. 战略性新兴产业的进入时机选择：领军还是跟进. 中国工业经济，2011（5）.

14. 国家统计局. 第三次全国工业普查主要数据公报. 国家统计局网站.

15. 国家统计局. 改革开放铸辉煌 经济发展谱新篇：1978年以来我国经济社会发展的巨大变化. 国家统计局网站，2013-11-06.

16. 国家行政学院宏观经济课题组. 国际金融危机对中国经济的影响及对策研究. 经济研究参考，2009（13）.

17. 韩文秀. 经济增长与通货膨胀之间关系研究. 管理世界，1996（6）.

18. 胡鞍钢. 我国通货紧缩的特点、成因及对策. 管理世界，1999（3）.

19. 黄佩华，迪帕克. 中国：国家发展与地方财政. 北京：中信出版社，2003.

20. 贾根良. 演化发展经济学与新结构经济学：哪一种产业政策的理论范式更适合中国国情. 南方经济，2018（1）.

21. 贾康. 中国特色的宏观调控：必须注重理性的"供给管理". 当代财经，2010（1）.

22. 江小涓，等. 体制转轨中的增长、绩效与产业组织变化：对中国若干行业的实证研究. 上海：上海三联书店，1999.

23. 江小涓. 经济转轨时期的产业政策，上海：上海三联书店，1996.

24. 江小涓. 中国推行产业政策中的公共选择问题. 经济研究，1993（6）.

25. 金碚. 竞争秩序与竞争政策. 北京：社会科学文献出版社，2005.

26. 剧锦文 . 战略性新兴产业的发展 "变量"：政府与市场分工 . 改革，2011（3）.

27. 李泊溪，钱志深 . 产业政策与各国经济 . 上海：上海科学技术文献出版社，1990.

28. 李贤沛，胡立君 . 21 世纪初中国的产业政策 . 北京：经济管理出版社，2005.

29. 李晓萍，江飞涛 . 干预市场抑或增进与扩展市场：产业政策中的问题、争论及理论重构 . 比较，2012（3）.

30. 李晓西 . 转轨过程中的结构性通货膨胀 . 经济研究，1994（10）.

31. 历年政府工作报告 .

32. 林毅夫，蔡昉，李周 . 现代企业制度的内涵与国有企业改革方向 . 经济研究，1997（3）.

33. 林毅夫 . 新结构经济学 . 北京：北京大学出版社，2012.

34. 刘国光 . 经济体制改革与宏观经济管理："宏观经济管理国际讨论会"评述 . 经济研究，1985（12）.

35. 刘国光 . 双稳健的宏观调控政策 . 中国党政干部论坛，2005（1）.

36. 刘国光 . 杂谈宏观调控 . 经济学动态，2004（10）.

37. 刘树成 . 通货紧缩：既不能估计不足亦不可估计过重 . 经济研究，1999（10）.

38. 刘伟，蔡志洲 . 中国宏观调控方式面临挑战和改革 . 经济导刊，2006（6）.

39. 刘伟 . "新常态"下的中国宏观调控 . 经济科学，2014（4）.

40. 路风，封凯栋 . 发展我国自主知识产权汽车工业的政策选择 . 国家重大科技创新政策委托研究项目，2004.

41. 吕明洁，陈松 . 我国高技术产业政策绩效及其收敛分析 . 科学学与科学技术管理，2011（2）.

42. 马建堂，慕海平，王小广 . 新常态下我国宏观调控思路和方式的重大创新 . 国家行政学院学报，2015（5）.

43. 宁凌，汪亮，廖泽芳 . 基于 DEA 的高技术产业政策评价研究：以广东省为例 . 国家行政学院学报，2011（2）.

44. 裴平，张倩，胡志峰 . 国际金融危机对我国出口贸易的影响：基于 2007—2008 年月度数据的实证研究 . 金融研究，2009（8）.

45. 钱小安. 通货紧缩的原因、危害与对策. 金融研究，1999（9）.

46. 乔为国，周娟. 政策诱导性产能过剩成因与对策研究. 未来与发展，2012（9）.

47. 商务部综合司，国际贸易经济合作研究院. 中国对外贸易形势报告（2009 年春季）. 商务部网站，2009 - 05 - 04.

48. 世界银行. 东亚奇迹：经济增长与公共政策. 北京：中国财政经济出版社，1995.

49. 陶冬. 警惕无通胀的经济过热. 发展导报，2003 - 08 - 12.

50. 万军，冯晓琦. 全球视野下的中国战略性新兴产业发展模式探讨. 江西社会科学，2012（5）.

51. 汪同三，李涛. 中国通货紧缩的深层次原因. 中国社会科学，2001（6）.

52. 王君，周振. 从相关论争看我国产业政策转型. 经济社会体制比较，2017（1）.

53. 王一江. 经济改革中投资扩张和通货膨胀的行为机制. 经济研究，1994（6）.

54. 魏后凯. 从重复建设走向有序竞争. 北京：人民出版社，2001.

55. 魏后凯. 市场竞争、经济绩效与产业集中：对中国制造业集中与市场结构的实证分析. 北京：经济管理出版社，2003.

56. 吴敬琏. 我国的产业政策：不是存废，而是转型. 中国流通经济，2017（11）.

57. 吴敬琏. 中国经济"软着陆"是可能的. 中国党政干部论坛，2004（6）.

58. 习近平对世界经济形势做出四点最新判断. 人民网，2015 - 11 - 16.

59. 习近平. 谋求持久发展 共筑亚太梦想. 人民网，2014 - 11 - 10.

60. 肖泽磊，韩顺法. 高技术产业政策实施效果评估：以江苏省高技术产业政策群为例（1998—2008）. 科技进步与对策，2011（24）.

61. 谢平，沈炳熙. 通货紧缩与货币政策. 经济研究，1999（8）.

62. 谢平. 中国转型经济中的通货膨胀和货币控制. 金融研究，1994（10）.

63. 杨沐. 产业政策研究. 上海：上海三联书店，1989.

64. 杨治. 产业经济学导论. 北京：中国人民大学出版社，1985.

65. 尹世杰. 我国当前扩大消费需求的几个问题. 中国流通经济，2009（7）.

66. 于洋，吕炜，肖兴志，等. 中国经济改革与发展：政策与绩效，大连：东北财经大学出版社，2005.

67. 于祖尧. 断言"中国当前已经陷入通货紧缩的困境"没有根据. 中共沈阳市委党校学报，1999（2）.

68. 余斌，陈昌盛. 扩大消费需求与推进发展方式实质性转变. 中共中央党校学报，2010（6）.

69. 余东华，吕逸楠. 政府不当干预与战略性新兴产业产能过剩：以中国光伏产业为例. 中国工业经济，2015（10）.

70. 余永定. 打破通货收缩的恶性循环：中国经济发展的新挑战. 经济研究，1999（7）.

71. 曾国安. 九十年代中国通货紧缩的成因与反通货紧缩政策. 当代经济研究，2001（2）.

72. 张车伟. 全球金融危机对农民工就业的冲击：影响分析及对策思考. 中国人口科学，2009（2）.

73. 张东江. WTO 竞争政策谈判与发展中国家的选择. 北京：中国社会科学出版社，2005.

74. 张许颖. 产业政策失效原因的博弈分析. 经济经纬，2004（1）.

75. 张卓元. 中国特色宏观经济管理理论研究与创新//张卓元. 中国经济学 30 年（1979—2008）. 北京：中国社会科学出版社，2008.

76. 赵人伟. 1985 年"巴山轮会议"的回顾与思考. 经济研究，2008（12）.

77. 赵晓. 中国投资回报率高不说明经济过热. 中国物流与采购，2006（21）.

78. 赵英. 中国产业政策实证分析. 北京：社会科学文献出版社，2000.

79. 中共中央关于经济体制改革的决定（1984 - 10 - 20）.

80. 周叔莲，等. 产业政策问题探索. 北京：经济管理出版社，1987.

81. 周振华. 产业政策的经济理论系统分析. 北京：中国人民大学出版社，1991.

82. 朱少洪，全毅. 产业政策有效实施的条件与我国产业政策实践. 亚太经济，2002（4）.

83. 综合开发研究院（中国·深圳）宏观经济研究中心. 菲利普斯模型与中国的通货膨胀：对中国综合型通货膨胀的成因、趋势及政策选择的理论分析. 经济研究，1996（2）.

84. 左大培. 宏观经济过热实质上来源于经济上的困境. 开放导报，2004（5）.

# 第七章　对外开放理论的演进

　　对外开放是中国的基本国策。党的十一届三中全会以来，中国不断提升对外开放的水平，实现了从封闭半封闭到全方位开放的重大转变。在扩大对外开放的过程中，中国充分利用国际国内两个市场、两种资源，将"引进来"和"走出去"有机结合起来，优化对外开放区域布局，推进实施"一带一路"倡议，积极参与全球经济治理，已经形成了全方位、多层次、宽领域的对外开放新格局。为了更好地应对国际政治经济环境的新变化，中国正在构建开放型经济新体制，"加快培育国际合作和竞争新优势，更加积极地促进内需和外需平衡、进口和出口平衡、引进外资和对外投资平衡，逐步实现国际收支基本平衡，形成全方位开放新格局，实现开放型经济治理体系和治理能力现代化"①。随着中国综合国力的不断增强，中国

---

① 中共中央、国务院关于构建开放型经济新体制的若干意见. 新华网，2015 - 09 - 17.

在促进世界经济增长和完善全球治理体系方面将发挥越来越大的作用。

　　作为中国改革开放和社会主义现代化建设的总设计师，邓小平在中国对外开放体制的形成和完善中发挥了重要的作用。邓小平曾就中国对外开放的总体思路进行过透彻的阐述。第一，中国实行对外开放政策，既是对历史经验教训的总结，也是顺应世界经济新变化的需要。"现在的世界是开放的世界。中国在西方国家产业革命以后变得落后了，一个重要原因就是闭关自守。建国以后，人家封锁我们，在某种程度上我们也还是闭关自守，这给我们带来了一些困难。三十几年的经验教训告诉我们，关起门来搞建设是不行的，发展不起来。关起门有两种，一种是对国外；还有一种是对国内，就是一个地区对另外一个地区，一个部门对另外一个部门。两种关门都不行。我们提出要发展得快一点，太快不切合实际，要尽可能快一点，这就要求对内把经济搞活，对外实行开放政策。"[①] 第二，他明确了对外开放的原则和路径。"像中国这样大的国家搞建设，不靠自己不行，主要靠自己，这叫做自力更生。但是，在坚持自力更生的基础上，还需要对外开放，吸收外国的资金和技术来帮助我们发展。"[②] "我们开放了十四个沿海城市，都是大中城市。我们欢迎外资，也欢迎国外先进技术，管理也是一种技术。"[③] 第三，中国应当扩大开放领域，面向更多的国家开放。"要扩大对外开放，现在开放得不够。要抓住西欧国家经济困难的时机，同他们搞技术合作，使我们的技术改造能够快一些搞上去。同东欧国家合作，也有文章可做，他们有一些技术比我们好，我们的一些东西他们也需要。中国是一个大的市场，许多国家都想同我们搞点合作，做点买卖，我们要很好利用。这是一个战略问题。"[④] 第四，对外开放不是权宜之计，

---

① 邓小平. 邓小平文选：第 3 卷. 北京：人民出版社，1993：64 - 65.
② 同①78 - 79.
③ 同①65.
④ 同①32.

而是长期国策。"对内经济搞活,对外经济开放,这不是短期的政策,是个长期的政策,最少五十年到七十年不会变。为什么呢?因为我们第一步是实现翻两番,需要二十年,还有第二步,需要三十年到五十年,恐怕是要五十年,接近发达国家的水平。两步加起来,正好五十年至七十年。到那时,更不会改变了。即使是变,也只能变得更加开放。否则,我们自己的人民也不会同意"①。第五,随着中国经济融入世界经济体系,中国将对世界经济发展做出积极的贡献。"现在中国对外贸易额占世界贸易额的比例很小。如果我们能够实现翻两番,对外贸易额就会增加许多,中国同外国的经济关系就发展起来了,市场也发展了。所以,从世界的角度来看,中国的发展对世界和平和世界经济的发展有利。"②邓小平对外开放思想已经成为中国特色社会主义理论的重要组成部分,对中国的对外开放起到了指引作用。

在中国对外开放不断深化的过程中,经济学家发挥了积极的作用,国内学术界围绕着发展对外贸易、"引进来"与"走出去"、优化开放区域布局、推进"一带一路"建设和参加全球经济治理等方面进行了深入的研究,形成了丰硕的成果,为中国对外开放的不断升级提供了重要的理论支持。

## 第一节　关于对外贸易的研究

改革开放以来,尤其是加入 WTO 之后,中国的对外贸易获得了巨大的发展。1978 年中国货物进出口总额仅为 206 亿美元,居世界第 32 位。2004 年中国对外贸易总额突破 1 万亿美元大关;仅仅三年后就又翻了一

---

① 邓小平 . 邓小平文选:第 3 卷 . 北京:人民出版社,1993:79.
② 同①79.

番，2007 年就突破 2 万亿美元；在全球金融危机的阴影尚未散去的 2011 年，中国的进出口总额越过 3 万亿美元；2013 年进出口总额达到了 4.16 万亿美元，一举超越美国而成为世界最大的货物贸易国。2017 年中国货物贸易进出口总值达 27.79 万亿元人民币，继续保持全球最大货物贸易国的地位。对外贸易的迅速增长为理论研究提供了大量的课题和丰富的素材，学者们对外贸理论和实践中的重要问题开展了深入研究，促进了中国对外贸易理论的发展和繁荣。由于加入 WTO 前后，中国的外贸规模、结构、面临的主要问题和对外贸易发展战略都有所不同，学术界的研究热点也因此表现出一定的差异。本部分将分别展开论述。

## 一、加入 WTO 之前关于对外贸易的研究

### （一）对外贸易的重要地位和作用

在中华人民共和国成立后很长一段时期里，国内对于外贸在社会主义经济建设中的地位和功能的认识存在着很大的局限性，认为外贸的作用仅仅是"互通有无，调剂余缺"，只是在局部范围内调节经济结构，弥补物资短缺。在改革开放之初，尽管对外开放已成为基本国策，但在对外贸易领域，仍然存在着既主张扩大对外经济关系又反对以国际分工为指导原则的观点。王林生指出，这种自相矛盾的观点持有者可能认为国际分工与建设独立的、比较完整的国民经济体系是背道而驰的。[①] 事实上，与国际分工相对立的不是独立的、完整的经济体系，而是闭关自守、自给自足的体系。在对外经济贸易关系中，应该贯彻"扬长避短，发挥优势"的原则，积极利用国际分工。袁文祺和王健民也主张应当重新认识和评价对外贸易

---

① 王林生.试论社会主义对外贸易的地位和作用问题.国际贸易，1982（2）.

在我国国民经济发展中的作用和地位。[1] 他们认为：作为一个高度社会化大生产的国家，中国应当参加国际分工，并同其他国家发生包括商品交换在内的各种经济联系。参与国际商品交换应该以利用国际分工实现社会劳动的节约为目的，而不仅仅是实现实物形态的转换。对外贸易有利于提高劳动生产率，能够发挥促进国民经济发展的杠杆作用。而要想使对外贸易作为促进国民经济发展的杠杆的作用得到充分发挥，就应当适度提高我国出口贸易额在国民生产总值中以及在世界出口贸易总额中的比重。何新浩详细地分析了对外贸易的作用：一是可以与其他国家互通有无；二是可以通过参与国际分工，充分利用本国最具优势的资源禀赋，实现社会劳动的节约和经济效率的提升；三是可以加速社会扩大再生产的实现；四是可以引进外国的先进科技来推动经济发展；五是可以通过外贸为国民经济发展创造良好的外部环境。[2] 时任对外贸易部部长的郑拓彬进一步总结道："我们要从战略的高度来认识发展对外贸易的重要意义，要认识到我们的经济工作有两种力量、两种资源。两种力量，主要靠自己的力量，以自己的力量为主，争取外部力量为辅。两种资源，要充分利用国内资源，但不要忽略外部资源"，"要充分利用我们之所长，通过国际市场的交换，来弥补我们之所短，把外贸工作做好"。[3]

### （二）外贸发展战略

在 20 世纪八九十年代，大家普遍认为：要想推动对外贸易的发展，使之发挥经济增长引擎的重要作用，就应当制定与中国国情相适应的对外贸易发展战略。进口替代战略和出口替代战略都曾经在发展中国家风行一

---

[1] 袁文祺，王健民 . 重新认识和评价对外贸易在我国国民经济发展中的作用和地位 . 国际贸易，1982（1）.

[2] 何新浩 . 正确发挥对外贸易的作用，加速我国经济的发展 . 国际贸易，1982（5）.

[3] 郑拓彬 . 解放思想，提高认识，为加快发展对外贸易而奋斗 . 国际贸易，1982（1）.

时，它们能不能应用于中国？一种观点主张以实行进口替代战略为主。刘昌黎在《进口替代是我国赶超世界工业大国的长期战略》一文中，从八个方面论证了中国应当长期实行进口替代战略的必然性。[1] 张培基也认为，在制定进出口战略时，应当在充分发挥社会主义制度优越性的基础上，吸收进口替代战略和出口替代战略各自的优缺点，实行以进口替代为主，同时实现二者相结合的战略。[2] 另一种观点则认为应当以出口替代战略为主。黄方毅指出，从产品的目标市场来看，进口替代显然是面向国内市场的，它实际上是一种内向型战略。尽管中国长期实行的带有进口倾向的战略有助于建立相对完整的独立工业体系，但它也可能会造成进口剧增而出口缩减的局面，有可能导致外汇短缺甚至演变为债务危机。因此，要尽快推动对外经济战略从进口替代向出口导向的转变。[3] 还有一种观点则提出，应当实施融合了两种战略基本因素的平衡发展战略。唐海燕认为，无论是进口替代战略还是出口替代战略，都不能适应已经变化了的当代国际经济环境，也不适合我国的基本国情。平衡发展战略才是我国外贸发展战略的必然选择。[4]

除了进口替代战略和出口替代战略之争外，当时国内还曾经提出过不少具有中国特色的对外贸易发展战略，主要包括大经贸战略、市场多元化战略、科技兴贸战略、国际大循环战略、外贸自乘发展战略、国际竞争力导向战略等。[5] 有的战略曾经对我国的体制改革和外贸政策产生过较大影响。在 20 世纪 80 年代末期，国家计委投资研究所副研究员王建提出了国际大循环经济发展战略，主张充分利用我国农村劳动力丰富的资源禀赋，

① 刘昌黎.进口替代是我国赶超世界工业大国的长期战略.经济研究，1987（8）.
② 张培基.关于我国对外贸易发展战略的探讨.国际贸易，1984（1）.
③ 黄方毅.当前我国引进和对外经济贸易的制约因素和改进设想.经济研究，1985（12）.
④ 唐海燕.论中国外贸发展战略的选择.国际贸易问题，1994（2）.
⑤ 魏雅卿.外贸战略演变的理论分析.经济学动态，2001（7）.

大力发展劳动密集型产业。① 具体而言，就是鼓励沿海地区大力发展加工贸易，进口原材料并加工增值后再返销国际市场，形成原材料和销售市场两头在外、大进大出的外向型经济。在大力发展劳动密集型加工工业的同时，按照同样的模式再发展创汇农业。通过这种模式使农村劳动力参与国际经济大循环，并通过劳动密集型产业的出口创汇支持农业和基础产业发展。这种战略构想当时得到了中央领导的肯定，也在一定程度上推动了中国向出口导向型经济发展模式的转变。但正如一些研究者所指出的，这种发展战略存在着很多弊端，它将小国经济发展模式照搬到大国经济发展之中②，只适用于发展劳动密集型低档产品市场③，使中国在国际分工中被锁定于产业低端的依附地位④。以现在的眼光来看，尽管当时提出的各种对外贸易发展战略都存在着不同程度的局限性，但它们具有鲜明的时代特征，反映了经济增长对外贸体制改革和外贸发展的现实需求，也体现了理论界对中国深化外贸发展战略的不懈探索和追求。

### （三）外贸体制改革

随着对外开放的不断扩大，我国的对外贸易管理体制越来越不适应外贸发展的实际需要。在计划经济时期的外贸体制下，出口和进口分别实行收购制和拨交制，进出口规模和商品结构由国营外贸企业完全按照国家计划来执行，盈亏由国家统负而不是企业承担。郑拓彬在《经济研究》上撰文指出，传统外贸体制弊端重重：一是外贸部门的独家垄断经营体制不利

---

① 王建．选择正确的长期发展战略：关于"国际大循环"经济发展战略的构想．经济日报，1988 - 01 - 05.

② 梁桂全．不合国情的"国际大循环"构想：兼论开放的多元优势次阶跃推进战略．学术研究，1988（4）.

③ 闵建蜀．国际大循环理论之我见：香港中文大学工商管理学院院长闵建蜀教授谈国际大循环．经济管理，1988（7）.

④ 贾根良．国际大循环经济发展战略的致命弊端．马克思主义研究，2010（12）.

于调动各方面的积极性；二是工业企业的产品生产与国际市场的需求脱节，工业企业缺乏自主经营权，难以及时响应国际市场的需求；三是政企不分，解决经济问题时不是遵循经济规律而是偏好行政干预，管得过多过死；四是外贸活动所需的各种手续烦琐，导致效率低下，不能适应对外开放、对内搞活的需要。[①] 尽管在改革开放之初对外贸体制也进行了一些改革，但政企不分、吃"大锅饭"、产销脱节等问题依然没有得到有效解决，还需要进一步推进外贸体制改革。从党的十一届三中全会之后到 20 世纪末，中国外贸体制改革经历了探索、整体推进、攻坚和继续深化四个阶段。[②] 外贸体制改革取得了很大的进展，主要表现在以下几个方面[③]：政企分开、简政放权得到落实，高度集中的外贸经营体制被打破，外贸经营权被逐步下放，进出口代理制得到逐步推行，外贸企业和生产企业开始探索工贸结合之路；改革计划体制，简化计划内容，进出口商品指令性计划管理的范围大幅缩小，逐渐转向指令性计划、指导性计划与生产调节相结合；改革外贸财务体制，强化经济调节手段，开始运用汇率、外汇留成、奖励政策、实行部分出口商品退税等办法，促进外贸出口的发展。经过二十多年的改革，中国的外贸体制逐渐从高度集中的、以行政管理为主的国家垄断外贸体制转向市场经济下的外贸体制，初步建立了与社会主义市场经济体制相适应的外贸体制，在宏观和微观方面的改革调动了外贸企业的积极性，极大地推动了对外贸易的迅速发展。但外贸领域的政企分开仍不彻底，外贸体制改革的出路在于提高改革的配套性和进一步深化。[④]

---

① 郑拓彬. 我国对外贸易体制改革问题. 经济研究，1984（11）.
② 朱钟棣. 新中国外贸体制改革的回顾与展望. 财经研究，1999（10）.
③ 薛荣久. 50 年的探索：对建国以来中国外贸理论的回顾与思考. 国际贸易，1999（10）.
④ 佟家栋. 中国外贸体制改革探讨. 南开学报，1998（1）.

### （四）加入 WTO 对中国经济的影响

2001 年 11 月 10 日，世界贸易组织（WTO）第四届部长级会议通过了中国加入 WTO 的法律文件。加入 WTO 既是中国深入参与经济全球化进程的自身需要，也是 WTO 体现多边贸易体制普遍性和公正性的内在需要。从 1986 年 7 月中国提出恢复在《关税与贸易总协定》中的缔约方地位的申请开始，中国在经历了 16 年的艰难谈判之后，才最终成为 WTO 的第 143 个成员。加入 WTO 是中国改革开放进程中一个具有历史意义的事件，它极大地推动了中国对外开放的总体进程。在加入 WTO 之前，国内学术界就加入 WTO 的意义与作用、主要障碍、产业冲击、体制改革、法律完善等方面进行了广泛的讨论，为中国的入世谈判和入世后的体制和政策调整提供了充分的理论支持。

当时国内主流的观点认为，中国需要 WTO，WTO 也需要中国。[①] 加入 WTO 有利于改善中国的外部经济环境，使中国同世界经济的联系更加紧密，更好地融入世界经济和国际社会；有利于比较公正、合理地解决贸易争端，中国可借助于 WTO 的争端调解机制解决与其他成员间的贸易摩擦；有利于中国在国际经济舞台上发挥更大的作用；有利于加强市场经济体制的法制建设，并可借鉴 WTO 成员经验建立现代企业制度；有利于中国企业提高竞争力；有利于中国引进外商直接投资和先进技术。学者们并不否认，加入 WTO 在给中国经济发展带来机遇的同时，也会带来挑战。WTO 成员必须做到权利与义务的平衡，这意味着中国在享受待遇的同时，也必须遵守承诺，向其他成员逐步开放市场，这可能会对国内一些产业造成冲击。[②] 但学者们普遍

---

① 陈学明. 中国加入 WTO 的进程及利弊概述. 经济学动态，2000（3）.
② 甄炳禧. 中国加入 WTO 及其影响. 国际问题研究，2000（1）.

认为，加入WTO总体而言利大于弊。

当时国内研究入世对中国经济影响的大部分文献都是定性分析，但也有一些文献对此开展了定量分析，并得出了一些富有启发性的结论。李善同等人运用可计算一般均衡模型分析了入世对中国经济的影响，认为入世将会使中国获得很大的效率收益，导致GDP显著增加，收益主要源于根据比较优势重新配置资源所导致的效率提高。但这个效率收益并非在部门间平均分配，农业、汽车等受保护程度较高的产业部门的产出水平反而有可能会出现较大幅度的下降，而纺织和服装等劳动密集型部门则会成为主要的受益者。因此，入世在提升中国效率收益的同时，也会导致经济结构出现较大调整。[①] 当时国内对加入WTO可能导致的潜在产业冲击比较担忧，不少学者分别研究了入世对中国的农业、汽车业、银行业等较易受冲击行业的影响，并提出了很多对策建议。[②] 事实上，加入WTO极大地促进了中国市场竞争环境的改善和企业竞争力的提升，中国企业不仅没有因入世冲击而出现大面积倒闭，反而在激烈的国内外市场竞争中越战越勇。1999年，进入世界500强的中国企业只有9家，而2017年上榜的中国企业数量已经达到了109家，每5家世界500强企业中就有1家是中国企业[③]。在入世前被普遍认为岌岌可危的中国汽车工业中，2017年有6家中国汽车企业跻身世界500强，约占上榜的全球23家汽车企业的1/4。

① 李善同. 中国加入世界贸易组织对中国经济的影响：动态一般均衡分析. 世界经济，2000 (2).

② 宋泓. 加入WTO对我国产业发展的影响及对策. 世界经济与政治，2000 (3)；张德修. 加入WTO对中国经济某些产业的正负面影响剖析. 北京大学学报（哲学社会科学版），2000 (3)；中国农业大学经济管理学院课题组. 加入世界贸易组织对我国农产品贸易的影响. 世界经济，1999 (9)；郭克莎. 加入WTO之后中国汽车工业面临的影响及应对思路. 中国工业经济，2001 (10)；钱小安. 加入WTO对中国银行业和金融调控的影响及对策. 金融研究，2000 (2).

③ 未统计港澳台地区企业。

## 二、加入 WTO 之后关于对外贸易的研究

加入 WTO 对中国经济产生了极为深远的影响，"中国扩大了在工业、农业、服务业等领域的对外开放，加快推进了贸易自由化和贸易投资便利化。在履行承诺的过程中，中国深化外贸体制改革，完善外贸法律法规体系，减少贸易壁垒和行政干预，理顺政府在外贸管理中的职责，促进政府行为更加公开、公正和透明，推动开放型经济进入一个新的发展阶段"①。加入 WTO 以来，中国的对外贸易发生了巨大的变化，面临着新的机遇和挑战，这也推动了对外贸易理论研究的新进展。

### （一）转变外贸发展方式

改革开放以来，特别是加入 WTO 以来，中国的对外贸易获得了长足发展，进出口规模不断扩大，外贸商品结构明显改善，贸易伙伴更趋多元化。但中国的外贸发展也面临着很多问题。很多学者认为中国对外贸易增长方式仍然属于粗放型增长方式。② 简新华和张皓指出，中国外贸国际竞争力的形成主要基于要素成本低廉和持续的技术引进，这种以数量扩张、劳动密集和低价竞争为特征的外贸增长方式固然能够促进对外贸易的增长，但也导致贸易摩擦不断、外贸顺差过大、资源消耗过多、环境压力加剧、经济效益低下等问题，迫切要求转变外贸增长方式。③ 王受文也认为，我国参与国际分工的领域主要集中在劳动密集型、低附加值的环节，

---

① 国务院新闻办公室.《中国的对外贸易》白皮书（2011）. 国务院新闻办公室网站，2011 - 12 - 07.

② 陈万灵，邵学言. 中国外贸快速增长：问题、困境与出路："国际经贸大趋势与转变外经贸增长方式"学术研讨会综述. 改革，2006（11）.

③ 简新华，张皓. 论中国外贸增长方式的转变. 中国工业经济，2007（8）.

都处于国际产业链和价值链的低端，缺乏自主知识产权和自主品牌，对外贸易大而不强。[①] 外贸结构不平衡也导致顺差规模扩大和国际收支失衡，给宏观调控造成了很大压力。国际金融危机的爆发给中国外贸造成了很大影响，也使得转变外贸发展方式的要求更加迫切。张燕生指出，在后危机时代，中国对外贸易发展面临低成本竞争优势转型、加工贸易生产体系转型、模仿创新模式转型、外贸增长方式转型、东亚区内贸易格局战略性调整、外贸激励机制转型六种压力。[②] 裴长洪等认为，转变外贸发展方式不能仅局限于优化出口商品结构和提高出口产品附加值，它包含四重经济含义：转变国民收益分配方式和格局、转变竞争方式、转变市场开拓方式以及转变资源利用方式。[③]

在保持出口规模稳定增长的同时，促进出口结构优化，是转变外贸发展方式的重要内容。进入 21 世纪以来，中国出口商品的结构也有了很大改善，目前工业制成品在出口产品中所占比重已超过 95％，机电产品及高新技术产品在工业制成品中的占比也越来越大。但隆国强指出，中国的高新技术产品出口其实仍然是以劳动密集为主的增值活动。长期以来，中国的比较优势主要集中在劳动密集型产业，目前最具国际竞争力的产品也集中在技术含量中等的产品上。[④] 齐俊妍也认为，传统分类衡量贸易结构的方法高估了中国贸易结构优化的程度。如果按技术含量和附加值分类进行分析就会发现，中国的出口产品仍然主要具有低技术和低附加值的性质，而最能反映一国技术深度的中等技术类产品，尤其是需要较高技术和规模密集型的自动化类产品，以及要求有自主知识产权和较高研发投入的

---

① 王受文. 转变外贸发展方式，推动对外贸易稳定平衡发展. 国际贸易，2007 (7).
② 张燕生. 后危机时代：中国转变外贸增长方式最重要. 国际经济评论，2010 (1).
③ 裴长洪，彭磊，郑文. 转变外贸发展方式的经验与理论分析：中国应对国际金融危机冲击的一种总结. 中国社会科学，2011 (1).
④ 隆国强. 当前的机遇不是规模扩张而是出口结构升级. 对外经贸实务，2014 (7).

高技术类产品，不仅在中国出口结构中所占比重仍然较低，而且其国际竞争力也不强。要想转变出口增长方式，就应当在保持出口规模稳定增长的同时，优化出口结构。[①] 金碚等人建议高度重视中等技术制成品竞争力不强、产品密度不大的突出问题；客观看待劳动密集型制成品群体在出口结构转型升级中的双重作用；适时优化高技术产业政策组合，把价值链攀升作为政策的最优先目标。[②] 也有学者主张积极发挥科技创新的关键作用，实现"优进优出"的外贸新格局；探索构建自己主导的全球产业价值链，实现国际新标准下的出口结构优化；着力优化人力资源配置，发挥人力资源对科技创新和外贸转型的核心作用。[③]

### （二）积极发展服务贸易

现代服务业已经成为许多国家国民经济的重要产业和经济发展的新增长点。与之相适应，服务贸易在国际贸易中的占比也在提升。服务全球化是近年来经济全球化进程中最鲜明的阶段性特征，仍将在较长时期内快速发展，它推动了世界经济增长和福利改善，也为中国利用服务全球化机遇来促进自身发展提供了契机。[④] 近年来中国的服务贸易发展也很快，2017年全年服务进出口总额为 46 991.1 亿元，其中，出口为 15 406.8 亿元，进口为 31 584.3 亿元，服务逆差为 16 177.5 亿元，服务进出口规模有望连续 4 年保持全球第二位。[⑤] 随着中国服务贸易总量的增长，服务贸易结

---

① 齐俊妍．中国是否出口了更多高技术产品：基于技术含量和附加值的考察．世界经济研究，2008（9）．

② 金碚，李鹏飞，廖建辉．中国产业国际竞争力现状及演变趋势：基于出口商品的分析．中国工业经济，2013（5）．

③ 李秀珍，徐芳娜．技术创新与中国外贸发展方式转变．华东师范大学学报（哲学社会科学版），2015（4）．

④ 江小涓．服务全球化的发展趋势和理论分析．经济研究，2008（2）．

⑤ 商务部服贸司负责人谈 2017 年我国服务贸易情况．中国政府网，2018－02－06．

构也在发生变化。赵景峰和陈策通过实证分析发现，从 20 世纪 80 年代开始，中国服务贸易就由顺差转为逆差，加入 WTO 之后服务贸易逆差规模仍在持续扩大。在服务贸易的具体行业中，竞争力相对较强的是旅游、运输等传统劳动密集型部门，而包括金融、保险、计算机与信息和咨询等在内的资本、技术和知识密集型现代服务业部门供给不足，难以满足国内外市场需求。[①] 一些学者运用不同方法、从不同角度所进行的研究也得出了类似的结论。[②] 盛斌和马盈盈从贸易增加值角度对中国服务贸易出口结构以及国际竞争力进行了测算，发现在 2000—2014 年期间，中国服务贸易的出口结构出现明显优化，知识密集型服务在中国服务增加值出口总额中的占比大幅增加，但仍然低于世界平均水平。[③] 服务贸易增加值出口结构变化的主要原因在于：制造业服务化、国内服务对国外服务的替代以及制造业出口结构的变化。尽管中国服务贸易的国际竞争力逐渐增强，但总体上不仅与发达国家仍有较大差距，甚至不如巴西、印度、俄罗斯等新兴经济体。学者们建议：要想提升服务贸易的国际竞争力，就应该大力发展知识技术密集型服务产业，不断完善服务贸易政策支持体系；重视教育和培训，提高人力资本存量和质量；进一步开放国内服务市场，有序地引进外资、先进技术和管理经验，以开放促竞争。[④] 在保持货物贸易和经常项目收支顺差的前提下，可以把服务贸易逆差作为常态对待，并把专利、品牌、技术培训、知识和信息的购买等服务贸易的进口作为改善国内生产要素素质的重要手段，以提高国内要素生产率。[⑤]

---

① 赵景峰，陈策．中国服务贸易：总量和结构分析．世界经济，2006（8）．

② 程南洋，杨红强，聂影．中国服务贸易出口结构变动的实证分析．国际贸易问题，2006（8）；陈虹，章国荣．中国服务贸易国际竞争力的实证研究．管理世界，2010（10）．

③④ 盛斌，马盈盈．中国服务贸易出口结构和国际竞争力分析：基于贸易增加值的视角．东南大学学报（哲学社会科学版），2018（1）．

⑤ 裴长洪，樊瑛．继续提升对外贸易促进我国经济发展的功能．国际贸易，2014（6）．

### （三）防范和应对贸易摩擦

随着中国经济的持续增长和出口规模的不断扩张，中国产品不断遭到一些国家借反倾销和反补贴之名而实施的贸易救济调查，中国的对外贸易正在进入一个贸易摩擦多发期。中国是世界上最大的货物贸易国，因此也被一些国家视为贸易救济措施的首要目标国，已连续多年成为全球遭遇反倾销和反补贴调查最多的国家。仅 2017 年中国就遭遇 21 个国家和地区发起的贸易救济调查 75 起，平均不到 4 天就有 1 起涉华案件发生。[①] 尹翔硕等人通过大量的文献调研，对以 WTO 为主的多边贸易制度下贸易摩擦的主要趋势进行了归纳：在 WTO 规则的约束下，关税、配额等传统贸易救济措施的使用日益减少，反倾销、反补贴、保障措施已经成为主要的政策工具。此外，知识产权保护、技术标准、卫生检验检疫标准、劳工条件、环境保护等正在被许多国家用来作为新的贸易救济工具。[②] 毛燕琼总结了加入 WTO 十年以来涉华贸易摩擦的特点及发展趋势：国外对华贸易摩擦形式日趋多样化和复杂化，贸易救济措施的热点正在从反倾销转向反补贴、保障措施和特别保障措施；国外实施的对华贸易摩擦从微观层面的具体商品开始转变为针对整个产业，甚至涉及人民币汇率、市场开放、知识产权保护等宏观经济层面；贸易摩擦的强度和影响程度明显上升；贸易摩擦日趋政治化；除了发达国家之外，发展中国家与中国之间的贸易摩擦也在增加。[③] 国际金融危机之后，国外对华贸易摩擦又出现了新的特点：钢铁业成为我国遭遇贸易摩擦最多的产业，针对高科技产业的贸易摩擦也在

---

① 2017 年商务工作年终综述之十四：积极开展贸易救济工作，切实维护贸易秩序和产业安全. 中华人民共和国商务部网站，2018 - 01 - 19.

② 尹翔硕，李春顶，孙磊. 国际贸易摩擦的类型、原因、效应及化解途径. 世界经济，2007 (7).

③ 毛燕琼. 加入 WTO 十年国际对华贸易摩擦回顾与展望. 世界经济研究，2011 (11).

日渐增多，我国遭遇贸易摩擦的主要方式仍然是反倾销和反补贴调查。[①]

一些学者研究了涉华贸易摩擦大量增加的原因，通常将其归结为以下几点：一是中国已成为世界第一货物贸易大国，巨大的贸易规模难免会导致贸易摩擦增多；二是全球经济危机之后一些国家贸易保护主义抬头；三是中国制造业仍然集中在中低端产品上，低附加值的初加工产品产能过剩而高附加值的产品供不应求，导致外贸出口不得不以量取胜，从而引发贸易摩擦。[②] 但也有研究者认为：不能简单地将贸易摩擦归咎于中国大量出口技术含量偏低的低附加值产品，或者出口市场集中度过高。张雨和戴翔通过实证分析发现，中国出口产品升级和出口市场多元化并没有减少涉华贸易摩擦，反而使之增加。[③] 因此，随着中国出口规模的扩大以及在全球贸易中地位的提升，中国面临的贸易摩擦可能仍会继续增加。学者们建议：积极利用多边贸易体制和区域性争端解决机制；树立合作式国际贸易摩擦解决机制的新理念，积极探索平等协商、互利共赢的中国合作式争端解决方式；建设应对贸易摩擦的工作机制和社会服务体系；建立健全贸易摩擦预警机制、产业安全预警机制和产业损害调查规则；规范企业出口竞争秩序，指导和帮助企业的反倾销应诉。[④]

## 第二节　关于外资的研究

改革开放以来，中国吸引的外商直接投资一直稳步增长，已连续二十

---

① 宫毓雯，华晓红. 国际经济新形势下我国应对贸易争端的对策研究. 国际贸易，2017 (11).

② 毛燕琼、宫毓雯等前述文献. 左安磊. 后金融危机时代中国国际贸易摩擦的特点、趋势及对策. 世界贸易组织动态与研究，2012 (9).

③ 张雨，戴翔. 出口产品升级和市场多元化能够缓解我国贸易摩擦吗？. 世界经济研究，2013 (6).

④ 裴长洪. 我国对外贸易发展：挑战、机遇与对策. 经济研究，2005 (9)；武雅斌，王勇. 树立合作式国际贸易摩擦解决机制的中国理念. 国际贸易，2017 (3).

五年成为引进外资最多的发展中国家。截至 2016 年 12 月末，中国累计使用外商直接投资 13 544.04 亿美元，中国外商投资存量占全球的比重达到 5.07%。[①] 外商直接投资弥补了国内资金的不足，中国也借此引入了先进技术和管理经验，扩大了出口创汇，其对中国的经济增长、产业升级、外贸扩张和就业增加发挥了积极的作用。在中国不断提升利用外资规模和水平的过程中，国内学术界对外资问题进行了大量研究，对如何更好地吸引和利用外资的认识也在不断深化。

## 一、引进外资的理论依据

利用外资是中国对外开放政策的重要组成部分。但是由于长期受到"左"倾思潮的影响，在改革开放之初，社会上对于引进外资的必要性仍然存在很大的争议。这种顾虑主要表现在五个方面：一是认为利用外资可能影响自力更生，使中国经济形成对外国的依赖；二是认为利用外资可能导致资本主义自发势力的蔓延，进而影响计划经济的运行；三是认为中国低下的经济管理水平难以有效利用和消化吸收引进的外资，导致不能还本付息甚至发生债务危机；四是认为引进外资将使外国设备及商品涌入国内市场，冲击民族工商业；五是认为利用外资带来的资产阶级思想和腐朽的生活作风会腐蚀干部和群众，妨碍社会主义精神文明的建设。[②] 在当时的情况下，如果不能从思想上正本清源，就难以在实践中推动引进外资工作的顺利进行。因此，在 20 世纪 80 年代初，理论界对于引进外资的必要性和可行性进行了深入研究。

学者们最初从马列主义经典作家的著作中寻找引进外资的理论依据。

---

① 商务部. 中国外商投资报告 2017. 商务部网站.
② 彭科. 必须提高对利用外资的认识. 国际贸易问题，1982 (4).

萧灼基根据列宁在十月革命后关于引进技术和利用外资的思想，结合中国的实际国情认为，从国外引进先进技术和进口设备是我国社会主义现代化建设的长期战略方针。[①] 蒋建平分析了马克思和恩格斯在《共产党宣言》中的相关论述以及列宁关于利用外资的思想，探讨了社会主义中国引进外资与帝国主义对旧中国投资的本质区别。[②] 除了引经据典之外，更多的学者通过国际比较的视角，研究了日本、东欧国家、东南亚以及拉美地区的发展中国家在引进外资方面的经验，认为吸收外资是世界各国发展经济普遍采用的重要手段，有助于补充本国资金的不足，加速国民经济的发展；有助于促进新兴工业部门的建立；有助于扩大和带动出口并促进出口结构的变化；有助于扩大劳动就业，增加居民收入。[③] 这些学者认为：尽管利用外资也存在种种弊端，但总的来说利大于弊，利用外资有利于中国的四个现代化建设。因此，"我们对外开放，引进国外资金、技术和科学的经营管理经验，目的是作为社会主义经济的一种补充，加速建设和发展社会主义，加强而不是削弱独立自主、自力更生的能力"[④]。

## 二、外商直接投资对中国经济的影响

改革开放推动了中国的经济增长，中国经济的迅速发展和消费市场的巨大潜力也吸引了越来越多的外商直接投资。自 20 世纪 70 年代末以来，中国吸引的外商直接投资一直稳步增长。目前，中国已连续二十五年成为

---

① 萧灼基.积极稳妥地引进技术和利用外资.东岳论丛，1982（5）.

② 蒋建平.社会主义中国引进外资与帝国主义对旧中国投资的本质区别.经济科学，1986（5）.

③ 季崇威.利用外资和中国经济发展的关系.社会科学，1982（2）；王继祖.借鉴国外经验，做好利用外资工作.国际贸易问题，1982（4）；陈荫枋，张岩贵.我国利用外资的战略问题.社会科学战线，1985（3）.

④ 季崇威.我国对外开放政策的理论和实践.经济研究，1984（11）.

吸收外商直接投资最多的发展中国家。得益于外商直接投资，中国的工业部门已经成功地融入国际分工体系，中国也成了"世界工厂"。很多学者研究了外商直接投资对中国经济的影响。郭熙保和罗知认为，在促进经济的增长方面，外商直接投资的促进作用显著大于国内固定资本投资。单项外商直接投资规模越大以及外资占制造业部门投资的比重越大越有利于促进经济增长，但是外资企业出口比重越大越不利于经济增长。[①] 桑秀国通过构建一个基于新经济增长理论的模型并对中国数据进行验证后发现，外商直接投资与中国经济增长呈正相关关系，外商直接投资主要是通过技术进步的方式促进经济增长，长期看来尤其如此。[②] 何洁和许罗丹发现，外商直接投资带来的技术水平每提高 1 个百分点，中国内资工业企业的技术外溢作用就提高 2.3 个百分点。[③] 姚洋也认为，与国有企业相比，国外"三资"企业的技术效率要高 39％，港澳台资企业要高 33％；并且在行业中国外"三资"企业数量的比重每提高 1 个百分点，每个企业的技术效率就会提高 1.1 个百分点。[④]

外商直接投资不仅扩大了中国的出口规模，还促进了中国的产业结构升级。张帆和郑京平利用国家统计局第三次工业普查所提供的产业和企业资料，研究了跨国公司对经济效率和经济结构的影响。他们发现，较之于港澳台的中小型投资，跨国公司主要投向资本和技术密集型行业，这有利于中国产业结构从劳动密集型部门向技术和人力资本密集型部门调整，总体上将有助于中国经济结构向更高的资源配置效率转化，但也会使行业内

① 郭熙保，罗知.外资特征对中国经济增长的影响.经济研究，2009（5）.

② 桑秀国.利用外资与经济增长：一个基于新经济增长理论的模型及对中国数据的验证.管理世界，2002（9）.

③ 何洁，许罗丹.中国工业部门引进外国直接投资外溢效应的实证研究.世界经济文汇，1999（2）.

④ 姚洋.非国有经济成分对我国工业企业技术效率的影响.经济研究，1998（12）.

和行业间的收入分配更加不平等。[①] 李健、辛承越等的研究表明，在外商投资企业的主导下，中国机电产品出口增长比较迅速，高新技术产品的出口规模也不断扩大，出口商品结构不断改善。[②] 詹晓宁、陈建国和葛顺奇等人认为，跨国公司加剧了产业内的竞争，不仅对国内企业产生了积极的竞争示范效应，也迫使原先处于国内市场主导地位的企业不得不加大技术创新和产品研发的力度。[③] 因此，江小涓指出，总体上看，外商直接投资促进了中国出口商品结构的提升，有利于中国产业结构的优化，提高了中国工业制成品及高技术产品的出口竞争力。[④]

但也有一些学者对外商直接投资对于中国经济的影响得出了不同的结论。王春法和姜江通过分析北京、上海、东莞和苏州四个城市企业问卷调查的结果，发现外商直接投资企业对华技术溢出效应实际上较弱。[⑤] 宋泓和柴瑜通过实证分析发现，三资企业更倾向于投资电子电器业、运输工具业等下游加工行业，而不愿投资黑色金属冶炼、煤炭采掘、石油和天然气开采等上游行业。从三资企业的产业分布来看，它们更多地在下游行业与国内企业进行激烈的竞争，而对国内亟待发展的上游行业则鲜有涉足。他们认为，无论是与我国所有工业企业相比，还是与剔除三资企业后的国内企业相对照，三资企业不仅没有改善我国工业结构的总体效益，反而使之大幅下降。[⑥]

---

① 张帆，郑京平.跨国公司对中国经济结构和效率的影响.经济研究，1999（1）.

② 李健.外资企业：中国外贸出口新的增长源.国际贸易，1996（10）；辛承越.经济全球化与中国商务发展.北京：人民出版社，2005.

③ 詹晓宁，陈建国.出口竞争力与跨国公司FDI的作用.世界经济，2002（11）；陈建国，葛顺奇.出口竞争力与外国直接投资的作用.南开经济研究，2002（1）.

④ 江小涓.中国的外资经济对增长、结构升级和竞争力的贡献.中国社会科学，2002（6）.

⑤ 王春法，姜江.FDI与内生技术能力培育：中国案例研究.高科技与产业化，2005（2）.

⑥ 宋泓，柴瑜.三资企业对我国工业结构效益影响的实证研究.经济研究，1998（1）.

## 三、引进外资与民族企业发展

虽然国内的政府部门和理论界对于外资的"绿地投资"及其作用已经达成基本共识，但是对通过并购方式进行的外商直接投资及其作用却众说纷纭。在20世纪90年代中期，香港中策公司利用各地区积极推动当地国企与外资嫁接改造的契机，在短短两年时间里，通过合资、收购等方式，在内地控股了上百家国有企业。① "中策现象"不仅在社会上引起了很大震动，也促使学术界对外资并购的利弊进行了深入思考。李曙光在中国经济发展与企业改革的大背景下分析了"中策现象"后认为，对于缺乏新资本金注入来源的中国国有企业来说，"中策现象"不仅不应该受到拒斥，反而是一种机遇，它能发挥市场配置资源的功能，促进存量资产的优化配置和生产要素与社会财富的有效流动。② 黄速建指出：国有企业之所以会走上合资和出售国有产权之路，是为了解决企业的生存、改革和发展问题。合资与转让企业国有产权是引进外资的重要方式，不应该笼统地加以反对，关键是如何在既不损害国有产权合法权益又能保障国家经济安全的前提下开展合资和出让企业产权。③ 秦海认为："中策现象"所引起的多种争议，实际上是中国对外开放进程理论准备不足的间接反映。④ 王振中则认为：不能将国际直接投资看作普普通通的货币流动，直接投资行为的核心是对企业的控制问题，因此，资本是有旗帜的。中国应当效仿发达国家，对外资并购本国企业的行为加以必要的政府监管。⑤

---

① 胡舒立．"中策现象"关于引资改造的解析与思考．改革，1994（3）．
② 李曙光．以开放的心态看待"中策现象"．改革，1994（5）．
③ 黄速建．从所谓"中策现象"想到的．改革，1994（5）．
④ 秦海．"中策现象"有待更充分的剖析．改革，1994（4）．
⑤ 王振中．资本难道真的没有旗帜吗？．改革，1994（5）．

在改革开放之初，中国企业的整体技术水平远远落后于发达国家，在引进外资的过程中"以市场换技术"成为中国引进先进技术的重要途径。国务院于 1986 年发布的《关于进一步改善外商投资企业生产经营条件的通知》（国发〔1986〕76 号）的第五条指出："要坚决贯彻以市场换技术的方针，落实替代进口的措施，鼓励外商投资者提供先进技术。"到了 20 世纪 90 年代，"以市场换技术"在很多行业大行其道。如何评价"以市场换技术"的策略？对于这一问题，不同研究者之间分歧极大。厉以宁认为"以市场换技术"是一种好策略，因为它不仅会吸引更多外商来华投资，还能够从整体上提高国内企业的技术水平，增强企业的国际竞争力，从而为国内企业开拓国际市场创造条件。[①] 李黎建立了一个资本资产增值模型并进行分析后认为，为了更快地积累民族资本发展的后劲，需要暂时放弃对企业的控制权要求。通过放弃企业控股权，以外资为主引进和开发技术，借助于外企的技术来提升民族资本的技术能力，再寻找适当的时机和方式以资本收购外资股权，这可能是实现民族企业快速发展的有效策略。[②]

但对于"以市场换技术"引资策略的批评也不绝于耳。张平通过对中国第一家汽车合资企业——北京吉普公司的案例分析，探讨了跨国公司利用其在汽车生产技术方面的垄断优势实现的对中方企业的产业控制，发现美国公司即便在并不控股的情况下，也能凭借市场预期、技术优势、品牌、知识产权以及生产体系对合资企业进行控制，其收益也更多地来源于非分红部分。因此，对于国内汽车企业来说，要想摆脱跨国公司的产业控制，就必须走自主创新之路。[③] 路风和封凯栋对若干家中国汽车企业进行

---

①　厉以宁. 经济漫谈录. 北京：北京大学出版社，1998.

②　李黎. 外资竞争条件下民族工业企业的发展模式. 经济研究，1997（12）.

③　张平. 技术优势与跨国公司的产业控制：北京吉普案例的分析. 经济研究，1995（11）.

访谈和分析后认为："以市场换技术"政策的初衷是希望引进技术并使之在中国企业中产生溢出效应，从而助推中国汽车工业技术水平的提升，但技术扩散并没有在合资企业中发生，反而导致合资企业对外国技术依赖性的增加。因此，加强自主开发是振兴中国汽车工业的唯一出路。<sup>①</sup> 夏梁通过对"以市场换技术"政策形成过程的历史回顾，认为这个政策的提出具有历史必然性，在特定历史时期对中国的技术追赶发挥了重要作用，但它也存在不少消极因素，尤其是对中国的自主创新产生了内在的抑制作用，随着中外技术落差的缩小，"以市场换技术"应当让位于自主创新。<sup>②</sup>

进入 21 世纪之后，在国际金融危机之前的一段时间，跨国公司对我国若干行业特别是装备制造业中的龙头企业的"斩首式"并购曾经一度非常活跃，凯雷-徐工并购案、花旗-广发并购案、高盛-双汇并购案、舍弗勒-洛轴并购案、可口可乐-汇源并购案等外资对国内大型企业的并购曾经引起了国内舆论的普遍关注，又一次引发了关于外资并购利弊的激烈争论。王志乐认为：外资企业应当被视为中国企业的一部分，外资企业对内资企业的并购属于企业之间的正常商业行为，不应当将这种商业行为上升到国家经济安全的高度。中国正处于一个半世纪以来经济安全度最高的时期，现在还没有一个行业真正被外资企业垄断。<sup>③</sup> 葛顺奇从七个方面对189 个行业的外资影响力进行分析后认为：确实有些行业已经被外资控制，但这些行业并非国家战略或敏感行业，并且每个细分行业都存在数百家外资企业，从市场形态来看也并非完全垄断结构。外资对中国的行业影响力在总体上并未超出合理范围，外资还谈不上对国家经济安全构成威胁。尽管如此，他也主张中国在鼓励外资并购的同时，还是应当借鉴发达

① 路风，封凯栋. 发展我国自主知识产权汽车工业的政策选择. 商务周刊，2004 - 03 - 20.
② 夏梁. "以市场换技术"是如何提出的（1978—1988）. 中国经济史研究，2015（4）.
③ 王志乐. 也谈外资并购与中国经济安全. 经济导刊，2006（9）.

国家的经验，对跨国并购进行必要的规制。①

## 四、外商直接投资管理体制和政策的调整

自 20 世纪 90 年代以来，随着中国引进外资数量和规模的日益扩大，外资在中国的经济增长和产业升级等方面发挥了积极的作用，但也产生了不少问题。在是否还有必要继续扩大引进外资的问题上，国内学术界也开始产生分歧。王曦建立了一个经济增长框架下的最佳外资规模的模型，并根据实际经济增长率测算了中国的最佳外资规模，认为现有外资规模确实偏大，应当对外商直接投资实行直接管理，适当压缩引资规模。② 赵蓓文在肯定外资的重要贡献的同时也指出：由于地方政府在利用外资的过程中片面地追求数量扩张，这种外资数量扩张型增长方式导致了外资的行业垄断、对出口的主导、技术溢出效应微弱、税源流失等负面效应。③ 尽管一些学者主张限制外资规模，但更多的研究者认为：在新的发展阶段，引进外资的目的不仅是补充本国建设资金的不足，还有促进我国经济增长方式的转变。江小涓认为：内资与外资并不是完全的替代关系，由于基础设施建设融资金额巨大、国企改革需要新机制、国内技术进步的步伐还需加快等原因，继续利用外资仍不可或缺。应当进一步加强对外商投资方向的引导，鼓励外资将技术水平更高、增值含量更大的加工制造环节和研发机构引进到中国，提高利用外资的质量。④ 学术讨论也在一定程度上推动了政策调整。从 20 世纪 90 年代中期开始，中国政府颁布了《指导外商投资方向暂行规定》和《外商投资产业指导目录》，此后又多次进行修订，对鼓

---

① 葛顺奇.跨国并购及其对中国经济安全的影响.国际经济评论，2007（6）.
② 王曦.论我国外商直接投资的规模管理.经济研究，1998（5）.
③ 赵蓓文.外资数量扩张型增长模式的负面效应.世界经济研究，2007（1）.
④ 江小涓.利用外资与经济增长方式的转变.管理世界，1999（2）.

励、允许、限制和禁止外商投资的领域进行了明确规定，中国利用外资的策略开始从重视外资数量和规模转向更加重视外资的质量和水平。

近年来，国际投资领域正在发生深刻的变化。国际金融危机促使发达国家积极实施"再工业化"战略和"产业回流"政策，越来越多的发展中国家也凭借着劳动力成本低廉的优势积极承接国际产业转移。美国、欧盟等发达经济体所推行的以投资自由化为导向、准入前国民待遇和负面清单管理相结合的国际投资新规则逐渐被越来越多的国家所接受。面对国际投资环境和投资规则的新变化，中国如何更好地构建外商投资管理新体制，继续开创引进外资工作的新局面？学者们对此进行了较多的研究，这些研究主要集中在以下领域：一是如何统一内外资法律制度，营造更加公正透明的投资环境。郝红梅认为：随着国内外经济形势的发展和变化，外资三法在很多方面已经不能适应进一步扩大开放的新要求，三法合一的条件已趋于成熟。[①] 刘俊海详细分析了外商投资企业法与公司法之间的诸多冲突，认为按照投资者的身份是否为外国人将企业立法区分为内资企业法与外资企业法导致了公司法律体系的紊乱，建议立法者应当按照平等原则与国民待遇原则，对内、外资企业立法进行统一。[②] 二是如何构建准入前国民待遇与负面清单管理相结合的外资管理体制。桑百川建议利用中美双边投资协定（BIT）谈判的契机，调整长期实施的准入限制加优惠措施的外资准入制度，实行以竞争政策和环境、技术标准为主的管理制度，并争取尽早实行外商投资注册登记制。[③] 盛斌和段然对中国在自由贸易试验区试行的外商投资准入负面清单和美国在《跨太平洋伙伴关系协定》（TPP）中承诺的负面清单附件进行了比较，认为在确保国家安全和激励技术合作

---

① 郝红梅. 探索准入前国民待遇加负面清单的外资管理模式. 中国经贸导刊, 2014 (10).

② 刘俊海. 关于统一内、外资企业立法的思考与建议. 江汉论坛, 2014 (1).

③ 桑百川. 新一轮全球投资规则变迁的应对策略: 以中美投资协定谈判为视角. 学术前沿, 2014 (1).

的原则下，中国应当进一步放松制造业与服务业的外资准入限制，并尽量减少一些限制性较强和争议较大的特别管理措施。① 三是如何规范外资管理，强化事中及事后监管。一旦实施准入前国民待遇，就意味着在国际经济规则和国际投资协定所能允许的政策空间内，政府对外国投资的管辖权会大大削弱。面对这种情况，杨丽艳和李婷婷结合国际上国家安全审查立法的发展趋势，借鉴美国专项立法的模式以及其他国家的立法与实践经验，对设置和完善中国的外商直接投资国家安全审查制度提出了建议。② 杨振主张合理运用《中华人民共和国反垄断法》来规制外资反竞争行为，优化内外资企业的竞合关系。③ 尽管学术界在外商投资管理体制改革的具体问题上存在着不同观点，但对这项改革的方向则基本达成共识：应当通过放宽市场准入制度和创新外商投资管理体制，营造更加公开、透明、可预期的良好投资环境，通过良好的营商环境去吸引更多的外国投资者。

## 第三节 优化对外开放的区域布局

党的十一届三中全会以来，中国的区域开放取得了长足的进展。区域开放起步于经济特区的建设。1979 年 7 月 15 日，中共中央、国务院批转广东省委和福建省委关于对外经济活动实行特殊政策和灵活措施的两个报告，决定对广东、福建两省的对外经济活动给予更多的自主权，同时决定在深圳、珠海两市划出部分地区先试办出口特区，待取得经验后，再考虑在汕头、厦门设置特区。1980 年 8 月底，全国人大审议通过了《广东省经济特区条例》。该条例第一条就宣布"在广东省深圳、珠海、汕头三市

---

① 盛斌，段然. TPP投资新规则与中美双边投资协定谈判. 国际经济评论，2016 (5).
② 杨丽艳，李婷婷. 中国外商直接投资国家安全审查法律问题研究. 武大国际法评论，2017 (2).
③ 杨振. 开放外资监管的困境、挑战与策略. 理论视野，2016 (11).

分别划出一定区域，设置经济特区"，这标志着经济特区建设开始启动。1984 年年初，邓小平视察了深圳等经济特区后，对经济特区所取得的成绩给予了充分肯定。随后，中共中央批转《沿海部分城市座谈会会议纪要》，决定进一步开放天津、上海、大连等 14 个沿海港口城市。1988 年海南岛也被划定为经济特区。从 20 世纪 90 年代到 21 世纪初，中国又相继建立了上海浦东新区，实施"西部大开发""振兴东北""中部崛起"等区域发展战略，对外开放的区域布局从沿海开放进一步扩展到沿江开放、沿边开放，开放范围从东部地区发展到中西部地区，中国经济已经呈现出全方位、多层次对外开放的新格局。为了在新形势下继续推进改革开放，近年来中国又在上海等地相继建立了 11 个自由贸易试验区，并准备在海南探索建立自由贸易港。在中国逐渐推动区域开放的过程中，学者对经济特区建设、自由贸易试验区试点等问题展开了深入研究。

## 一、关于经济特区的讨论

兴办经济特区是党和政府为推进改革开放和社会主义现代化做出的一项重大决策。作为中国改革开放初期出现的新生事物，经济特区获得了广泛的关注，但经济特区的性质问题也引起了激烈的争论。当时社会上有一种反对兴办经济特区的观点，认为经济特区是一块资本主义飞地，甚至认为经济特区与旧社会的租界在性质上相同。针对当时对于经济特区的模糊认识，不少学者对经济特区的性质发表了各自的见解。方卓芬承认在经济特区内国家资本主义的经济成分占有较大比重，因为经济特区利用外资的方式包括来料加工、补偿贸易、中外合作经营、中外合资经营、外商独资经营等，这使得在经济特区内社会主义成分和私人资本成分并存，是比较典型的国家资本主义方式。但它是社会主义政权领导下的国家资本主义，是列宁所说的"能够加以限制、能够规定其活动范围"的国家资本主义。它有利于吸引外国资本，有利于引进新的技术和设备，有利于学习先进的经营管理方法，同时其活动领域只能限制在规定范围之内，是一种受制约的资本主义，是可以利用来为社会主义服务的资本主义。[①] 但许涤新认为，特区内的外资或侨资独营企业，基本上不是国家资本主义经济，而是资本主义企业。他进一步指出，在特区内的中外合资企业或外商独资企业都存在着剥削。但之所以让它们取得利润，在某种意义上也是一种赎买政策，有利于特区引进新技术并吸引更多外资来建立新企业，使特区的外汇收入能够逐年增加。发展经济特区的实质，就是利用外资为我国的社会主义现代化建设服务。[②] 于光远认为应该从两个方面来认识经济特区的性质，国家资本主义的存在只是问题的一个方面，这些国家资本主义经济形式中还包括我国社会主义的经济活动、社会主义劳动者的劳动和社会主义的资金，以及我国社会主义的组织力量等，它才是问题的主要方面。从这个方面来看，其性质不是国家资本主义的，而是社会主义的。[③]

在 20 世纪 80 年代，当时内地经济还处在从中央集权的计划经济体制向有计划的商品经济体制的转轨阶段，而特区经济已经表现出了经济结构多元化、经济运行市场化、以外向型经济为主导等新特征。如何认识经济特区在中国经济中的地位和作用？如何更好地协调特区经济与内地经济的关系？学者们针对这些问题展开了讨论。学者们普遍认为，经济特区不仅应当发挥推动沿海外向型经济的发展，为全国现代化经济建设引进资金技术、提供信息、开辟出口渠道的"窗口"作用，它更重要的作用是成为经济运行市场化的"实验场"和经济体制改革的探索者、先行者。[④] 经济特

---

① 方卓芬.论经济特区的性质.经济研究，1981（8）.
② 许涤新.积极、稳步地办好经济特区.福建论坛，1981（4）.
③ 于光远.谈谈对深圳经济特区几个问题的认识.经济研究，1983（2）.
④ 高伟梧."经济特区创办十周年理论研讨会"论点综述.经济研究，1991（1）.

区建设在较短时间内取得了飞速发展，但也有人认为特区的发展主要得益于特殊的政策和灵活的措施，它们的发展资金主要来自内地，因而挤占了内地的发展资金；同时特区的高工资、高消费和高物价又会通过各种渠道传导到内地，对内地产生不利影响。对于前一个问题，郑良玉指出，在深圳经济特区前十年的总投资中，国家投资还不到 2%，直接利用外资和内联投资也分别只占 20.95% 和 11.23%，而深圳地方财政和企业用"滚雪球"的办法积累起来的投资则高达 51.19%。因此，深圳的迅速发展既得益于对外来投资和外来资金的充分利用，更主要的是依靠自我积累和滚动发展。[①] 对于后一个问题，朱铁臻和周天勇认为，由于特区经济和内地经济之间定位不同，在内地总体上实行进口替代型工业化战略，而在特区实行的是出口导向型经济发展战略，因此特区经济和内地经济在现实经济联系中既相互促进，又存在很多摩擦，同时特区在对外经济关系上也在很多方面表现为体制不顺。为了更好地发挥特区的作用，就要让特区实现经济自由和自治，使特区能够真正建立既符合社会主义市场经济原则、又符合国际经济规则的新的经济运行模式。[②]

作为一个承载特殊经济职能的行政区域，经济特区从诞生到现在已经走过了将近 40 年的历程，在其发展成长的每一个阶段几乎都伴随着质疑和争论。但经济特区的实践充分证明，经济特区"勇于突破传统经济体制束缚，率先进行市场取向的经济体制改革，在我国实现从高度集中的计划经济体制到充满活力的社会主义市场经济体制的历史进程中发挥了重要作用"，"探索和积累了实现快速发展、走向富裕的成功经验；坚持对外开放，有效实行'引进来'和'走出去'，积极利用国际国内两个市场、两种资源，成功运用国外境外资金、技术、人才和管理经验，为我国实现从

① 郑良玉. 深圳特区十年发展的回顾与展望. 经济研究, 1991 (1).
② 朱铁臻, 周天勇. 特区经济双向运行困境及其出路的剖析和思考. 经济研究, 1989 (8).

封闭半封闭到全方位开放进行了开拓性探索；坚持服务国家发展大局，全国支持经济特区发展，经济特区回馈全国，促进东中西部协调发展，对全国发展起到重要辐射和带动作用"。[1]

## 二、关于自由贸易试验区

改革开放以来，中国除了兴办五个经济特区之外，还设立了很多出口加工区、保税区、保税港以及各种类型的经济开发区等，这些特殊的经济功能区在推动中国经济与世界经济的有机融合方面发挥了积极作用。为了更好地与高标准国际投资和贸易规则接轨，提升中国的对外开放水平，近年来中国实施了更加主动的对外开放政策。加快实施自由贸易区战略，是我国新一轮对外开放的重要内容。2013 年 9 月，中国（上海）自由贸易试验区（以下简称"上海自贸区"）建立。上海自贸区承担着探索与高标准国际投资和贸易规则体系相适应的制度创新的重大使命，是我国进一步融入经济全球化的重要载体。

学术界对自由贸易试验区的设立背景、重要使命和管理模式进行了较为全面的研究。张汉林和盖新哲从经济功能区发展的视角对自由贸易试验区的特点、地位、功能等进行研究后提出，自由贸易试验区应当定位于：促进我国区域协调开发开放，解决对外开放中存在的区域不平衡问题；提升我国在全球价值链中的地位，主动对外分享全球化红利；推动我国服务业与服务贸易大发展，优化我国三次产业结构；促进国内市场统一和经济运行一体化，提高生产要素配置效率；实施自主单边开放模式，解决我国在新一轮国际经贸规则制定中的缺席困境。[2] 张幼文认为，自由贸易试验

---

①　胡锦涛. 在深圳经济特区建立 30 周年庆祝大会上的讲话. 人民网，2010 - 09 - 06.
②　张汉林，盖新哲. 自由贸易区来龙去脉、功能定位与或然战略. 改革，2013（9）.

区的战略取向是以开放倒逼改革而不是单纯扩大开放，发展动力是重制度创新而不是靠特殊政策，开放主题是推进投资自由化而不是单纯贸易自由化，体制定位是试验园区而不是经济特区。因此，自由贸易试验区的开放模式是制定负面清单而不是扩大正面清单，政府职能是探索监管改革而不是管理弱化，产业取向是注重现代服务业而不是扩大加工制造业，发展主题是注重提升贸易功能而不是削减关税提升贸易量，这就要求自由贸易试验区应当在金融创新、负面清单管理、妥善处理一二线关系、改革行政管理体制、完善税收政策、保障国家安全等方面进行大胆的探索。①

与国外通行的自由贸易区不同，上海自贸区的功能定位不仅仅局限在促进区域经济发展方面，而是通过先行先试，主动对接国际贸易投资的高标准和新规则，为进一步扩大改革开放积累经验，引领全国的开放创新。上海自贸区自成立以来，在建立以负面清单管理为核心的外商投资管理制度、以贸易便利化为重点的贸易监管制度、以资本项目可兑换和金融服务业开放为目标的金融创新制度、以政府职能转变为核心的事中事后监管制度等方面进行了大量的探索，在建立与国际通行的投资和贸易规则相衔接的基本制度框架方面，已经形成了一批可复制、可推广的改革创新成果。为了在全国更好地推动实施新一轮高水平对外开放，国务院决定在更大范围推广上海自贸区试点经验，又相继在天津、福建、广东、辽宁、湖北等地设立了 10 个自由贸易试验区。党的十九大报告进一步提出："赋予自由贸易试验区更大改革自主权，探索建设自由贸易港。"2018 年 4 月，习近平在海南宣布："党中央决定支持海南全岛建设自由贸易试验区，支持海南逐步探索、稳步推进中国特色自由贸易港建设。"② 自由贸易试验

---

① 张幼文. 自贸区试验与开放型经济体制建设. 学术月刊，2014 (1).
② 习近平. 在庆祝海南建省办经济特区 30 周年大会上的讲话. 人民网，2018 - 04 - 14.

区和自由贸易港建设将为全面深化改革和扩大开放探索新途径、积累新经验，对于中国新一轮对外开放将产生深远的影响。

## 第四节　关于对外直接投资的研究

在 20 世纪 80 年代，对外开放的重点领域是引进外资和出口创汇，中国企业海外投资的规模很小，主要是一些大型外贸企业在国外设立分支机构并开展相关业务。1991 年国家计委递交给国务院的《关于加强海外投资项目管理的意见》仍然认为，当时"中国尚不具备大规模到海外投资的条件"。但随着中国经济实力的增强，开展对外直接投资的条件逐渐成熟。2001 年第九届全国人民代表大会第四次会议上通过的《国民经济和社会发展第十个五年计划纲要》，第一次提出要实施企业"走出去"战略。此后，历届中国共产党全国代表大会的报告都强调要"走出去"。党的十八届三中全会的决定更是明确指出："扩大企业及个人对外投资，确立企业及个人对外投资主体地位，允许发挥自身优势到境外开展投资合作，允许自担风险到各国各地区自由承揽工程和劳务合作项目，允许创新方式走出去开展绿地投资、并购投资、证券投资、联合投资等。"党的十九大报告再一次强调要"坚持引进来和走出去并重""创新对外投资方式，促进国际产能合作"，这为中国企业开展对外投资明确了具体的方向。

21 世纪以来，中国企业对外直接投资开始明显加速。在 2003 年以前的大部分年份，中国对外直接投资流量一直在 20 亿美元左右，但 2005 年突破了 100 亿美元，2013 年超过 1 000 亿美元，2016 年对外非金融类直接投资流量达到 1 961.5 亿美元，连续两年蝉联全球第二；2016 年中国对外直接投资存量达 13 573.9 亿美元，位居全球第六。从 2015 年开始，中国的对外直接投资额连续两年超过引进的外商投资额，这标志着中国基本实现了从资本输入大国向资本输出大国的转变。

早在 20 世纪 80 年代中期，就已经有学者开始讨论中国对外投资问题，但由于当时中国的对外投资规模太小，因此，相关的研究主要集中在中国对外投资的意义、中国对外投资与西方跨国公司资本输出的区别、发展中国家对外投资的经验教训以及中国对外投资应当采取的战略等方面。[1] 进入 21 世纪以来，随着中国企业对外投资活动的日益活跃，关于对外直接投资的国内学术文献显著增加，学者们围绕中国对外直接投资的动因、区位选择、经济效应等问题展开了深入的研究。

## 一、中国对外直接投资的动因

西方国际投资理论认为，跨国公司在具备特定优势的情况下才会开展对外投资。虽然改革开放以来中国的综合实力不断增强，但中国本质上仍然是一个发展中国家，大部分中国企业在开展对外投资的时候并不具备主流国际投资理论所强调的所有权优势（尤其是技术优势和管理技能）。究竟是什么因素在推动中国企业开展对外投资？魏东和王璟珉将中国企业对外直接投资的动因归结为五种类型[2]：自然资源导向型、市场导向型、效率导向型、战略资产导向型和政治导向型。陈恩和袁群华将中国企业对外投资的动因归结为三个方面[3]：避开关税及非关税壁垒，实现市场扩张；开发利用当地资源，缓解国内资源不足；学习国外先进技术，提升技术创

---

① 刘夏莲. 论中国对外投资. 世界经济研究, 1984（3）；贺力平. 我国对外投资发展战略探讨. 财经科学, 1985（5）；巫宁耕. 我国对外投资问题的探讨. 北京大学学报（哲学社会科学版）, 1986（3）；侯芯冰. 发展对外直接投资是推动我国引进外资的有效途径. 外国经济与管理, 1986（4）.

② 魏东, 王璟珉. 中国对外直接投资动因分析. 东岳论丛, 2005（5）.

③ 陈恩, 袁群华. 我国企业对外投资的动因与策略选择. 国际商务（对外经济贸易大学学报）, 2004（3）.

新能力。陈岩等人则认为，中国是一个政府调控程度仍然较高的新兴经济体，仅仅从企业所拥有的资源和能力角度来分析企业对外投资的动因还不够，应该从制度视角分析政府对企业对外投资的影响。他们利用 2003—2009 年中国省级对外投资面板数据进行实证分析后发现，政府的资源配置对企业对外投资确实起到了重要的调节作用。[1] 黄静波和张安民的研究结果却不支持上述结论。[2] 他们基于 1982—2007 年的对外投资流向进行实证分析后认为，规避贸易壁垒和经济自由度等制度因素的变化对中国对外投资的影响并不显著，中国对外直接投资与出口、能源需求、国内生产总值、制造业显示性比较优势（RCA）指数之间呈现出显著的正相关关系，其中对中国的对外直接投资影响最大的因素是出口和能源需求的变化。

也有一些学者利用新的分析工具，从新的理论视角分析这一问题。李俊江和孙黎以新新贸易理论中的异质性企业贸易理论作为分析工具，对中国资源类企业对外直接投资的原因进行了分析，认为影响中国资源类企业"走出去"的根本因素是生产率水平。[3] 谭燕芝从企业内部技术能力动态累积的角度解释了中国企业国际化的原因，认为中国企业国际化的动机不是像西方跨国公司那样利用自身的所有权优势，而是克服自己的竞争劣势。中国企业对外投资的主要动机是寻找和吸收国外企业的缄默知识，同时进一步开发国内已形成的技术能力，以提升企业的技术能力。[4]

虽然很多学者对中国企业对外投资的动因持不同的观点，但总体来

---

① 陈岩，杨桓，张斌.中国对外投资动因：制度调节与地区差异.管理科学，2012（3）.

② 黄静波，张安民.中国对外直接投资主要动因类型的实证研究：基于 1982—2007 年的外向投资流向分析.国际经贸探索，2009（7）.

③ 李俊江，孙黎.中国资源类企业"走出去"：基于异质性企业贸易理论的分析.江汉论坛，2012（1）.

④ 谭燕芝.我国企业对外直接投资：特点、理论新探及启示.教学与研究，2009（3）.

看，正如江小涓所总结的，开展对外投资和建立我国的跨国公司，是进一步改革开放和结构调整的迫切要求。开展对外投资是中国面对经济全球化浪潮的积极应对之策，因为它可以更好地利用国外的自然资源和科技资源、带动中国产品的出口、更好地响应当地市场需求、使中国制造在全球分工格局中占据有利地位。同时，开展对外投资也是国内结构调整的迫切要求，因为对外投资能使现有生产能力充分发挥作用、促进高新技术产业的发展、形成世界名牌产品和全球知名企业。[①]

## 二、中国对外直接投资的区位选择

按照主流的国际投资理论，企业在选择对外直接投资的东道国时，主要考虑的因素通常包括资源禀赋、市场规模以及政治稳定程度等。那么，影响中国企业对外直接投资区位选择的因素是符合主流理论，还是别具特色？这个问题激发了不少学者的研究兴趣。一些研究者利用理论模型和计量分析，讨论了影响中国企业对外投资区位选择的因素。程惠芳和阮翔运用引力空间模型来解释外商直接投资的区位选择问题，通过将两国的经济规模、人均国民收入、双边贸易量及国家间的地理距离等变量纳入引力模型并加以检验，发现对外直接投资流量与东道国的经济总量有很强的正相关性，与地理距离存在负相关性。[②] 在此基础上，他们将中国对外直接投资的可选区位分为引力巨大型、引力型、引力一般型和引力不足型四种类别，认为中国对外直接投资首先应集中在亚洲地区，其次是美洲与欧洲国家，对非洲地区的投资也可适当增加。蒋冠宏和蒋殿春利用投资引力模型

---

① 江小涓."十五"我国对外投资趋势研究：全球背景、投资规模与重点选择.管理世界，2001（1）.

② 程惠芳，阮翔.用引力模型分析中国对外直接投资的区位选择.世界经济，2004（11）.

考察了中国对外直接投资的区位选择。[1] 他们利用 2003—2009 年中国对 95 个国家的投资数据进行检验后认为：市场规模、资源禀赋、科技水平等是影响中国对外直接投资的重要因素，这使得中国对外直接投资的区位选择具有明显的市场寻求、资源寻求和战略资产寻求动机。中国选择发展中国家和发达国家开展直接投资的动机不尽相同，投资于发展中国家主要是出于市场寻求和资源寻求动机，其中技术输出动机明显，而投资于发达国家则主要是出于战略资产寻求动机。

在中国企业开展对外投资的过程中，国有企业发挥了先行者和主力军的作用，但近年来民营企业"走出去"也日益活跃。一些研究者对不同所有制类型企业开展对外投资的区位选择及影响因素进行了研究。薛琭如等人认为，由于国有企业具有政府背景，容易获得资金、政策等资源优势，因而它们开展对外投资的动机与一般动机有所不同。[2] 他们利用 2000—2014 年中国矿产资源型国有企业对外直接投资的数据进行检验后发现：在影响国有企业对外投资区位选择的因素中，东道国资源禀赋、政治环境、市场规模、地理距离并非关键因素，所有制套利动机及时机套利动机对国有企业的区位选择有显著影响，这使得企业更倾向于向市场进入成本高、监管质量低的国家或地区投资。邱立成等人认为，国有企业的性质决定了其对外直接投资的双重动机，而民营企业和国有企业在所有制、企业规模、政策扶持等方面存在显著不同，因此二者在对外投资的动机和区位选择上也存在明显差异。[3] 他们利用 2005—2013 年中国上市公司对外直接

① 蒋冠宏，蒋殿春. 中国对外投资的区位选择：基于投资引力模型的面板数据检验. 世界经济，2012（9）.

② 薛琭如，张海亮，邹平. 所有制差异、套利动机与对外直接投资区位决策：基于矿产资源型国有企业的分析. 经济评论，2016（2）.

③ 邱立成，杨德彬. 中国企业 OFDI 的区位选择：国有企业和民营企业的比较分析. 国际贸易问题，2015（6）.

投资的数据进行了实证分析,发现国有企业对外投资的动因主要是寻求资源,其对东道国的政治风险并不敏感,且倾向于投资自然资源丰富的国家,特别是发展中国家;而民营企业对外投资是为了获取市场和战略资产,其更愿意进入政治稳定的国家。对于民营企业而言,对发展中国家投资的主要影响因素是市场动机,而投资发达国家的动因则是为了获得战略资产。

## 三、中国对外直接投资的经济效应

### (一) 贸易效应

对外直接投资究竟会导致贸易替代还是贸易互补?或者说,它是会增加还是会减少母国的对外贸易?随着中国对外直接投资规模的不断扩大,关于这个问题的国内文献也逐渐增多,国内学者的研究方法基本上以实证研究为主,利用计量模型和相关数据对贸易效应进行检验。项本武认为中国对外直接投资具有贸易促进作用。[①] 从短期来看,对外直接投资对进出口并没有产生挤出效应;而从长期来看,对外直接投资对中国进出口的拉动作用非常明显,中国对外直接投资每增加 1 个百分点,中国的进出口都会增加 0.9 个百分点。大量研究表明,中国对外直接投资的"出口效应"尤为显著。根据郎丽华和刘新宇的研究,中国的对外直接投资每增加 1%,将推动出口规模增加 0.435%。[②] 蒋冠宏和蒋殿春则从微观企业的角度检验了中国对外直接投资的"出口效应",发现中国企业对外直接投资

---

① 项本武. 中国对外直接投资的贸易效应研究:基于面板数据的协整分析. 财贸经济, 2009 (4).

② 郎丽华,刘新宇. 中国对外直接投资对出口规模的影响:基于 2003—2014 年 143 个国家的面板数据模型. 经济与管理研究, 2016 (9).

总体上促进了企业出口。[1] 从投资区域来看，对高收入国家直接投资的出口促进作用比较明显，而对中低收入国家和避税港直接投资的"出口效应"不明显；从投资的行业来看，商贸服务型对外直接投资的"出口效应"最明显。范红忠和陈攀认为，尽管中国对外直接投资的贸易促进效应比较显著，但贸易促进效应也存在着明显的东道国地区差异性，对低收入国家的贸易促进效应要显著强于中高收入国家，对亚洲国家的贸易促进效应要强于欧洲与非洲国家。[2] 进一步的研究表明：中国的对外直接投资不仅有利于出口规模的扩大，还有利于出口商品结构的升级。在隋月红和赵振华看来，中国的对外直接投资呈现顺梯度与逆梯度并存的特征，不仅通过顺梯度对外投资转移国内不具比较优势的产业，还通过逆梯度对外投资积累战略性资产并扩张市场，这种顺-逆梯度并存的对外投资对高技术产品出口有显著的正效应。[3] 陈俊聪和黄繁华的研究表明，中国对外直接投资规模扩大与制成品出口技术复杂度提升之间存在显著的正相关关系，对外直接投资已成为提升中国制成品出口技术复杂度的推动力量。[4]

### （二）技术进步效应

自 20 世纪 90 年代以来，国内学者对外商直接投资的技术外溢效应曾经做过很多研究，但研究视角多侧重于"引进来"的外商直接投资对我国技术进步的影响。随着中国对外直接投资的不断增加，"走出去"的直接投资是否存在母国技术溢出效应就成为重要的研究领域。越来越多的研究表明：

---

[1]　蒋冠宏，蒋殿春. 中国企业对外直接投资的"出口效应". 经济研究，2014（5）.

[2]　范红忠，陈攀. 我国 OFDI 与出口贸易关系及其时空差异分析. 国际商务（对外经济贸易大学学报），2017（2）.

[3]　隋月红，赵振华. 我国 OFDI 对贸易结构影响的机理与实证：兼论我国 OFDI 动机的拓展. 财贸经济，2012（4）.

[4]　陈俊聪，黄繁华. 对外直接投资与出口技术复杂度. 世界经济研究，2013（11）.

外商直接投资不仅对接受投资的东道国具有技术外溢效应，而且对投资母国也会形成不同程度的逆向技术溢出效应。赵伟等学者较早地研究了这一问题，认为对外直接投资对我国技术进步的影响已经开始显现，尤其是对研发要素丰裕国家与地区的直接投资具有较为明显的逆向技术溢出效应。[①] 陈昊和吴雯研究了对外直接投资的国别差异对我国技术进步的不同影响，认为对发达国家的投资具有逆向技术溢出效应，而对转型国家和发展中国家的投资会产生正向技术输出而不是逆向技术溢出。[②] 叶红雨等人进一步从东道国的技术创新水平、人力资本水平、文化差异、金融发展水平等方面，研究了东道国特征因素对中国对外投资逆向技术溢出效应的影响。[③]学者们发现：尽管中国的对外直接投资总体上存在逆向技术溢出效应，但这种效应存在地区差异和行业差异。李梅和柳士昌认为，对外直接投资在国内不同地区的逆向技术溢出效应并不相同。[④] 它对东部地区的全要素生产率、技术进步和技术效率的影响要比中西部地区显著得多，其原因在于不同地区对技术的吸收能力存在差异。柴庆春和张楠楠则研究了逆向技术溢出效应的行业差异，认为制造业和科学研究及技术服务业的对外直接投资具有较强的逆向技术溢出效应，但这个效应在采矿业和建筑业并不明显。[⑤]

### （三）产业升级效应

中国的对外直接投资与国内产业升级效应之间的关系是近年来国内学

① 赵伟，古广东，何元庆. 外向 FDI 与中国技术进步：机理分析与尝试性实证. 管理世界，2006（7）.

② 陈昊，吴雯. 中国 OFDI 国别差异与母国技术进步. 科学学研究，2016（1）.

③ 叶红雨，韩东，王圣浩. 中国 OFDI 逆向技术溢出效应影响因素的分位数回归研究：基于东道国特征视角. 经济与管理评论，2017（5）.

④ 李梅，柳士昌. 对外直接投资逆向技术溢出的地区差异和门槛效应：基于中国省际面板数据的门槛回归分析. 管理世界，2012（1）.

⑤ 柴庆春，张楠楠. 中国对外直接投资逆向技术溢出效应：基于行业差异的检验分析. 中央财经大学学报，2016（8）.

者讨论较多的问题。一些学者从较为宏观的视野来进行研究。卜伟和易倩认为，中国对外直接投资可以通过产业转移效应、技术进步效应和资源补缺效应等推动我国产业升级。[1] 实证研究表明：对外直接投资与我国典型地区产业升级之间存在正相关性，但其回归系数较小，表明它对产业升级的促进效应还不突出。欧阳艳艳等人和赵云鹏等人利用不同的数据样本进行了检验，认为对外直接投资能够促进中国的产业结构升级，但这种产业结构升级具有显著的滞后效应，尽管对外直接投资在短期内对国内产业升级的影响并不显著，但在长期的促进作用则较为明显。[2] 不同地区的产业结构间也存在显著的空间互动，一些省份的产业结构优化能够带动相邻省份以及经济联系紧密省份的技术进步和产业升级。也有一些学者在中观或者微观层面展开研究。陈琳和朱明瑞的研究表明，对外直接投资能够明显推动产业间的升级，但并没有显著提升第二产业和第三产业的生产率，产业升级效应不够明显。[3] 贾妮莎和申晨则利用企业层面的数据进行检验后发现，企业对外直接投资推动了制造业产业升级，但对于不同区域投资的产业升级效应存在差异，投资发达国家有利于促进制造业产业升级，但投资发展中国家对制造业升级的效应并不明显。[4]

## 第五节 关于"一带一路"的研究

"一带一路"是"丝绸之路经济带"和"21世纪海上丝绸之路"的简

---

① 卜伟，易倩. OFDI 对我国产业升级的影响研究. 宏观经济研究，2015（10）.

② 欧阳艳艳，刘丽，陈艳伊. 中国对外直接投资的产业效应研究. 产业经济评论，2016（1）；赵云鹏，叶娇. 对外直接投资对中国产业结构影响研究. 数量经济技术经济研究，2018（3）.

③ 陈琳，朱明瑞. 对外直接投资对中国产业结构升级的实证研究：基于产业间和产业内升级的检验. 当代经济科学，2015（6）.

④ 贾妮莎，申晨. 中国对外直接投资的制造业产业升级效应研究. 国际贸易问题，2016（8）.

称。积极推进"一带一路"建设，是中国构建开放型经济新体制的重大举措。2013 年 9 月和 10 月，中国国家主席习近平在出访哈萨克斯坦和印度尼西亚期间，先后提出共建"丝绸之路经济带"和"21 世纪海上丝绸之路"的重大倡议。2013 年 9 月，习近平在哈萨克斯坦纳扎尔巴耶夫大学的演讲中提出：为了使欧亚各国经济联系更加紧密、相互合作更加深入、发展空间更加广阔，可以用创新的合作模式，共同建设"丝绸之路经济带"。同年 10 月，他在访问印度尼西亚时又提出：中国愿同东盟国家加强海上合作，发展海洋合作伙伴关系，共同建设"21 世纪海上丝绸之路"。这些主张引起了国际社会的广泛关注。2013 年 11 月，党的十八届三中全会通过的《中共中央关于全面深化改革若干重大问题的决定》进一步明确提出："加快同周边国家和区域基础设施互联互通建设，推进丝绸之路经济带、海上丝绸之路建设，形成全方位开放新格局。"此后，中国开始积极推动"一带一路"建设从理念向行动的转化。在 2015 年 3 月底举办的博鳌亚洲论坛上，国家发改委、外交部、商务部联合发布了《推动共建丝绸之路经济带和 21 世纪海上丝绸之路的愿景与行动》，首次系统阐释了"一带一路"倡议的框架思路、合作重点和合作机制。2017 年召开的党的十九大提出：要以"一带一路"建设为重点，坚持引进来和走出去并重，遵循共商共建共享原则，加强创新能力开放合作，形成陆海内外联动、东西双向互济的开放格局。这表明：加快推进"一带一路"建设，将成为中国构建开放型经济新格局的关键领域。"一带一路"建设不仅给中国的对外贸易和对外投资带来了新的历史机遇，也深化了中国与沿线国家之间的经贸合作，已得到 140 多个国家和地区的积极响应与参与。中国与沿线国家间的贸易规模不断扩大、投资领域不断拓宽、重大项目扎实推进，目前中国对相关国家的累计直接投资已经超过 600 亿美元，建设境外经贸合作区 75 个，2017 年中国与"一带一路"相关国家的进出口总额高达 1.1 万亿美元。① 近年来，随着"一带一路"建设从愿景逐渐转变为现实，"一带一路"研究已成为对外开放理论中的热点领域。

## 一、"一带一路"倡议的重要意义、战略内涵和实施路径

"一带一路"倡议是中国在国际金融危机后世界经济格局发生重大调整、中国经济开始走向新常态的背景下提出的对外开放新思路。很多学者结合国内外经济形势的新变化，从宏观视角探讨了"一带一路"倡议对中国和世界经济的重要影响。卢峰等人从经济外交战略、全球经济增长、国内结构调整等方面分析了"一带一路"建设的多重战略定位，认为"一带一路"是新时期中国全方位扩大对外开放战略的重要组成部分，体现了开放国策、外交战略、结构调整、促进增长目标之间的良性互动关系。② 申现杰和肖金成认为，"一带一路"建设有利于中国应对美国主导的《跨太平洋伙伴关系协定》（TPP）和《跨大西洋贸易与投资伙伴协定》（TTIP）带来的外部压力，有利于中国发挥在国际区域合作中的积极作用，有助于提升中国开放经济的质量。③ 学者们还分别对"丝绸之路经济带"和"21世纪海上丝绸之路"进行了研究。胡鞍钢等人在详细分析了影响"丝绸之路经济带"发展的地缘政治、经济因素后指出，虽然"丝绸之路经济带"以经贸合作发展为主要内容，但它事关中国的经济安全、地区稳定和区域发展，因而具有极大的战略意义。④ 与古代丝绸之路相比，现代"丝绸之路经济带"在性质上集政治经济、内政外交与时空跨越为一体，在内容上

---

① 商务部：中国对"一带一路"投资已超 600 亿美元．商务部网站，2018 - 03 - 12.
② 卢峰，李昕，李双双，等．为什么是中国？"一带一路"的经济逻辑．国际经济评论，2015（3）.
③ 申现杰，肖金成．国际区域经济合作新形势与我国"一带一路"合作战略．宏观经济研究，2014（11）.
④ 胡鞍钢，马伟，鄢一龙．"丝绸之路经济带"：战略内涵、定位和实现路径．新疆师范大学学报（哲学社会科学版），2014（2）.

集向西开放与西部开发为一体，在形成上则是历经几代领导集体谋划的国家安全战略和经济战略的当代升级版。何帆等人就 21 世纪海上丝绸之路沿线地区的经济现状及其与中国的合作展开了研究，从产业投资、基建投资、资源开发与合作、境外经贸园区和海上经济等五个方面，探讨了中国与沿线国家间的深层次合作机遇。[①] 学者们不仅研究了"一带一路"倡议的重要内涵，对"一带一路"的国际合作机制也提出了有针对性的政策建议。大家普遍认为，"一带一路"建设要以基建、贸易和投资为主，但同时也应该促进中国与沿线国家在经贸发展、公共外交、社会文化等多方面、多层次的交流，不断推进政策沟通、道路连通、贸易畅通、货币流通与民心相通，将双方的合作水平提升到一个新高度。

## 二、"一带一路"与沿线国家基础设施建设

无论是对于中国还是对于沿线国家，基础设施建设都有助于改善投资环境、提升发展水平，因而成了"一带一路"建设的优先领域。罗雨泽认为，推进"一带一路"设施联通，有利于突破发展瓶颈，加快域内国家经济发展和民生改善；有利于改善域内经贸合作环境，促进优势互补、实现共赢发展；有利于尽快取得早期收获，坚定对"一带一路"的信心。[②] 大量实证研究表明，"一带一路"建设改善了沿线国家的基础设施建设水平。黄亮雄等人采用 2003—2013 年 64 个沿线国家的非平衡面板数据，研究了中国的直接投资对沿线国家基础设施水平的影响效应。[③] 他们发现中国的

① 何帆，朱鹤，张骞. 21 世纪海上丝绸之路建设：现状、机遇、问题与对应. 国际经济评论，2017（5）.

② 罗雨泽. 推进"一带一路"设施联通的思路和政策. 重庆理工大学学报（社会科学），2017（7）.

③ 黄亮雄，钱馨蓓，隋广军. 中国对外直接投资改善了"一带一路"沿线国家的基础设施水平吗？. 管理评论，2018（3）.

直接投资显著提升了沿线国家的基础设施水平，中国向沿线国家的直接投资每增长 1%，约能显著促进沿线国家基础设施水平提高 0.006%。在样本期 2003—2013 年，中国投资对沿线国家基础设施水平改善的贡献率约为 12%。隋广军等人认为，中国向沿线国家的直接投资增长能够显著促进沿线国家人均实际 GDP 的增长。[①] 中国对外直接投资促进沿线国家经济增长的效应约有 30% 是通过完善沿线国家的基础设施水平来实现的。一些学者的研究还表明："一带一路"建设不仅有助于沿线国家的发展，对中国的经济也会产生积极影响。黄先海和陈航宇利用全球贸易分析（GTAP）模型讨论了互联互通对沿线国家及中国的双向影响。[②] 模拟结果表明：推进"一带一路"设施联通有利于推动贸易畅通，二者的综合效应不仅会不同程度地提升沿线区域的福利水平与 GDP，也将增加我国的GDP，并改善我国的福利水平、进出口水平和贸易条件。学者们不仅研究了设施联通对中国及沿线国家的整体经济效应，也进一步具体探讨了"一带一路"背景下的基础设施建设对不同区域或国家的影响。潘志平、谢文泽、李凌秋、刘爽等人分别研究了中国—中亚—西亚经济走廊、中拉、中缅、中俄等区域或国家在基础设施领域中的合作领域、项目进展、发展前景、主要问题，并对进一步扩大双方在基础设施建设领域的合作提出了政策建议。[③]

---

① 隋广军，黄亮雄，黄兴. 中国对外直接投资、基础设施建设与"一带一路"沿线国家经济增长. 广东财经大学学报，2017（1）.

② 黄先海，陈航宇. "一带一路"的实施效应研究：基于 GTAP 的模拟分析. 社会科学战线，2016（5）.

③ 潘志平. "一带一路"愿景下设施联通的连接点：以"中国—中亚—西亚"经济走廊为例. 新疆师范大学学报（哲学社会科学版），2016 年（3）；谢文泽. 中国-拉共体共建"一带一路"探析. 太平洋学报，2018（2）；李凌秋. "一带一路"背景下中缅基础建设的投资合作. 东北亚经济研究，2017（3）；刘爽，马友君，钟建平. 中俄沿边地区基础设施建设状况考查及分析. 欧亚经济，2017（1）.

## 三、"一带一路"框架下的国际产能合作

国际产能合作是"一带一路"建设的重点内容。在沿线国家推进基础设施建设和促进产业多元化的背景下，中国与这些国家正在综合利用对外贸易、基础设施建设、产业投资、金融合作等多种方式开展国际产能合作。曲凤杰认为中国推进"一带一路"建设和国际产能合作，有利于建立以中国为主导的区域产业分工体系，构筑区域经济发展的新雁群模式。① 李晓玉从产业选择、转移主体等方面对美国和日本两种不同的对外产能合作模式进行了比较，提出在"一带一路"倡议下的国际产能合作有两种合作模式，即中国-发展中国家产能合作模式和中国-发达国家产能合作模式。② 更多的文献则结合中国与相关国家或者地区的具体情况，深入研究了国际产能合作的领域、机制、问题及前景。中国与哈萨克斯坦之间的产能合作堪称国际产能合作的典范。王志民分析了中哈产能合作的意义、进展和影响，认为中哈产能合作的崭新理念为"一带一路"沿线产能合作提供了总体思路，中哈产能合作的深化将引发"一带一路"沿线多国合作溢出效应，并将促进"一带一路"背景下的产能合作由"双边合作"向"多边合作"的方向发展。③ 沈铭辉和张中元研究了印度尼西亚政府制定的发展规划和法律法规，认为推进中国与印度尼西亚的国际产能合作，应当结合印度尼西亚政府的发展战略和规划需要，在印度尼西亚优先发展的产业

---

① 曲凤杰. 从群马模式中突围，构筑新雁群模式：通过国际产能合作建立中国主导的区域产业分工体系. 国际贸易，2017 (2).

② 李晓玉. "一带一路"倡议中的国际产能合作发展及深化策略. 经济研究参考，2016 (67).

③ 王志民. "一带一路"背景下中哈产能合作及其溢出效应. 东北亚论坛，2017 (1).

领域内有选择地建立合作机制。① 孙雪萌通过对中俄贸易互补指数和产业互补指数的测算，发现中俄在制成品、机械和运输设备、杂项制品、矿物燃料和原料领域产业互补指数高，具备较强的产能合作潜力。② 姚桂梅认为，非洲是"一带一路"西向推进的重要组成部分，以互联互通和工业化建设为核心的中非产能合作正在一些非洲国家试点推进。但由于非洲具有"碎片化"的市场特征，中非产能合作应当有序开展而不宜大规模全面推进。③ 万军研究了中拉产能合作的动因、进展与挑战，认为加强中拉产能合作，既有利于拉美地区充分利用中国的装备、技术、资金推进基础设施建设并加速工业化过程，也有助于中国的经济结构调整和开放型经济新格局的构建。当前中拉国际产能合作虽然进展顺利，但也面临着国际产能合作的广度和深度不足等新挑战。④

在国际产能合作实施的过程中，中国正在与一些沿线国家积极探索以跨国经济合作区为载体的产能合作新模式。刘冬主张中国与阿拉伯国家之间的产能合作可以选择工业园区模式，首先基于比较优势甄选产能合作重点国家，然后通过在这些国家设立工业园区，在局部范围内营造一个良好的营商环境，促进产业集群的形成，并带动国内优势产业向阿拉伯国家转移。⑤ 国家开发银行课题组以境外经贸合作区投资建设为分析视角，分别从富余产能输出和中高端产能合作两个方面对潜在的产能合作重点领域进行了筛选。⑥ 目前，中国已经在海外设立了几十个境外经贸合作区，其中

① 沈铭辉，张中元."一带一路"背景下的国际产能合作：以中国-印尼合作为例.国际经济合作，2017（3）.

② 孙雪萌."一带一路"背景下中俄产能合作研究.对外经贸，2017（6）.

③ 姚桂梅.中非产能合作：成效、问题与前景.国际经济合作，2017（6）.

④ 万军.中拉产能合作的动因、进展与挑战.拉丁美洲研究，2016（3）.

⑤ 刘冬.境外工业园建设与中阿产能合作.西亚非洲，2017（6）.

⑥ 国家开发银行"跨境开发区发展模式及其投融资研究"课题组.境外经贸合作区投资建设视角下"一带一路"重点关注区域分析.港口经济，2017（1）.

部分合作区的建设和经营已经初见成效，一些文献通过对较为成功的案例进行分析，总结了境外经贸合作区的营运模式和成功经验。马霞和宋彩岑在回顾了苏伊士经贸合作区的发展历程后认为，园区通过土地出售、经营性资产出租等手段，形成了以重资产运营为基础、以轻资产运营创造价值的运营模式，不但为中国企业走向非洲提供了重要平台，而且实现了持续盈利。①

## 四、"一带一路"建设面临的风险及防范

"一带一路"沿线国家的政治制度、经济体制、法律体系、历史文化都存在很大的差异，这给"一带一路"建设带来了种种风险和挑战。国内不少学者从不同的角度对"一带一路"建设的风险来源、类型、表现及应对措施进行了研究。张明列举了"一带一路"建设所面临的六大潜在风险：一是相关投资收益率偏低；二是投资安全面临较大挑战；三是私人部门与境外主体出资有限，从而使得中国政府不得不成为主要的出资者；四是可能妨碍而非加速中国经济的结构调整；五是可能加深而非缓解沿线国家对中国崛起的疑虑与抵制情绪；六是可能加剧与美国的对抗。② 周方银从项目实施周期的角度，分别探讨了启动阶段的风险；顺利启动但中途出现局部逆转的风险；能有效启动并正常推进，中途也能克服各种风险和障碍，但战略回报未能与战略投入相匹配，或者战略回报在比较长的时期内不是十分明显的风险。③ 王永中和李曦晨则从区域分布、行业结构、企业类型等角度评估了中国对"一带一路"沿线国家的投资风险，建议中国政

---

① 马霞，宋彩岑.中国埃及苏伊士经贸合作区："一带一路"上的新绿洲.西亚非洲，2016 (2).

② 张明.直面"一带一路"的六大风险.国际经济评论，2015 (4).

③ 周方银."一带一路"面临的风险挑战及其应对.国际观察，2015 (4).

府应积极与沿线国家修改和签订双边投资协定；中国企业不仅应当完善投资策略，降低投资项目的受关注度和政治风险，还应当提高合规守法意识；中国还应构建对外投资的国家风险评级、预警和管理体系。[①] 王义桅和郑栋研究了"一带一路"建设中的道德风险，通过对国家信誉、企业信用、个人信任这三个层面的分析，认为"一带一路"建设不仅会面临政治、经济、法律等风险，也需应对来自沿线国家经济主体的道德风险，并从观念、机制、实践三个方面提出了应对策略。[②]

## 第六节　积极参与全球经济治理

经过 40 年的改革开放，中国已经成为全球第二大经济体。随着中国经济规模的不断增长，中国与世界之间的互动日益频繁，中国在国际政治经济舞台上的地位和作用也越来越重要，在全球经济治理体系中的话语权和影响力不断提升。国际金融危机推动了世界经济格局和全球治理体系的重大变化，这为中国积极参与全球经济治理提供了难得的契机。中国政府高屋建瓴、因势利导，在 2015 年颁布的《中共中央、国务院关于构建开放型经济新体制的若干意见》中明确指出：要"积极参与全球经济治理。推进全球经济治理体系改革，支持联合国、二十国集团等发挥全球经济治理主要平台作用，推动金砖国家合作机制发挥作用，共同提高新兴市场和发展中国家在全球经济治理领域的发言权和代表性。全面参与国际经济体系变革和规则制定，在全球性议题上，主动提出新主张、新倡议和新行动方案，增强我国在国际经贸规则和标准制定中的话语权"。《国民经济和社会发展第十三个五年规划纲要》也将"积极参与全球经济治理机制合作，

---

① 王永中，李曦晨. 中国对一带一路沿线国家投资风险评估. 开放导报，2015（4）.
② 王义桅，郑栋. "一带一路"战略的道德风险与应对措施. 东北亚论坛，2015（4）.

支持主要全球治理平台和区域合作平台更好发挥作用，推动全球治理体制更加公平合理"作为"十三五"期间中国构建全方位开放新格局的重要任务。

## 一、全球经济治理机制的改革与中国的作用

经济全球化给世界各国带来的不仅仅是开放红利，也为经济波动和金融危机溢出国界并在更多国家蔓延提供了可能。席卷全球的金融危机表明：基于布雷顿森林体系的传统全球经济治理体系难以有效地协调和处理全球化背景下错综复杂的世界经济问题，必须对全球经济治理体系进行重大改革。这就要求各经济体之间通过不断提升国际经济合作的水平，改善现有治理结构的代表性和合法性，完善不同领域的治理机构、制度和规则，共同管控和解决在世界经济和国际金融诸多领域所面临的挑战。学者们对现有全球经济治理体系存在的问题、改革的方向以及中国在推动全球经济治理机制改革中的作用进行了讨论。

在国际金融危机爆发之前，世界经济已经形成了一套由发达国家主导的全球经济治理体系，它主要由八国集团（G8）以及世界贸易组织、国际货币基金组织和世界银行构成。一些学者指出：这些平台存在种种缺陷和不足。张宇燕认为，现有的许多全球规则或机制的"非中性"色彩非常浓重，成为维护和扩大少数既得利益国家或国家集团利益的工具，传统全球治理机制因而难以适应世界经济新形势和新变化。[①] 何帆等人认为，全球治理不仅呈现出"碎片化"的趋势，而且正在面临应对世界经济格局的重大变化以及金融危机导致的大量问题等一系列新挑战，改革现有的全球

---

① 张宇燕. 全球治理的中国视角. 世界经济与政治，2016（9）.

治理体系势在必行。① 那么，中国应当如何参与全球治理机制的改革并在其中发挥更大的作用？从功能定位和实际作用来看，二十国集团（G20）无疑是目前全球经济治理中最重要的国际合作平台，协调和引领着其他经济治理机制。广东国际战略研究院课题组认为，中国参与全球经济治理重点要抓住三个战略平台，即 G20 机制、国际经济组织和区域经济组织，应针对不同的全球经济治理领域，实施中国的参与战略。② 何帆等人探讨了中国参与全球经济治理应当坚持的"权责相适应""包容利益""有区别的共同责任"三个基本原则，认为中国应当重视 G20 作为主要发达国家与主要新兴国家平等协商的全球治理主平台的作用，应当发挥更加积极和富有建设性的作用。桑百川和王伟从成员代表性、决策有效性和机构协同性三个方面来衡量，认为 G20 是一个具有较强代表性和可持续性的全球性经济治理机制，主张中国在全球治理中应贯彻立足多边、融入区域的策略，支持 G20 在全球经济治理中的主导作用，维护 WTO 在管理全球贸易秩序中的权威性，推进国际货币基金组织和世界银行的治理结构改革，推动亚太自贸区（FTAAP）的谈判。③ 中国在推动 G20 机制不断完善的过程中发挥了积极的作用。G20 是中国首次以创始国成员和核心国成员的身份参与的全球经济治理机制，G20 为中国发挥全球领导力提供了重要的舞台。在 2016 年 9 月召开的 G20 杭州峰会上，中国促成与会各方就全球经济增长的若干重要问题达成共识，并推动了相关行动纲领的制定。该峰会发表了《二十国集团领导人杭州峰会公报》和 28 份具体成果文件。G20 杭州峰会的成功主办，提升了中国在全球经济治理中的制度性话语权，凸

---

① 何帆，冯维江，徐进. 全球治理机制面临的挑战及中国的对策. 世界经济与政治，2013（4）.

② 广东国际战略研究院课题组. 中国参与全球经济治理的战略：未来 10～15 年. 改革，2014（5）.

③ 桑百川，王伟. 全球经济治理体系变革与碎片化风险防范. 国际贸易，2017（12）.

显了中国在国际经济事务中的领导作用。

新兴经济体的崛起正在对世界经济格局和全球经济治理产生深远的影响。高祖贵等人指出，新兴经济体的崛起挑战了发达国家在世界经济中的主导地位，推动了西方国家主导的全球治理机制的调整改革，削弱了西方国家在很多国际事务上的影响力。① 沈铭辉和葛伟认为，新兴经济体与发达经济体彼此间的力量消长，导致二者在世界经济格局中的力量对比发生了改变，这使得发达国家不得不在全球经济治理中更多地关注发展中国家的利益诉求。② 由发展中大国巴西、俄罗斯、印度、中国和南非所构成的金砖国家通常被视为新兴经济体的代表。何帆等人认为，中国应当积极参与和推动与金砖国家间的战略合作，将其打造成一个经济合作平台，并兼顾政治合作。③ 在徐秀军看来，作为全球治理机制中的新生力量，金砖国家合作机制已成为五国应对全球问题的重要协商与对话平台，并在全球治理中具有不可忽视的影响力。④ 在应对全球问题方面，金砖国家在全球治理进程中也可以成为新兴国家之间的合作机制、跨区域经济治理的协商平台、发展中国家与发达国家之间的沟通桥梁。

近年来，中国积极参与不同领域的全球经济治理机制改革。在国际货币金融治理机制改革方面，中国推动了国际货币基金组织和世界银行的份额调整和投票权改革，提高了发展中国家在国际金融机构中的代表性和发言权。经过中国多年的努力，人民币最终被纳入国际货币基金组织的特别提款权（SDR）货币篮子，这是新兴经济体货币首次加入 SDR 并成为国际储备货币，这不仅有利于进一步推进人民币国际化的进程，也改变了长期

---

① 高祖贵，魏宗雷，刘钰．新兴经济体的崛起及其影响．国际资料信息，2009（8）.

② 沈铭辉，葛伟．新兴经济体群体性崛起及其外部风险．亚太经济，2012（5）.

③ 何帆，冯维江，徐进．全球治理机制面临的挑战及中国的对策．世界经济与政治，2013（4）.

④ 徐秀军．制度非中性与金砖国家合作．世界经济与政治，2013（6）.

以来一直以发达经济体货币作为储备货币的格局，提高了国际货币体系的稳定性；在全球贸易治理方面，中国坚持在多边贸易体制下推动国际贸易和投资的自由化和便利化，积极推进 WTO 框架下的多边贸易谈判，完善了全球贸易投资治理体系；在全球气候治理和能源治理方面，中国与国际社会共同应对全球气候变化的挑战，积极履行共同而有区别的责任，促成了《巴黎协定》的签署和生效，在构建绿色低碳的全球气候和能源治理格局方面发挥了建设性的作用。作为新兴经济体和发展中国家的代表，中国正成为全球经济治理体系改革的积极推动者和重要引领者。

## 二、区域经济治理中的中国角色

当前，经济全球化进程正在发生深刻转变，国际金融危机的冲击使经济全球化遭遇了暂时的挫折。WTO 框架下的多边贸易体制对推动全球贸易的繁荣做出过巨大的贡献，但由于发达国家和发展中国家的利益诉求大相径庭，导致 WTO 多哈回合贸易谈判自 2001 年启动以来，长期没有取得实质性进展，这也在一定程度上影响了部分国家对多边贸易体制的信心。英国退出欧盟和特朗普推行的贸易保护主义更是使得"逆全球化"的噪声一度甚嚣尘上。但经济全球化并没有因此而发生根本逆转，而是在形式和内容上面临新的调整。在多边贸易体制停滞不前的同时，越来越多的国家积极开展双边和区域自由贸易安排。"区域经济合作蓬勃发展，各类自由贸易协定大量涌现，成为经济全球化的重要动力。"①

作为全球经济中最有活力的地区，亚太地区的经济一体化问题历来是广受关注的领域。美国、东盟曾经分别推动着《跨太平洋伙伴关系协定》

---

① 汪洋. 构建开放型经济新体制. 人民日报, 2013 - 11 - 22.

（TPP）和《区域全面经济伙伴关系协定》（RCEP）等不同的区域经济一体化框架谈判。美国曾经积极主导和推动 TPP 和《跨大西洋贸易与投资伙伴协定》（TTIP）的谈判，试图通过设定更高标准的国际经贸新规则，在后危机时代全球投资贸易秩序的重构中继续发挥领导作用，巩固其在国际经贸领域的领导地位。学者们对于 TPP 的基本框架及其对中国的影响进行过深入的分析，由于中国被排斥在 TPP 的谈判之外，因而国内研究主要集中于中国的应对之策。① 随着特朗普宣布美国退出 TPP，如何进一步推动 RCEP 就引起了学者们更多的关注。刘均胜认为，奥巴马政府推动 TPP 谈判对中国和东盟都构成了现实挑战，也催生了 RCEP。② 随着美国的退出，TPP 对中国的挑战也大为削弱。但中国仍然要继续支持 RCEP 谈判，RCEP 的建立将使其成为世界最大的自由贸易区，将极大改善亚太地区的生产网络。参与高标准自由贸易区所积累的经验，有利于中国在未来地区、国际经济规则的制定中获得更大的话语权。张彬和张菲回顾了 RCEP 谈判的进展与主要内容，分析了 RCEP 推进过程中面临的现实障碍，认为中国应该加快落实东盟-中国自由贸易区的升级版，提升区域经济合作水平，稳步推进中日韩自由贸易区谈判。中国在支持东盟发挥主导作用的同时，也应当发挥建设性作用，积极参与 RCEP 规则的制定。③ 全毅等认为，RCEP 是中国深度参与区域一体化规则构建和参与主导未来经济合作方向的机会，中国应充分地将 RCEP 谈判与自身的自由贸易区建设进程相协调，坚持国内改革和国际规则构建相结合，顺应 RCEP 致力

① 中国社会科学院世界经济与政治研究所国际贸易研究室.《跨太平洋伙伴关系协定》文本解读.北京：中国社会科学出版社，2016；黄茂兴，等.TPP 的中国策.北京：北京大学出版社，2016；李向阳.跨太平洋伙伴关系协定：中国崛起过程中的重大挑战.国际经济评论，2012（2）.
② 刘均胜.RCEP 谈判进程及挑战：从区域视角的评估.国际经济合作，2017（8）.
③ 张彬，张菲.RCEP 的进展、障碍及中国的策略选择.南开学报（哲学社会科学版），2016（6）.

于梳理东亚生产网络、推动亚洲可持续发展的要求，自觉并大胆地接受更高水准的开放承诺。[①]

# 参考文献

1. 2017 年商务工作年终综述之十四：积极开展贸易救济工作，切实维护贸易秩序和产业安全 . 商务部网站，2018 - 01 - 19.

2. 卜伟，易倩 . OFDI 对我国产业升级的影响研究 . 宏观经济研究，2015.

3. 柴庆春，张楠楠 . 中国对外直接投资逆向技术溢出效应：基于行业差异的检验分析 . 中央财经大学学报，2016（8）.

4. 陈恩，袁群华 . 我国企业对外投资的动因与策略选择 . 国际商务（对外经济贸易大学学报），2004（3）.

5. 陈昊，吴雯 . 中国 OFDI 国别差异与母国技术进步 . 科学学研究，2016（1）.

6. 陈虹，章国荣 . 中国服务贸易国际竞争力的实证研究 . 管理世界，2010（10）.

7. 陈建国，葛顺奇 . 出口竞争力与外商直接投资的作用 . 南开经济研究，2002（1）.

8. 陈俊聪，黄繁华 . 对外直接投资与出口技术复杂度 . 世界经济研究，2013（11）.

9. 陈琳，朱明瑞 . 对外直接投资对中国产业结构升级的实证研究：基于产业间和产业内升级的检验 . 当代经济科学，2015（6）.

10. 陈万灵，邵学言 . 中国外贸快速增长：问题、困境与出路："国际经贸大趋势与转变外经贸增长方式"学术研讨会综述 . 改革，2006（11）.

11. 陈学明 . 中国加入 WTO 的进程及利弊概述 . 经济学动态，2000（3）.

12. 陈岩，杨桓，张斌 . 中国对外投资动因：制度调节与地区差异 . 管理科学，2012（3）.

13. 陈荫枋，张岩贵 . 我国利用外资的战略问题 . 社会科学战线，1985（3）.

---

[①] 全毅，沈铭辉，仇莉娜 . 如何构建区域全面经济伙伴关系（RCEP）：中国视角 . 和平与发展，2017（5）.

14. 程惠芳，阮翔．用引力模型分析中国对外直接投资的区位选择．世界经济，2004 (11).

15. 程南洋，杨红强，聂影．中国服务贸易出口结构变动的实证分析．国际贸易问题，2006 (8).

16. 邓小平．邓小平文选：第 3 卷．北京：人民出版社，1993.

17. 范红忠，陈攀．我国 OFDI 与出口贸易关系及其时空差异分析．国际商务（对外经济贸易大学学报），2017 (2).

18. 方卓芬．论经济特区的性质．经济研究，1981 (8).

19. 高伟梧．"经济特区创办十周年理论研讨会"论点综述．经济研究，1991 (1).

20. 高祖贵，魏宗雷，刘钰．新兴经济体的崛起及其影响．国际资料信息，2009 (8).

21. 葛顺奇．跨国并购及其对中国经济安全的影响．国际经济评论，2007 (6).

22. 宫毓雯，华晓红．国际经济新形势下我国应对贸易争端的对策研究．国际贸易，2017 (11).

23. 广东国际战略研究院课题组．中国参与全球经济治理的战略：未来 10～15 年．改革，2014 (5).

24. 郭克莎．加入 WTO 之后中国汽车工业面临的影响及应对思路．中国工业经济，2001 (10).

25. 郭熙保，罗知．外资特征对中国经济增长的影响．经济研究，2009 (5).

26. 国家开发银行"跨境开发区发展模式及其投融资研究"课题组．境外经贸合作区投资建设视角下"一带一路"重点关注区域分析．港口经济，2017 (1).

27. 国务院新闻办公室．《中国的对外贸易》白皮书（2011）．国务院新闻办公室网站，2011 - 12 - 07.

28. 郝红梅．探索准入前国民待遇加负面清单的外资管理模式．中国经贸导刊，2014 (10).

29. 何帆，冯维江，徐进．全球治理机制面临的挑战及中国的对策．世界经济与政治，2013 (4).

30. 何帆，朱鹤，张骞．21 世纪海上丝绸之路建设：现状、机遇、问题与应对．国际经济评论，2017（5）.

31. 何洁，许罗丹. 中国工业部门引进外国直接投资外溢效应的实证研究. 世界经济文汇，1999（2）.

32. 何新浩. 正确发挥对外贸易的作用，加速我国经济的发展. 国际贸易，1982（5）.

33. 贺力平. 我国对外投资发展战略探讨. 财经科学，1985（5）.

34. 侯芯冰. 发展对外直接投资是推动我国引进外资的有效途径. 外国经济与管理，1986（4）.

35. 胡鞍钢，马伟，鄢一龙. "丝绸之路经济带"：战略内涵、定位和实现路径. 新疆师范大学学报（哲学社会科学版），2014（2）.

36. 胡锦涛. 在深圳经济特区建立 30 周年庆祝大会上的讲话. 人民网，2010 - 09 - 06.

37. 胡舒立. "中策现象"关于引资改造的解析与思考. 改革，1994（3）.

38. 黄方毅. 当前我国引进和对外经济贸易的制约因素和改进设想. 经济研究，1985（12）.

39. 黄静波，张安民. 中国对外直接投资主要动因类型的实证研究：基于 1982—2007 年的外向投资流向分析. 国际经贸探索，2009（7）.

40. 黄亮雄，钱馨蓓，隋广军. 中国对外直接投资改善了"一带一路"沿线国家的基础设施水平吗？. 管理评论，2018（3）.

41. 黄茂兴，等. TPP 的中国策. 北京：北京大学出版社，2016.

42. 黄速建. 从所谓"中策现象"想到的. 改革，1994（5）.

43. 黄先海，陈航宇. "一带一路"的实施效应研究：基于 GTAP 的模拟分析. 社会科学战线，2016（5）.

44. 季崇威. 利用外资和中国经济发展的关系. 社会科学，1982（2）.

45. 季崇威. 我国对外开放政策的理论和实践. 经济研究，1984（11）.

46. 贾根良. 国际大循环经济发展战略的致命弊端. 马克思主义研究，2010（12）.

47. 贾妮莎，申晨. 中国对外直接投资的制造业产业升级效应研究. 国际贸易问题，2016（8）.

48. 简新华，张皓. 论中国外贸增长方式的转变. 中国工业经济，2007（8）.

49. 江小涓. "十五"我国对外投资趋势研究：全球背景、投资规模与重点选择. 管理世界，2001（1）.

50. 江小涓. 服务全球化的发展趋势和理论分析. 经济研究，2008（2）.

51. 江小涓. 利用外资与经济增长方式的转变. 管理世界，1999（2）.

52. 江小涓. 中国的外资经济对增长、结构升级和竞争力的贡献. 中国社会科学，2002（6）.

53. 蒋冠宏，蒋殿春. 中国对外投资的区位选择：基于投资引力模型的面板数据检验. 世界经济，2012（9）.

54. 蒋冠宏，蒋殿春. 中国企业对外直接投资的"出口效应". 经济研究，2014（5）.

55. 蒋建平. 社会主义中国引进外资与帝国主义对旧中国投资的本质区别. 经济科学，1986（5）.

56. 金碚，李鹏飞，廖建辉. 中国产业国际竞争力现状及演变趋势：基于出口商品的分析. 中国工业经济，2013（5）.

57. 郎丽华，刘新宇. 中国对外直接投资对出口规模的影响：基于2003—2014年143个国家的面板数据模型. 经济与管理研究，2016（9）.

58. 李健. 外资企业：中国外贸出口新的增长源. 国际贸易，1996（10）.

59. 李俊江，孙黎. 中国资源类企业"走出去"：基于异质性企业贸易理论的分析. 江汉论坛，2012（1）.

60. 李黎. 外资竞争条件下民族工业企业的发展模式. 经济研究，1997（12）.

61. 李凌秋. "一带一路"背景下中缅基础建设的投资合作. 东北亚经济研究，2017（3）.

62. 李梅，柳士昌. 对外直接投资逆向技术溢出的地区差异和门槛效应：基于中国省际面板数据的门槛回归分析. 管理世界，2012（1）.

63. 李善同. 中国加入世界贸易组织对中国经济的影响：动态一般均衡分析. 世界经济，2000（2）.

64. 李曙光. 以开放的心态看待"中策现象". 改革，1994（5）.

65. 李向阳. 跨太平洋伙伴关系协定：中国崛起过程中的重大挑战. 国际经济评论，2012（2）.

66. 李晓玉. "一带一路"倡议中的国际产能合作发展及深化策略. 经济研究参考, 2016 (67).

67. 李秀珍, 徐芳娜. 技术创新与中国外贸发展方式转变. 华东师范大学学报 (哲学社会科学版), 2015 (4).

68. 厉以宁. 经济漫谈录. 北京: 北京大学出版社, 1998.

69. 梁桂全. 不合国情的"国际大循环"构想: 兼论开放的多元优势次阶跃推进战略. 学术研究, 1988 (4).

70. 刘昌黎. 进口替代是我国赶超世界工业大国的长期战略. 经济研究, 1987 (8).

71. 刘冬. 境外工业园建设与中阿产能合作. 西亚非洲, 2017 (6).

72. 刘均胜. RCEP 谈判进程及挑战: 从区域视角的评估. 国际经济合作, 2017 (8).

73. 刘俊海. 关于统一内、外资企业立法的思考与建议. 江汉论坛, 2014 (1).

74. 刘爽, 马友君, 钟建平. 中俄沿边地区基础设施建设状况考查及分析. 欧亚经济, 2017 (1).

75. 刘夏莲. 论中国对外投资. 世界经济研究, 1984 (3).

76. 隆国强. 当前的机遇不是规模扩张而是出口结构升级. 对外经贸实务, 2014 (7).

77. 卢峰, 李昕, 李双双, 等. 为什么是中国? "一带一路"的经济逻辑. 国际经济评论, 2015 (3).

78. 路风, 封凯栋. 发展我国自主知识产权汽车工业的政策选择. 商务周刊, 2004 - 03 -20.

79. 罗雨泽. 推进"一带一路"设施联通的思路和政策. 重庆理工大学学报 (社会科学), 2017 (7).

80. 马霞, 宋彩岑. 中国埃及苏伊士经贸合作区: "一带一路"上的新绿洲. 西亚非洲, 2016 (2).

81. 毛燕琼. 加入 WTO 十年国际对华贸易摩擦回顾与展望. 世界经济研究, 2011 (11).

82. 闵建蜀. 国际大循环理论之我见: 香港中文大学工商管理学院院长闵建蜀教授谈国际大循环. 经济管理, 1988 (7).

83. 欧阳艳艳，刘丽，陈艳伊. 中国对外直接投资的产业效应研究. 产业经济评论，2016（1）.

84. 潘志平. "一带一路"愿景下设施联通的连接点：以"中国—中亚—西亚"经济走廊为例. 新疆师范大学学报（哲学社会科学版），2016（3）.

85. 裴长洪，樊瑛. 继续提升对外贸易促进我国经济发展的功能. 国际贸易，2014（6）.

86. 裴长洪，彭磊，郑文. 转变外贸发展方式的经验与理论分析：中国应对国际金融危机冲击的一种总结. 中国社会科学，2011（1）.

87. 裴长洪. 我国对外贸易发展：挑战、机遇与对策. 经济研究，2005（9）.

88. 彭科. 必须提高对利用外资的认识. 国际贸易问题，1982（4）.

89. 齐俊妍. 中国是否出口了更多高技术产品：基于技术含量和附加值的考察. 世界经济研究，2008（9）.

90. 钱小安. 加入 WTO 对中国银行业和金融调控的影响及对策. 金融研究，2000（2）.

91. 秦海. "中策现象"有待更充分的剖析. 改革，1994（4）.

92. 邱立成，杨德彬. 中国企业 OFDI 的区位选择：国有企业和民营企业的比较分析. 国际贸易问题，2015（6）.

93. 曲凤杰. 从群马模式中突围，构筑新雁群模式：通过国际产能合作建立中国主导的区域产业分工体系. 国际贸易，2017（2）.

94. 全毅，沈铭辉，仇莉娜. 如何构建区域全面经济伙伴关系（RCEP）：中国视角. 和平与发展，2017（5）.

95. 桑百川. 新一轮全球投资规则变迁的应对策略：以中美投资协定谈判为视角. 学术前沿，2014（1）：下.

96. 桑百川，王伟. 全球经济治理体系变革与碎片化风险防范. 国际贸易，2017（12）.

97. 桑秀国. 利用外资与经济增长：一个基于新经济增长理论的模型及对中国数据的验证. 管理世界，2002（9）.

98. 商务部：中国对"一带一路"投资已超 600 亿美元. 商务部网站，2018 - 03 - 12.

99. 商务部．中国外商投资报告 2017．商务部网站．

100. 商务部服贸司负责人谈 2017 年我国服务贸易情况．中国政府网，2018 - 02 - 06.

101. 申现杰，肖金成．国际区域经济合作新形势与我国"一带一路"合作战略．宏观经济研究，2014（11）．

102. 沈铭辉，张中元．"一带一路"背景下的国际产能合作：以中国-印尼合作为例．国际经济合作，2017（3）．

103. 沈铭辉，葛伟．新兴经济体群体性崛起及其外部风险．亚太经济，2012（5）．

104. 盛斌，段然．TPP 投资新规则与中美双边投资协定谈判．国际经济评论，2016（5）．

105. 盛斌，马盈盈．中国服务贸易出口结构和国际竞争力分析：基于贸易增加值的视角．东南大学学报（哲学社会科学版），2018（1）．

106. 宋泓，柴瑜．三资企业对我国工业结构效益影响的实证研究．经济研究，1998（1）．

107. 宋泓．加入 WTO 对我国产业发展的影响及对策．世界经济与政治，2000（3）．

108. 隋广军，黄亮雄，黄兴．中国对外直接投资、基础设施建设与"一带一路"沿线国家经济增长．广东财经大学学报，2017（1）．

109. 隋月红，赵振华．我国 OFDI 对贸易结构影响的机理与实证：兼论我国 OFDI 动机的拓展．财贸经济，2012（4）．

110. 孙雪萌．"一带一路"背景下中俄产能合作研究．对外经贸，2017（6）．

111. 谭燕芝．我国企业对外直接投资：特点、理论新探及启示．教学与研究，2009（3）．

112. 唐海燕．论中国外贸发展战略的选择．国际贸易问题，1994（2）．

113. 佟家栋．中国外贸体制改革探讨．南开学报，1998（1）．

114. 万军．中拉产能合作的动因、进展与挑战．拉丁美洲研究，2016（3）．

115. 汪洋．构建开放型经济新体制．人民日报，2013 - 11 - 22.

116. 王春法，姜江．FDI 与内生技术能力培育：中国案例研究．高科技与产业化，2005（2）．

117. 王继祖．借鉴国外经验，做好利用外资工作．国际贸易问题，1982（4）．

118. 王建. 选择正确的长期发展战略：关于"国际大循环"经济发展战略的构想. 经济日报, 1988 - 01 - 05.

119. 王林生. 试论社会主义对外贸易的地位和作用问题. 国际贸易, 1982 (2).

120. 王受文. 转变外贸发展方式，推动对外贸易稳定平衡发展. 国际贸易, 2007 (7).

121. 王曦. 论我国外商直接投资的规模管理. 经济研究, 1998 (5).

122. 王义桅, 郑栋. "一带一路"战略的道德风险与应对措施. 东北亚论坛, 2015 (4).

123. 王永中, 李曦晨. 中国对一带一路沿线国家投资风险评估. 开放导报, 2015 (4).

124. 王振中. 资本难道真的没有旗帜吗？. 改革, 1994 (5).

125. 王志乐. 也谈外资并购与中国经济安全. 经济导刊, 2006 (9).

126. 王志民. "一带一路"背景下中哈产能合作及其溢出效应. 东北亚论坛, 2017 (1).

127. 魏东, 王璟珉. 中国对外直接投资动因分析. 东岳论丛, 2005 (5).

128. 魏雅卿. 外贸战略演变的理论分析. 经济学动态, 2001 (7).

129. 巫宁耕. 我国对外投资问题的探讨. 北京大学学报（哲学社会科学版）, 1986 (3).

130. 武雅斌, 王勇. 树立合作式国际贸易摩擦解决机制的中国理念. 国际贸易, 2017 (3).

131. 习近平. 在庆祝海南建省办经济特区 30 周年大会上的讲话. 人民网, 2018 - 04 - 14.

132. 夏梁. "以市场换技术"是如何提出的（1978—1988）. 中国经济史研究, 2015 (4).

133. 项本武. 中国对外直接投资的贸易效应研究：基于面板数据的协整分析. 财贸经济, 2009 (4).

134. 萧灼基. 积极稳妥地引进技术和利用外资. 东岳论丛, 1982 (5).

135. 谢文泽. 中国-拉共体共建"一带一路"探析. 太平洋学报, 2018 (2).

136. 辛承越. 经济全球化与中国商务发展. 北京：人民出版社, 2005.

137. 徐秀军. 制度非中性与金砖国家合作. 世界经济与政治, 2013 (6).

138. 许涤新. 积极、稳步地办好经济特区. 福建论坛，1981（4）.

139. 薛荣久. 50 年的探索：对建国以来中国外贸理论的回顾与思考. 国际贸易，1999（10）.

140. 薛琰如，张海亮，邹平. 所有制差异、套利动机与对外直接投资区位决策：基于矿产资源型国有企业的分析. 经济评论，2016（2）.

141. 杨丽艳，李婷婷. 中国外商直接投资国家安全审查法律问题研究. 武大国际法评论，2017（2）.

142. 杨振. 开放外资监管的困境、挑战与策略. 理论视野，2016（11）.

143. 姚桂梅. 中非产能合作：成效、问题与前景. 国际经济合作，2017（6）.

144. 姚洋. 非国有经济成分对我国工业企业技术效率的影响. 经济研究，1998（12）.

145. 叶红雨，韩东，王圣浩. 中国 OFDI 逆向技术溢出效应影响因素的分位数回归研究：基于东道国特征视角. 经济与管理评论，2017（5）.

146. 尹翔硕，李春顶，孙磊. 国际贸易摩擦的类型、原因、效应及化解途径. 世界经济，2007（7）.

147. 于光远. 谈谈对深圳经济特区几个问题的认识. 经济研究，1983（2）.

148. 袁文祺，王健民. 重新认识和评价对外贸易在我国国民经济发展中的作用和地位. 国际贸易，1982（1）.

149. 詹晓宁，陈建国. 出口竞争力与跨国公司 FDI 的作用. 世界经济，2002（11）.

150. 张彬，张菲. RCEP 的进展、障碍及中国的策略选择. 南开学报（哲学社会科学版），2016（6）.

151. 张德修. 加入 WTO 对中国经济某些产业的正负面影响剖析. 北京大学学报（哲学社会科学版），2000（3）.

152. 张帆，郑京平. 跨国公司对中国经济结构和效率的影响. 经济研究，1999（1）.

153. 张汉林，盖新哲. 自由贸易区来龙去脉、功能定位与或然战略. 改革，2013（9）.

154. 张明. 直面"一带一路"的六大风险. 国际经济评论，2015（4）.

155. 张培基. 关于我国对外贸易发展战略的探讨. 国际贸易，1984（1）.

156. 张平. 技术优势与跨国公司的产业控制：北京吉普案例的分析. 经济研究，1995（11）.

157. 张燕生. 后危机时代: 中国转变外贸增长方式最重要. 国际经济评论, 2010 (1).

158. 张幼文. 自贸区试验与开放型经济体制建设. 学术月刊, 2014 (1).

159. 张宇燕. 全球治理的中国视角. 世界经济与政治, 2016 (9).

160. 张雨, 戴翔. 出口产品升级和市场多元化能够缓解我国贸易摩擦吗? 世界经济研究, 2013 (6).

161. 赵蓓文. 外资数量扩张型增长模式的负面效应. 世界经济研究, 2007 (1).

162. 赵景峰, 陈策. 中国服务贸易: 总量和结构分析. 世界经济, 2006 (8).

163. 赵伟, 古广东, 何元庆. 外向 FDI 与中国技术进步: 机理分析与尝试性实证. 管理世界, 2006 (7).

164. 赵云鹏, 叶娇. 对外直接投资对中国产业结构影响研究. 数量经济技术经济研究, 2018 (3).

165. 甄炳禧. 中国加入 WTO 及其影响. 国际问题研究, 2000 (1).

166. 郑良玉. 深圳特区十年发展的回顾与展望. 经济研究, 1991 (1).

167. 郑拓彬. 解放思想, 提高认识, 为加快发展对外贸易而奋斗. 国际贸易, 1982 (1).

168. 郑拓彬. 我国对外贸易体制改革问题. 经济研究, 1984 (11).

169. 中共中央、国务院关于构建开放型经济新体制的若干意见. 新华网, 2015 - 09 - 17.

170. 中国农业大学经济管理学院课题组. 加入世界贸易组织对我国农产品贸易的影响. 世界经济, 1999 (9).

171. 中国社会科学院世界经济与政治研究所国际贸易研究室. 《跨太平洋伙伴关系协定》文本解读. 北京: 中国社会科学出版社, 2016.

172. 周方银. "一带一路"面临的风险挑战及其应对. 国际观察, 2015 (4).

173. 朱铁臻, 周天勇. 特区经济双向运行困境及其出路的剖析和思考. 经济研究, 1989 (8).

174. 朱钟棣. 新中国外贸体制改革的回顾与展望. 财经研究, 1999 (10).

175. 左安磊. 后金融危机时代中国国际贸易摩擦的特点、趋势及对策. 世界贸易组织动态与研究, 2012 (9).

# 第八章　经济发展理论

改革开放 40 年来，中国经历了"双重转型"：一是从计划经济迈向社会主义市场经济；二是从农业社会迈向工业社会，进而迈向社会主义现代化国家。"双重转型"取得了巨大成功。从经济发展来看，40 年来，中国创造了举世瞩目的经济增长奇迹，走出了一条中国特色的经济发展之路，拓展了发展中国家走向现代化的途径，为人类解决发展问题提供了中国智慧和中国方案。在这一过程中，逐步形成了中国特色社会主义经济发展理论。

## 第一节　发展共识凝聚与发展战略转变

党的十一届三中全会开启了改革开放的历史大幕，也开启了中国经济起飞和发展的历史新征程。这一历史性转折是我国社会主义初级阶段主要矛盾运动的必然结果，是社会主义本质的必然要求。以改革开放为契机，全社会逐步形成了"发展才是硬道理"的共识，经济理论界开始围绕怎么实现发展、如何研究经济发展展开讨论。

## 一、"发展才是硬道理"

1957 年党的八届三中全会后，"以阶级斗争为纲"逐渐成为全党全国各项工作的指导思想。党对社会主要矛盾的定位，由党的八大时的"人民对于建立先进的工业国的要求同落后的农业国的现实之间的矛盾"和"人民对于经济文化迅速发展的需要同当前经济文化不能满足人民需要的状况之间的矛盾"，转变为"无产阶级和资产阶级的矛盾、社会主义道路和资本主义道路的矛盾"。与此同时，"四人帮"还挑起了对所谓"唯生产力论"的批判。我国经济建设由此耽搁了 20 年之久，以致在改革开放伊始的 1978 年，我国人均国内生产总值仅为当时世界平均水平的 7.9%。1956 年以后我国的实际人均 GDP 年均增速仅为 3.4%，明显落后于日本、韩国、新加坡、马来西亚、泰国等周边国家。在重工业优先发展战略下，人民生活水平提升的速度比实际人均 GDP 增速更为缓慢，全国居民人均生活消费支出占人均 GDP 的比重由 1957 年时的 56.0% 降至 1978 年时的 39.2%，无论是城镇还是乡村，均显著存在这一趋势。1978 年全国居民普遍处于"蜗居"状态，城乡人均住房建筑面积分别只有 6.7 平方米和 8.1 平方米。农村中尚有 30.7% 的人口（2.5 亿）未能解决温饱，97.5% 的农村人口（7.7 亿）处于贫困状态（见表 8-1）。

表 8 - 1 1978 年国民经济与人民生活水平

| 人均 GDP（元） | 人均 GDP 与世界平均水平之比（%） | 1957—1978 年实际人均 GDP 年均增速（%） | 全国居民人均生活消费支出（元） | 全国居民人均生活消费支出/人均 GDP（%） | 1957 年全国居民人均生活消费支出/人均 GDP（%） |
|---|---|---|---|---|---|
| 385 | 7.9 | 3.4 | 151.0 | 39.2 | 56.0 |
| 城镇居民人均生活消费支出（元） | 城镇居民人均生活消费支出/人均 GDP（%） | 1957 年城镇居民人均生活消费支出/人均 GDP（%） | 农村居民人均生活消费支出（元） | 农村居民人均生活消费支出/人均 GDP（%） | 1957 年农村居民人均生活消费支出/人均 GDP（%） |
| 311.2 | 80.8 | 132.1 | 116.1 | 30.1 | 42.2 |
| 城市人均住宅建筑面积（平方米） | 农村人均住宅建筑面积（平方米） | 未解决温饱的农村人口数量（亿人） | 未解决温饱的人口占农村人口的比重（%） | 农村贫困人口数量（亿人） | 贫困人口占农村人口的比重（%） |
| 6.7 | 8.1 | 2.5 | 30.7 | 7.7 | 97.5 |

资料来源：根据《新中国六十年统计资料汇编》、《中国统计年鉴 2017》以及世界银行数据库的相关数据整理。

面对陷入困顿状态的国民经济和人民生活，粉碎"四人帮"后，党的领导集体和经济理论界开始重申生产力标准，明确指出要大力发展社会生产力，改变贫困落后的面貌，将党和国家的工作重心转移到经济建设上来。1977 年 8 月，党的十一大报告强调指出"生产力是最革命的因素"；1978 年 9 月 13 日至 20 日，邓小平在视察东北三省以及唐山和天津等地时发表谈话（又称"北方谈话"），明确提出要迅速地、坚决地把党的工作重点转移到经济建设上来，并比较系统地阐述了改革开放问题；1978 年 12 月，党的十一届三中全会正式提出"把全党工作的着重点和全国人民的注意力转移到社会主义现代化建设上来"[①]，从而拉开了中国改革开放的历史序幕。可以说，"一心一意谋发展，专心致志搞建设"在改革开放之初

---

[①] 中共中央文献研究室. 三中全会以来重要文献选编：上. 北京：中央文献出版社，2011：3-4.

便已成为全党全社会最大的共识。及至 1987 年 10 月，党的十三大明确了"一个中心、两个基本点"的社会主义初级阶段基本路线，进一步将发展问题由党和国家工作的"重心"提升到了"中心"的位置，并系统分析和提出了我国社会主义初级阶段的经济发展战略和经济体制改革的目标，初步回答了发展阶段、发展道路、发展目标、发展步骤、发展战略等一系列基本问题，并由此开启了中国特色社会主义经济发展思想的形成进程。

然而，人们的思想认识有差异，观念转变有先后，在重大历史转折期，要将大家的思想和行动统一到发展问题上来，需要付出巨大的努力。在这一过程中，作为改革开放总设计师的邓小平发挥了关键性的历史作用，他的一系列精辟分析和论断，构筑了中国特色社会主义经济发展的理论和思想基础，将全党全社会的精力凝聚到了发展问题上来。

首先，邓小平通过总结回顾社会主义现代化建设的经验教训，紧紧抓住"什么是社会主义、怎样建设社会主义"这一根本问题，深刻揭示了社会主义"解放生产力，发展生产力"的本质。1985 年 4 月邓小平在会见外宾时指出："马克思主义的基本原则就是要发展生产力……从一九五八年到一九七八年这二十年的经验告诉我们：贫穷不是社会主义，社会主义要消灭贫穷。不发展生产力，不提高人民的生活水平，不能说是符合社会主义要求的。"[1] 1992 年邓小平在南方谈话中指出："社会主义的本质，是解放生产力，发展生产力，消灭剥削，消除两极分化，最终达到共同富裕。"[2]

其次，为进一步推动思想解放，解除旧的意识形态束缚，鼓励各级干部群众积极尝试运用各种能够有效促进经济发展的新事物、新方法、新举措，提出了"三个有利于"标准，为各项工作提供了判断准则和行动指

---

[1] 邓小平. 邓小平文选：第 3 卷. 北京：人民出版社，1993：116.
[2] 同[1]373.

南。"三个有利于"是邓小平 1992 年在南方谈话中提出的："改革开放迈不开步子，不敢闯，说来说去就是怕资本主义的东西多了，走了资本主义道路。要害是姓'资'还是姓'社'的问题。判断的标准，应该主要看是否有利于发展社会主义社会的生产力，是否有利于增强社会主义国家的综合国力，是否有利于提高人民的生活水平。"[1]

"中国解决所有问题的关键是要靠自己的发展"[2]，"发展才是硬道理"[3]，邓小平的这些掷地有声的重要论断把全党全国的注意力迅速凝聚到"发展"这一引领全局的主题上来。

## 二、"生产资料优先增长规律"大讨论与传统发展战略的扬弃

当发展生产力成为党和国家一切工作的中心之后，接下来面临的问题就是选择符合国情的发展战略。改革开放之初，有关"生产资料优先增长规律"的讨论就与经济发展战略的选择密切相关。

改革开放初期，我国经济学界关于经济发展问题的研究基本延续了新中国成立以来的传统，主要围绕马克思的扩大再生产理论而展开。但对于苏联《政治经济学教科书》基于该理论所得出的"生产资料优先增长规律"，以及按照这一"规律"而形成的重工业优先发展战略，一些学者开始公开提出质疑，由此掀起了关于"生产资料优先增长规律"的大讨论。这次大讨论是在"解放思想、实事求是"的思想路线逐步确立并深入人心的背景下进行的，直指"生产资料优先增长规律"本身是否存在，以及传统社会主义经济发展战略是否应该做出重大调整。这次讨论在许多关键问

---

① 邓小平. 邓小平文选：第 3 卷. 北京：人民出版社，1993：372.

② 同①265.

③ 同①377.

题上达成了重要共识，推动了我国经济发展思想的解放。

第一，学者们普遍认同社会主义生产发展的目的是满足人民日益增长的物质文化需要，而在重工业优先发展的战略下，人民生活水平在较长时期都未能得到持续的、合理的改善。欧阳胜指出：我国职工平均工资和城乡居民的消费水平在过去二十多年中提高得很有限，相当一部分职工的工资收入依然保持在第一个五年计划期间的水平上；市场上许多消费品供应不足，越来越多地靠发票证来限制购买力；职工住房不足成了十分严重的问题；等等。① 刘国光和王向明指出：在 1980 年之前的 30 年中我国的生产发展速度看起来不低，而人民生活水平只在前八年是逐年提高的；1979 年职工平均工资为 705 元，扣除物价因素后，实际工资水平甚至比 1957 年还要有所下降。② 也有的学者认为：在一定时期内集中力量优先发展生产资料部门，可以为日后消费资料部门更快地发展奠定必要的基础，从长远来看，这种迂回的策略性安排并不违背反而有助于更好地实现社会主义生产目的。然而，从实践来看，经济资源向生产资料部门特别是重工业部门的过度倾斜，并没有带来预期的效果，不仅人民的消费需求被压制，国民经济也没有达到预期的快速发展，最终得到的不是"双赢"而是"双输"的结果。刘国光和王向明根据对中华人民共和国成立以来统计数据的分析指出：在片面强调优先发展重工业的 30 年里，国民经济发展暴露出暴起暴落、平均增速逐渐下降、生产与消费严重脱节等一系列弊病③，比例失

① 欧阳胜.论生产资料和消费资料的平衡.经济研究，1979 (6).
② 刘国光，王向明.对我国国民经济发展速度和比例关系问题的探讨.中国社会科学，1980 (4).
③ 生产与消费严重脱节表现为：一方面，由于生产中消耗大、浪费多，中间产品多，可供居民消费用的最终产品少；另一方面，生产出来的产品很多由于质量差、品种不对路等原因，呆滞、积压的情况又非常严重。

调最终"致使经济效果普遍下降，欲快反而慢"①。从理论来看，即使作为一种迂回发展策略，推行生产资料优先发展战略也不能过度。大量文献从逻辑和数理分析层面阐明，生产资料优先增长必须受两大部类平衡发展规律的制约。总体而言，这次大讨论的绝大多数参与者认为：面对手段与目标的脱节，对传统重工业优先发展战略做出重大调整是十分有必要的，在今后经济政策制定的过程中，应在尊重经济发展客观规律的基础上，通过合理安排国民经济各部门间的比例，来推动经济发展与人民生活改善的同步实现。

第二，在争论中大家认识到，技术进步是同时实现国家经济发展与人民生活改善的必由之路。众所周知，扩大再生产的实现方式包括外延扩大再生产和内涵扩大再生产两种类型。在讨论中，针对经济发展最终只能通过外延扩大再生产来实现的观点，无论是"规律消亡论者""规律变异论者"还是"规律存在论者"都予以了明确的反对。"规律消亡论者"认为，技术进步既可以促进生产资料部类的发展，也可以促进消费资料部类的发展，因此，经济的快速发展不一定要通过牺牲消费部门才能实现。并且，伴随着社会生产效率的全面提高，有机构成提高的趋势将会放缓，两大部类的增长速度将逐渐接近，消费资料部门的发展甚至更快一些。"规律变异论者"认为：技术进步是生产资料优先增长的前提条件，只要存在技术进步，生产资料优先增长的规律就不会改变，但在技术进步过程中，消费资料部类的增长将呈加速态势，愈益与生产资料部类的增速接近。"规律存在论者"虽然没有为生产资料优先增长规律设置条件，但大多数人肯定了技术进步作为内涵扩大再生产的重要途径和人类社会发展的必然趋势所具有的积极作用，并且这一积极作用并不仅仅限于生产资料部类，还存在

---

① 刘国光，王向明. 对我国国民经济发展速度和比例关系问题的探讨. 中国社会科学，1980(4).

于消费资料部类的扩大再生产过程。总之，在这次大讨论中，技术进步在经济发展过程中的作用被摆在了比要素积累更为突出的位置上，它不仅与"科学技术是第一生产力"的思想高度契合，而且与现代经济发展理论的政策取向相一致。

### 三、国外现当代经济发展理论的引进和运用

受"十年动乱"的干扰，我国经济发展理论长期停滞不前，这不仅表现为马克思主义经济发展理论的研究受到一系列所谓正统的、机械的、教条的观点束缚，还突出地表现为国外现代经济发展理论的主要成果未能被国内及时地、有鉴别地借鉴和吸收。改革开放初期，受思想解放大潮的洗礼，国内经济研究工作者围绕着国外经济发展理论开展了大量的译介工作，并在批判地借鉴吸收的基础上，将其运用于研究中国经济发展问题。需要指出的是，这一时期国外经济发展理论的引进，是在知识传播技术手段落后、知识获取渠道单一和知识积累被迫中断多年的背景下展开的，对推动我国经济发展理论的研究和人才培养产生了重要影响。自 1981 年开始，国外现代经济发展理论著作的中译本陆续出版，涵盖了罗伊·哈罗德、埃弗塞·多马、西蒙·库兹涅茨、沃尔特·罗斯托、阿瑟·刘易斯、米哈尔·卡莱茨基、罗伯特·索洛、戴尔·乔根森等多位著名经济学家的代表性论著。译介者既有谭崇台、高鸿业、黄范章、李京文等当时业已闻名的经济学者，也有李扬、金碚、平新乔、陈继勇、郭熙保、卢中原、陈东琪、胡和立等中青年经济学家和政策智囊。20 世纪 80 年代末 90 年代初，国外现代经济发展理论译著呈爆发式增加，中外版本的出版间隔明显缩短，如 20 世纪 80 年代末 90 年代初出版的《工业化和经济增长的比较研究》《生产率与美国经济增长》《可供选择的经济发展战略》等著作，国内外版本的

出版间隔已缩短至两三年。通过对国外重要发展经济学著作的译介，我国经济发展理论的知识积累呈加速态势。

在吸收借鉴国外经济发展理论的基础上，经济学界尝试运用这些理论来研究中国经济发展问题。总体来看，国外经济发展理论的本土化呈现出两种趋势：一是运用哈罗德-多马模型、卡莱茨基模型、新古典模型等形式化的理论来研究具体的现实问题，这契合了现代经济学越来越多地运用数理和统计工具的趋势；二是进入20世纪90年代后，经济发展研究中所运用的理论和方法逐渐趋向现代主流经济学，诸如哈罗德-多马模型、新剑桥学派增长模型、卡莱茨基模型等逐渐退出应用视野。上述两种趋势的出现，推动了国内关于经济发展理论研究范式的转变，现代经济发展理论的研究和运用逐渐步入良性发展的轨道，为推进中国特色经济发展理论的发展提供了较广阔的国际视野。

## 第二节　中国经济增长奇迹及其理论解释

随着党和国家的工作重心向经济建设转移和中国经济市场化进程的推进，改革开放40年来，除个别年份外，中国经济总体上保持了持续高速发展的态势。中国已经从一个贫穷落后的欠发达国家，跃升为中上等收入国家，极大地提升了国家的综合国力和国际地位，改善了人民生活，创造了举世瞩目的"中国奇迹"。20世纪90年代中期至今，中国经济学界围绕着"中国奇迹"展开了广泛而深入的讨论。

### 一、"中国奇迹"

1993年，世界银行发布了一份研究报告《东亚奇迹：经济增长与公共政策》①，其中详细阐述了日本、新加坡、韩国、印度尼西亚、马来西亚、泰国 5 个东亚国家和中国香港、中国台湾 2 个东亚地区的经济成就及其成功的原因。随后，1994 年林毅夫、蔡昉和李周出版了《中国的奇迹：发展战略与经济改革》，提出了"中国奇迹"。② 图 8-1 基于人均 GDP 的比值对中国经济增长奇迹进行了直观的刻画。由图 8-1 可见，中国的人均 GDP 相对于世界平均水平、高收入国家、中上等收入国家、自身所处的东亚与太平洋地区以及同为转轨经济体的俄罗斯和中东欧国家，均呈现出了显著的快速上升趋势，这一趋势在 1992 年确立社会主义市场经济改革目标之后表现得尤为突出。在改革开放之初，中国的人均 GDP 仅相当于世界平均水平的 7.85%，是当时世界上最贫穷的国家之

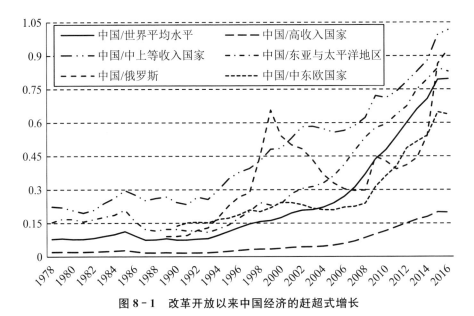

图 8-1　改革开放以来中国经济的赶超式增长

资料来源：世界银行数据库。

---

① 世界银行. 东亚奇迹：经济增长与公共政策. 北京：中国财政经济出版社，1995.
② 林毅夫，蔡昉，李周. 中国的奇迹：发展战略与经济改革. 上海：上海三联书店，上海人民出版社，1994.

一；2016 年提高到 79.70%，是改革开放之初的 10 倍，且高于中上等收入国家组的平均水平。在东欧剧变之初，中国的人均 GDP 仅相当于俄罗斯的 9.12% 和中东欧国家的 13.73%，2016 年则分别达到 92.85% 和 63.76%。这说明，从增长绩效看，中国的市场化改革效果要明显优于俄罗斯和东欧等前社会主义国家。

"东亚奇迹"和"中国奇迹"既有很大程度的相似之处，同时也有显著乃至根本性的差异。一方面，两者都有着高积累率、快速的人力资本形成、有效政府、充分利用国际市场等经济高速增长的共同因素；另一方面，与"亚洲四小龙"等经济体单纯地向工业化过渡不同，"中国奇迹"产生于经济体制转型过程之中，在向工业社会转型的同时，还要从计划经济向市场经济转型，即"中国奇迹"是发生在"双重转型"之中的。因此，有关"中国奇迹"的因素，不仅与"东亚奇迹"有共通之处，同时还涉及体制改革和经济转型等因素。

"中国奇迹"遭到过质疑，与"双重转型"相对应，这种质疑也是双重的。第一，在"东亚奇迹"提出后，保罗·克鲁格曼于 1994 年在颇有影响力的《外交》(*Foreign Affairs*) 杂志上撰文指出：东亚的经济增长完全可以用要素投入的增加来解释，缺乏技术进步的成分，因此，并不存在所谓的"东亚奇迹"，东亚经济体的增长是不可持续的。[1] Young (1995)[2] 等实证文献对此观点提供了支持。与此同时，面对激进式改革所带来的混乱和中国渐进式改革所取得的成效之间的鲜明反差，一些经济学家则将中国渐进式改革的成功归因于某些特殊的客观条件，认为中国在转轨之初的经济发展水平显著低于东欧各国，根据新古典经济增长

---

[1] Krugman P. Myth of Asia's Miracle. Foreign Affairs, 1994, 73 (6): 62 - 78.

[2] Young A. The Tyranny of Numbers: Confronting the Statistical Realities of the East Asian Growth Experience. Quarterly Journal of Economics, 1995, 110 (3): 641 - 680.

理论的收敛推论，其受到边际收益递减规律的约束较小，更易于吸收前沿国家的技术外溢，因此，中国经济增长快于大多数采用激进式改革方式的东欧各国是很自然的事情。第二，与东欧各国不同的是，中国改革的初始条件包括典型的城乡分割，体制改革后劳动力在城乡部门间的再配置会显著提升社会生产率，进而促进经济增长，这种增长是发展经济学早已阐述的二元经济结构下的经济增长。伴随着休克疗法后 J 效应的出现，以及渐进式改革不彻底所遗留的隐患，中国经济的长期表现必将落后于采用激进式改革的东欧国家。"双重质疑"在很长一段时间里为"唱衰中国论"提供了理论支撑。

中国经济学家不同意"唱衰中国论"所提出的论证。首先，依据现代经济增长理论，没有足够的全要素生产率进步的支撑，一国经济是无法长期保持快速增长的。反之，如果经济实现了长期的快速增长，其背后必然有相应的全要素生产率进步作为支撑。索洛将新古典经济增长模型的适用期限界定为 30～50 年，中国经济保持了 40 年高速增长纪录，符合索洛对"长期"的定义，因此，上述推论从理论上讲是成立的。其次，第二次世界大战后，贫富差距的固化、扩大而非收敛，是世界经济和许多国家经济发展中的常态。一些西方学者的研究显示：1870—1990 年世界上最贫穷国家和最富裕国家生活水平的差距扩大了 5 倍[1]，1950—1998 年最富裕国家和最贫穷国家的人均收入差距扩大了 1.75 倍[2]。收敛的证据即使存在，也主要来自发达国家之间或其内部各区域之间，这意味着实践中的收敛是有条件的，呈现"富国俱乐部"的特征。索洛曾指出：美国各州之间、

---

[1]　Pritchett L. Divergence, Big Time. Journal of Economic Perspectives, 1997, 11 (3): 3-17.

[2]　Maddison A. The World Economy: A Millennial Perspective. Development Research Center, OECD, Paris, 2001.

OECD 成员国之间可能呈现经济趋同，但在更大范围内则没有趋同的趋势。[1] 因此，仅仅用基数小远不能有效地解释"中国奇迹"。最后，二元经济结构是绝大多数发展中国家所具有的典型特征，并非中国所特有，但只有中国等极少数发展中国家跳出了"贫困陷阱"，实现了经济的赶超式发展。这至少说明了两个问题：一是二元经济结构并不是发展中国家实现赶超式发展的充分条件，甚至很多时候它可能只是作为经济不发达的一种结果而不是经济增长的一个动因而出现的；二是二元经济结构至多只能解释发展中国家普遍能够达到的经济增长水平，而无法解释高速增长的部分，或者说，二元经济结构的转换只能部分地解释"中国奇迹"。

因此，探寻和解释"中国奇迹"的成因，无论是从实践来看还是从理论来看，都是非常富有意义和挑战性的，能够洞察中国经济发展的演进逻辑和内在规律。

## 二、"中国奇迹"的一般驱动因素

对"中国奇迹"的探究可以沿着现代经济增长理论框架展开，即从资本、劳动、技术水平等影响经济增长的一般因素开始，这能够为我们理解中国经济增长提供一个基准。

### （一）高积累与高储蓄

从增长核算的角度来看，中国经济增长主要来自资本要素的积累。中国社会科学院经济研究所中国经济增长前沿课题组指出：与中国经济高增长相伴随的是投资的迅猛增长，中国固定资产投资率的平均水平由

---

① Solow R M. Neoclassical Growth Theory//J. B. Taylor and M. Woodford (eds.). Handbook of Macroeconomics. Vol. 1a. Amsterdam: Elsevier Science Publishers, 1999: 637 – 667.

1978—1991 年的 28.6% 上升到经济过热的 1993 年时的 37.5%；经过随后几年的调整，1997 年降到 33.8%，随后再度大幅攀升至 2004 年的 43.6%。[①] 中国的投资率不仅高于美国和 OECD 国家，而且高于日本、韩国、马来西亚、新加坡、泰国等东南亚国家高速增长时期的水平。就包含具体测度结果的实证文献来看，董敏杰和梁泳梅利用一个非参数分析框架，基于省级样本测算发现：1978—2010 年，资本投入在中国经济增长中的贡献份额高达 85.4%，在 20 世纪 90 年代前大体处于下降趋势且波动较大，1992 年后则基本呈上升趋势，2005 年后接近 90%。[②] 武鹏基于中国 1978—2010 年的省级面板数据，综合利用随机前沿方法（SFA）和数据包络分析（DEA）方法计算发现：资本投入对中国经济增长的平均贡献率高达 92%，是中国经济增长持续稳定的最主要来源，中国经济增长的投资拉动特征非常明显。投资拉动作用还具有长期波动式上升的趋势特征，21 世纪持续上升趋势非常明显，贡献值平均每年都要提高近 1%。与此同时，得益于较快的物化技术进步，高积累并没有导致中国资本回报率的快速降低以及随之而来的经济增速下降。[③] 赵志耘等研究指出：中国经济增长具有典型的物质资本积累与技术进步动态融合的特征，1990—2005 年间，体现在设备资本中的物化技术进步率在 5.1%~6.0% 之间。[④]

与某些高度依赖外资的外向型经济体和面向国外资本开放的私有化转轨国家不同，中国经济增长的高积累特征主要源于自身的高储蓄率。中国

---

① 中国社会科学院经济研究所中国经济增长前沿课题组. 高投资、宏观成本与经济增长的持续性. 经济研究，2005（10）.

② 董敏杰，梁泳梅. 1978—2010 年的中国经济增长来源：一个非参数分解框架. 经济研究，2013（5）.

③ 武鹏. 改革以来中国经济增长的动力转换. 中国工业经济，2013（2）.

④ 赵志耘，吕冰洋，郭庆旺，贾俊雪. 资本积累与技术进步的动态融合：中国经济增长的一个典型事实. 经济研究，2007（11）.

高储蓄率的形成主要有三个来源：一是在二元结构转换过程中，大量农村剩余劳动力持续涌入城市部门，这就需要有资本与之匹配。与此同时，劳动力的流入缓解了资本投入的产出边际递减趋势，加之二元经济结构下劳动力价格具有弹性，从而保证了资本边际回报率的稳定和市场主体投资的积极性。因此，高储蓄率和高投资率与长期的劳动力转移过程形成了互为因果的关系。二是从政府行为的角度看，中国政府往往通过各种优惠/扭曲性政策和无限担保的国家银行体制为生产型企业提供各种支持，并承担了由此产生的大量宏观成本，以动员储蓄并集中配置资源实现工业化。与此同时，受财政分权和晋升激励的影响，地方政府有着强烈的"增长饥渴症"和投资冲动。三是中华文化的作用。中华文化倡导节俭节约。

### （二）二元结构转换与人口红利

二元经济结构是中国经济的一项典型特征，中国经济快速发展过程同时也是二元经济结构转换过程。虽然"刘易斯-拉尼斯-费景汉"二元经济发展模型不能充分解释"中国奇迹"，但不可否认，它仍阐明了中国经济增长的重要动因之一。关于这一点，国内学界已达成了广泛的共识，并且在原模型的基础上，围绕解释中国问题而进行了改进和创新。陈宗胜和黎德福通过吸收内生增长理论的思想，修正了原模型外生农业技术进步的假设，提出了一个内生农业技术进步的二元经济增长模型，以此从二元经济结构转换的角度对"东亚奇迹"及中国经济发展进行分析。他们认为，"东亚奇迹"是传统农业劳动力不断转向现代非农业部门的结果：一方面，现代部门以资本反哺传统部门，推动农业技术进步，促进了劳动力转移；另一方面，现代部门的发展吸纳了剩余劳动力，加速了结构转换。虽然非农部门的全要素生产率提高不够显著，但劳动力结构转换仍然推动经济实现了持续高速增长。① 进一步地，黎德福和陈宗胜通过实证测算指出：1978—2004 年中国经济的效率提升中有 26.32% 来自二元结构转换的贡献，1978—1990 年这一贡献率高达 48.46%，1990—2004 年下降为 13.39%。经换算，1978—2004 年，二元结构转换对中国经济增长的贡献率达到了 17.83%。②

对于二元结构转换过程中剩余劳动力引致的经济增长，一些经济学家还从人口红利的角度予以了进一步研究，蔡昉及其合作者在这方面具有代表性。他们的一项实证研究显示：人口红利对中国 1982—2000 年人均 GDP 增长率的贡献率为 26.8%，人口抚养比每下降 1 个百分点，可以引致人均 GDP 增长率提高 0.115 个百分点。③

### （三）技术吸收与自主创新

中国经济的赶超式发展还表现为一种向世界技术前沿趋近的过程，即技术追赶的过程。虽然从增长核算的结果看，资本投入对中国经济增长的贡献占据绝大部分份额，但是，一方面，农村剩余劳动力的城乡转移与高积累的同步进行，降低了人均资本的增长速度，抑制了资本产出边际递减的趋势；另一方面，伴随着技术进步，相当一部分资本积累是作为一种动态转移的过程出现的，本质上仍是技术进步的结果。尤其是，随着剩余劳动力转移过程的减速与人口红利的逐渐消失，中国经济的赶超式发展已越来越依赖于技术进步的推动。

---

① 陈宗胜，黎德福. 劳动力转移过程中的高储蓄、高投资和中国经济增长. 经济研究，2005 (2).

② 黎德福，陈宗胜. 改革以来中国经济是否存在快速的效率改进？. 经济学（季刊），2006 (1).

③ Cai F，Wang D W. China's Demographic Transition：Implications for Growth//Garnaut and Song（eds.）. The China Boom and Its Discontents. Canberra：Asia Pacific Press，2005.

按技术进步形成机制的不同，可以从技术吸收与自主创新两个方面来考察技术进步的影响。技术吸收主要经由对外贸易、外商直接投资等途径，通过接受国际技术外溢、引进和模仿国外技术来实现。自主创新则主要通过国内企业自身的研发投入来实现。无论是技术吸收还是自主创新，对中国的技术进步（或全要素生产率提升）和经济增长都具有重要的促进作用。进一步地，较之于技术吸收，自主创新对我国经济增长和技术进步的促进作用更为显著。蒋仁爱和冯根福的研究指出：国内研发投资是中国技术进步的主要推动力，对全要素生产率的贡献要大于贸易和无形技术外溢。[①] 陈继勇和盛杨怿基于分省面板数据的研究指出：各地区自身的科技投入是推动本地技术进步的最主要因素，离开本地科技发展水平的提升，将难以充分发挥通过外商直接投资渠道传递的外国研发资本对本地技术进步的促进作用。[②] 实践和理论研究成果表明：中国未来的技术进步和经济发展，需要更多地依靠我国自主创新能力的提升。

## （四）稳步推进市场化改革

市场化改革解放了社会生产力，是"中国奇迹"诞生的根源，也是"中国奇迹"历久不衰的不竭动力。经济的市场化促进市场竞争，扩大市场规模，改善要素市场和资源配置，形成强有力的激励体系，促进技术进步和壮大非公经济等，这些都推动着中国的经济发展。绝大部分文献都支持市场化对经济发展具有促进作用这一观点。王文举和范合君基于2001—2005年分省面板数据的研究表明：我国的市场化改革对经济增长有显著的正影响，贡献率达到了14.22%。[③] 樊纲等分别考察了市场化改革对全

---

① 蒋仁爱，冯根福. 改革以来中国经济是否存在快速的效率改进？. 经济学（季刊），2006 (1).

② 陈继勇，盛杨怿. 外商直接投资的知识溢出与中国区域经济增长. 经济研究，2008 (12).

③ 王文举，范合君. 我国市场化改革对经济增长贡献的实证分析. 中国工业经济，2007 (9).

要素生产率和经济增长的贡献，发现 1997—2007 年期间，市场化进程对经济增长的贡献率达到了年均 1.45%，对全要素生产率的贡献率高达 39.2%。[①]

需要指出的是，强调市场化的积极作用，并不是要否定政府的作用。在发挥市场的决定性作用的同时，要发挥政府的积极引导作用，将有效市场与有效政府有机结合起来，这是改革开放 40 年来中国经济发展的基本经验，与世界银行的报告《东亚奇迹：经济增长与公共政策》所总结的东亚成功经验在很大程度上是共通的。还需要注意的是，中国政府的积极作用并不限于中央层面。中国作为一个大国，不可避免地会存在地方分散管理的问题，因此，市场机制还需要与地方政府的干预行为有机结合起来。周业安和章泉通过实证分析发现，地方的财政分权和市场化都是推动中国经济发展的重要力量，但市场化进程对经济增长的影响又依赖于财政分权水平。[②] 未来，还需要进一步研究如何将市场化改革与地方政府事权合一的改革协调推进，以促进经济有序健康发展。

## 三、"中国奇迹"的独特因素

像中国这样庞大的经济体实现长达 40 年的高速增长，在世界经济增长史上是罕见的，背后必然有其独特的因素。相较于经济增长的一般因素，这些独特因素基本上是难以复制的，或者说可复制的范围是极狭小的，尤其是，任何一个国家都很难同时复制所有这些独特因素。

### （一）中国的文化

第二次世界大战后，经济学快速走向了数学化和工具主义的道路，文

---

① 樊纲，王小鲁，马光荣. 中国市场化进程对经济增长的贡献. 经济研究，2011（9）.
② 周业安，章泉. 市场化、财政分权和中国经济增长. 中国人民大学学报，2008（1）.

化作为一个难以进行形式化分析和为变量所捕捉的因素，长期被主流经济理论所忽视。20 世纪 80 年代以来，文化之于经济发展的重要性开始为越来越多的学者所关注，他们开始尝试将其纳入主流经济增长理论的分析框架。菲利普·阿格因（Philippe Aghion）和彼得·豪伊特（Peter Howitt）的《增长经济学》把文化放在最后一章，即"前瞻：文化与发展"中，将文化视为未来经济发展研究领域的一个重要拓展方向。他们指出：文化作为增长的第三个层次，可能是更为根本的层次。[①] 这种韦伯主义的复兴在很大程度上得益于东亚和中国的经济奇迹——继基督教伦理被用来解释为什么近代资本主义经济的快速发展出现于西欧之后，儒家文化被用来解释为什么后发现代化国家和地区集中出现于东亚。并且，伴随着"东亚奇迹"向儒家文化圈的收缩和集中[②]，经济增长的文化决定论愈发成为国际学术讨论的热点。这方面的研究在 20 世纪 90 年代便已被介绍到我国，并为我国学者所发展和运用。林毅夫对这种文化归因论提出了质疑[③]，但是大部分学者还是对其秉持认同的态度。例如，有学者认为：中国成功的主要原因在于中国的人民刻苦、聪明、有耐力，"只要能看到明天有希望，他们就可以在今天忍受着巨大的艰辛"，没有一个民族可以在那样恶劣的环境下那样乐观地拼搏[④]；中国成功的秘诀首先是人民的勤劳和智慧，然后是中国文化所倡导的节俭以及对科技、文化和教育的高度重视。[⑤]

---

① 菲利普·阿格因和彼得·豪伊特将经济增长过程以及增长政策设计看作由若干层次组成，除文化是第三层次外，第一层次是对于创新和资本的直接激励，第二层次是制度和结构方面的改革。菲利普·阿格因，彼得·豪伊特. 增长经济学. 北京：中国人民大学出版社，2011：344 - 345.

② 世界银行的《东亚奇迹：经济增长与公共政策》出版后，泰国、印度尼西亚、马来西亚等以佛教、伊斯兰教文明为主的东南亚国家逐渐褪去了增长奇迹的光环，东亚地区经济增速最快的桂冠为儒家文化圈内的越南所取得。与此同时，位于儒家文化圈中的"亚洲四小龙"成功晋升为高收入经济体，作为儒家文明中心的中国持续不断地上演着增长神话。

③ 林毅夫. 经济发展与中国文化. 战略与管理，2003 (1).

④ 张五常. 中国的经济制度. 北京：中信出版社，2009.

⑤ 姚树洁. "新常态"下中国经济发展和理论创新. 经济研究，2015 (12).

朱天于 2016 年出版了《中国增长之谜》，对中国文化在中国经济增长过程中所起的重要作用做了较为系统的阐述。他通过逐条逐类的分析指出：基数小、人口红利、改革开放等关于"中国奇迹"的各种可能解释都无法提供令人满意的答案，只能从文化因素方面找答案。而对中华文化为什么以前没有发挥作用，只是最近 30 年才发挥作用的疑问，朱天指出：文化是"中国奇迹"的必要条件而非充分条件，必须与改革开放等制度因素结合起来，才能构成奇迹发生的充分条件。就市场制度因素本身而言，中国相对于其他国家并没有显著的优势，文化才是中国的优势所在。世界经济发展的历史也表明：文化优势而非制度优势才是一个国家经济表现脱颖而出的关键。那么，中国文化的优势是什么呢？简而言之在于两点：一是勤俭节约，二是重视教育和学习。前者影响物质资本的积累，后者影响人力资本的积累和技术进步的速度。[①]

### （二）大国优势

国家规模作为一国重要的禀赋条件之一，对其经济发展有着多方面的影响。西蒙·库兹涅茨的《各国的经济增长：总产值和生产结构》、霍利斯·钱纳里和莫伊思·塞尔昆的《发展的型式 1950—1970》、霍利斯·钱纳里等的《工业化和经济增长的比较研究》等著作，都对此做过专门论述。霍利斯·钱纳里等（1989）指出，在工业起飞方面，大国具有明显的优势——大国达到准工业化阶段的人均收入仅需 250 美元左右，相比之下，标准大小的国家则需要 400 美元左右，初级产品出口小国则需要 600 美元左右。中国拥有位居世界第一的人口规模和世界第三的领土面积，这一禀赋只有美国、俄罗斯、巴西、印度等极少数国家能够比拟，相应地，由此

---

① 朱天. 中国增长之谜. 北京：中信出版社，2016.

所产生的各种优势，也具有极强的特殊性。

在国内，20 世纪 90 年代初就有学者关注到大国经济的发展，并对大国综合优势进行了较为全面的分析归纳。具体地，大国的综合优势主要体现在：有利于保障国家安全，同时还可以保持相对较低的国防支出水平；易于形成国际威望和影响力；国内市场广阔，国内各个区域之间可以进行有效的协作，互通有无，取长补短，降低对国外的依赖；能在一定程度上、一定范围内集中资金、技术力量投向急需的大型现代化项目的建设；各个环节、各个部分一旦具有了发展的性质，它们之间就会产生一种相互影响、相互促进的联动效应，形成发展的惯性。[1] 李稻葵、海闻等指出：中国的经济发展需要利用好大国优势，而大国优势也将保证中国经济的持续高速增长。[2] 欧阳峣对大国综合优势与我国经济发展的关系做了较为系统的研究。[3] 他指出：相对于"比较优势""后发优势"，"大国优势"更能够诠释中国经济增长。"大国综合优势"的形成基础是发展中大国在地区、经济、技术等方面具有的"多元结构"特征，这种特征使得像中国这样的发展中大国可以建立比较完整的、协调发展的产业结构，同时发挥传统产业和劳动密集型产业的优势，通过整合国内优势资源来培植具有竞争优势的高新技术产业。在大国综合优势下，我国可以奉行一种"利用比较优势和培育竞争优势的多元发展战略"，这与以"亚洲四小龙"为代表的依靠比较优势战略的工业化路径是大不相同的。[4]

林毅夫、蔡昉和李周也注意到中国的大国优势是经济持续快速增长的

---

[1]　吴忠民. 大国综合优势和大国综合症. 科技导报，1992（8）.
[2]　李稻葵. 大国优势催生中国创造. 二十一世纪商业评论，2005（7）；海闻. 中国经济具大国优势，还可强劲增长 20 年. 北京晨报，2007 - 06 - 01.
[3]　欧阳峣. 大国综合优势. 上海：格致出版社，上海三联书店，上海人民出版社，2011.
[4]　欧阳峣. 大国综合优势：中国经济竞争力的一种新诠释：兼与林毅夫教授商榷. 经济理论与经济管理，2009（11）.

重要保证，特别强调了中国各区域在技术方面的多元特征和人口众多所带来的技术进步方面的比较优势。① 近年来，虽然资本积累率、人力资本水平均不及中国，但却有着明显技术多元化特征的印度，也逐渐显示出了赶超式发展态势，这在一定程度上也为大国综合优势理论提供了佐证。

### （三）地方政府间的增长竞争

地方政府间的竞争在促进我国经济增长中扮演了重要角色。樊纲和张曙光较早研究了地方政府竞争问题，并将其称为"兄弟竞争"。② 蒙蒂诺拉（G. Montinola）和钱颖一等尝试从政府体制角度来解释中国经济增长奇迹，并提出了"中国特色的联邦主义"假说：改革之初的行政分权和财政分权制度给予了中国地方政府以强有力的经济激励，促使地方政府积极利用相对自主的经济决策权来维护市场，推动地方经济增长，以争取获得更多的财政收入。③ 而周黎安则认为，经济激励并不是地方政府竞争激励的"最为基本和长期的源泉"。④ 他指出：自 20 世纪 90 年代中期以来，大量行政权力由"块管"变成了"条管"，分税制后地方财税收入大幅下降，且财政包干合同还常常被中央事后调整，以致形成了"鞭打快牛"的局面。即便如此，地方政府推动经济增长的热情也并未明显降低。可见，在经济激励之外，还有更为基本的激励力量存在，这就是围绕 GDP 的晋升激励。晋升激励虽然不一定能够实现"中国特色的联邦主义"假说中维护市场的功能，但可以对正式的产权保护和司法制度形成一种局部替代，使地方政

① 林毅夫，蔡昉，李周. 中国的奇迹：发展战略与经济改革（增订版）. 上海：上海三联书店，上海人民出版社，1999：18.
② 樊纲，张曙光. 公有制宏观经济理论大纲. 上海：上海三联书店，1990：32-44.
③ Montinola G，Qian Y Y，and Weingast B. Federalism, Chinese Style: The Political Basis for Economic Success in China. World Politics，1995，48（1）：50-81.
④ 周黎安. 中国地方官员的晋升锦标赛模式研究. 经济研究，2007（7）.

府扮演"协助之手"而不是"掠夺之手"的角色。还有一些学者提出了县域竞争论，认为县域竞争推动了地方经济的发展，而县域竞争之所以能够展开，很大程度上在于中国土地的公有，且具体分配权集中于县这一级，这使得县域政府可以有效地利用土地资源来开展竞争。

总之，中国的地区竞争模式具有极强的特殊性，是构成"中国奇迹"的一个独特因素。当然，现有的制度安排使地区竞争产生了一些消极效应，如"投资饥渴症"、唯 GDP 论英雄和晋升激励导致地方政府对生态环境和民生改善的忽视。因此，如何改善地区竞争机制，发挥它的积极效应，同时抑制它的消极效应，将是未来经济发展理论研究和政策设计的一个重点。

## 第三节　新发展理念

伴随着中国经济持续高速增长和不断迈上新的台阶，一系列矛盾和问题也在逐渐积累。进入 21 世纪后，这些矛盾和问题表现得日益突出，对我国经济的持续稳定健康发展构成了越来越明显的制约。经济发展的内部条件和外部环境等也在持续发生变化。"世异则事异，事异则备变。"随着经济发展所面临的条件和矛盾的变化，经济发展理念也在不断更新发展。在 21 世纪头十年，以江泽民同志为核心的党中央提出了"三个代表"重要思想，以胡锦涛同志为总书记的党中央提出了"科学发展观"。党的十八大以后，以习近平同志为核心的党中央提出了"创新、协调、绿色、开放、共享"的新发展理念，形成了习近平新时代中国特色社会主义经济思想。

### 一、科学发展观

改革开放 40 年来，按照可比价格计算，我国 GDP 年均增长约 9.5%。

2010 年超过日本成为全球第二大经济体。自第二次世界大战以来，许多国家和地区经历过短暂的快速增长，但只有 25 个经济体在 25 年或更长的时间段维持了年均 7% 及以上的增长。① 经济的快速增长给我国的经济社会生活带来了深刻的变化，我们也为此付出了较高的代价。最明显的是资源环境方面的代价。据初步估算，2003—2012 年，我国环境退化和资源枯竭所造成的成本已经接近 GDP 的 10%，其中空气污染占 6.5%，水污染占 2.1%，土壤退化占 1.1%。由环境污染导致的疾病所带来的医疗费用上升和生活质量下降问题越来越严重。世界银行和国务院发展研究中心在一份报告中指出："中国当前的增长模式已对土地、空气和水等环境因素产生了很大的压力，对自然资源供给的压力也日益增加。今后的挑战在于通过采用绿色增长模式，把这些压力转化为经济增长的源泉。"②

2003 年，我国人均国内生产总值突破了 1 000 美元关口，跨上了一个重要台阶，经济社会进入了一个关键的发展阶段。从国际经验来看，进入这一阶段以后，一个国家的经济社会发展将会出现多方面的重大变化，包括居民消费开始加速转型升级，由满足基本生活需要的生存型消费转向追求生活质量和能力提升的发展型消费；制造业产品的技术含量开始显著提升，工农业生产由高污染、高能耗、高排放的粗放式发展阶段迈入集约化、可持续发展的阶段；城市化进程开始显著加速，并逐渐与工业化、农业现代化、农民市民化和服务业拓展升级等方方面面深度融合。但从我国的实际情况看，粗放型经济增长方式没有根本改变，集约型发展方式还远没有形成，人口资源环境压力加大，民生问题凸显，这些问题都显得日益紧迫。

---

① 25 个经济体包括博茨瓦纳、巴西、中国大陆、印度尼西亚、日本、韩国、马来西亚、马耳他、阿曼、泰国、中国香港和中国台湾等。

② 世界银行和国务院发展研究中心联合课题组.2030 年的中国：建设现代、和谐、有创造力的社会.北京：中国财政经济出版社，2013：9.

发展中的问题必须用发展的办法来解决。江泽民指出："马克思主义执政党必须高度重视解放和发展生产力"，"必须把发展作为党执政兴国的第一要务"，"在经济发展的基础上，促进社会全面进步，不断提高人民生活水平，保证人民共享发展成果"。① 同时，在国民经济与社会发展发生重大转变的历史背景下，我们党顺应经济发展的客观规律，对经济发展理念进行了重大调整，确立了科学发展观。2003 年召开的党的十六届三中全会通过了《中共中央关于完善社会主义市场经济体制若干问题的决定》，指出："坚持以人为本，树立全面、协调、可持续的发展观，促进经济社会和人的全面发展。"② 在这次会议上，胡锦涛明确提出了"树立和落实科学发展观"，指出："要正确处理增长的数量和质量、速度和效益的关系……增长并不简单地等同于发展，如果单纯扩大数量，单纯追求速度，而不重视质量和效益，不重视经济、政治和文化的协调发展，不重视人与自然的和谐，就会出现增长失调、从而最终制约发展的局面。"③

将经济发展转入科学发展轨道，首先必须切实转变经济发展方式和调整经济结构。早在 1995 年，党的十四届五中全会通过的《中共中央关于制定国民经济和社会发展"九五"计划和 2010 年远景目标的建议》就明确提出了"积极推进经济增长方式转变，把提高经济效益作为经济工作的中心"。2005 年，党的十六届五中全会通过的《中共中央关于制定国民经济和社会发展第十一个五年规划的建议》重新强调了转变经济增长方式的重要性，指出："我国土地、淡水、能源、矿产资源和环境状况对经济发展已构成严重制约。"④ 2007 年 6 月 25 日，胡锦涛在中央党校省部级干部

---

① 中共中央文献研究室. 十六大以来重要文献选编：上. 北京：中央文献出版社，2005：6，10.
② 同①465.
③ 同①484.
④ 中共中央文献研究室. 十六大以来重要文献选编：中. 北京：中央文献出版社，2005：1064.

进修班上发表讲话，将以往"转变经济增长方式"的表述改为"转变经济发展方式"，指出："由转变经济增长方式到转变经济发展方式，虽然只是两个字的改动，但却有着十分深刻的内涵。转变经济发展方式，除了涵盖转变经济增长方式的全部内容外，还对经济发展的理念、目的、战略、途径等提出了新的更高的要求。"① 具体而言，经济增长主要着眼于量的扩张，而经济发展则更为注重质的提升和结构的优化；经济增长突出的是手段，而经济发展突出的是目的，即以人为本，最终实现人的全面发展；经济增长主要着眼于生产领域，而经济发展则涵盖了生产、分配、交换、消费等国民经济活动的方方面面，进而在发展战略的制定上需要更加全面和系统化；经济增长的实现主要依托要素投入和规模扩张，而经济发展必须依赖于效率驱动和可持续发展。为了达到"新的更高的要求"，中央陆续部署了建设创新型国家、走中国特色新型工业化道路等诸多战略举措。

自科学发展观提出以来，经济学界进行了广泛深入的讨论，富有理论和实践意义的是探讨了实现科学发展的体制机制。张卓元指出：深化财税改革、完善财税政策对于转变经济增长方式、提高经济活动的质量和效益具有极其重要的作用。为此，应完善政府性收入的预算监督，设立和完善有利于资源节约、环境保护和经济增长方式转变的税收制度；着力深化价格改革，使生产要素和资源产品价格能反映资源稀缺程度；与此同时，推进其他方面的改革以形成促进经济增长方式转变的合力，如转变政府职能以使政府从经济活动的主角转为公共服务型政府，改革干部政绩考核和提拔任用机制，深化企业改革特别是国有企业改革以形成转变经济增长方式的微观基础。② 刘伟指出：经济增长方式的转变首先在于技术创新，而技

① 中共中央文献研究室. 科学发展观重要论述摘编. 北京：中央文献出版社，党建读物出版社，2008：24-25.

② 张卓元. 深化改革，推进粗放型经济增长方式转变. 经济研究，2005 (11).

术创新的根本又在于制度创新，其中关键是使效率提高成为增长的首要动力，需要处理的重要矛盾是收入分配差距的扩大。[①] 针对我国高投入的增长方式，林毅夫和苏剑指出：这主要是由我国长期采用的低利率、低土地价格、低能源价格、低原材料价格的政策性要素价格体系导致的。因此，要转换经济增长方式，就需要进行要素价格体系和其他方面的改革，使企业面临的要素价格体系符合我国的要素禀赋结构，尽量使企业的最优化接近经济整体的最优化。[②] 针对我国经济发展中出现的高消耗、高排放、高污染问题，蔡昉等指出：被动等待库兹涅茨转折点的到来已无法应对日益增加的环境压力，必须主动作为，依靠中央政府的决心、地方政府和企业转变增长方式的动机，加大激励力度，实现可持续经济增长。[③] 李玲玲和张耀辉在对 2000—2009 年我国经济发展方式的变化进行综合指标测评的基础上，提出从薄弱环节入手，通过优化收入分配结构、提高市场化程度和科研投入产出率以及改变生产方式等途径加速经济发展方式的转变。

## 二、经济发展新常态与供给侧结构性改革

党的十八大以来，以习近平同志为核心的党中央基于我国经济发展的新特征，对我国经济发展阶段做出了新的重要判断。2014 年 5 月，习近平同志在河南考察工作时指出："我们要增强信心，从当前我国经济发展的阶段性特征出发，适应新常态，保持战略上的平常心态。"[④] 这是首次正式提出经济发展新常态。此后，习近平在多个重要场合对新常态进行了

---

① 刘伟 . 经济发展和改革的历史性变化与增长方式的根本转变 . 经济研究，2006 (1).
② 林毅夫，苏剑 . 论我国经济增长方式的转换 . 管理世界，2007 (11).
③ 蔡昉，都阳，王美艳 . 经济发展方式转变与节能减排内在动力 . 经济研究，2008 (6).
④ 习近平 . 深化改革发挥优势创新思路统筹兼顾 确保经济持续健康发展社会和谐稳定 . 人民日报，2014 - 05 - 11.

阐释，由此形成了适应新常态、引领新常态的经济发展思路和政策框架。

我国经济发展迈向新常态有四个明显特点：一是增长速度从高速转向中高速；二是发展方式从规模速度型转向质量效益型；三是经济结构调整从增量扩张为主转向调整存量、做优增量并举；四是发展动力从主要依靠资源和低成本劳动力等要素投入转向创新驱动。[1] 经济理论界对经济发展新阶段的探讨取得了许多成果。2012 年袁富华通过对现当代发达国家经济发展历程的分析，提出了"结构性减速"的概念，并给出了理论上的解释。[2] 他指出：当经济结构渐趋成熟时，就业将向服务业部门集中，而高就业比重、低劳动生产率增长率的服务业部门的扩张，将拉低全社会劳动生产率增长率。中国正面临产业结构向服务化的调整以及人口结构的转型，且这些变化将集中在一个相对较短的历史时期里发生。金碚、郭克莎等学者通过历史和国际比较指出：经济增长的换挡降速既是不以人的意志为转移的客观规律，也是中国经济经历长期高速增长后必将迈入的阶段。[3]

迈入新常态，经济发展的内涵将发生重大的趋势性变化。第一，模仿型排浪式消费阶段基本结束，消费开始拉开档次，个性化、多样化消费渐成主流。相应地，保证产品质量安全、创新供给激活需求的重要性显著上升。第二，传统产业、房地产投资相对饱和，而基础设施互联互通和一些新技术、新产品、新业态、新商业模式的投资机会大量涌现，对创新投融资方式提出了新要求。第三，国际市场需求和我国低成本比较优势发生变

① 习近平. 在省部级主要领导干部学习贯彻党的十八届五中全会精神专题研讨班上的讲话. 人民日报, 2016 - 01 - 18.

② 袁富华. 长期增长过程的"结构性加速"与"结构性减速"：一种解释. 经济研究, 2012 (3).

③ 金碚. 中国经济发展新常态研究. 中国工业经济, 2015 (1)；郭克莎. 中国经济发展进入新常态的理论根据：中国特色社会主义政治经济学的分析视角. 经济研究, 2016 (9).

化，必须加紧培育新的比较优势，并积极影响国际贸易和投资规则的重构。第四，在产能过剩条件下，产业结构必须优化升级。同时，在互联网技术加快发展、创新方式层出不穷的背景下，生产小型化、智能化、专业化将成为产业组织的新特征。第五，伴随着人口老龄化和关键技术的国际封锁，要素的规模驱动力减弱，经济增长将更多地依靠人力资本质量和技术进步。第六，竞争正逐步转向以质量型、差异化为主的竞争，消费者更加注重品质和个性化，以往企业依赖税收和土地等优惠政策形成竞争优势、外资超国民待遇已经难以为继，统一全国市场、提高资源配置效率成为经济发展的内生性要求。第七，环境承载能力已经达到或接近上限，难以承载高消耗、粗放型发展。人民群众对清新空气、清澈饮水、清洁环境等生态产品的需求越来越迫切，生态环境越来越珍贵。第八，伴随着经济增速下调，各类隐性风险逐步显性化，地方政府性债务、影子银行、房地产等领域风险正在显露，就业也存在结构性风险。第九，从需求方面看，全面刺激政策的边际效果明显递减；从供给方面看，既要全面化解产能过剩，也要通过发挥市场机制的作用探索未来产业的发展方向。①

适应上述一系列趋势性变化的关键在于以经济结构的战略性调整为主攻方向加快转变经济发展方式，从根本上解决一系列失衡问题。而以往从需求侧展开短期调整的思路已经不再适合于应对新常态下的新形势、新趋势、新问题，至多只能延缓问题和矛盾的发酵时间，而最终难以避免更为激烈、更为集中的爆发。但是，长期以来，短期的、应急性的宏观管理已形成了一种路径依赖：一方面，为应对经济风险和增长失速，政府往往会采取过度扩张性政策，但这样做会降低发展质量，同时为随后的宏观政策制定带来金融风险、债务陷阱和产能过剩等一系列约束，迫使扩张性政策

---

① 中共中央文献研究室. 十八大以来重要文献选编：中. 北京：中央文献出版社，2016：241-245.

无法轻易转向；另一方面，部分地区的"投资饥渴症"难以得到根本性遏制，唯 GDP 论英雄的现象仍顽固存在，人们关于发展的意识在短期内仍难以实现由量到质的转变，尤其是在地区竞争的背景下，利益协调机制的缺失进一步引发盲目的增速攀比。为此，必须打破以往的经济发展和政策思维，从供给侧发力，把我国经济发展导入新的轨道。习近平指出："推进供给侧结构性改革是我国经济发展进入新常态的必然选择，是经济发展新常态下我国宏观经济管理必须确立的战略思路。"① 推进供给侧结构性改革，就要"更加注重满足人民群众需要，更加注重市场和消费心理分析，更加注重引导社会预期，更加注重加强产权和知识产权保护，更加注重发挥企业家才能，更加注重加强教育和提升人力资本素质，更加注重建设生态文明，更加注重科技进步和全面创新"②。

## 三、新发展理念

在 2015 年 10 月召开的党的十八届五中全会上，以习近平同志为核心的党中央在深刻总结国内外发展经验教训、深刻分析国内外发展大势的基础上，针对我国经济发展进入新常态后面临的突出矛盾和问题，提出了"创新、协调、绿色、开放、共享"的新发展理念。新发展理念集中反映了我们党对我国经济社会发展规律认识的深化，是中国特色社会主义经济发展理论的最新成果，是改革开放 40 年来党领导中国特色社会主义经济发展的理论结晶，是马克思主义发展观的继承与创新，是我国未来经济发展的基本理论遵循和实践指南。习近平总书记指出："理念是行动的先导，一定的发展实践都是由一定的发展理念来引领的，发展理念是否对头，从

① 习近平.在十八届中央政治局第三十八次集体学习时的讲话.人民日报，2017-01-23.
② 中共中央文献研究室.十八大以来重要文献选编：中.北京：中央文献出版社，2016：246.

根本上决定着发展成效乃至成败。"①

　　新发展理念体现了局部与整体的辩证关系。一方面，新发展理念针对亟待解决的发展难题提出具体的着力点，如创新聚焦发展动力、协调聚焦发展不平衡、绿色聚焦人与自然和谐共生、开放聚焦发展的内外联动、共享聚焦社会公平正义；另一方面，新发展理念是一个"不可分割的整体，相互联系、相互贯通、相互促进，要一体坚持、一体贯彻，不能顾此失彼，也不能相互替代"②。

　　第一，创新是引领发展的第一动力，是应对发展环境变化、增强发展潜力、把握发展主动权、更好引领新常态的根本途径。除科技创新外，创新还包括理论、制度、文化等多方面的创新。坚持创新发展，就是要将创新摆在国家发展全局的核心位置，让创新贯穿于党和国家的一切工作，让创新在全社会蔚然成风。目前，创新能力不强已成为制约我国经济发展的一块关键短板。2012 年以专利为主要指标的全球创新企业百强排名，中国企业无一上榜；以知名商标为主要指标的世界品牌 100 强当中，中国仅有 4 个；对 25 家具有代表性的创新型企业的统计显示，其无形资产占企业总资产的比例平均仅为 0.65%，而其中知识产权资产占无形资产的比例则仅有 16.98%。中国与发达国家的平均水平差距显著。③ 创新能力不强导致我国产业升级缓慢，难以实现从全球价值链低端环节向上游环节的攀升，使得通过大规模地创建具有自主知识产权的国际品牌来实现中国经济整体跃升目前还无法真正实现。④ 创新发展具有现实紧迫性。一方面，伴随着老旧资本设备升级替代过程的结束，以往较快的物化技术进步速度

　　① 中共中央文献研究室．十八大以来重要文献选编：中．北京：中央文献出版社，2016：824.

　　② 习近平．习近平：落实创新协调绿色开放共享发展理念 确保如期实现全面建成小康社会目标．人民日报，2016 - 01 - 07.

　　③ 李扬，张晓晶．"新常态"：经济发展的逻辑与前景．经济研究，2015（5）.

　　④ 刘志彪．全球化背景下中国制造业升级的路径与品牌战略．财经问题研究，2005（5）.

将向正常水平回归；另一方面，人口红利的逐渐消失，使得资本产出边际递减的约束开始逐渐强化，曾经推动"中国奇迹"在高积累下得以持续的条件正在逐渐消失。这意味着我国长期依赖高强度的资本投入、全要素生产率贡献偏低的经济增长模式迫切需要转到创新引领的效率驱动轨道上来。因此，创新发展已成为推动新时代中国经济转型升级和发展方式转变的必然选择。

第二，协调是持续健康发展的内在要求，既是发展手段，又是发展目标，还是衡量发展的标准和尺度。实现协调发展，要坚持发展"两点论"和"重点论"的统一、发展平衡与不平衡的统一、发展短板和潜力的统一，重点促进城乡区域的协调发展，促进经济社会的协调发展，促进新型工业化、信息化、城镇化、农业现代化的同步发展，提升国家的硬实力和软实力，不断增强发展的整体性。应该看到，城乡及区域等层面的发展差异较大、产业结构不合理是我国长期以来经济社会发展的显著特征，这一方面源于国家规模庞大、自然禀赋的地理分布不均、工业化和城镇化起步较晚等客观原因，另一方面也有城乡二元分割、地区竞争机制扭曲等体制政策方面的原因。新时代推进协调发展，重点是要处理好市场和政府的关系。一方面，如果任由市场机制发挥作用，难免会形成过大的发展差异，这就要求政府通过财政转移支付、公共服务均等化等措施，合理地发挥自身的作用，校正由市场机制形成的过大城乡和区域差距；另一方面，严格控制政府的不当干预行为以及由此所导致的重复建设、过度投资、产能过剩等一系列问题，改革土地和环境的"模糊产权"、金融体系的"预算软约束"、政府与国有企业的"政企不分"等体制痼疾，让市场在资源配置中发挥决定性作用。

第三，绿色是可持续发展的必要条件，是当今时代科技革命及产业变革的方向和最有前途的发展领域，突出反映了人民对美好生活的向往。要牢固树立绿水青山就是金山银山、保护环境就是保护生产力、改善环境就是发展生产力的现代发展信念，形成绿色的生产方式和生活方式，处理好经济发展、生活改善同资源节约、生态环境保护的关系，建设天蓝、地绿、水清的美丽中国。长期以来，我国的经济增长背负着沉重的环境代价，高污染、高能耗、高排放的粗放型增长特征一直没有得到根本性转变，可持续发展能力遭到削弱。据测算，从改革开放伊始到 2008 年，中国的潜在经济增长速度平均为 9.5%，其中大约 1.3 个百分点是以环境消耗为代价拉动的。进入 21 世纪后，平均有 2 个百分点的经济增长是以环境消耗为代价拉动的[①]；1998—2010 年，中国环境污染成本占实际 GDP 的 8%~10%，且经济发达地区明显高于欠发达地区，居民健康支出对经济增长的长期弹性为 1.66，高速经济增长由于社会健康水平下降而大打折扣。[②] 发达国家的历史经验表明："先发展后治理的老路"是走不通的，将引致无法承受的经济、社会和人文代价，有的代价甚至是不可逆的。因此，无论是从人民的长远根本利益出发，还是从功利的经济绩效出发，绿色发展都是我国未来发展的必由之路。

第四，开放是国家繁荣发展的必由之路，以开放带动创新、倒逼改革、促进发展，是我国取得辉煌成就的重要法宝。坚持开放发展，要继续推进"引进来"和"走出去"相结合的战略，实施更加积极主动的开放战略，努力构建开放型经济新体制，发展更高层次的开放型经济。应看到，一方面，当前世界经济的整体发展动能仍显不足，各个国家或地区间的矛盾摩擦显著增多。为此，需要发掘新的外部动能，开辟新的合作共赢模式，构建广泛的利益共同体。"一带一路"倡议、亚投行的建立等，都是我国主动适应

---

① 袁富华. 低碳经济约束下的中国潜在经济增长. 经济研究，2010（8）.
② 杨继生，徐娟，吴相俊. 经济发展和改革的历史性变化与增长方式的根本转变. 经济研究，2006（1）.

外部新形势、新变化的积极作为。另一方面，伴随着经济体量的快速扩大，中国已成为国际经济中的重要"内生变量"，无论是从维护国家利益的角度出发，还是从建立公平合理的国际经济秩序的角度出发，都要求我们发挥越来越重要的作用，深度融入国际经济体系。人民币国际化、石油人民币结算市场的建立、自贸区的扩大等，都是我国主动构建开放型经济新体制、发展更高层次的开放型经济的重要作为。与此同时，也要看到：国际经济形势正变得日趋复杂，政策效果的不确定性显著增强，因此，坚持开放发展，并不能简单地理解为一味地求快求大，而是要根据形势的变化，在逐步总结经验教训的基础上，灵活地、稳步地加以推进。

第五，共享是中国特色社会主义的本质要求，是社会主义制度优越性的集中体现。坚持共享发展，实质就是要坚持以人民为中心的发展思想，关键是要做出更为有效的制度安排，做好从顶层设计到"最后一公里"的落地工作。在实践层面上，要扩大中等收入群体，加大对困难群众的帮扶力度，坚决打赢脱贫攻坚战。长期以来，我国居民收入差距在高位运行，致使经济发展的成果未能充分惠及全体人民，这同时也抑制了内需对经济增长的拉动作用。国家统计局公布的基尼系数以及胡家勇和武鹏[1]等研究提供的测度数据显示：城乡和居民收入差距在改革开放之后均有大幅上升；排除东北地区相对经济发展水平快速下降的影响，我国沿海-内地的发展差距也有明显扩大。近年来各种类型的不平等程度有所缩小，但缩小的幅度非常有限。大量的理论和实证研究表明，过大的差距会从需求层面制约经济的发展。因此，共享发展既是执政为民的内在要求，也是推动分配与发展相互融合促进、实现经济社会共同进步的根本途径。

---

[1] 胡家勇，武鹏. 推进由"先富"到"共富"的阶段性转换. 经济学动态，2012 (12).

## 第四节　全面开启社会主义现代化建设新征程

习近平在博鳌亚洲论坛 2018 年年会上指出："40 年来，中国人民始终艰苦奋斗、顽强拼搏，极大解放和发展了中国社会生产力……40 年来，中国人民始终上下求索、锐意进取，开辟了中国特色社会主义道路。"[①] 经过长期艰苦的努力，中国特色社会主义已经进入新时代。随着小康社会的全面建成和第一个百年奋斗目标的实现，我国即将开启全面建设社会主义现代化国家的新征程。

实现社会主义现代化是我们党和国家长期以来的战略探索和部署。早在 1964 年第三届全国人民代表大会上，周恩来在政府工作报告中就提出了到 20 世纪末实现"四个现代化"的宏伟目标。1978 年党的十一届三中全会明确提出："把全党工作的着重点和全国人民的注意力转移到社会主义现代化建设上来。"1984 年 10 月，邓小平在会见参加中外经济合作问题讨论会的中外代表时用"两步走"来概括中国中长期发展战略："发展经济，到本世纪末翻两番，国民生产总值按人口平均达到八百美元，人民生活达到小康水平……在这个基础上，再发展三十年到五十年，力争接近世界发达国家的水平。"[②] 1987 年 8 月党的十三大召开前夕，邓小平在会见意大利共产党领导人时明确阐述了"三步走"战略："我国经济发展分三步走，本世纪走两步，达到温饱和小康，下个世纪用三十年到五十年时间再走一步，达到中等发达国家的水平。"[③] 党的十三大将"三步走"战略具体化：第一步，从 1981 年到 1990 年实现国民生产总值比 1980 年翻一

---

① 习近平. 习近平在博鳌亚洲论坛 2018 年年会开幕式上的主旨演讲. 新华网，2018 - 04 - 10.
② 邓小平. 邓小平文选：第 3 卷. 北京：人民出版社，1993：77.
③ 同②251.

番，解决人民的温饱问题；第二步，从 1991 年到 20 世纪末，使国民生产总值再增长一倍，人民生活达到小康水平；第三步，到 21 世纪中叶，人均国民生产总值达到中等发达国家水平，人民生活比较富裕，基本实现现代化。1997 年，党的十五大提出了新世纪"三步走"战略：第一个 10 年实现国民生产总值比 2000 年翻一番，使人民的小康生活更加宽裕，形成比较完善的社会主义市场经济体制；再经过 10 年的努力，到建党一百年时，使国民经济更加发展，各项制度更加完善；到 21 世纪中叶新中国成立一百年时，基本实现现代化，建成富强民主文明的社会主义国家。2006 年党的十六届六中全会在现代化目标中增加了"和谐"一词，2017 年党的十九大在现代化目标中增加了"美丽"一词，提出建设富强民主文明和谐美丽的社会主义现代化强国。

根据国家统计局的数字，2009 年我国人均国民收入为 3 650 美元，按照世界银行 2008 年标准，位于中等偏下收入国家行列；2010 年我国人均国民收入为 4 260 美元，按照世界银行 2010 年标准，跨入中等偏上收入国家行列。2016 年，我国人均国民收入为 8 260 美元。我国迈向社会主义现代化的步伐明显快于预期。

学术界普遍对中国经济中长期增长前景持较为乐观的态度。中国社会科学院经济研究所中国经济增长前沿课题组基于经济中长期增长的国内外历史经验和统计规律，通过对生产函数的参数估计和模拟，预测了未来中国经济增长，结果表明：2016—2020 年，中国的潜在增长率为 5.7%～6.6%；2021—2030 年，潜在增长率为 5.4%～6.3%。从总体上看，中国经济增长将经历一个由要素积累向技术进步的动力转换过程，经济增长的质量将有显著提升。[①] 清华大学国情研究院课题组基于全球增长模型预测

---

① 中国社会科学院经济研究所中国经济增长前沿课题组. 中国经济长期增长路径、效率与潜在增长水平. 经济研究，2012（11）.

了中国未来的经济增长率，结果表明：2020—2035 年，GDP 的年均增速为 4.84% ～ 5.59%；2035—2050 年，GDP 的年均增速为 3.20% ～ 3.95%。[①] 世界银行和国务院发展研究中心联合课题组预测：2012—2025 年，GDP 的潜在增长率为 5.9%；2026—2030 年，GDP 的潜在增长率为 5.0%。[②] 中国未来经济发展的关键是在保持中高速增长的基础上，着力提高增长的质量和效益，提高全要素生产率，使绿色成为经济增长的源泉，建设现代化经济体系，成功跨越"中等收入陷阱"，稳步迈向高收入国家行列。

2020 年是一个关键性时间节点，中国将全面建成小康社会，形成系统完备、科学规范、运行有效的制度体系，使各方面制度更加成熟、更加定型，继而开启全面建设社会主义现代化国家的新征程。根据党的十九大的战略部署，从 2020 年到 21 世纪中叶分两阶段安排：第一阶段，从 2020 年到 2035 年，在全面建成小康社会的基础上，再奋斗十五年，基本实现社会主义现代化；第二阶段，从 2035 年到 21 世纪中叶，在基本实现现代化的基础上，再奋斗十五年，把我国建成富强民主文明和谐美丽的社会主义现代化强国。可以预期，随着全面开启社会主义现代化建设新征程，中国特色社会主义经济发展实践和理论也将全面进入新时代。

## 参考文献

1. 蔡昉，都阳，王美艳 . 经济发展方式转变与节能减排内在动力 . 经济研究，2008 (6).

---

① 清华大学国情研究院课题组 . 中国经济增长前景及动力分析（2015—2050）. 国家治理，2017（45）.

② 世界银行和国务院发展研究中心联合课题组 . 2030 年的中国：建设现代、和谐、有创造力的社会 . 北京：中国财政经济出版社，2013：10.

2. 陈继勇，盛杨怿．外商直接投资的知识溢出与中国区域经济增长．经济研究，2008（12）.

3. 陈宗胜，黎德福．劳动力转移过程中的高储蓄、高投资和中国经济增长．经济研究，2005（2）.

4. 邓小平．邓小平文选：第 3 卷．北京：人民出版社，1993.

5. 董敏杰，梁泳梅．1978—2010 年的中国经济增长来源：一个非参数分解框架．经济研究，2013（5）.

6. 樊纲，王小鲁，马光荣．中国市场化进程对经济增长的贡献．经济研究，2011（9）.

7. 樊纲，张曙光．公有制宏观经济理论大纲．上海：上海三联书店，1990.

8. 郭克莎．中国经济发展进入新常态的理论根据：中国特色社会主义政治经济学的分析视角．经济研究，2016（9）.

9. 胡家勇，武鹏．推进由"先富"到"共富"的阶段性转换．经济学动态，2012（12）.

10. 蒋仁爱，冯根福．改革以来中国经济是否存在快速的效率改进？．经济学（季刊），2006（1）.

11. 金碚．中国经济发展新常态研究．中国工业经济，2015（1）.

12. 李扬，张晓晶．"新常态"：经济发展的逻辑与前景．经济研究，2015（5）.

13. 林毅夫，蔡昉，李周．中国的奇迹：发展战略与经济改革．上海：上海三联书店，上海人民出版社，1994.

14. 林毅夫，苏剑．论我国经济增长方式的转换．管理世界，2007（11）.

15. 林毅夫．经济发展与中国文化．战略与管理，2003（1）.

16. 刘国光，王向明．对我国国民经济发展速度和比例关系问题的探讨．中国社会科学，1980（4）.

17. 刘伟．经济发展和改革的历史性变化与增长方式的根本转变．经济研究，2006（1）.

18. 刘志彪．全球化背景下中国制造业升级的路径与品牌战略．财经问题研究，2005（5）.

19. 欧阳胜. 论生产资料和消费资料的平衡. 经济研究，1979（6）.

20. 欧阳峣. 大国综合优势. 上海：格致出版社，上海三联书店，上海人民出版社，2011.

21. 世界银行. 东亚奇迹：经济增长与公共政策. 北京：中国财政经济出版社，1995.

22. 世界银行和国务院发展研究中心联合课题组. 2030 年的中国：建设现代、和谐、有创造力的社会. 北京：中国财政经济出版社，2013.

23. 王文举，范合君. 我国市场化改革对经济增长贡献的实证分析. 中国工业经济，2007（9）.

24. 吴忠民. 大国综合优势和大国综合症. 科技导报，1992（8）.

25. 武鹏. 改革以来中国经济增长的动力转换. 中国工业经济，2013（2）.

26. 杨继生，徐娟，吴相俊. 经济发展和改革的历史性变化与增长方式的根本转变. 经济研究，2006（1）.

27. 姚树洁. "新常态"下中国经济发展和理论创新. 经济研究，2015（12）.

28. 袁富华. 长期增长过程的"结构性加速"与"结构性减速"：一种解释. 经济研究，2012（3）.

29. 袁富华. 低碳经济约束下的中国潜在经济增长. 经济研究，2010（8）.

30. 张卓元. 深化改革，推进粗放型经济增长方式转变. 经济研究，2005（11）.

31. 赵志耘，吕冰洋，郭庆旺，贾俊雪. 资本积累与技术进步的动态融合：中国经济增长的一个典型事实. 经济研究，2007（11）.

32. 中国社会科学院经济研究所中国经济增长前沿课题组. 高投资、宏观成本与经济增长的持续性. 经济研究，2005（10）.

33. 中国社会科学院经济研究所中国经济增长前沿课题组. 中国经济长期增长路径、效率与潜在增长水平. 经济研究，2012（11）.

34. 周业安，章泉. 市场化、财政分权和中国经济增长. 中国人民大学学报，2008（1）.

35. 朱天. 中国增长之谜. 北京：中信出版社，2016.

# 第九章　建设现代化经济体系理论

建设现代化经济体系，是党的十九大报告提出的崭新的长期性战略性任务，是经济领域最耀眼的亮点，表明中国人民在改革开放后解决了温饱问题、全面建成小康社会以后，进入直接建设现代化强国的新时期。建设现代化经济体系，是一项十分鼓舞人心而又非常艰巨的任务，具有极强的理论和实践指导性，也标志着中国特色社会主义经济理论体系又增添了分量很重的内容。马克思主义历史唯物论告诉我们，经济是社会的基础。我们要在 21 世纪中叶建成富强民主文明和谐美丽的社会主义现代化强国，必须建设好现代化经济体系作为强国的坚实物质基础。我们相信，在中国共产党的领导下，中国人民将满怀信心地逐步实现这一宏伟的目标。

## 第一节　新时代提出的新任务

习近平总书记在党的十九大报告中提出："经过长期努力，中国特色社会主义进入了新时代，这是我国发展新的历史方位。""从十九大到二十大，是'两个一百年'奋斗目标的历史交汇期。我们既要全面建成小康社会、实现第一个百年奋斗目标，又要乘势而上开启全面建设社会主义现代化国家新征程，向第二个百年奋斗目标进军。""我国经济已由高速增长阶段转向高质量发展阶段，正处在转变发展方式、优化经济结构、转换增长动力的攻关期，建设现代化经济体系是跨越关口的迫切要求和我国发展的战略目标。必须坚持质量第一、效益优先，以供给侧结构性改革为主线，推动经济发展质量变革、效率变革、动力变革，提高全要素生产率，着力加快建设实体经济、科技创新、现代金融、人力资源协同发展的产业体系，着力构建市场机制有效、微观主体有活力、宏观调控有度的经济体制，不断增强我国经济创新力和竞争力。"

中国特色社会主义进入新时代，源于中国社会的主要矛盾已经从原来的人民日益增长的物质文化需要同落后的社会生产之间的矛盾，转化为人民日益增长的美好生活需要和不平衡不充分的发展之间的矛盾。首先从社会需求方面来看，当人民群众生活达到小康水平后，对美好生活的需求，已不仅限于一般的物质和文化生活的需要，而是有更高更广泛的需求，并呈现多样化多方面多层次的特点。人民群众期盼有更稳定的就业、更多的收入、更好的教育、更舒适的居住条件、更优良的生态环境、更高水平的医疗卫生服务、更好的社会保障，对民主、法治、安全、公平、正义的要求也越来越高。再从社会生产方面看，经过改革开放 40 年的发展，我国社会生产力已经上了一个大台阶，2017 年我国经济总量已达到 82 万亿元人民币，折合约 12 万亿美元，稳居世界第二位。社会生产能力在很多方面进入世界前列，220 多种主要工农业产品生产能力稳居世界第一位，长期困扰老百姓的短缺经济和产品供给不足的状况已经发生了根本性转变，因此"落后的社会生产"已不符合客观实际。同人民日益增长的美好生活需要对比，中国目前日显突出的是发展的不平衡和不充分，很多短板要补齐，发展质量要大幅提高，经济社会结构要优化升级。

可以看出，党的十九大提出的建设现代化经济体系，是高层次的战略目标，可以同邓小平提出的"三步走"战略目标和党的十六大提出的21世纪头20年全面建设小康社会的目标相比拟，而建设现代化经济体系比全面建设小康社会的时间跨度更长，前者跨越30多年，后者为20年，而且前者是在后者的基础上实现的更加宏伟、更具世界影响力的发展目标。在起草党的十六大报告时，曾有人主张进入21世纪后，就可以把加快实现社会主义现代化作为头20年的发展目标，而主流的意见认为，考虑到中国国情，把全面建设小康社会作为21世纪头20年的发展目标比较符合客观规律，也比较稳妥。实践证明这一抉择是正确的，全面建设小康社会是中国走向现代化的必经阶段。现代化是中国人民一百多年来梦寐以求的理想，是实现中华民族伟大复兴的根本标志，经过改革开放以来40年的努力，随着我国即将全面建成小康社会，现在已经有条件有能力去直接实现这一梦想和目标。正如党的十九大报告所指出的，"今天，我们比历史上任何时期都更接近、更有信心和能力实现中华民族伟大复兴的目标"。

20世纪60年代，全国人大三届一次会议首次提出把我国建设成为社会主义现代化强国的宏伟设想。20世纪80年代，党中央提出了我国社会主义现代化建设分三步走的战略目标。第一步的目标是解决人民的温饱问题，这在20世纪80年代末已经实现；第二步的目标是使人民生活达到小康水平，这在20世纪末也已经实现；第三步的目标是到新中国成立100年时基本实现现代化。对此，1987年党的十三大曾经有过这样的论述："党的十一届三中全会以后，我国经济建设的战略部署大体分三步走。第一步，实现国民生产总值比一九八〇年翻一番，解决人民的温饱问题。这个任务已经基本实现。第二步，到本世纪末，使国民生产总值再增长一倍，人民生活达到小康水平。第三步，到下个世纪中叶，人均国民生产总值达到中等发达国家水平，人民生活比较富裕，基本实现现代化。"党的十六大报告进一步提出："根据十五大提出的到二〇一〇年、建党一百年和新中国成立一百年的发展目标，我们要在本世纪头二十年，集中力量，全面建设惠及十几亿人口的更高水平的小康社会，使经济更加发展、民主更加健全、科教更加进步、文化更加繁荣、社会更加和谐、人民生活更加殷实。这是实现现代化建设第三步战略目标必经的承上启下的发展阶段，也是完善社会主义市场经济体制和扩大对外开放的关键阶段。经过这个阶段的建设，再继续奋斗几十年，到本世纪中叶基本实现现代化，把我国建成富强民主文明的社会主义国家。"党的十七大以后进一步提出到 21 世纪中叶把我国建成富强民主文明和谐的社会主义国家。

从以上论述可以看出，党的十九大提出的第二个百年目标，比以前党的论述有更高的要求。第一，以前党的文件论述的第二个百年目标是到 21 世纪中叶基本实现现代化，而党的十九大则把这一目标提前到 2035 年，整整提前了 15 年。第二，过去提出到 21 世纪中叶把我国建设成为富强民主文明和谐的社会主义现代化国家，党的十九大报告则提出到 21 世纪中叶把我国建设成为富强民主文明和谐美丽的社会主义现代化强国，除了加上"美丽"要求外，还首次提出强国目标，实现我国从站起来、富起来到强起来的伟大飞跃。

## 第二节 分两步走切合实际

党的十九大报告对实现第二个百年目标是分两个阶段来安排的。报告指出："综合分析国际国内形势和我国发展条件，从二〇二〇年到本世纪中叶可以分两个阶段来安排。第一个阶段，从二〇二〇年到二〇三五年，在全面建成小康社会的基础上，再奋斗十五年，基本实现社会主义现代化。到那时，我国经济实力、科技实力将大幅跃升，跻身创新型国家前列；人民平等参与、平等发展权利得到充分保障，法治国家、法治政府、法治社会基本建成，各方面制度更加完善，国家治理体系和治理能力现代化基本实现；社会文明程度达到新的高度，国家文化软实力显著增强，中华文化影响更加广泛深入；人民生活更为宽裕，中等收入群体比例明显提高，城乡区域发展差距和居民生活水平差距显著缩小，基本公共服务均等化基本实现，全体人民共同富裕迈出坚实步伐；现代社会治理格局基本形成，社会充满活力又和谐有序；生态环境根本好转，美丽中国目标基本实现。第二个阶段，从二〇三五年到本世纪中叶，在基本实现现代化的基础上，再奋斗十五年，把我国建成富强民主文明和谐美丽的社会主义现代化强国。到那时，我国物质文明、政治文明、精神文明、社会文明、生态文明将全面提升，实现国家治理体系和治理能力现代化，成为综合国力和国际影响力领先的国家，全体人民共同富裕基本实现，我国人民将享有更加幸福安康的生活，中华民族将以更加昂扬的姿态屹立于世界民族之林。"

把30年的社会主义现代化建设分为两个阶段是很有必要的，便于在总目标明确的前提下把第一个阶段的奋斗目标设计得具体些明确些，甚至可以设计出路线图和时间表，从而有助于把宏伟任务落实下去。

我们认为，我国在全面建成小康社会后，在第一个阶段基本实现社会主义现代化的过程中，首先面临的就是要在2030年以前努力使中国稳定地进入高收入国家行列，跨越"中等收入陷阱"。按照2014年世界银行的划分标准，人均国民总收入（人均GNI，大体相当于人均GDP）低于1 035美元（按2014年美元计算，下同）属于低收入国家，人均GNI在1 035～4 086美元为中等偏下收入国家，人均GNI在4 087～12 616美元为中等偏上收入国家，而人均 GNI 高于 12 616 美元属于高收入国家。根据我们的测算，我国在 2020 年全面建成小康社会时，人均 GDP 将从 2017年的 9 000 美元左右增加到 10 000 美元多一点；2020 年以后，只要不出现严重的世界经济危机，不出现严重的工作失误，我国经济就能保持年均5％左右的中速增长，并能实现人民币兑美元汇率的基本稳定。这样，我国经过五至七年的努力，就能达到世界银行 2014 年设定的高收入国家的门槛；再经过三四年的努力，到 2030 年，就可以说中国已稳定进入高收入国家行列，真正跨越"中等收入陷阱"。届时，中国产业已达到中高端水平，工业化、信息化、城市化基本实现，经济结构已经基本实现现代化，中等收入者的比重增加到半数左右，反映居民收入差距的基尼系数降到0.4 左右，社会主义市场经济体制更加成熟和定型，社会主义市场经济论也将得到更充分的证实并牢牢站在经济理论顶峰。前两年，曾有经济学家提出中国到 2020 年就能进入高收入国家行列，并断言中国不会面临"中等收入陷阱"问题。现在看来，他们的预测过于乐观，也是不够现实的。

建设现代化经济体系，无论是分两步实现社会主义现代化目标，还是跨越"中等收入陷阱"进入高收入国家行列，最重要的都是转变发展理念、转变发展方式，坚持质量第一、效率优先，以供给侧结构性改革为主线，使经济增长真正从增加要素投入转到创新驱动发展上来。2005 年，党的十六届五中全会就已提出转变经济增长方式的任务。2007 年，党的十七大进一步提出转变经济发展方式的任务，但落实情况不够好。党的十八大以来，党中央提出中国经济进入新常态、需着力推进供给侧结构性改革后，提高经济发展质量逐步引起各方面的重视，经济转型开始迈出实质性的步伐。结构转型，由中低端产业为主转为向中高端产业发力，高速铁路、水电装备、特高压输变电、杂交水稻、对地观测卫星、北斗导航、电动汽车等重大科技成果产业化取得了突破，部分产业走在了世界前列，持续提升了我国经济发展的质量和效益，开辟了我国发展的新空间。

党的十九大报告对分两步走建设现代化经济体系没有提出 GDP 增速要求，主要是为了让大家集中精力提高经济发展的质量和效率，淡化经济增速指标，改变长期以来人们全力追求 GDP 增速的惯性思维。当然，这并不意味着今后不核算 GDP 增速了，今后在坚持质量第一、效率优先的前提下，经济还要保持中速或中高速增长，经济总量还是要不断做大。党的十三大在提出到 21 世纪中叶我国实现社会主义现代化时，就提出到那时经济要达到中等发达国家水平，当时曾有文章解释称这一宏伟目标即 20 世纪 80 年代末的中等发达国家水平，即人均 GDP 3 万美元左右。现在看来这个标准似乎低了，而应努力争取达到 21 世纪中叶时的中等发达国家水平，估计按 2015 年美元计算达到人均 GDP 35 000～45 000 美元的水平。[①] 这就要求今后 30 多年在人民币兑美元汇率保持稳定的前提下，年均 GDP 增速保持在 5% 左右。因此，今后在实际经济工作中，还是要使经济有一定的增长速度，但要好中求快，不要片面和不顾后果地追求经济的快速增长。

党的十九大报告关于建设现代化经济体系的一系列论述，为发展经济学增加了许多新的内容，特别是指明了一个发展中大国如何在比较短的时间内通过改革开放顺利建设现代化强国的道路，是对发展经济学的重大贡献和发展。

## 第三节　现代化经济体系是高质量发展的客观要求

建设现代化经济体系，必须实行高质量发展。高质量发展不同于粗放

---

① 杜秦川，等．"2050 年中等发达国家"收入标准的量化研究：基于长周期趋势外推和随机抽样推断原理的估计．中国物价，2017（6）．

式发展。第一，粗放式发展主要靠增加要素投入、外延扩张，而高质量发展主要靠创新驱动，靠提高全要素生产率，也就是靠提高效率。第二，粗放式发展很难使产业优化升级，很难提升产品及服务的质量和档次，甚至是几年一贯制，不能满足人们对美好生活的追求，而高质量发展则要求产业不断优化升级，保持中高端水平，不断提高产品和服务的技术含量和品质，能够满足人们对美好生活的向往和追求。第三，粗放式发展会使有限的资源越用越少，破坏生态并损害环境，而高质量发展则促进资源节约和再利用，有利于保护生态环境，从而有利于资源节约型和环境友好型社会建设。第四，粗放式发展不鼓励技术进步，不鼓励创新，影响竞争力的提高，而高质量发展鼓励技术进步和创新，从而提高竞争能力，以便在市场竞争中立于不败之地。全世界的发达国家都是依靠长时期高质量发展成为发达国家的，也都是十分重视技术进步的创新型国家。这是社会经济发展的一个客观规律。我国要走向现代化，成为经济发达国家，必须下决心走高质量发展的路子。党的十九大报告吹响了建设现代化经济体系的号角，同时明确指出我国经济已转向高质量发展阶段，这是十分符合逻辑的。

实行高质量发展，就要以供给侧结构性改革为主线。党的十九大报告把深化供给侧结构性改革摆在贯彻新发展理念、建设现代化经济体系这一战略部署的第一位。过去常常用刺激需求的办法来推动经济增长，这也导致了粗放式扩张和发展。而从进入 21 世纪开始，人们逐渐认识到，多年来通过刺激需求特别是投资需求和出口需求推动经济增长，已导致资源和环境的瓶颈约束问题越来越突出，而且投资的效率持续下降，难以为继。从产出方面看，我国生产能力大多数只能满足生产中低端、低质量、低价格产品的要求，还有大量过剩产能，供给结构不适应需求的变化，有效高端供给严重不足，导致海淘现象频繁出现。同时不少关键技术受制于人，一些重要原材料、关键零部件、高端装备、优质农产品等依赖进口，旅游、体育、健康、养老、家政等领域的供给也不能满足居民需要。这是我国当前经济结构方面的突出矛盾。针对这种情况，党中央提出要在适度扩大社会总需求的同时，着重在供给侧结构性改革方面发力，以提高供给体系的质量，大力增加中高端供给，以适应需求变化，实现供需结构新的平衡。当前世界范围内新一轮科技革命和产业变革正在进行，信息技术、生物技术、新材料技术、新能源技术广泛渗透，重大技术创新不断出现，智能制造、分享经济等各种新科技、新业态不断涌现。美国再工业化、德国工业4.0战略等相继实施，以应对世界科技和产业变革。我们一定要把握这一历史机遇，将其转变为发展的驱动力，加快转变经济发展方式，赢得主动。

为推进供给侧结构性改革，中央提出了"三去一降一补"重大举措，即去产能、去库存、去杠杆、降成本、补短板。这是针对实际情况做出的重大决策，其中首要的是去产能。多年的粗放式扩张，积累了大量落后产能，占用了大量资源，破坏了生态并污染了环境。在党中央和国务院的大力推动下，近两三年我国在去产能方面取得了进展，改善了一些行业的供求关系。2016年全年退出钢铁产能超过6 500万吨，退出煤炭产能超过2.9亿吨；2017年钢铁和煤炭又分别去产能5 000万吨和1.5亿吨，煤电去产能5 000万千瓦。去产能的一个重要方面是要坚决处理长期亏损且扭亏无望的"僵尸企业"，特别是常常受到地方政府保护的国有"僵尸企业"。这方面的工作也已取得进展，并可以使去产能和推进国有企业改革结合起来。去产能的成效集中表现为生产者价格指数（PPI）在经历了54个月的负增长后，从2016年第三季度开始转正了，从而为工业的发展创造了良好的条件，工业企业利润也结束了十几个月的负增长。2017年，我国规模以上工业企业实现利润总额同比增长21%，增速比上年提高12.5个百分点。

去库存主要指去房地产库存特别是三、四线城市的房地产库存，这方面也有一些进展，但还不够，还要继续努力。2017 年年末，全国商品房待售面积比 2016 年年末减少了 10 616 万平方米，70 个大中城市房价保持稳定。要坚持"房子是用来住的、不是用来炒的"这一定位，分类调控，因城施策，围绕促进一亿农业转移人口市民化的目标，落实户籍制度改革，把去库存和促进人口城镇化结合起来。加强特大城市、大城市同中小城市互联互通，不断提高中小城市教育、医疗等基本公共服务均等化水平，增强中小城市对人口的吸引力，促进中小城市房地产去库存。

去杠杆也是一块硬骨头，近几年中国总的杠杆率居高不下。2016 年年末，我国宏观杠杆率为 247%，其中企业部门杠杆率达到 165%，远高于 90% 这一国际警戒线。产能过剩行业是高杠杆行业，部分国有企业债务风险突出，一些"僵尸企业"不愿退出市场，靠举债维持经营，拉高了企业杠杆率。一些地方政府也违规以各种方式举债上项目，或者以购买服务等方式加杠杆。2017 年 12 月 18—20 日中央经济工作会议特别把防范和化解重大风险尤其是金融风险作为此后三年要重点抓好决胜全面建成小康社会的三大工作之首。"会议确定，按照党的十九大的要求，今后 3 年要重点打好决胜全面建成小康社会的防范和化解重大风险、精准扶贫、污染防治三大攻坚战。打好防范和化解重大风险攻坚战，重点是防控金融风险，要服务于供给侧结构性改革这条主线，促进形成金融和实体经济、金融和房地产、金融体系内部的良性循环，做好重点领域风险防范和处置，坚决打击违法违规金融活动，加强薄弱环节监管制度建设。"[1]

降成本指降低企业成本。国家要努力为企业降成本以减轻企业负担。2017 年 2 月 8 日，国务院常务会议决定进一步清理和规范涉企收费，持

---

① 刘红霞. 中央明确今后 3 年要重点打好三大攻坚战. 新华网，2017 - 12 - 20.

续为实体经济减负。2013—2016 年，已累计为企业减轻负担 2 万多亿元。2017 年将继续减负 1 万亿元。2017 年，继续着力降低企业税费负担，落实并完善"营改增"试点政策，出台简并增值税税率等措施，进一步清理规范政府性基金和涉企收费，全年为企业减负超过 1 万亿元。2017 年 1—11 月，我国规模以上工业企业每百元主营业务收入中的成本同比下降 0.28 元。财政部提出：在 2017 年减税降费已达万亿元规模的基础上，2018 年还将继续实施减税降费政策，进一步减轻企业负担。除此以外，还要努力降低各类交易成本特别是制度性交易成本，如减少审批环节，降低各类中介组织评估鉴定费用，加强对垄断行业、自然垄断环节违规收费的监管。还要继续降低企业用电和物流成本等。

补短板也很重要。由于短板较多，需分轻重缓急，逐步落实。2017 年，生态保护和环境治理、水利管理和农业投资分别比上年增长 23.9%、16.4%和 16.4%，增速分别快于全部投资 16.7、9.2 和 9.2 个百分点。今后，要从制约经济社会发展的突出环节、从人民群众的迫切需求着手，制订规划，切实做好。目前比较突出的短板是民生领域，扶贫是一场攻坚战，并且必须在现行标准下在 2020 年全面建成小康社会时全部脱贫。国有资本要加大投入，同时鼓励民间资本进入医疗、教育、养老、健康、环保、生态修复等领域，这是人民群众反映最强烈的要求。要增加研发投入、强化教育培训以不断提升人力资本、改善基础设施薄弱环节包括提升农村公路等级，为提高发展质量创造良好的条件。

党中央和习近平总书记高度重视建设现代化经济体系。党的十九大闭幕后不久，2018 年 1 月 30 日，中共中央政治局就建设现代化经济体系进行集体学习，习近平总书记做了重要讲话。他指出："现代化经济体系，是由社会经济活动各个环节、各个层面、各个领域的相互关系和内在联系构成的一个有机整体。"他还提出主要构建以下体系和体制。一是要建设创新引领、协同发展的产业体系，实现实体经济、科技创新、现代金融、人力资源协同发展，使科技创新在实体经济发展中的贡献份额不断提高，现代金融服务实体经济的能力不断增强，人力资源支撑实体经济发展的作用不断提升。二是要建设统一开放、竞争有序的市场体系，实现市场准入畅通、市场开放有序、市场竞争充分、市场秩序规范，加快形成企业自主经营公平竞争、消费者自由选择自主消费、商品和要素自由流动平等交换的现代市场体系。三是要建设体现效率、促进公平的收入分配体系，实现收入分配合理、社会公平正义、全体人民共同富裕，推进基本公共服务均等化，逐步缩小收入分配差距。四是要建设彰显优势、协调联动的城乡区域发展体系，实现区域良性互动、城乡融合发展、陆海统筹整体优化，培育和发挥区域比较优势，加强区域优势互补，塑造区域协调发展新格局。五是要建设资源节约、环境友好的绿色发展体系，实现绿色循环低碳发展、人与自然和谐共生，牢固树立和践行绿水青山就是金山银山理念，形成人与自然和谐发展的现代化建设新格局。六是要建设多元平衡、安全高效的全面开放体系，发展更高层次开放型经济，推动开放朝着优化结构、拓展深度、提高效益的方向转变。七是要建设充分发挥市场作用、更好发挥政府作用的经济体制，实现市场机制有效、微观主体有活力、宏观调控有度。习近平总书记指出："以上几个体系是统一整体，要一体建设、一体推进。我们建设的现代化经济体系，要借鉴发达国家有益做法，更要符合中国国情、具有中国特色。"

## 第四节　建设现代化经济体系的六大任务

党的十九大报告不仅指明了建设现代化经济体系的重要意义和科学内涵，还明确和系统地论述了建设现代化经济体系的六大任务。

## 一、深化供给侧结构性改革

这是建设现代化经济体系的战略举措。首先，建设现代化经济体系，必须把发展经济的着力点放在实体经济上，把提高供给体系质量作为主攻方向，显著增强我国经济质量优势。在新时代，由于主要矛盾的转化，提高发展质量、供给质量成为经济持续健康发展的主要任务。这就要求大力发展实体经济，扭转一个时期以来脱实向虚的偏向，金融等虚拟经济应当真正为实体经济服务，不断为实体经济输血，使实体经济具有更多的研发资金、技术改造资金、员工培训资金等，以利于实体经济转变发展方式，转向创新驱动发展。

其次，加快建设制造强国，加快发展先进制造业，推动互联网、大数据、人工智能和实体经济深度融合，在中高端消费、创新引领、绿色低碳、共享经济、现代供应链、人力资本服务等领域培育新增长点、形成新动能。制造业是实体经济的骨干，一国制造业是否先进，是该国经济实力是否强大的重要标志。我们要着力发展实体经济，就要着力发展制造业特别是先进制造业。2016年我国制造业增加值占GDP的比重为21%左右，而发达国家为35%～40%；人均增加值为3 000美元，居全球第54位，仅为美国的16.5%。在以新一代信息技术为主导的工业革命时代，要推动信息技术同实体经济很好融合，促进中国制造向中国创造转变。要着力加快建设实体经济、科技创新、现代金融、人力资源协同发展的产业体系。与此同时，要支持传统产业优化升级，加快发展现代服务业，瞄准国际标准提高水平。要促进我国产业迈向全球价值链中高端，培养若干世界级先进制造业集群。这意味着服务业特别是现代服务业在经济结构中处于主导地位，这是工业转型升级和成为制造业强国的客观要求。2016年，我国第三产业对国内生产总值增长的贡献率已提高到 58.2%，但仍处于偏低水平。当年我国制造业的人均产出只相当于发达国家的 1/3，主要是因为研发、设计、品牌的生产性服务业不够发达。因此，加快发展现代服务业，恰恰是制造业提高技术含量和实现转型升级的重要条件。

再次，加强水利、铁路、公路、水运、航空、管道、电网、信息、物流等基础设施网络建设。基础设施建设也是发展实体经济的重要方面。一些基础设施建设如高铁、高速公路、电网等是我国的强项，处于世界前列。与此同时，水利、农村公路等建设需要加强，特别要加快各项基础设施的网络建设，更好地发挥基础设施支撑经济高质高效发展的作用。

复次，坚持去产能、去库存、去杠杆、降成本、补短板，优化存量资源配置，扩大优质增量供给，实现供需动态平衡。这方面的内容在上一节已做过论述，不再重复。

最后，激发和保护企业家精神，鼓励更多社会主体投身创新创业。建设知识型、技能型、创新型劳动者大军，弘扬劳模精神和工匠精神，营造劳动光荣的社会风尚和精益求精的敬业风气。以美国的乔布斯推出的苹果手机为例，其催生出了数以千亿美元计的对智能手机的需求，给无数人的生活带来了革命性变化，这充分说明企业家在社会经济发展中的重要作用。在高质量发展时代，人力资本的作用凸显，对劳动者提出了更高的要求，要求劳动者有知识、懂技术、善于创新，拥有较高的工艺和专业水平，个个都是能工巧匠。

## 二、加快建设创新型国家

这既是建设现代化经济体系的关键，也是高质量发展的根本支撑。首先，创新是引领发展的第一动力，是建设现代化经济体系的战略支撑。要以科技创新引领全面创新。要瞄准世界科技前沿，强化基础研究，实现前瞻性基础研究、引领性原创成果重大突破。加强应用基础研究，拓展实施国家重大科技项目，突出关键共性技术、前沿引领技术、现代工程技术、颠覆性技术创新，为建设科技强国、质量强国、航天强国、网络强国、交通强国、数字中国、智慧社会提供有力支撑。加强国家创新体系建设，强化战略科技力量。党的十八大以来，我们加快了创新型国家建设，科技进步对经济增长的贡献率从 2012 年的 52.2% 提高到 2016 年的 56.2% 和 2017 年的 57.5%，有力地推动了产业的转型升级。2016 年高技术产业增加值占规模以上工业增加值的比重达到 12.4%，比 2012 年提高了 3 个百分点。2017 年，高技术产业和装备制造业增加值分别比上年增长 13.4% 和 11.3%，增速分别比规模以上工业快 6.8 和 4.7 个百分点。高速铁路、水电装备、特高压输变电、杂交水稻、北斗导航等重大科技成果产业化取得突破，持续提升我国经济发展的质量和效率。

其次，深化科技体制改革，建立以企业为主体、以市场为导向、产学研深度融合的科技创新体系，加强对中小企业创新的支持，促进科技成果转化。要发挥科技创新第一动力的作用，必须深化科技体制改革，改变以政府为主体、以政府政策为导向、产学研脱节的状态。同时要完善支持企业创新的政策体系，加大研发费用加计扣除、高新技术企业税收优惠、固定资产加速折旧等政策的落实力度。

最后，倡导创新文化，强化知识产权创造、保护、运用。培养造就一大批具有国际水平的战略科技人才、科技领军人才、青年科技人才和高水平创新团队。国与国之间的科技竞争和经济实力竞争归根到底是人才竞争，我国科技人才丰富，但世界级高精尖人才不足，今后的重点是加大高端科技创新人才队伍建设。要加强知识产权保护，这是对科技人才的最有效激励。还要造就一大批具有全球视野、创新能力和社会责任感的企业家人才队伍，依法保护企业家的创新收益和财产权。继续加大对海外高层次人才的引进力度，面向全球引进首席科学家等高层次人才。要大力提升全社会创新意识和创新能力，使整个社会富有创新精神。

## 三、实施乡村振兴战略

振兴乡村可以说是补最大的短板。首先，农业是国民经济发展的基础，农业农村农民问题是关系国计民生的根本性问题，必须始终把解决好"三农"问题作为全党工作的重中之重。要坚持农业农村优先发展，按照产业兴旺、生态宜居、乡风文明、治理有效、生活富裕的总要求，建立健全城乡融合发展体制机制和政策体系，加快推进农业农村现代化。工农和城乡差距较大是我国长期存在的经济社会发展不平衡的重要表现，把解决好"三农"问题作为全党工作的重中之重也已提出了 20 多年的时间。党的十八大以来，我国陆续出台了不少强农惠农政策，粮食生产能力登上了 1.2 万亿斤台阶，农民收入增长较快，农村居民可支配收入超过 1.2 万元，工农和城乡差距略有缩小。但仍需继续发力，继续坚持农业农村优先发展。2005 年，党的十六届五中全会提出了建设社会主义新农村的战略，提出要按照生产发展、生活宽裕、乡风文明、村容整洁、管理民主的要求，坚持从各地实际出发，尊重农民意愿，扎实稳步推进新农村建设。可惜，此后社会主义新农村建设成效不够显著。这次乡村振兴战略提出的产业兴旺等五项要求，比当年建设社会主义新农村的要求更高、更全面，是建设社会主义新农村的升级版。在实际工作中，推进农村振兴，必须把大力发展农业生产力放在首位，提质增效；必须坚持城乡一体化发展，并体现农村农业优先原则；注意遵循农村自身发展规律，保留乡村特色风貌。

其次，巩固和完善农村基本经营制度，深化农村土地制度改革，完善承包地"三权"即农村集体土地所有权、农户土地承包权、农村土地经营权分置制度。保持土地承包关系稳定并长久不变,第二轮土地承包到期后再延长 30 年。深化农村集体产权制度改革,保障农民财产权益,壮大集体经济。这里有两项改革特别重要:一是明确第二轮土地承包到期后再延长 30 年。这一重大决策使农村土地承包关系从第一轮承包开始保持稳定长达 75 年,表明中央坚定保护农民土地权益的决心,给农民吃下一颗"定心丸"。二是实行土地所有权、承包权、经营权"三权分置"。这是我国农村改革的重大创新,让农户的承包权稳定下去、经营权则活起来,有利于土地流转和高效利用,有利于实现农业现代化。

再次,确保国家粮食安全,把中国人的饭碗牢牢端在自己手中。构建现代农业产业体系、生产体系、经营体系,完善农业支持保护制度,发展多种形式适度规模经营,培育新型农业经营主体,健全农业社会化服务体系,实现小农户和现代农业发展有机衔接。促进农村一二三产业融合发展,支持和鼓励农民就业创业,拓宽增收渠道。解决全国近十四亿人的吃饭问题始终是治国安邦的头等大事,20 世纪 50 年代末 60 年代初全国人民吃不饱饭的悲剧绝对不能再发生。这就必须巩固和提升粮食生产能力,实施藏粮于民、藏粮于技的战略,坚持保护耕地,建设高标准农田,提高粮食种子品质,不断生产更多高质量粮食,满足人民群众日益增长的对高品质粮食的需要。产业体系、生产体系和经营体系,是现代农业的三大支柱。为了逐步使这三大支柱具备现代化水平,就要大力推进农业科技创新和运用,使农业实现高质量发展。要调整农业结构,当前要以玉米为重点推进种植业结构调整,以生猪和草食畜牧业为重点推进畜牧业结构调整,以农产品加工业和农村"双创"为重点促进一二三产业融合发展,发展特色产业、休闲农业、绿色农业、乡村旅游、农村电商等新产业新业态,多渠道促进农民增收。

最后，加强农村基层基础工作，健全自治、法治、德治相结合的乡村治理体系。培养造就一支懂农业、爱农村、爱农民的"三农"工作队伍。乡风文明很重要，要留住乡愁，必须搞好农村治理，这也是使人乐于留在农村从事农业的重要条件。现代农业需要有知识、有专业素养的人来干。美国的许多农场主都是农学院毕业的大学生，他们掌握现代农业知识，会运用现代农业装备，这是他们的劳动生产率比我国农民高数十倍的重要原因。我们要实现农业现代化，就必须培养一大批有专业知识、懂现代农业技术的新型农民。

## 四、实施区域协调发展战略

中国是幅员辽阔的大国，各地区经济差距较大，东部地区经济发展较快，西部地区比较落后。直至 2016 年，甘肃省的人均地区生产总值还不及北京、上海的 1/4。比较的层级越低，差距越大。因此，首先，缩小地区经济差距，促进地区经济协调发展，是解决我国经济发展不平衡的重要方面。党的十九大报告指出：加大力度支持革命老区、民族地区、边疆地区、贫困地区加快发展，强化举措推进西部大开发形成新格局，深化改革加快东北等老工业基地振兴，发挥优势推动中部地区崛起，创新引领率先实现东部地区优化发展，建立更加有效的区域协调发展新机制。1999 年党中央提出实施西部大开发战略后，逐步形成了西部大开发、东北振兴、中部崛起、东部率先发展的区域发展总体战略。此后，区域协调发展取得进展，特别是西部大开发战略取得了比较明显的成效，如重庆市、贵州省的地区生产总值 2010—2016 年连续七年以两位数增长率领跑全国，其他西部各省区的地区生产总值 2010 年以来年增速均高于全国 GDP 增速。尽管如此，主要处于西部的老少边穷地区仍是我国比较困难的地区，也是脱贫攻坚的重点地区。今后仍应把老少边穷地区置于区域协调发展战略的优先位置，加大力度支持老少边穷地区改善基础设施条件，不断提高基本公共服务能力，培育和发展优势产业特色经济，进一步修复生态、改善环境，使老少边穷地区加快发展。问题比较突出的是东北三省。2014—2017年，东北三省的地区生产总值增速均低于全国平均增速，辽宁省2016年还出现了负增长，人们称之为东北现象。东北三省之所以成为经济洼地，重要原因是经济改革滞后，占比较大的国有经济改革不到位，个体、私营等非公有制经济发展不足，整体经济活力不强。振兴东北等老工业基地，成为当前区域协调发展的重要任务。

其次，以城市群为主体构建大中小城市和小城镇协调发展的城镇格局，加快农业转移人口市民化。城市群是我国经济发展的重要增长极，要继续推进长三角、珠三角、京津冀、成渝、长江中游、中原、哈长、北部湾等城市群建设。农业转移人口市民化是推进新型城镇化的关键。党的十八大以来，党中央提出到2020年实现约一亿农业转移人口落户城镇的目标。2016年年底，全国户籍人口城镇化率和常住人口城镇化率分别达到41.2%和57.4%，比2012年年末分别提高5.9和4.8个百分点。今后要继续深化户籍制度改革，降低落户门槛，确保到2020年我国户籍人口城镇化率提高到45%。

再次，以疏解北京非首都功能为"牛鼻子"推动京津冀协同发展，高起点规划、高标准建设雄安新区。京津冀协同发展，是党的十八大后党中央提出的一个重大区域战略，核心是疏解北京非首都功能，找出一条中国特色治理"大城市病"的路子。为此，要加快北京城市副中心建设，构建一体化现代交通网络，切实治理环境和修复生态，优化产业布局，构建京津冀协同发展共同体。建设雄安新区，是以习近平同志为核心的党中央于2017年提出的实施京津冀协同发展和疏解北京非首都功能的一项重大决策，要坚持"世界眼光、国际标准、中国特色、高点定位"理念，高起点高标准规划和建设，稳步地把雄安新区建设好。

以共抓大保护、不搞大开发为导向推动长江经济带发展。这是党的十八大以后党中央提出的又一重大区域发展战略。长江经济带是我国人口、产业、经济最为密集且比较发达的地区，在我国经济社会发展中具有举足轻重的地位。由于我国已进入高质量发展阶段，长江经济带的发展不能以牺牲生态环境为代价，相反，要把修复长江沿线生态环境作为首要任务，实施好长江防护林体系等生态修复工程，建设生态走廊。以畅通黄金大道为依托，建设综合交通网络，推进产业升级和新型城镇化建设，使长江上中下游地区协调发展。

最后，支持资源型地区经济转型发展。加快推进边疆发展，确保边疆巩固、边境安全。坚持陆海统筹，加快建设海洋强国。

## 五、加快完善社会主义市场经济体制

第一，明确经济体制改革必须以完善产权制度和要素市场化配置为重点，实现产权有效激励、要素自由流动、价格反应灵活、竞争公平有序、企业优胜劣汰。这次特别重视产权问题，比 2013 年党的十八届三中全会决定还进了一步。党的十八届三中全会决定强调完善产权保护制度，这次则强调完善整个产权制度，即要完善归属清晰、权责明确、保护严格、流转顺畅的现代产权制度。现代产权制度是社会主义市场经济体制的基石，完善社会主义市场经济体制必须首先完善现代产权制度，以便做到产权有效激励。要素市场化配置则是市场在资源配置中起决定性作用的另一种说法，这同党的十八届三中全会决定提出的"紧紧围绕使市场在资源配置中起决定性作用深化经济体制改革"是完全一致的。

第二，要完善各类国有资产管理体制，改革国有资本授权经营体制，加快国有经济布局优化、结构调整、战略性重组，促进国有资产保值增值，推动国有资本做强做优做大，有效防止国有资产流失。深化国有企业改革，发展混合所有制经济，培育具有全球竞争力的世界一流企业。国有企业改革是中国经济改革最重要和最艰巨的任务。党的十八大后，国有企业改革有比较大的进展，如发展了混合所有制经济，在混合所有制企业中开展了员工持股，推进了国有企业管理层薪酬制度改革，加快了资产重组步伐，推开了国有资本投资公司和运营公司试点，2017 年年底基本完成了央企公司制改革等。当然，大家还是希望国企改革步伐能更快些、成效更显著些。党的十九大报告提出推动国有资本做强做优做大是很重要的，也很有新意。1999 年在起草党的十五届四中全会《中共中央关于国有企业改革和发展若干重大问题的决定》时，就已讨论和认识到由于国有企业数以十万计，要想使每一家国有企业都搞好是不可能的，要着眼于搞好整个国有经济。国有企业也要实行优胜劣汰。极少数长期亏损且扭亏无望的"僵尸企业"要退出市场。同时，国有经济中有部分公益性、福利性单位，它们的任务主要是做好服务，而不一定要求它们做强做优做大。用做强做优做大国有资本来代替整体上搞好国有经济是一大进步。

第三，全面实施市场准入负面清单制度，清理废除妨碍统一市场和公平竞争的各种规定和做法，支持民营企业发展，激发各类市场主体活力。深化商事制度改革，打破行政性垄断，防止市场垄断，加快要素价格市场化改革，放宽服务业准入限制，完善市场监管体制。上述许多举措，都是有利于支持民营企业发展的，其中防止市场垄断是首次在党的重要文件中提出来的。提出这些举措的重要背景是：2016 年，民营资本的固定资产投资增幅出现断崖式下滑，只比上年增长 3.2%，而一般民间投资年增长率都达两位数或近两位数（2015 年为 10.1%），2016 年民间投资占全社会固定资产投资（不含农户）的比重也从上一年的 64.2% 降为 61.2%。2017 年，民间投资增速为 6%，增速有所提高，但比重进一步降到 60.4%。党的十九大报告提出"激发和保护企业家精神，鼓励更多社会主体投身创新创业"。这里说的企业家，当然包括民营企业家。改革开放以来的实践证明，民营企业的发展，对于促进和稳定经济增长、促进科技进步、增加就业岗位、提供更多税收，起到了不可替代的作用。民营经济和国有经济各有优势，都有各自广阔的发展空间，国进不一定民就要退，民进也不一定国就要退，我们要努力做到国进民也进，实现共同发展。

第四，创新和完善宏观调控，发挥国家发展规划的战略导向作用，健全财政、货币、产业、区域等经济政策协调机制。完善促进消费的体制机制，增强消费对经济发展的基础性作用。深化投融资体制改革，发挥投资对优化供给结构的关键性作用。与党的十八届三中全会决定对照，在宏观调控体系中财政货币等各个政策手段的协调方面，党的十九大报告不再提及价格政策，同时增加了区域政策。我们认为这是因为近几年价格改革进展较快。截至 2016 年年底，97% 以上的商品和服务价格均已放开由市场调节，剩下不到 3% 的政府定价主要限定在重要公用事业、公益性服务、网络型自然垄断环节，因此已很难运用价格政策参与宏观调控。加上区域政策是必要的，中国幅员辽阔，区域经济协调发展是优化重大结构的内涵，而促进重大经济结构协调和生产力布局优化，正是宏观调控的主要任务之一。这次提出完善和促进消费的体制机制，是一大亮点。多年来，我国经济结构失衡的一个重要表现是消费率偏低，特别是居民消费支出占 GDP 的比重严重偏低。居民消费支出占 GDP 的比重，2008—2011 年分别为 36.1%、36.2%、35.6%、36.3%，党的十八大以后，这一比重逐渐提高，2012 年为 36.7%，2013 年为 36.8%，2014 年为 37.5%，2015 年为 38%，2016 年为 39.2%。最终消费支出对国内生产总值增长的贡献率也在逐步提高，已从 2008 年的 44.2％提升到 2017 年的 58.8％。社会消费品零售总额由 2012 年的 21.4 万亿元增加到 2016 年的 33.2 万亿元和 2017 年的 37 万亿元。消费已连续四年成为拉动经济增长的首要动力。居民消费支出的较快增长，同近几年居民收入增长略高于 GDP 增长有密切关系。这反映了中国经济进入新常态后的一个显著特点。习近平总书记在党的十九大报告中指出："党永远把人民对美好生活的向往作为奋斗目标。"所以，不断提高人民群众的消费水平和质量，是我国发展社会主义市场经济的目标。从这一要求出发，我们要看到，目前消费支出占比仍然偏低，世界上许多国家的消费支出占 GDP 的比重都在 70％以上。党的十九大报告提出要"在中高端消费、创新引领、绿色低碳、共享经济、现代供应链、人力资本服务等领域培育新增长点、形成新动能"。看来，今后中高端消费将成为着力培育的经济新增长点。具体来说，品牌消费、信息消费、服务消费、文化消费等将得到较多的政策支持，从而会有较快的发展。供给侧结构性改革要求经济提质增效，向中高端升级，正是为了更好地满足人民群众消费升级的需要，充分体现了人人共享发展成果的新发展理念。

第五，加快建立现代财政制度，建立权责清晰、财力协调、区域均衡的中央和地方财政关系。建立全面规范透明、标准科学、约束有力的预算制度，全面实施绩效管理。深化税收制度改革，健全地方税体系。调结构转方式，财政可以且应当发挥更为重要的作用。建设现代化经济体系，促进经济高质量发展，需要财政的大力支持和财政政策的积极引导。因此，建立现代财政税收制度，既十分重要，也十分艰巨。比如，完善中央财政转移支付制度，建立规范合理的中央和地方政府债务管理及风险预警机制，完善地方税体系，提高直接税比重，建立综合与分类相结合的个人所得税制，推进房地产税改革，等等，都是很难啃的硬骨头。

第六，深化金融体制改革，增强金融服务实体经济能力，提高直接融资比重，促进多层次资本市场健康发展。健全货币政策和宏观审慎政策双支柱调控框架，深化利率和汇率市场化改革。健全金融监管体系，守住不发生系统性金融风险的底线。这次专门提出双支柱调控框架，非常重要。因为货币政策一般主要关注物价稳定，货币政策是否要关注资产价格变动一直有争议。2008 年国际金融危机爆发前，美国的物价虽然是稳定的，但是金融系统并不稳定，金融资产价格大幅度上涨。在危机爆发后，大家反思认为：要维持金融系统的稳定，只有关注物价的货币政策是不够的，还要有宏观审慎政策。2017 年 7 月 14—15 日举行的全国金融工作会议，就提出了双支柱调控框架。按照有关部门负责人的说法，所谓宏观审慎框架主要包含三个方面的内容：一是在 2011 年正式引入差别准备金动态调整机制，要求金融机构"有多大本钱做多大生意"；在 2016 年将差别准备金动态调整机制升级为宏观审慎评估体系，将更多金融活动和金融行为纳入管理，实施逆周期调节。二是将跨境资本流动纳入宏观审慎评估体系，使得跨境资本流动趋于稳定。三是继续加强房地产市场的宏观审慎管理，其核心是形成以因城施策、差别化住房信贷政策为主要内容的住房金融宏观审慎管理框架。

做好以上几个方面的改革，我们就能构建起市场机制有效、微观主体有活力、宏观调控有度的经济体制，不断增强我国经济的创新力和竞争力。

## 六、推动形成全面开放新格局

党的十九大报告提出的一个非常重要的观点，就是坚持推动构建人类命运共同体。我国对外开放要以此为指导，始终做世界和平的建设者、全球发展的贡献者、国际秩序的维护者。首先，开放带来进步，封闭必然落后。中国开放的大门不会关闭，只会越开越大。要以"一带一路"建设为重点，坚持"引进来"和"走出去"并重，遵循共商共建共享原则，加强创新能力开放合作，形成陆海内外联动、东西双向互济的开放格局。党的十八大以来，以习近平同志为核心的党中央总揽战略全局，推进对外开放理论和实践创新，实施共建"一带一路"倡议，加快构建开放型经济新体制，倡导发展开放型世界经济，积极参与全球经济治理，对外开放取得新的重大成就。坚持"引进来"与"走出去"更好结合，能有效拓展国民经济发展空间。坚持沿海开放与内陆沿边开放更好结合，能优化区域开放布局。内陆与沿边地区是对外开放的洼地。截至 2016 年，西部地区拥有全国 72％的国土面积、27％的人口、20％的经济总量，而对外贸易仅占全国的 7％，利用外资和对外投资分别占 7.6％和 7.7％。随着"一带一路"建设的推进，要加快西部地区对外开放的步伐，从开放洼地变为高地。坚持制造领域开放与服务领域开放更好结合，以高水平开放促进深层次结构调整。要在深化制造业开放的同时，重点推进金融、教育、文化、医疗等服务业领域的有序开放，放开育幼养老、建筑设计、会计审计、商贸物流等服务业领域的外资准入限制。坚持向发达经济体开放与向发展中经济体开放更好结合，扩大同各国的利益交汇点。发达经济体是我国的主要经贸伙伴，2016 年美国、欧盟、日本占我国外贸总额的 36.4％。同时，我国与广大发展中经济体的经贸关系也日益密切。2014—2016 年，我国对"一带一路"沿线国家的进出口额达 3.1 万亿美元，占同期外贸总额的1/4 以上；对沿线国家直接投资近 500 亿美元，占同期对外直接投资总额的 1/10 左右。今后要按照党的十九大报告的要求，坚持向发达国家开放和向发展中国家开放并重，实现出口市场多元化、进口来源多元化、投资合作伙伴多元化。坚持多边开放与区域开放更好结合，做开放型世界经济的建设者和贡献者。

其次，拓展对外贸易，培育贸易新业态新模式，推进贸易强国建设。实行高水平的贸易和投资自由化便利化政策，全面实行准入前国民待遇加负面清单管理制度，大幅度放宽市场准入，扩大服务业对外开放，保护外商投资合法权益。凡是在我国境内注册的企业，都要一视同仁、平等对待。要加快转变外贸发展方式，从以货物贸易为主向货物和服务贸易协调发展转变，从依靠模仿跟随向依靠创新创造转变，从大进大出向优质优价、优进优出转变。为此要加快货物贸易优化升级，促进服务贸易创新发展，培育贸易新业态新模式，支持跨境电子商务、市场采购贸易、外贸综合服务等健康发展，实施更加积极的进口政策等。改善外商投资环境。培育引资竞争优势，最重要的是要营造稳定公平透明、法治化、可预期的营商环境，特别是要完善外商投资管理体制。我国 11 个自贸区试行准入前国民待遇加负面清单管理制度成效显著，设立一家外资企业所需的时间由过去的 1 个月减少到 3 天左右。中国政府将在资质许可、标准制定、政府采购、享受《中国制造 2025》政策等方面，依法给予内外资企业同等待遇。

再次，优化区域开放布局，加大西部开放力度。以开放促开发，完善口岸、跨境运输等开放基础设施，实施更加灵活的政策，建设好自贸区、国家级开发区、边境经济合作区、跨境经济合作区等开放平台，打造一批区域枢纽城市，扶持特色产业开放发展，在西部地区形成若干开放型经济新增长极。赋予自贸区更大改革自主权，探索建设像香港、新加坡、鹿特丹、迪拜这样的自由贸易港。

最后，创新对外投资方式，促进国际产能合作，形成面向全球的贸易、投融资、生产、服务网络，加快培育国际经济合作和竞争新优势。2007—2016 年，我国对外投资年均增长 27.2%，成为对外投资大国，其中

2016 年中国对外直接投资 1 701 亿美元，实际使用外资 1 260 亿美元，成为资本净流出国。但中国的对外投资仍处于初期，利用两个市场、两种资源的能力不强，非理性投资和经营不规范等问题比较突出，有些还隐藏着不小的风险。要促进国际产能合作，带动我国装备、技术、标准、服务走出去。要加强对海外并购的引导，规范海外经营行为，引导企业遵守东道国的法律法规、保护环境、履行社会责任，遏制恶性竞争。还要健全服务保障，加强和改善信息、法律、领事保护等服务，保障人员安全，维护海外利益。

# 参考文献

1. 本书编写组 . 党的十九大报告辅导读本 . 北京：人民出版社，2017.

2. 邓小平 . 邓小平文选 . 第 3 卷 . 北京：人民出版社，1993.

3. 江泽民 . 全面建设小康社会，开创中国特色社会主义事业新局面（2002 - 11 - 08）.

4. 习近平 . 决胜全面建成小康社会 夺取新时代中国特色社会主义伟大胜利 . 人民日报，2017 - 10 - 19.

5. 习近平 . 深刻认识建设现代化经济体系重要性 推动我国经济发展焕发新活力迈上新台阶 . 人民日报，2018 - 02 - 01.

6. 中共中央关于全面深化改革若干重大问题的决定（2013 - 11 - 12）.

7. 中共中央关于制定国民经济和社会发展第十一个五年规划的建议（2005 - 10 - 11）.

# 第十章　努力构建中国特色社会主义政治经济学

党的十八大以来，习近平总书记提出了创建中国特色社会主义政治经济学的历史任务，并发表了一系列重要讲话，对如何创建中国特色社会主义政治经济学做了深刻的论述。因此，构建中国特色社会主义政治经济学，已成为近几年中国经济学界研究和讨论的一个热点，学界既提出了许多建设性的意见和设想，也提出了一些值得进一步深入研究的问题。本书拟对如何更好地构建中国特色社会主义政治经济学提出一些看法，以就教于经济学界。

## 第一节　中国特色社会主义政治经济学是中国特色社会主义理论体系的重要组成部分与深化发展

习近平总书记 2015 年 11 月 23 日在中共中央政治局第二十八次集体

学习时强调，要立足我国国情和我国发展实践，不断开拓当代中国马克思主义政治经济学新境界。2016 年 7 月 8 日，习近平总书记在主持召开经济形势专家座谈会时，又指出：坚持和发展中国特色社会主义政治经济学，要以马克思主义政治经济学为指导，总结和提炼我国改革开放和社会主义现代化建设的伟大实践经验，同时借鉴西方经济学的有益成分。中国特色社会主义政治经济学既要在实践中丰富和发展，又要经受实践的检验，进而指导实践。要加强研究与探索，加强对规律性认识的总结，不断完善中国特色社会主义政治经济学理论体系，推进充分体现中国特色、中国风格、中国气派的经济学科建设。

当代中国马克思主义政治经济学，就是中国特色社会主义政治经济学。自从 1982 年邓小平在党的十二大开幕词中提出建设有中国特色的社会主义以来，在党的领导下，中国特色社会主义事业蓬勃发展、蒸蒸日上，取得了让世人惊叹的业绩。随着改革开放的不断深化和经济社会的飞速发展，我们对中国特色社会主义包括中国特色社会主义政治经济学的认识也在不断深化和发展。特别是，中国的改革开放是从经济体制改革开始的，对外开放也是从设立经济特区和利用外资开始的，并且一直以经济改革为重点，实践经验最多、最丰富，所以，在中国特色社会主义理论体系中，经济理论成果最突出、最系统，中国特色社会主义经济理论是整个中国特色社会主义理论体系的"明珠"。

1984 年 10 月，党的十二届三中全会通过了《中共中央关于经济体制改革的决定》，首次提出我国社会主义经济是公有制基础上的有计划的商品经济，这是改革开放后的第一次重大理论突破。不久，邓小平在中央顾问委员会第三次全体会议上指出："比如《关于经济体制改革的决定》，前几天中央委员会通过这个决定的时候我讲了几句话，我说我的印象是写出了一个政治经济学的初稿，是马克思主义基本原理和中国社会主义实践相

结合的政治经济学，我是这么个评价。"① 1997 年，江泽民总书记在党的
十五大报告中提出邓小平理论形成了中国特色社会主义理论体系，指出：
"总起来说，邓小平理论形成了新的建设有中国特色社会主义理论的科学
体系。""它第一次比较系统地初步回答了中国社会主义的发展道路、发展
阶段、根本任务、发展动力、外部条件、政治保证、战略步骤、党的领导
和依靠力量以及祖国统一等一系列基本问题，指导我们党制定了在社会主
义初级阶段的基本路线。它是贯通哲学、政治经济学、科学社会主义等领
域，涵盖经济、政治、科技、教育、文化、民族、军事、外交、统一战
线、党的建设等方面比较完备的科学体系，又是需要从各方面进一步丰富
发展的科学体系。"2007 年，胡锦涛在党的十七大报告中提出："改革开
放以来我们取得一切成绩和进步的根本原因，归结起来就是：开辟了中国
特色社会主义道路，形成了中国特色社会主义理论体系。高举中国特色社
会主义伟大旗帜，最根本的就是要坚持这条道路和这个理论体系。"报告
对中国特色社会主义道路和中国特色社会主义理论体系做了权威的论述。
2011 年，胡锦涛在庆祝中国共产党成立 90 周年大会上的讲话中加了一条
中国特色社会主义制度，指出："经过 90 年的奋斗、创造、积累，党和人
民必须倍加珍惜、长期坚持、不断发展的成就是：开辟了中国特色社会主
义道路，形成了中国特色社会主义理论体系，确立了中国特色社会主义制
度。"从此形成了旗帜、道路、理论体系、制度四个方面统一的结构。

　　党的十八大以后，随着改革开放的深化和推进，中国特色社会主义无
论是在理论上还是在实践上都有了新的重大进展，比如提出了"五位一
体"总体布局、"四个全面"战略布局、三大战略、中国经济进入新常态、
五大发展理念、供给侧结构性改革等一系列新理念、新思想、新战略，以

---

　　① 邓小平. 邓小平文选：第 3 卷. 北京：人民出版社，1993：83.

及在中国特色社会主义旗帜、道路、制度、理论体系外，又增加了中国特色社会主义文化，还提出要积极参与和改善全球经济与金融治理，倡导构建人类命运共同体，中国在国际上发挥着越来越大的作用。

2017 年 5 月 17 日，习近平总书记在致中国社会科学院建院 40 周年的贺信中，又一次提出希望中国社会科学院的同志们和广大哲学社会科学工作者，能够为构建中国特色哲学社会科学学科体系、学术体系、话语体系，增强我国哲学社会科学的国际影响力做出新的、更大的贡献！这其中就包括构建当代中国马克思主义政治经济学即中国特色社会主义政治经济学的任务。这既是丰富和发展中国特色社会主义理论体系的重要部署，也是交给中国经济学家的重要任务，正在对当代中国马克思主义政治经济学研究产生巨大的推动作用。研究中国特色社会主义政治经济学，就要很好地了解中国社会主义现代化建设的实际，了解中国改革开放的步伐，了解中国社会主义市场经济发展的历程，探寻它们的规律性，从理论上进行概括，助力中国社会主义现代化建设事业的顺利健康发展。

## 第二节　成熟的中国特色社会主义政治经济学源于
### 成熟的中国特色社会主义经济制度与体制

到现在为止，我们还没有写出一本公认的中国特色社会主义政治经济学或社会主义市场经济学著作。我们认为，这主要不是由于中国经济学家不努力，重要原因在于中国现阶段的生产力发展水平不够高，现代化尚未实现，经济体制还不够成熟、定型。众所周知，马克思选择在英国伦敦撰写《资本论》，以揭露资本主义生产方式发展和必然被社会主义代替的规律性，重要原因就在于英国是那时资本主义经济发展水平较高和经济制度比较成熟的国家。中国从 1978 年年底开始实行改革开放，到现在已 40 年，社会主义市场经济发展很快，不但迅速解决了人民群众的温饱问题，而且于 20 世纪末总体上达到了小康水平，即将于 2020 年全面建成小康社会，并继续向现代化迈进。但是截至 2017 年，我国仍未进入高收入国家行列，离基本实现现代化还有一段距离。

与此同时，社会主义市场经济体制已经建立起来，并处于完善过程中。1993 年，党的十四届三中全会决定提出的由五根支柱支撑的社会主义市场经济体制的基本框架已经搭建起来，但是还不够成熟，尚未定型。1992 年，邓小平在南方谈话中就曾预言：“恐怕再有三十年的时间，我们才会在各方面形成一整套更加成熟、更加定型的制度。在这个制度下的方针、政策，也将更加定型化。”现在离邓小平说的三十年还有五年左右的时间。2013 年，党的十八届三中全会决定也提出：“到二〇二〇年，在重要领域和关键环节改革上取得决定性成果，完成本决定提出的改革任务，形成系统完备、科学规范、运行有效的制度体系，使各方面制度更加成熟更加定型。”根据党的十八届三中全会的精神，在经济方面重要领域和关键环节需改革攻坚取得决定性成果的主要有：国有资产监管机构实现以管资本为主的职能转变，央企特别是集团公司母公司建立和健全现代企业制度，国有控股公司董事会履行《公司法》赋予的重大事项决策权，消除所有制歧视并引导非公经济健康发展，在投资和市场准入方面实行负面清单制度，消除市场壁垒、反对垄断、形成公平竞争的市场环境，实行农民土地承包权与经营权分离和发展土地经营权流转市场，健全宏观调控体系防范系统性风险，逐步建立综合与分类相结合的个人所得税制，加快房地产税立法并依法推进改革，提高直接税比重，继续发展民营银行完善金融市场体系，实现汇率市场化和人民币资本项目可兑换，扩大中等收入者比重，降低基尼系数，完善社会保险关系转移接续政策，完善基本养老保险个人账户制度，继续扩大对外开放构建开放型经济新体制，等等。上述这些深水区改革任务都很艰巨，都是要付出极大的努力才能完成的。由于现代化尚未基本实现，中国特色社会主义经济制度和体制也还不够成熟和定型，因此到现在为止，我们还难以对中国特色社会主义经济发展和运行规律做出全面、系统、准确的概括和论述。

但是，我们也不能只是等待而无所作为。改革开放40年来，随着经济的快速增长和社会的全面进步，已经涌现和概括出一系列把马克思主义经济学原理同改革开放实践相结合的理论成果，比如社会主义市场经济论，社会主义初级阶段理论，关于社会主义初级阶段基本经济制度的理论，按劳分配为主体、多种分配方式并存的分配理论，从农村改革起步到全面深化改革的渐进式改革理论，农村土地集体所有权、农民土地承包权、农地经营权相分离的理论，促进社会公平正义、逐步实现全体人民共同富裕的理论，从发展是硬道理、科学发展观到创新、协调、绿色、开放、共享五大发展理念的理论，经济转型和转变经济增长与发展方式理论，中国经济发展进入新常态理论，推动新型工业化、信息化、城镇化、农业现代化相互协调理论，对外开放包括用好国际国内两个市场、两种资源的理论，等等。我们要认真深入研究这一系列重要理论，阐明其科学内涵。要不断总结改革攻坚和全面建成小康社会实践的新鲜经验以及建设现代化经济体系的经验，并做出新的理论概括，在基本实现现代化和成熟的经济制度与体制下，形成成熟的经济理论体系。所以，从现在开始，我们就应积极行动起来，对中国特色社会主义政治经济学进行系统的、深入的研究，不断得出新的成果。

在讨论如何加快构建中国特色社会主义政治经济学的过程中，有经济学家提出，中国特色社会主义政治经济学的学科定位是：在生产关系上属于社会主义初级阶段的政治经济学；在生产力发展水平上，我国按人均GDP告别了低收入阶段，进入了中等收入阶段，因此，中国特色社会主义政治经济学属于社会主义进入中等收入发展阶段的政治经济学。[①] 我们认为这种提法值得讨论。大家知道，中国走上中国特色社会主义道路是从1978年改革开放开始的。1978年中国人均国民总收入只有190美元，表明中国处于低收入阶段。由于改革开放极大地解放了社会生产力，中国经济迅速起飞。按照世界银行的标准，1999年中国开始进入中等偏下收入国家行列，当年人均GDP接近800美元（按照世界银行的标准，1999年中下收入国家人均GNP为756美元以上，我国当年人均GNP已达780美元）。2010年我国又进一步进入中等偏上收入国家行列。2017年中国人均GDP约为9 000美元，但距离高收入国家还有一段距离（按照世界银行2014年标准，人均GDP需达到12 616美元才算进入高收入国家行列）。既然中国是从1978年还处于低收入水平时开始走上中国特色社会主义道路的，那么中国特色社会主义政治经济学的阶段定位就应从1978年实行改革开放时开始，而不能只限于中国1999年进入中等收入国家行列时开始。此外，中等收入水平只是一个过渡阶段。我们今后首先要在2020年全面建成小康社会，在此基础上，一般估计，再经过顶多五六年的努力，我国就可以进入高收入国家行列。这还不够，我国社会主义建设的目标是实现社会主义现代化，把我国建设成为富强民主文明和谐美丽的社会主义现代化强国。

我们看到，从党的十四大到十九大，都提出和完善了两个百年目标，即在建党一百年时全面建成小康社会，在新中国成立一百年时实现社会主义现代化。党的十九大报告指出："从十九大到二十大，是'两个一百年'奋斗目标的历史交汇期。我们既要全面建成小康社会、实现第一个百年奋斗目标，又要乘势而上开启全面建设社会主义现代化国家新征程，向第二

---

① 洪银兴. 推动中国特色社会主义政治经济学理论体系建构. 中国社会科学报，2017-05-05.

个百年奋斗目标进军。综合分析国际国内形势和我国发展条件，从二〇二〇年到本世纪中叶可以分两个阶段来安排。第一个阶段，从二〇二〇年到二〇三五年，在全面建成小康社会的基础上，再奋斗十五年，基本实现社会主义现代化……第二个阶段，从二〇三五年到本世纪中叶，在基本实现现代化的基础上，再奋斗十五年，把我国建成富强民主文明和谐美丽的社会主义现代化强国。"党的十九大报告相应地还提出了建设现代化经济体系的任务："我国经济已由高速增长阶段转向高质量发展阶段，正处在转变发展方式、优化经济结构、转换增长动力的攻关期，建设现代化经济体系是跨越关口的迫切要求和我国发展的战略目标。"因此，中国特色社会主义政治经济学，就是要很好地研究和回答中国如何从低收入国家，通过实行改革开放走中国特色社会主义道路，连续跨越"低收入陷阱"和"中等收入陷阱"，迈进高收入国家行列，并逐步实现现代化，建成富强民主文明和谐美丽的社会主义现代化强国，实现中华民族伟大复兴，揭示其内在的规律性和必然性，供广大发展中国家借鉴。因此，中国特色社会主义政治经济学的阶段定位应当是很长的，可以说至少包括 1978 年实行改革开放后到建成社会主义现代化强国的整个时期，所以其内容十分丰富。

根据以上所述，所谓成熟的经济，除了社会主义市场经济体制要成熟定型外，在生产力发展水平方面，我们认为至少要达到跨越"中等收入陷阱"，稳定进入高收入国家行列，并进而逐步实现社会主义现代化，也就是说，整个经济转型包括经济体制转型和经济发展方式转型获得成功。如果缺少经济转型的全面系统的成功经验，就难以很好地概括中国特色社会主义建设的规律性。当中国实现经济转型，跨越"中等收入陷阱"，实现社会主义现代化时，中国经济实力将再上一个大台阶，中国参与全球治理的能力将大大增强。

当然，这并不是说我们现在在构建中国特色社会主义政治经济学方面就无所作为。改革开放至今已 40 年，中国经济总量已跃居世界第二，中国特色社会主义经济建设已经积累了丰富的成功经验，并在此基础上概括了一系列重要的理论。正如习近平总书记在中共中央政治局第二十八次集体学习时所指出的：“党的十一届三中全会以来，我们党把马克思主义政治经济学基本原理同改革开放新的实践结合起来，不断丰富和发展马克思主义政治经济学，形成了当代中国马克思主义政治经济学的许多重要理论成果，比如，关于社会主义本质的理论，关于社会主义初级阶段基本经济制度的理论，关于树立和落实创新、协调、绿色、开放、共享的发展理念的理论，关于发展社会主义市场经济、使市场在资源配置中起决定性作用和更好发挥政府作用的理论，关于我国经济发展进入新常态的理论，关于推动新型工业化、信息化、城镇化、农业现代化相互协调的理论，关于用好国际国内两个市场、两种资源的理论，关于促进社会公平正义、逐步实现全体人民共同富裕的理论，等等。这些理论成果，是适应当代中国国情和时代特点的政治经济学，不仅有力指导了我国经济发展实践，而且开拓了马克思主义政治经济学新境界。”① 可见，我们目前正处于构建中国特色社会主义政治经济学的四梁八柱的阶段，使命光荣、责任重大，我们一定要努力把这项工作做好。

## 第三节　寻找中国特色社会主义政治经济学的主线

中国特色社会主义政治经济学是一门新的学科、一个新的理论体系。这一新体系的主线或主要支柱是什么？这是我们在研究和构建这一新体系时首先要解决和确定的重大问题。主线一般指贯穿理论体系始终的主要线

---

① 习近平. 立足我国国情和我国发展实践 发展当代中国马克思主义政治经济学. 人民日报，2015－11－25.

索，它决定理论体系内有哪些重要范畴和标志理论体系独特性、层次较高
的规定。马克思《资本论》的主线是资本剥削劳动以及剩余价值的分配。
我国老一辈经济学家孙冶方在 20 世纪 60 年代初组织编写《社会主义经济
论》时，曾提出要按照马克思《资本论》的写作方法即直接生产过程、流
通过程和资本主义生产的总过程展开论述，并以"最小最大"即"用最小
的劳动消耗取得最大的有用效果"作为全书的主线，主张充分发挥价值规
律对生产和流通的调节作用。孙冶方当时的主张在传统的计划经济时期无
疑是标新立异的有益探索。我们要构建中国特色社会主义政治经济学，如
何确定其主线是需要经济学界集思广益、认真研讨的重大问题。这里拟说
说我们的不成熟的看法。

我们认为，中国特色社会主义政治经济学的主要支柱是社会主义市场
经济论，主线则是社会主义与市场经济的结合、公有制与市场经济的结
合。改革开放以来，我国逐步引入市场机制，1984 年确立社会主义商品
经济论，1992 年进一步把社会主义市场经济体制确立为经济体制改革的
目标，明确了发展中国特色社会主义经济就是发展社会主义市场经济。伴
随着市场化改革的不断推进，我国经济迅速起飞，1979—2016 年的平均
经济增长率达 9.6%，创造了人类社会经济长时期快速增长的新奇迹。实
践证明：根据我国国情发展社会主义市场经济是正确的、有效的。在这样
的背景下，社会主义市场经济论就成为中国特色社会主义政治经济学的主
要支柱。社会主义市场经济论的核心是社会主义与市场经济的结合，因
此，社会主义与市场经济的结合、公有制与市场经济的结合，就理所当然
地成为中国特色社会主义政治经济学的主线。

我们的这个看法是有历史渊源的。2008 年 12 月 7 日，本书作者之一
张卓元在《光明日报》发表长文，题目就叫《社会主义市场经济论：中国
改革开放的主要理论支柱》。文中写道："我国在社会主义条件下发展市场

经济，是前无古人的伟大创举，也是一项全新的课题。在成功实践的基础上概括出来的社会主义市场经济论，是中国共产党人和马克思主义经济学家关于科学社会主义的重大理论创新，也是对经济科学的划时代贡献。"中国特色社会主义经济建设，就是发展社会主义市场经济。社会主义市场经济论自然在中国特色社会主义政治经济学中处于最为重要的位置。

社会主义市场经济论的内涵是随着改革的深化而不断发展的。1992年，党的十四大确立社会主义市场经济体制改革目标时，就提出了"使市场在社会主义国家宏观调控下对资源配置起基础性作用"。2002年，党的十六大进一步提出，要在更大程度上发挥市场在资源配置中的基础性作用，健全统一、开放、竞争、有序的现代市场体系。2012年，党的十八大更进一步提出，要更大程度更广范围发挥市场在资源配置中的基础性作用。2013年，党的十八届三中全会则将市场的基础性作用提升为决定性作用，提出使市场在资源配置中起决定性作用和更好发挥政府作用。本书作者之一张卓元在2014年出版的《经济改革新征程》（社会科学文献出版社出版）中认为，市场在资源配置中起决定性作用是20多年来沿用的基础性作用提法的继承和发展，其主要指向有三点：第一，解决政府对资源配置干预过多的问题；第二，解决市场体系不健全、真正形成公平竞争的市场环境问题；第三，解决对非公经济的一些歧视性规定，包括消除隐性壁垒设置等问题。

社会主义市场经济论立论的难点在于公有制能否与市场经济相结合。西方经济学否认社会主义条件下能够发展市场经济。中国改革开放的实践推翻了这一论断。改革开放后，我们找到了股份制、混合所有制等公有制的有效实现形式，进而找到了公有制包括国有制与市场经济相结合的形式和途径。把国有企业改革为国有控股或参股的现代公司，实行自主经营、自负盈亏，它们就可以成为真正的市场主体，积极参与国内外市场竞争，努力在公平的市场竞争中发展壮大自己。改革开放后我国经济迅速崛起，国有经济和非公经济都有长足发展的实践，很好地破解了社会主义市场经济论立论的难题。

在社会主义市场经济条件下，公有制和市场经济的结合是有条件的、互相适应的。一方面，公有制要找到股份制等实现形式使之能够与市场经济相结合，而且既然是股份制，这个市场经济就不能是公有制经济一统天下的，而应当是多种所有制包括个体、私营和外资经济并存和共同发展的。另一方面，市场经济的发展也需适应社会主义要逐步实现共同富裕的目标，而不能像资本主义市场经济那样造成贫富悬殊、两极分化。政府的各项政策，就是要力求把社会主义维护公平正义和市场经济促进资源配置效率提高的优势都充分发挥出来。当然，这是一项难度极大的任务。比如，如何处理好政府与市场的关系，使市场在资源配置中起决定性作用，同时又更好发挥政府作用，就是一个难度不小的课题。又如，1993年党的十四届三中全会就确定了国有企业改革的方向是建立现代企业制度。经过此后20多年的改革，国有企业基本上实现了股份制公司制改革。同时，现代企业制度仍有待完善，不少中央企业集团公司层级直到2017年还要推进股份制公司制改革以建立现代企业制度；一些国有控股公司董事会还不能很好地履行《公司法》规定的职责，国有企业和非公有制企业公平竞争的环境也有待健全。此外，怎样把社会主义市场经济的发展引导到实现共同富裕的目标上来，难度更大。对此，应巩固和完善公有制为主体、多种所有制经济共同发展的基本经济制度，健全按劳分配为主体、多种分配方式并存的分配制度，不断完善财税的再分配功能以促进发展成果人人共享，完善各项社会政策的托底功能，包括精准扶贫、全面脱贫等。

由上可见，社会主义与市场经济的结合、公有制与市场经济的结合，是发展社会主义市场经济的核心，贯穿于社会主义市场经济活动的方方面面。社会主义市场经济体制就是在推进这种有机结合中不断完善和成熟的，也是在这一过程中推动社会经济不断发展的。因此，我们在构建中国特色社会主义政治经济学时，要把社会主义与市场经济的结合、公有制与市场经济的结合作为主线贯彻始终，形成逻辑严密、结构有序的理论体系。

近来，也有一些经济学家发表文章，指出中国特色社会主义政治经济学研究的主题和方向是社会主义基本经济制度与市场经济相结合、相统一。坚持社会主义市场经济的改革方向，既是我国改革发展实践需要坚持的基本原则，也是中国特色社会主义政治经济学的主题。这些观点同我们的认识比较接近。

与此同时，在讨论中一些学者也提出了一些不同的观点。有学者认为：中国特色社会主义政治经济学的主线的核心内容是解放、发展和保护生产力。构建中国特色社会主义政治经济学理论体系，就是要建立解放、发展和保护生产力的系统化经济学说。[①] 我们认为：这样的表达不能很好地体现中国特色社会主义政治经济学特有的本质规定，特别是不能很好地体现中国特色社会主义政治经济学同传统社会主义政治经济学的区别。传统社会主义经济体制，以公有制为基础，实行计划经济和按劳分配，在开头一段相当长的时间内，由于其能发挥集中力量办大事等优越性，从而有力地促进了经济增长，所以传统社会主义政治经济学也一直标榜社会主义是能很好解放和发展生产力的。此外，即使是奴隶社会、封建社会、资本主义社会，在它们处在上升期时，也是能解放和发展生产力的，所以不少西方主流经济学家至今仍认为资本主义制度是有利于生产力发展的。中国特色社会主义政治经济学的最突出特点，就是在以公有制为主体的社会主

---

① 洪银兴. 推动中国特色社会主义政治经济学理论体系建构. 中国社会科学报，2017-05-05.

义制度下发展市场经济，并且能够努力把社会主义和市场经济两者的优势结合和发挥出来，从而做到不断解放和发展生产力（包括保护生产力）。中国特色社会主义经济与传统社会主义经济的区别在于它是实行改革开放的，是实行社会主义市场经济体制的，并以此不断解放和发展生产力。正如江泽民在党的十五大报告中所说的："建设有中国特色社会主义的经济，就是在社会主义条件下发展市场经济，不断解放和发展生产力。"所以，对中国特色社会主义经济来说，其区别于其他制度和体制的最本质特征，在于其实行社会主义市场经济体制，发展社会主义市场经济。

总之，如何确定令人信服的中国特色社会主义政治经济学的主线、主题、主要范畴等，是值得我们进一步认真研究和讨论的问题。上面的看法，只是我们的一家之言。

## 第四节　探索中国特色社会主义经济的基本规律

20世纪50年代，传统社会主义政治经济学风行的基本经济规律是斯大林在《苏联社会主义经济问题》一书中提出的，即"社会主义基本经济规律的主要特点和要求，可以大致表述如下：用在高度技术基础上使社会主义生产不断增长和不断完善的办法，来保证最大限度地满足整个社会经常增长的物质和文化的需要"①。这一统治了社会主义国家经济学界几十年的公式，最大的问题是没有调整和革新生产关系与经济体制的内容。在这一公式的影响下，一些社会主义国家包括苏联在内，陶醉于社会主义制度的优越性而不思变革，没有及时调整和革新生产关系与经济体制以适应社会生产力的发展，从而既不可能有不断的技术进步和创新，所谓"用在

---

① 斯大林. 斯大林文选（1934—1952）：下. 北京：人民出版社，1962：602.

高度技术基础上使社会主义生产不断增长和不断完善的方法"也就必然落空，同时也就做不到"最大限度地满足整个社会经常增长的物质和文化需要"，社会主义制度的优越性也就难以发挥出来。从 20 世纪 50 年代后期开始，苏东各国经济增速逐渐放缓，经济效率提高很慢，技术进步很慢。1991 年苏联解体和 1989—1992 年东欧剧变的重要原因，正在于此。

那么，中国特色社会主义市场经济的基本规律是什么呢？这是一个全新的问题。我们认为：首先，既然社会主义市场经济也是一种市场经济，那么，支配市场经济的基本规律也就自然是社会主义市场经济的基本规律。一般认为，价值规律是市场经济的基本规律，因为恩格斯在《反杜林论》中指出"价值规律正是商品生产的基本规律"[1]。商品生产、商品经济、市场经济属于同一范畴，在社会化生产条件下，商品经济就是市场经济，因此，支配商品经济的基本规律即价值规律，也就是支配市场经济的基本规律，从而也是支配社会主义市场经济的基本规律。这就意味着，在社会主义市场经济条件下，价值规律是社会生产和流通的调节者，市场在资源配置中起决定性作用。关于价值规律，马克思在《资本论》中做了全面和深刻的论述，这一论述至今仍然是我们理解的准绳。我们认为，所谓价值规律，是指商品的价值由凝结在商品中的社会必要劳动时间决定，市场上商品的价格由它的价值决定，围绕着价值上下波动。技术水平和劳动者素质高的生产者生产商品的个别劳动消耗就会低于社会必要劳动消耗，因而在市场竞争中处于优势地位，相反，则在市场竞争中处于劣势地位甚至会被淘汰。价值规律作用的机理是，当市场上某种商品供不应求时，这种商品的价格就会上涨，这就会刺激生产者和经营者增加供给，同时抑制其需求，因此一段时间后，这种商品就会变成供过于求，价格下跌，促使

---

① 马克思，恩格斯. 马克思恩格斯全集：第 20 卷. 北京：人民出版社，1971：337.

生产者和经营者减少供给，同时刺激消费，然后又出现商品价格上涨……如此循环往复，维持供给与需求、生产与消费的协调。价值规律的作用是离不开市场机制、价格机制、供求机制、竞争机制的作用的。价值规律给所有市场主体以最强的压力和最大的激励，鞭策其趋利避害。在价值规律的作用下，稀缺的资源自动地就被配置到最有效率的环节，从而推动生产的发展和财富的增长。

需要指出的是，价值规律是社会主义经济的基本规律，早在 20 世纪五六十年代就由我国著名学者孙冶方非常接近地提出来了。他在《经济研究》1956 年第 6 期上发表了一篇名为《把计划和统计放在价值规律的基础上》的文章。1964 年，他在一次理论座谈会上明确指出："千规律，万规律，价值规律第一条。"[①] 改革开放后，1979 年，邓力群也指出："有些同志认为，按照经济规律办事这个提法，应当具体化，主要是按照商品经济的规律办事，按照价值规律办事。管理体制，经济政策，计划工作，都应该按照商品经济的规律办事……我同意这个意见。"[②] 无论是"价值规律第一条"的表述，还是"主要是按价值规律办事"的主张，都与将价值规律看成基本经济规律高度契合。

与此同时，我们也要看到，价值规律的作用会给经济社会发展带来一些负面影响。价值规律的优胜劣汰机制会造成富者愈富、穷者愈穷的收入悬殊和两极分化，从而引发社会矛盾和冲突，影响社会稳定。马克思和恩格斯在分析资本主义制度下价值规律的作用时，曾引用古典资产阶级经济学家亚当·斯密的论述："这种关系就像古代的命运之神一样，逍遥于寰球之上，用看不见的手分配人间的幸福和灾难。"[③] 在价值规律作用的推

---

① 孙冶方. 千规律，万规律，价值规律第一条//社会主义经济的若干理论问题. 北京：人民出版社，1979.

② 邓力群. 商品经济的规律和计划. 北京：人民出版社，1979：25.

③ 马克思，恩格斯. 马克思恩格斯全集：第 3 卷. 北京：人民出版社，1960：40.

动下，各个厂商都极力扩大生产，争取提高市场占有率，但市场上有购买力的需求却赶不上供给的增长，从而引发周期性经济危机。价值规律的竞争机制会导致走向垄断，而垄断会抑制竞争、阻碍技术进步和削弱经济活力。价值规律还不能很好解决经济活动中的外部性问题。所以，即使是发达的资本主义国家，也在不同程度上采取各种措施，实施某种财政政策、货币政策和社会政策等，试图减少价值规律这只"看不见的手"对经济社会的负面影响，但至今无法从根本上解决上述种种问题，包括令各国头疼的经济危机和金融危机。

基本经济规律还要体现社会生产的目的。资本主义之所以始终摆脱不了经济危机，是因为资本主义市场经济的生产目的是追逐最大限度的利润，资本对最大限度利润的追逐使其不断扩张的生产能力常常超越社会有购买能力的需求，广大劳动者因遭受资本的盘剥陷于贫困境地。与此不同，在社会主义市场经济条件下，生产发展的目的是造福人民，改革发展成果由人民共享。胡锦涛在党的十七大报告中提出了共享概念，指出："全心全意为人民服务是党的根本宗旨，党的一切奋斗和工作都是为了造福人民。要始终把实现好、维护好、发展好最广大人民的根本利益作为党和国家一切工作的出发点和落脚点，尊重人民主体地位，发挥人民首创精神，保障人民各项权益，走共同富裕道路，促进人的全面发展，做到发展为了人民、发展依靠人民、发展成果由人民共享。"习近平总书记进一步把共享列为五大发展理念之一。他在党的十九大报告中强调："增进民生福祉是发展的根本目的。必须多谋民生之利、多解民生之忧，在发展中补齐民生短板、促进社会公平正义，在幼有所育、学有所教、劳有所得、病有所医、老有所养、住有所居、弱有所扶上不断取得新进展，深入开展脱贫攻坚，保证全体人民在共建共享发展中有更多获得感，不断促进人的全面发展、全体人民共同富裕。"

以上说明，在社会主义市场经济条件下，不只是价值规律起支配作用，还有体现社会主义公平正义的经济发展成果共享规律起支配作用，这也是社会主义市场经济的基本规律。发展成果共享规律要求经济社会发展成果人人共享，逐步实现共同富裕。这就从根上杜绝了资本主义的生产过剩危机。发展成果共享，首先，在初次分配方面，实行按劳动和按要素进行分配，既要注重效率，也要注重公平。其次，通过财政转移支付、各种累进税制、扶贫、建立和健全社会保障体系、社会救助等进行再分配，在再分配环节着重注意公平，逐步缩小财富与收入差距，力争将基尼系数降低到 0.3 左右。再分配要更好地发挥政府的作用，用"看得见的手"解决"看不见的手"的失灵问题。在社会主义市场经济条件下，体现尊重发展成果共享规律的"看得见的手"不是主观杜撰，不是人们可以任意行动的，而是社会主义和公有制内生的客观必然性。因此，社会主义国家的政策特别是经济政策既要尊重价值规律的要求，也要遵循发展成果共享规律的要求。

把价值规律和发展成果共享规律作为社会主义市场经济的基本规律的主张，同我们在前面论述的中国特色社会主义政治经济学的主线是社会主义与市场经济的结合的主张是一致的，是合乎逻辑的。与社会主义相对应的是发展成果共享规律，而与市场经济相对应的是价值规律，两者共同决定着社会主义市场经济的发展方向和进程。

在社会主义市场经济条件下，价值规律和发展成果共享规律并不是平行和独立的，而是相互渗透、相互结合起作用的。它们没有主次之分，而是共同支配着社会主义市场经济的运行和发展。政府的各项政策与市场主体的行为，如果都能很好地遵循基本经济规律，就能顺利推进社会主义市场经济发展和充分发挥自身优势。相反，如果人们的行动不符合客观规律的要求，就会受到惩罚，到处碰壁，甚至招致失败。当然，人们认识和适应客观经济规律包括基本经济规律也是一个不断探索的过程，有时也是一个试错的过程，不断积累实践经验和深化对客观经济规律特别是基本经济规律的认识，会使人们逐渐得心应手地走向美好的彼岸。

# 参考文献

1. 邓小平．邓小平文选：第 3 卷．北京：人民出版社，1993.

2. 胡锦涛．高举中国特色社会主义伟大旗帜 为夺取全面建设小康社会新胜利而奋斗．人民日报，2007 - 10 - 16.

3. 胡锦涛．在庆祝中国共产党成立 90 周年大会上的讲话．人民日报，2011 - 07 - 02.

4. 江泽民．高举邓小平理论伟大旗帜，把建设有中国特色社会主义事业全面推向二十一世纪．人民日报，1997 - 09 - 22.

5. 刘伟．在新实践中构建中国特色社会主义政治经济学．人民日报，2016 - 08 - 01.

6. 马克思，恩格斯．马克思恩格斯全集：第 23 卷．北京：人民出版社，1972.

7. 马克思，恩格斯．马克思恩格斯全集：第 20 卷．北京：人民出版社，1971.

8. 习近平．决胜全面建成小康社会 夺取新时代中国特色社会主义伟大胜利．人民日报，2017 - 10 - 19.

9. 张卓元，等．新中国经济学史纲（1949—2011）．北京：中国社会科学出版社，2011.

10. 张卓元．实现社会主义与市场经济有机结合：构建中国特色社会主义政治经济学的主线．人民日报，2016 - 11 - 21.

# 后　记

　　本书是为纪念中国改革开放 40 年而撰写的。改革开放 40 年来，中国社会经济面貌发生了翻天覆地的变化，中国从一个贫穷落后的国家一跃成为世界第二大经济体，书写了中华民族五千年文明史上最辉煌灿烂的篇章。目前中国正在向现代化强国快速迈进，对世界经济增长做出越来越突出的贡献！

　　本书的写作，得到了中国人民大学出版社经济分社社长、编辑的鼓励和支持，特致谢意！

　　本书各章执笔人分工如下：张卓元负责第一、二、九、十章；胡家勇负责第四、五、八章；万军负责第三、六、七章。

　　由于作者水平有限，本书一定有不足及不全面的地方，敬请大家批评指正！

张卓元

二〇一八年六月

**图书在版编目（CIP）数据**

中国经济理论创新四十年 / 张卓元，胡家勇，万军
著 . -- 北京：中国人民大学出版社，2025.4. -- （中
国自主知识体系研究文库）. -- ISBN 978-7-300-33922
-1

Ⅰ. F124

中国国家版本馆 CIP 数据核字第 202583FR29 号

中国自主知识体系研究文库

**中国经济理论创新四十年**

张卓元　胡家勇　万　军　著

Zhongguo Jingji Lilun Chuangxin Sishi Nian

---

| | | | | | |
|---|---|---|---|---|---|
| **出版发行** | 中国人民大学出版社 | | | | |
| **社　　址** | 北京中关村大街 31 号 | | **邮政编码** | 100080 | |
| **电　　话** | 010 - 62511242（总编室） | | 010 - 62511770（质管部） | | |
| | 010 - 82501766（邮购部） | | 010 - 62514148（门市部） | | |
| | 010 - 62511173（发行公司） | | 010 - 62515275（盗版举报） | | |
| **网　　址** | http://www.crup.com.cn | | | | |
| **经　　销** | 新华书店 | | | | |
| **印　　刷** | 涿州市星河印刷有限公司 | | | | |
| **开　　本** | 720 mm×1000 mm　1/16 | | **版　　次** | 2025 年 4 月第 1 版 | |
| **印　　张** | 25 插页 3 | | **印　　次** | 2025 年 7 月第 2 次印刷 | |
| **字　　数** | 315 000 | | **定　　价** | 178.00 元 | |